隋唐遼宋金元史論叢

中國社會科學院古代史研究所
隋唐五代十國史研究室
宋遼西夏金史研究室 編　第十二輯
元史研究室

上海古籍出版社

圖書在版編目(CIP)數據

隋唐遼宋金元史論叢. 第12輯 / 劉子凡，康鵬，張國旺主編. —上海：上海古籍出版社，2022.9
ISBN 978-7-5732-0395-3

Ⅰ.①隋… Ⅱ.①劉… ②康… ③張… Ⅲ.①中國歷史-隋唐時代-文集②中國歷史-遼宋金元時代-文集 Ⅳ.①K240.7-53

中國版本圖書館CIP數據核字(2022)第139243號

隋唐遼宋金元史論叢(第十二輯)
劉子凡 康 鵬 張國旺 主編
上海古籍出版社出版發行
(上海市閔行區號景路159弄1-5號A座5F 郵政編碼201101)
(1)網址：www.guji.com.cn
(2)E-mail：guji1@guji.com.cn
(3)易文網網址：www.ewen.co
上海惠敦印務科技有限公司印刷
開本787×1092 1/16 印張20 插頁2 字數338,000
2022年9月第1版 2022年9月第1次印刷
ISBN 978-7-5732-0395-3
K·3229 定價：98.00元
如有質量問題，請與承印公司聯繫

主　　　編：劉子凡　康　鵬　張國旺(本輯執行主編)
編輯部成員：(以漢語拼音爲序)：
　　　　　　雷　博　羅　瑋　王　博　王　申
　　　　　　張曉慧(本輯執行編輯)　趙　洋

目　録

專題研究

先農，還是帝社？
　　——《大唐開元禮》劄記之六　　　　　　　　　　　　吳麗娱　7

新舊《唐書·列傳》書寫異同劄記
　　——讀兩《唐書》劄記之一　　　　　　　　　　　　黄正建　18

唐宋山澤之禁的律令與實踐
　　——兼論《唐六典》令文的時間性　　　　　　　　　牛來穎　30

舊情與新恩：高宗乳母盧氏的糾結人生
　　——唐代皇室乳、保母制度再探　　　　　　　　　　陳麗萍　39

唐後期五代宋初敦煌沙彌的學習與培養
　　——以佛典的學習與閱讀爲中心　　　　　　　　　　武紹衛　49

日本京都藤井有鄰館藏四件北庭書狀考釋　　　　　　　　劉子凡　60

《唐代郡李使君故聶氏夫人墓誌銘并序》考釋
　　——論後唐的一個晉商家族　　　　　　　　　　　　趙　洋　68

遼太祖紀功碑初步整理與研究　　　　　董新林　康　鵬　汪　盈　75

契丹小字詞語"仁"釋讀　　　　　　　　　　　傅　林　齊孟遠　106

《宋會要輯稿》點校本芻議——以《禮類·國忌門》爲例　　聶文華　115

"覺"與"不覺"的"同""異"二相
　　——試辨析《大乘起信論》"心生滅門"章對阿梨耶識的闡釋　雷　博　120

夏主元昊的趙宋"屬籍"辨疑　　　　　　　　　　　　　周思成　128

論海陵王完顏亮之死
　　——金宋文獻記載的敘事版本與源流變異　　　　　　邱靖嘉　135

試析宋元時期的三種趙普傳記
　　——以文本來源與人物形象爲中心　　　　　　　　　胡潮暉　157

元代家訓中的童蒙教育理念 .... 蔡春娟　176
元武宗擁立集團及其派系變遷 .... 張曉慧　187
元代六部尚書選拔問題探究
　　——以刑部尚書爲例 .... 陳佳臻　197
皇元獻賦——鄱陽周伯琦家族新考 .... 余　輝　210
佞佛與威遠：元順帝統治前期奇皇后在高麗修繕佛寺
　　史事鈎沉 .... 金世光　烏雲高娃　225
無錫蕩口華氏家族元末明初的文化轉型 .... 文新宇　李鳴飛　244

海外擷英

落日餘暉
　　——花剌子模沙與蒙古夾擊下的哈剌契丹（下）
　　　　　　　　　　彭曉燕（Michal Biran）著　王　蕊　曹　流譯　257

書評

李豔玲《田作畜牧——公元前2世紀至公元7世紀前期西域綠洲
　　農業研究》 .... 裴成國　276
從太學的制度史到太學的政治史：朱銘堅《政治漩渦中的教育：
　　北宋太學研究》讀後 .... 王文豪　285

研究生園地

唐代進馬考 .... 陳虹池　293
吳澄《道學基統》述評 .... 周　暢　310

Contents

Xiannong (先農) or Dishe (帝社)? Kaiyuan Rite of the Tang Dynasty, Note VI   *Wu Liyu*   7

A Commentary on the Similarities and Differences between Biographies in the Old and New Tang Book — One of Reading Notes on the Two Tang Book   *Huang Zhengjian*   18

The Law and Practice of Ban on Shanze (山澤) in Tang and Song Dynasties   *Niu Laiying*   30

Old Affection and New Favor: Conflicting Life of Wet Nurse Lu of Emperor Gaozong of Tang Dynasty — A New Survey of Wet Nurse and Nursemaid of the Tang Dynasty   *Chen Liping*   39

The Study and Training of the Śrāmaṇera in Dunhuang: Centered on the Study of Sutras   *Wu Shaowei*   49

Research on 4 Beiting Letters Collected in the Museum of Fujii Yurinkan in Japan   *Liu Zifan*   60

The Examination of the Epitaph and Preface of the Tomb of Mrs. Nie, the Former Wife of the Governor Li of Dai County, Tang Dynasty — A Jin (晉) Merchant Family in the Later Tang Dynasty   *Zhao Yang*   68

Preliminary Collation and Research on the Monumental Inscription of Liao Taizu   *Dong Xinlin, Kang Peng, Wang Ying*   75

A Research on the Words for "Benevolence" (仁) in Khitan Small Script   *Fu Lin, Qi Mengyuan*   106

A Remark on the Punctuated and Collated Edition of Collated Draft of Important Documents of the Song: A Case Study of the National Mourning in Rites   *Nie Wenhua*   115

"Identity" and "Nonidentity" of "Enlightenment" and "Non-enlightenment":

On the Interpretation of Alayavjjnana in the Chapter of "Samsara" (the Mind Interms of Phenomena) in *Maha yana-Sraddhotpada-sastra* (*The Awakening of Faith*)   *Lei Bo*   120

Did the Song Dynasty Registered Xixia Rulers in the Royal Family Pedigree?   *Zhou Sicheng*   128

Study on the Death of Emperor Wanyan Liang of the Jin Dynasty: The Story Versions and Source Variations in the Records of the Jin and Song Dynasties   *Qiu Jingjia*   135

An Analysis of Three Biographies of Zhao Pu Written in the Song and Yuan Dynasties: Discussion Centered on Text Source and Character Image   *Hu Chaohui*   157

Children Education Theory in Family Precepts of Yuan Dynasty   *Cai Chunjuan*   176

Yuan Wuzong's Supporting Group and its Division   *Zhang Xiaohui*   187

The Research of the Selection of the Six Ministers in Yuan Dynasty: Taking the Minister of Punishments for Example   *Chen Jiazhen*   197

A New Study on Zhou Boqi's Family in Yuan Dynasty   *Yu Hui*   210

Worship Buddha and Preach Prestige: the Exploring of the Empress Qi Repaired Buddhist Temples in Goryeo During Early Reign of Emperor Yuanshundi   *Jin Shiguang, Wuyun Gaowa*   225

The Cultural Transformation of the Hua's Family in Dangkou, Wuxi in the Late Yuan and Early Ming Dynasties   *Wen Xinyu, Li Mingfei*   244

The Fall: between the Khwārazm Shāh and the Mongols II (Chapter 3 of *The Empire of the Qara Khitai in Eurasian History*)   *Michal Biran, trans. by Wang rui, Cao liu*   257

Review of *Crop Farming and Animal Husbandry: A Study of Oasis Agriculture in the Western Region from 2 Century B.C. to 7 Century A.D.* by Li Yanling   *Pei Chengguo*   276

From the Institutional History of the Imperial University to the Political History of the Imperial University: Review of *The Politics of Higher Education: The Imperial University in Northern Song China* by Chu Ming-kin   *Wang Wenhao*   285

A Study on the Jinma in Tang Dynasty   *Chen Hongchi*   293

Review on *Dao-Xue Ji Tong* (《道學基統》) of Wu Cheng (吳澄)   *Zhou Chang*   310

【專題研究】

先農，還是帝社？
——《大唐開元禮》劄記之六

吴麗娱

　　《大唐開元禮》中，經常見到同義詞語的出現，不久前，筆者就曾撰文討論陛、階二字在郊廟和明堂禮中的使用。[1]本文選擇對先農和帝社進行探討。它們與前者同樣，意同詞不同，存在是否應當統一的疑問。但與陛、階的使用因祭祀場合而改變有異，它們出現的背後却隱藏著社稷與藉田制度的變化，及兩者分、合的歷史。必須瞭解期間的學術淵源與政治成因，以及因《開元禮》制作方式而造成的並存問題，纔能對這一複雜現象有所理解，從而對同禮異名的存在狀况予以客觀的保留。

一、先農與帝社之名的兩見

　　藉田祭先農，是《開元禮》所規定的一項禮儀制度。《大唐開元禮》卷一《序例上·神位》關於吉禮祭祀各項的説明有"孟春吉亥享先農"和"后稷配"一條。其來源見於《新唐書·禮樂志四》：

　　　　開元十九年，停帝社而祀神農氏於壇上，以后稷配。[2]

---

[1]《從陛、階二字的混用解析開元明堂禮》，《中華文史論叢》2022年第2期。
[2]《新唐書》卷一四《禮樂志四》，中華書局標點本，1975年，358頁。

《唐會要·社稷》也説，"至開元定禮，除帝稷之議，祀神農氏於壇上，以后稷配，至今以爲常典也"。[1]神農氏即先農。原來，藉田祭神農或先農也是開元十九年所定，它應當是與其他新制一起入了蕭嵩、裴光庭所編修的《格後長行敕》，之後纔作爲一項重要的祭祀而入於《開元禮》的。所以見於公善堂本的《大唐開元禮》卷一《序例上·俎豆》也有如下規定：

孟春祭先農及配座，各籩十、豆十、簠二、簋二、甒三、鉶三、俎三。[2]

俎豆是祭祀饋食所用之籩豆等器物，其規定的數量在各本的記録並没有太多差異。衹是這裏的先農二字各本却有不同。公善堂本的朱紹頤《大唐開元禮校勘記》於"孟春祭先農"下説明："先農，浙本作帝社。"浙本是公善堂本的參校本之一，但與静嘉堂本也有頗多聯繫，而事實上静嘉堂本這裏也是作帝社。[3]且不僅如此，校勘中使用的其他多種校本，包括長春本、國圖本、文津閣和文淵閣四庫全書本[4]均作帝社，衹有《通典》和公善堂本是作先農。

《開元禮》既規定藉田祭祀的對象是先農，那麽稱先農似乎順理成章。衹是爲何那麽多的版本都寫作帝社，《通典》和公善堂本的校正對不對呢？

首先，令人懷疑的是"帝社"一名爲何出現。下面我們將證明，其名並不是憑空得來，而是與唐朝制度有關。從長春本到文淵閣本、静嘉堂本，都是清人抄本和印本。後人並不瞭解唐朝制度的情況，不可能編造出不一樣的詞彙和寫法，所以帝社也好，先農也好，衹能來自於《開元禮》編纂時唐人的原始創作。

其次，順着這一思路考察，就會發現《開元禮》帝社之名出現非止一處。有些還是十分關鍵的地方，例如《大唐開元禮》卷一《序例上·擇日》"凡國有大祀中祀小祀"，就有"日月星辰社稷先代帝王嶽鎮海瀆帝社先蠶孔宣父齊太公諸太子廟並爲中祀"[5]，出現在這裏的正是帝社而非先農。但奇怪的是，没有一個版本將帝社改了名稱，這進一步證明，帝社的名稱是早就存在於《開元禮》之中的。以下是二名在《通典·開元禮纂類》與《開元禮》各參校本的出現：

---

[1]《唐會要》卷二二《社稷》，上海古籍出版社，1991年，493頁。
[2] 民族出版社影印清光緒十二年公善堂刻本，簡稱公善堂本，2000年，18頁。
[3] 東京静嘉堂文庫朱彝尊藏舊鈔本，簡稱静嘉堂本，葉四四。
[4] 長春圖書館藏天禄繼鑑本，簡稱長春本。國家圖書館藏李璋煜本，簡稱國圖本。《景印文淵閣四庫全書》本，簡稱文淵閣本，上海古籍出版社，1987年。文津閣《四庫全書》影印本，簡稱文津閣本，北京：商務印書館，2008年。
[5]《大唐開元禮》卷一，公善堂本，12頁。

表 1 先農與帝社名稱的出現

所在卷名	靜 嘉 堂 本	通典	長春本	文淵閣本	文津閣本	臺圖本	國圖本	公善堂本
總目(正文同)	皇帝孟春吉亥享先農耕藉	同	同	同	同	同	同	同
總目(正文同)	孟春吉亥享先農於藉田有司攝事	—	同	同	同	同	同	同
《序例上·擇日》	……帝社先蠶孔宣父齊太公諸太子廟並爲中祀	同	同	同	同	同	同	同
《序例上·神位》	孟春吉亥享先農后稷配	同	同	同	同	同	同	同
《序例上·俎豆》	孟春祭帝社及配座各籩十豆十	先農	同	同	同	同	同	先農
《序例上·俎豆》	宗廟、社稷、帝社、先蠶……並用太牢	同	同	同	同	同	同	同
《序例下》	絺冕,……祭社稷、先農則服之	同	同	同	同	同	同	同

可以看出,帝社和先農之名主要出現在總目和《序例》部分,共有七處,如加後面的正文卷則九處。其中作帝社三處,衹有一處有改名之議。說明在多數情況下,以前的校勘整理者並沒有意識到其中的差異,公善堂本的校勘記也衹是注意到與原來浙本的不同而選擇與《通典》保持一致。但二名不一,問題畢竟還是存在的。因爲既然《開元禮》已經確定了祭祀的名目和對象,那麼爲什麼還要用其他的名稱?並且如果此處按照"先農"作了糾正,那麼其他的"帝社"是不是也應當隨之統一?要弄清這一點,就牽涉到帝社與先農之名的使用來源問題。

二、先農和帝社改名與混稱的蹤迹由來

先農和帝社二名與藉田禮相關,不過帝社最早是和社稷綁定在一起的。於此筆者曾在《從社稷禮的變遷看中古禮制中的皇帝與國家》一文中做過討論。[1] 帝社的前身即《禮記·祭法》所說"王爲群姓立社曰大社,王自爲立曰

---

[1]《從社稷禮的變遷看中古禮制中的皇帝與國家》,《中國社會科學院歷史研究所學刊》第 9 集,北京:商務印書館,2015 年,293—329 頁。

王社"之王社。[1] 王社是君王爲己身和家族所立,代表治國有土,所以不同於爲百姓所立的太社,二者性質不同。但自魏晉以後,以帝社代之,與社稷禮的太社、太稷並立,同於帝國中心的都城建壇祭祀,通稱"二社一稷"。北朝北魏道武帝下令"置太社、太稷、帝社於宗廟之右,爲方壇四陛",祭以太牢,且以"句龍配社,周棄配稷,皆有司侍祀",[2]內"句龍配社,周棄配稷"是依據鄭玄對社稷的解釋。而北齊也"立太社、帝社、太稷三壇於國右,每仲春仲秋月之元辰及臘,各以一太牢祭焉"。[3] 是魏、齊皆行並立之法。

東晉南朝也保留了二社一稷的建置,如東晉元帝"建武元年所創,有太社、帝社、太稷三壇"。劉宋以後一直有之。梁武帝大同元年(535),"又加官社、官稷,並前爲五壇焉"。"陳制皆依梁舊,而帝社以三牲首,餘以骨體",[4] 是帝社的祭祀重於其他同祭的神祇。但晉人關於帝社,又有皇帝冕而躬耕,重孝享之粢盛,"自爲立社者,爲藉田而報者也"的説法。[5] 藉田是被當作供宗廟所用的,所以皇帝"躬耕以供粢盛,所以致孝"是藉田制度的一個重要功能,也是藉田制度得以實施的現實依據。[6] 於是帝社和藉田的意義就被一致化了。

但漢以來藉田本祭司農,這就是《續漢書·禮儀志上》提到的"正月始耕。晝漏上水初納,執事告祠先農,已享"。漢《舊儀》也説"春始東耕於籍田,官祠先農,以一太牢,百官皆從"。[7] 於是東晉南朝禮家遂進一步將帝社與藉田聯繫起來。孔穎達釋《祭法》有曰:"其王社所在書傳無文,或云與大社同處,王社在大社之西。崔氏並云王社在藉田,王自所祭,以供粢盛,今從其説。故《詩頌》云'春藉田而祈社稷'是也。其諸侯國社亦在公宫之右,侯社在藉田。"[8]中宗時韋叔夏和張齊賢也説"崔氏、皇甫氏皆曰王社在藉田",並總結道:"經無先農,禮曰'王自爲立社,爲王社。'先儒以爲在藉田也。"[9]崔氏、皇甫氏,是指曾爲《禮記》作義疏的崔靈恩和皇甫侃[10],崔靈恩撰有《三禮義宗》,二人皆是南朝經學

---

[1]《禮記正義》卷四六《祭法》,中華書局《十三經注疏》本,1980年,1589頁。
[2]《魏書》卷一○八之一《禮志一》,中華書局標點本,1974年,2735頁;《通典》卷四五《社稷》,中華書局標點本,1988年,1270頁。
[3][4] 以上並參《隋書》卷七《禮儀志二》,中華書局標點本,1973年,141—142頁;《通典》卷四五《社稷》,1269—1270頁。
[5]《晉書》卷一九《禮志上》引傅咸表,中華書局標點本,1974年,591頁。
[6] 梁滿倉《魏晉南北朝五禮制度考論》第四章第四節"藉田制度",北京:社會科學文獻出版社,2009年,218—230頁,説見220—221頁。
[7]《續漢書·禮儀志上》,《後漢書》志第四,中華書局標點本,1965年,1304頁;《通典》卷四六《藉田》,1284頁。
[8]《禮記·祭法》,《禮記正義》卷四六,《十三經注疏》本,1588頁。
[9]《新唐書》卷一四《禮樂志四》,357—358頁。
[10] 見孔穎達《禮記正義序》,《十三經注疏》,1222頁。崔靈恩《三禮義宗》三十卷見《隋書》卷三二《經籍志》一,924頁。

禮家的代表。

這一點也使帝社與司農無法分開，從南朝的禮儀實踐也可以看到兩者的靠攏。《宋書·禮志一》記"元嘉二十年(443)，太祖將親耕，以其久廢，使何承天撰定儀注"。結果造定圖注，"立先農壇於中阡西陌南，御耕壇於中阡東陌北"，"耕日，太祝以一太牢告祠先農，悉如祠帝社之儀"。[1]直到梁武帝天監十二年(513)，藉田改用二月，仍有"今藉田應散齋七日，致齋三日，兼於耕所設先農神座，陳薦羞之禮，讚辭如社稷法"的決定。[2]衹是當時帝社壇尚與太社同立，所以先農與帝社的祭祀實際還是兩行的。

北朝至隋藉田也祭先農。《隋志》北齊"每歲正月上辛後吉亥，使公卿以一太牢祠先農神農氏於壇上，無配饗。祭訖，親耕"。隋則是"於國南十四里啓夏門外，置地千畝，爲壇，孟春吉亥，祭先農於其上，以后稷配。牲用一太牢。皇帝服袞冕，備法駕，乘金根車。禮三獻訖，因耕"。[3]北周雖祭祀無載，但也有皇帝親耕藉田的記錄。[4]衹是周、隋並不見有和北齊同樣，與太社、太稷並立的帝社壇。中宗時討論藉田禮，韋叔夏等有"又周、隋舊儀及皇朝新禮，先農皆祭帝神農，配以后稷"的説法。[5]但是這句話在《新唐書·禮樂志》被改成"周、隋舊儀及國朝先農皆祭神農於帝社，配以后稷"，我頗疑這個"皆祭神農於帝社"的"周、隋舊儀"，其實已經將藉田壇與帝社的意義合併了，而其間的方式被唐朝一脉相承，所以《新唐書·禮樂志四》有：

> 藉田祭先農，唐初爲帝社，亦曰藉田壇。[6]

也即藉田壇同時就是帝社壇，而壇上祭祀的主神却是先農，這樣先農與帝社就完全一體化了。志載唐太宗於貞觀三年(629)親耕於東郊，其時孔穎達議以爲"禮，天子藉田南郊，諸侯東郊。晉武帝猶東南，今帝社乃東壇，未合於古"。這裏孔穎達將設於東郊的藉田壇稱爲帝社，恰證明《新唐志》所説之正確。這一做法，將兩者的祭祀通過藉田壇合一，很可能是北朝後期吸收南朝理論的實踐。

這樣所祀神名開始出現了變化。池田温《唐令拾遺補》一書據《天地瑞祥

---

[1]《宋書》卷一四《禮志一》，中華書局標點本，1974年，354頁。
[2]《隋書》卷七《禮儀志二》，中華書局標點本，1973年，143頁。
[3]《隋書》卷七《禮儀志二》，144頁。
[4] 見《北史》卷一〇《周本紀下·武帝下》保定元年(561)、天和元年和二年、建德三年正月，中華書局標點本，348、352—353、359頁。
[5]《唐會要》卷二二《社稷》，491—492頁。
[6]《新唐書》卷一四《禮儀志四》，357頁，下同。

志》復原的永徽《祠令》中祀已有先農[1]。這個先農明顯是指代帝社,我們看到《舊唐書·禮儀志》記許敬宗討論籩豆時直接稱司農而非帝社(詳後),也説明了這一點。

儘管如此,仍不意味著壇名和祭祀名義已發生實質改變。因爲《舊唐書·禮儀志》説:"則天時,改藉田壇爲先農。"《新志》也明確道及"垂拱中,武后〔改?〕藉田壇曰先農壇"。其説則被韋叔夏、張齊賢"永徽中猶曰藉田,垂拱後乃爲先農"的奏言所證實。[2] 藉田壇在高宗時的意味仍是帝社壇,所以真正改壇名和祭祀實義的是武則天。

武則天改壇名並不奇怪。吉禮中孟春皇帝藉田享先農和季春皇后享先蠶是兩項對等的活動。兩項活動皆在春季,所謂男耕女織,與民生息息相關,禮儀象徵著最高統治者的帝、后親身參加、關懷和領導最主要的農事活動。兩項祭祀的等級、規模雖然不是最高,但由於它們的舉辦其實是爲了彰顯帝、后的權力和身分,所以也是最重要的皇帝禮、皇后禮之一。兩項祭祀在唐前期各帝在位時都有舉辦,並且皆與武則天關係密切。

兩項禮儀都由武則天動過手。關於先蠶禮,筆者在以往的討論中曾經指出,武則天身爲皇后期間曾四次親蠶,所以先蠶禮是她最重視的禮儀活動。但改造先蠶禮應當是她在冊后前後指揮許敬宗、李義府修訂《顯慶禮》的産物。[3] 從《開元禮》中還能見到當初修訂的遺迹,無論如何這祇是她身爲皇后所能達到的權力極致。

然而先農取代帝社,却是武則天即將稱帝和登上權力頂峰之際對皇帝禮所進行的重要改革。須注意的是這一改革並不在於祭祀方式——事實上限於女性的身分,武則天即使稱帝,自身也不可能進行"親耕"的實踐,所以其改變的祇是壇名。既然壇名和神名都是先農,就等於吉禮中的帝社之祭不再存在。

那麼爲何如此?竊以爲有兩大目的。其一是作爲家天下政權的禮儀象徵,除了郊天祀地和改宗廟、社稷之外,没有比藉田禮和相關祭祀更能展示帝王身分的了。也即藉田禮是真正的天子禮,武則天未來既不能亲身去藉田而舉行祭祀,那麼壇名的改變就代表已經改天换地。此即武則天雖然剛剛垂簾聽政,却

---

[1] 《唐令拾遺補》第二部《祠令第八》二五丙條(追加永徽令),東京大學出版會,1997年,496—497頁。
[2] 《舊唐書》卷二四《禮儀志四》,中華書局標點本,1975年,912頁;《新唐書》卷一四《禮樂志四》,357頁。
[3] 吳麗娛《朝賀皇后:〈大唐開元禮〉中的則天舊儀》,《文史》2006年第1輯,127—129頁。

要在帝王禮的改造問題上展示她的存在，表達她主宰國家意志的原因，也可以認爲是她意欲稱帝的一個證明。

其二是由帝社本身的意義及内涵所決定。須知道原來的帝社與國家社稷並列，是帝王私家有土之代表，是李唐一姓統治國家之見證，帝社不存在，就意味李姓家族有土的事實不再存在。所以武則天推翻李唐宗姓不惜徹底取締帝社，不可謂意味不深厚——當然這裏有人會提出，武則天爲何不以武姓帝社取而代之呢？須知這是一個敏感的問題，因爲武周革命，有著種種不能言説的内涵。直接取締大唐不僅法理上説不過去，也有操作的困難。何況武則天剛剛登臺，太后的身份未變，武周也還没建立，所以只能對大唐舊制暗加破除而無法取代。

也正是由於這一原因，所以中宗"反正"之神龍元年，便由祝欽明首先提出藉田，由所言古之"緣田爲社，曰王社、侯社。今曰司農，宜正名爲帝社"，以及"藉田壇祭，止是王社（等同後來的帝社）"、"近日改名先農之祭，不知王社根本"等批評，[1]知他是主張完全恢復藉田壇祭帝社的内涵以取代司農的，這顯然是爲了恢復李唐統治之象徵。在辯論過程中，韋叔夏、張齊賢等提出"王社先農，其來自遠，各在祀典，不可合而爲一"，請求在藉田中，"别立帝社、帝稷，配以禹、棄，則先農、帝社，兩祠咸秩"，也即分别祭祀。其雖然在王社、司農是否一神的看法上與祝欽明不同，但在恢復帝社這一點上没有異議。所以最後還是統一了意見，奏言："然則先農與社一神，今先農壇請改曰帝社壇，以合古王社之義。其祭，準令以孟春吉亥祠后土，以句龍配社。"[2]不僅如此，在恢復帝社壇的同時，又"立帝稷壇於西，如太社、太稷，而壇不設方色，以爲異於太社"，也即增建了魏晉以來從未有過的太稷壇，等於擴大了帝社的祭祀，可謂矯枉過正。

很有意思的是，祝欽明本是武則天時代頗受重用的禮官。《舊唐書·禮儀志》説："則天時以禮官不甚詳明，特詔國子博士祝欽明及（韋）叔夏，每有儀注，皆令參定。"[3]所指即《韋叔夏傳》載久視元年（700）之制。此制稱讚韋、祝等"博涉禮經，多所該練"，要求"自今司禮所修儀注，並委叔夏等刊定訖，然後進奏"。[4]但所説"多所該練"，至少早在則天在位初已開始。因爲同傳前句也説："則天將拜洛及享明堂，皆别受制，共當時大儒祝欽明、郭山暉撰定儀注，凡

---

[1]《新唐書》卷一四《禮樂志四》，357頁；《唐會要》卷二二，491頁。下引文見492頁。
[2]《新唐書》卷一四《禮樂志四》，358頁，下同。
[3]《舊唐書》卷二一《禮儀志一》，818頁。
[4]《舊唐書》卷一八九下《儒學·韋叔夏傳》，4964頁，下同。

所立議,衆咸推服之。"所知是直到中宗初,祝欽明還參加了删定《垂拱格》與格後敕,以及撰寫《則天實録》等事。[1]可以肯定他是武則天最初乃至一朝的制禮大臣,帝社壇的改名相信他不僅是知情者,也是謀劃人之一。祇是祝欽明是個慣會投機的人,武則天時獲得完全的信任,而當神龍方向轉變之時,竟通過將先農改名帝社和增加帝稷之舉,完全叛離先前的所作所爲而順風轉舵,甚至以"不知王社根本"批判自己,表明支持、擁護中宗復辟李唐的立場,以迅速取得皇帝和新朝廷的信任。於是在此之後,他不僅繼續獲得重用,而且爲了討好韋后,使之能以"亞獻"身份參與南郊祭祀,不惜奉辭希旨,曲解經典,爲之尋找理論依據。所以《新唐書》本傳評價他:"爲朝大儒,乃詭聖僻説,引艷妻郊見上帝,腥德播聞,享胙不終。蓋與少正卯順飛而澤,莊周以詩書破冢者同科。"[2]由此可以知道祝欽明何以會在先農、帝社的名稱轉換問題上如此積極,而研究者欲要弄清前後過節,也必須瞭解這一事件的背後因素。

不過到了開元十九年修訂《開元禮》,已時過境遷,帝社與司農的名稱改替不再具有對立的政治內涵。敕令遂取締太稷壇,仍改帝社名司農,且在二者變化的問題上實行折中,重新回歸唐初以來禮制變革的大方向。

三、帝社之名與貞觀、顯慶禮關係及《開元禮》的變化實質

從以上的論述,可以清楚地瞭解帝社、司農祭祀由分而合的曲折過程。由於從南北朝後期到隋唐之初,已經開始了二者概念的混融,名稱的互替似乎是自然發生的。不過禮、法本身都有規範,不能認爲出現在其中的不同是隨意選擇的結果。所以還是回到本文最初的那個問題,爲什麼在《開元禮》已經明確爲司農的情況下,還會有帝社一稱的出現?竊以爲有一點是肯定的,即禮中所見到的往往是程式、成法,這在序例部分尤其突出,其中多是抄録的令、式、格敕,所以將前朝法令直接抄入的情況不是不可能。

另外由於《開元禮》制作者明白宣示要對《大唐前禮》《大唐後禮》折衷吸收,"有其舉之,莫可廢也",所以《開元禮》常常直接抄録《貞觀禮》或者《顯慶禮》的內容,甚至不迴避矛盾。例如筆者發現冬至圜丘儀昊天上帝所用玉是蒼璧,但

---

[1]《舊唐書》卷九二《魏元忠傳》《韋巨源傳》,2953、2964頁。《唐會要》卷三九《定格令》,卷六三《修國史》,821、1291頁。
[2]《新唐書》卷一〇九《祝欽明傳》,4107頁。

祈穀儀所用乃四圭有邸。按《周禮·大宗伯》規定"以蒼璧禮天",鄭玄解釋即冬至祀天,[1]而四圭有邸《周禮·典瑞》規定用於"祀天旅上帝",按鄭玄說是夏正祈穀也就是祀感生帝所用。[2]但《顯慶禮》不祭感生帝,而五方帝僅是從祀,所以"四圭有邸"應當是來自《貞觀禮》,不過已從感生帝被移用於昊天。又如顯慶元年修禮,長孫無忌等指出《武德令》有"乘輿祀天地,服大裘冕,無旒"的規定。《貞觀禮》未聞修改,應是按《武德令》執行。但長孫無忌和于志寧、許敬宗等認為不合理,請求按照宋、魏、周、齊、隋禮令,"郊祭天地,皆服袞冕"。且為了區別君臣祭服,包括原來皇帝祭社稷的絺冕、祭日月的玄冕,也一律不用,完全改用袞冕。但今天看到《開元禮》還有用大裘冕、絺冕和玄冕的,《顯慶禮》既然全被取消,其來源也是《貞觀禮》或《令》。[3]

但《開元禮》取自《顯慶禮》或格令的情況也有不少。例如《序例中·鹵簿》有副輅,是"五日常朝、享功臣,出入行道則乘之",《序例下·衣服》言太子公服也有五日常朝服之的規定。據《唐會要》,永徽二年八月二十九日下詔:"來月一日,太極殿受朝。此後每五日一度,太極殿視事。"[4]因此是高宗時制度,開元時早已不行。而鹵簿、衣服恐怕也是《顯慶禮》而非開元所定。上文所說《擇日》中祀的"帝社"可能也鈔自前禮或者前朝之令,雖然究竟是禮抑或格令尚不可知,但從前面的論述,其時間還應當是唐初貞觀、顯慶,而不會是開元當下。更可以判明時間的則是《序例下·俎豆》中兩處帝社。這是因為史料清楚地記載了顯慶二年七月許敬宗在改革郊天禮同時修訂籩豆制度。其見於《舊唐書·禮儀志一》曰:

> 敬宗等又議籩、豆之數曰:"按今光祿式,祭天地、日月、岳鎮、海瀆、先蠶等,籩、豆各四。祭宗廟,籩、豆各十二。祭社稷、先農等,籩、豆各九。祭風師、雨師,籩、豆各二。尋此式文,事深乖謬。社稷多於天地,似不貴多。風雨少於日月,又不貴少。且先農、先蠶,俱為中祭,或六或四,理不可通。又先農之神,尊於釋奠,籩、豆之數,先農乃少,理既差舛,難以因循。謹按禮記郊特牲云:'籩、豆之薦,水土之品,不敢用褻味而貴多品,所以交於神明之義也。'此即祭祀籩、豆,以多為貴。宗廟之數,不可逾郊。今請大祀同為十二,中祀同為十,小祀同為八,釋奠準中祀。自餘從

---

[1]《周禮》卷一八《大宗伯》,中華書局,《十三經注疏》本,762頁。
[2]《周禮》卷二〇《典瑞》,777頁。
[3]《唐會要》卷三一《輿服上·袞冕》,659—661頁,並參《從郊禮"奠玉帛"的文字看〈開元禮〉的制作——〈大唐開元禮〉札記之二》,《隋唐遼宋金元史論叢》第8輯,上海古籍出版社,2018年,53—59頁。
[4]《唐會要》卷二四《受朝賀》,531頁。

座,並請依舊式。"詔並可之,遂附于禮令。[1]

很巧的是,這裏不但重新確定了大、中、小祀的籩豆數量,而且特別將先農、先蠶的前後情況加以對比。而從靜嘉堂本的"孟春祭帝社及配座,各籩十、豆十(下略)"來看,帝社的籩豆數量不是改前的"或六或四",而恰恰是改後的"中祀同爲十",加上《舊唐志》所説"詔並可之,遂附於禮令",所以推測這裏的籩豆制度,也像上面所説的鹵簿和朝服,恐怕是來自《顯慶禮》本身或是修改了的令文。

這樣看來,《開元禮》某些看似矛盾或錯誤的地方並不是沒有來由。如果將其改變,或者強求一致,即便内容看起來似乎更一致更合理,却失去了《開元禮》制作的特色而破壞了其本來面目。不僅如此,由於這些不一致處,反映了前後禮的某些本質差異和變化過程,所以如果輕易修改,就會喪失保存和瞭解這些變化的機會。

例如就帝社和司農而言,不僅牽涉兩者本身具有的價值和意義,以及其政治含義等,其分合、改名也涉及長期以來的南北學術之爭。這是因爲,帝社的祭祀本來是附著於太社太稷。即本文前面所説,北朝魏齊以來,都是"置太社、太稷、帝社於宗廟之右",且以"句龍配社,周棄配稷,皆有司侍祀"。"句龍(即后土)配社,周棄(即后稷)配稷"源自《禮記·祭法》關於共工子后土句龍氏"能平水土,故祀以爲社",和烈山氏子柱"能殖百穀,故祀爲稷"之説[2]。但后土是作爲社稷本神還是配祀之神,後世則形成兩種不同看法,以致演爲鄭、王兩派的長久爭議。按照鄭學,是社稷之外要配祀后土、后稷;按照王學,祭社稷之外不另加配祀。王涇《大唐郊祀録》卷八比較鄭王之説的不同道:"鄭學之徒則云社稷者土穀之神,而以有德者配食。"[3]意思是認爲社、稷皆是土祇,祇是生育之功不同,故有二名。句龍氏和后稷都是其屬官而有大功,所以配食,並非是將他們作爲社稷正神。但"王學之徒則從無別神之義",也即認爲社稷並非土祇,句龍和周棄,以五行之官能平水土,有功於人,所以本身就是周后土和田正之神,稱爲社稷,"更無別祭土神之義也"。

也正是因此而南北不同。南朝的太社、帝社,包括籍田祭司農,都是祇祭主神,沒有配祀。但北朝乃至隋唐,太社、太稷、帝社都是有配祀的。這也就是爲何《貞觀禮》《顯慶禮》在吸收南朝理論改祭司農的同時仍然保留配祀,而中宗時

---

[1]《舊唐書》卷二一《禮儀志一》,825頁。
[2]《禮記·祭法》,《禮記正義》卷四六,1590頁。
[3] 王涇《大唐郊祀録》卷八,民族出版社影印《適園叢書》本,2000年,784頁,下同。

恢復帝社,增加帝稷,更是在祭祀對象上完全迴歸北朝傳統。直至《開元禮》按貞觀、顯慶禮行事,於"孟春吉亥享先農"時,仍使"后稷配"。可見禮儀南朝化的同時仍有鄭學之影響和底蘊。這説明《開元禮》在帝社問題上的折衷原則與郊祀天地一致。我想這也纔是《開元禮》中爲何有帝社與司農混同出現的真正原因。《通典》因了《開元禮》已定司農,在"纂類"《開元禮》時很容易就將某處"帝社"予以改寫,雖然文義無錯,但慮及其中委曲,校勘時自然就不能再追隨《通典》加以輕易的改動和統一。在這方面,公善堂本的選擇顯然也是錯的。這種完全以《通典·開元禮纂類》作爲標準和依據的情況在前人的校勘中是常見的,但這往往也是造成錯誤的原因之一,應當改正並予以充分注意。

結語

《大唐開元禮》序例部分中的帝社、司農之名互見似乎衹是一個小小的問題,本文旨在追溯這一問題爲何會發生,以及是否可以將混淆的名稱完全統一。但兩者之間名稱的互換其實有著魏晉南北朝社稷祭祀的傳統,及帝社與藉田關係轉換的深刻背景,其中既有某些改朝換代的政治因素,也有長期以來南北論爭和禮儀南朝化的影響。但更直接的因素乃是《開元禮》折衷和吸收《貞觀禮》《顯慶禮》的制作方式所使然——這也是《開元禮》校勘中所常見的問題。由此産生的疑問及差異或非止一端,衹有深入理解《開元禮》的自身制作的宗旨特色以及禮制的發展特點,謹慎地處理這類問題,甚至完全地保留這些差異,也許纔是閲讀和校勘中最應當採取的方式。

〔吴麗娛,中國社會科學院古代史研究所、
中國社會科學院敦煌學研究中心研究員〕

新舊《唐書·列傳》書寫異同劄記
——讀兩《唐書》劄記之一

黄正建

新舊《唐書》的優劣、異同，自從兩部《唐書》並行以後就一直都有學者進行研究，著名者如《十七史商榷》[1]《陔余叢考》[2]《廿二史劄記》[3]《廿二史考異》[4]，以及吸收了《廿二史考異》等成果的《新舊唐書互證》[5]。但是這些書比較兩《唐書》，主要是考證它們體例的異同，以及相互之間的矛盾處，並引用其他典籍來判斷對錯，以便找出史實的真相。其中比較新舊《唐書》最多的是《廿二史劄記》，立有"新書增舊書處""新書增舊書有關係處(有關時事政術)""新書增舊書瑣言碎事""新書立傳獨詳處""新書删舊書處""新書改舊書文義處""新舊書互異處""新舊書各有紀傳互異處"等諸條[6]，著眼點依然主要在於史實真相。現當代更專門的研究，有黄永年所著《〈舊唐書〉與〈新唐書〉》[7]。此書全面分析了兩《唐書》的編纂過程、優劣，並舉例說明如何閱讀兩《唐書》。書中舉了玄武門事變與馬嵬坡兵變兩個例子，看兩《唐書》的異同，並由此出發探討歷史原貌，關注的仍然是史實與真相。

"文省事增"是《新唐書》的特點，用詞方面也比較古樸甚至晦澀[8]，這都是

---

[1] 王鳴盛《十七史商榷》，北京：中國書店出版社，1987年。
[2] 趙翼撰，欒保群點校《陔余叢考(新校本)》，北京：中華書局，2019年。
[3] 趙翼著，王樹民校證《廿二史劄記校證》，北京：中華書局，1984年。
[4] 錢大昕《廿二史考異》，陳文和主編《嘉定錢大昕全集》，南京：江蘇古籍出版社，1997年。
[5] 趙紹祖著，王東校證《新舊唐書互證校證》，成都：巴蜀書社，2020年。
[6] 《廿二史劄記》卷一七—一八，358—388頁。
[7] 黄永年《〈舊唐書〉與〈新唐書〉》，北京：人民出版社，1985年。其他各種有關史料學的著作也都會涉及，例如陳高華、陳智超等著《中國古代史史料學》中張澤咸所寫"隋唐五代史史料"一章，對新舊《唐書》的優劣就有很好梳理。天津古籍出版社，2006年，169—178頁。
[8] 《〈舊唐書〉與〈新唐書〉》，53—54頁。

前賢已經指出過的。其實《新唐書》在書寫方面還有其他一些特點,有時與史實的是否準確關係不大,但却反映了宋人在宋代背景下的一種觀念或傾向。最近在讀兩《唐書》列傳時發現了一些這樣的例子,現不揣淺陋瑣碎,摘出前賢未曾或較少關注的一些書寫異同揭示於下,若能有助於瞭解兩《唐書》的異同,進而瞭解唐宋社會的異同,則幸甚。

《舊唐書》和《新唐書》使用的都是中華書局 1975 年的版本,由於最近讀的主要是中晚唐的列傳,因此以下將《舊唐書》的《傳》簡稱爲"舊傳",《新唐書》的《傳》簡稱爲"新傳"。

一、郡望[1]

唐代還屬於士族存在和不斷演變兑化的時代。唐人(含五代人)還是很注重士人出身郡望的,因此傳記中首先要揭示這一點,其中往往有"攀附"嫌疑。宋代基本不存在士族這樣的階層,對郡望的重視有所降低,因此對《舊唐書》列傳所寫郡望常持懷疑態度,尤其是晚唐列傳傳主的郡望,在沒有確切證據的情況下,新傳就加寫幾個字,表示這種懷疑。例如:

《李蔚傳》,舊傳説"隴西人"[2],新傳説"系本隴西"[3],加了"系本"兩字。

《崔彦昭傳》,舊傳説"清河人"[4],新傳説"其先清河人"[5],加了"其先"兩字。

《鄭畋傳》,舊傳説"滎陽人"[6],新傳説"系出滎陽"[7],多了"系出"兩字。

《盧携傳》,舊傳説"范陽人"[8],新傳説"其先本范陽,世居鄭"[9],表明"范陽"只是其祖先的郡望,本人實際是鄭州人。

《張濬傳》,舊傳説"河間人"[10],新傳説"本河間人"[11],多了"本"字。

---

[1] 岑仲勉《唐史餘瀋》有"唐史中之望與貫"一條,關注的是唐史記載(不僅兩《唐書》)中郡望與籍貫不符的現象,與本文關注點不同。見《唐史餘瀋》卷四,上海古籍出版社,1979 年,229—232 頁。
[2] 《舊唐書》卷一七八《李蔚傳》,4624 頁。
[3] 《新唐書》卷一八一《李蔚傳》,5353 頁。
[4] 《舊唐書》卷一七八《崔彦昭傳》,4628 頁。
[5] 《新唐書》卷一八三《崔彦昭傳》,5380 頁。
[6] 《舊唐書》卷一七八《鄭畋傳》,4630 頁。
[7] 《新唐書》卷一八五《鄭畋傳》,5401 頁。
[8] 《舊唐書》卷一七八《盧携傳》,4638 頁。
[9] 《新唐書》卷一八四《盧携傳》,5398 頁。
[10] 《舊唐書》卷一七九《張濬傳》,4656 頁。
[11] 《新唐書》卷一八五《張濬傳》,5411 頁。

相關事例甚多,表明宋人在編纂《唐書》時,對唐人(五代人)所標榜的郡望(特別是"崔盧李鄭"家族)持一種懷疑態度,或許也反映了宋代史學家在叙事時的相對謹慎[1]。

二、傾向性

無論舊傳還是新傳,在論述傳主時,多加有褒貶議論,如"忠厚方嚴""恃才傲物"之類,以表示作者的傾向性,而且這種傾向性大多數場合新傳與舊傳的評價是相一致的。這種傾向性讀者很容易辨别。此外還有一種傾向性,表現在叙述過程(書寫過程)的用詞之中。這種傾向性比較隱晦。在這方面,新傳比較突出。

舉一個例子。

《舊唐書·楊嗣復傳》説:

> 八月,紫宸奏事,(楊嗣復)曰:"聖人在上,野無遺賢。陸洿上疏論兵,雖不中時事,意亦可獎。閒居蘇州累年,宜與一官。"李珏曰:"士子趨競者多,若獎陸洿,貪夫知勸矣。昨竇洵直論事,陛下賞之以幣帛,況與陸洿官耶?"帝曰:"洵直獎其直心,不言事之當否。"鄭覃曰:"若苞藏則不可知。"嗣復曰:"臣深知洵直無邪惡,所奏陸洿官,尚未奉聖旨。"鄭覃曰:"陛下須防朋黨。"嗣復曰:"鄭覃疑臣朋黨,乞陛下放臣歸去。"因拜乞罷免。李珏曰:"比來朋黨,近亦稍弭。"覃曰:"近有小朋黨生。"帝曰:"此輩凋喪向盡。"覃曰:"楊漢公、張又新、李續之即今尚在。"珏曰:"今有邊事論奏。"覃曰:"論邊事安危,臣不如珏;嫉惡則珏不如臣。"嗣復曰:"臣聞左右佩劍,彼此相笑。臣今不知鄭覃指誰爲朋黨。"因當香案前奏曰:"臣待罪宰相,不能申夔、龍之道,唯以朋黨見譏,必乞陛下罷臣鼎職。"[2]

這是文宗時所謂牛黨宰相楊嗣復、李珏與李黨宰相鄭覃在皇帝面前互懟的對話。舊傳在描述這些對話時,基本是客觀記録,只用"曰"來提起各人的對話。但是新傳就不同了,其記載爲:

---

[1] 郡望之外,其他出身也是如此。例如《舊唐書》卷一八〇《李載義傳》説李載義"常山愍王之後"(4674頁),《新唐書》卷二一二《李載義傳》則加了"自稱"二字,作"自稱恒山愍王之後"(5978頁)。

[2]《舊唐書》卷一七六《楊嗣復傳》,4557頁。

後紫宸奏事，(楊)嗣復爲帝言："陸洿屏居民間，而上書論兵，可勸以官。"珏**和曰**："士多趨競，能獎洿，貪夫廉矣。比實洿直以論事見賞，天下釋然，況官洿耶！"帝曰："朕賞洿直，褒其心爾。"鄭覃**不平曰**："彼苞藏固未易知。"嗣復曰："洿直無邪，臣知之。"覃曰："陛下當察朋黨。"嗣復曰："覃疑臣黨，臣應免。"即再拜祈罷。珏見言切，**繆曰**："朋黨固少弭。"覃曰："附離復生。"帝曰："向所謂黨與不已盡乎？"覃曰："楊漢公、張又新、李續故在。"珏乃陳邊事，**欲絶其語**。覃曰："論邊事安危，臣不如珏；嫉朋比，珏不如臣。"嗣復曰："臣聞左右佩劍，彼此相笑，未知覃果謂誰爲朋黨邪？"因當香案頓首曰："臣位宰相，不能進賢退不肖，以朋黨獲譏，非所以重朝廷。"固乞罷。〔1〕

同樣記載宰相互懟，新傳在舊傳的"曰"前增加了"(李珏)和曰""(鄭覃)不平曰""(李珏)繆曰""(李珏)欲絶其語"等字，不僅將黨派陣營顯示得更清楚，而且通過"和曰""繆曰"等字眼，隱約透露了對楊嗣復李珏互相唱和、"繆"發議論的傾向性看法，以書寫用詞方式表達了新傳作者在牛李黨爭中"揚李抑牛"的傾向。

三、儒學與儒者

宋代是儒學大發展時期，《新唐書》的作者多是大儒。他們對儒學的提倡和對儒者的尊重也表現在《新唐書》的叙事和書寫中。

例如：

《新唐書》總的説是"文省"，删去了《舊唐書》中大量詔敕和表奏原文，而用幾句話予以概括。但有的《傳》却又增加了一些表奏原文。當然這種增加是有目的的。比如《劉禹錫傳》，新傳與舊傳的前半部分大致相同，後半部分，新傳增加了劉禹錫的兩篇文字：一篇是《子劉子傳》，爲表示劉禹錫對自己的辯解；另一篇則取自《劉禹錫集》中的《奏記丞相府論學事》〔2〕。新傳説"禹錫嘗嘆天下學校廢，乃奏記宰相曰"云云，以下幾乎全文引用了這篇《奏記》，長達五六百字，占到了全傳的三分之一〔3〕。劉禹錫文章甚多，新傳專門挑選這篇《奏記》，不能不説反映了作者對中晚唐學校荒廢的慨嘆關切，以及倡導對學校，對儒者、儒臣、

---

〔1〕《新唐書》卷一七四《楊嗣復傳》，5238—5239頁。
〔2〕《劉禹錫集》卷二〇《奏記丞相府論學事》，北京：中華書局，1990年，252—254頁。
〔3〕《新唐書》卷一六八《劉禹錫傳》，5130—5131頁。

儒官的重視[1]。

《裴休傳》。舊傳說他"善爲文,長於書翰,自成筆法"[2]。新傳的表達略有不同,作"能文章,書楷遒媚有體法。爲人醞藉,進止雍閑。宣宗嘗曰:'休真儒者。'"[3]新傳不僅更具體地叙述了裴休的書法成就,而且特別增加了皇帝說他是"真儒者"的評價,反映了新傳作者對"儒者"身份的强調和尊崇。

《朱朴傳》。舊傳甚短,總共不過三行,基本是否定性描述:"朱朴者,乾寧中(894—898)爲國子博士。腐儒木强,無他才伎……拜諫議大夫、平章事。在中書與名公齒,筆劄議論,動爲笑端。"[4]新傳的篇幅大大超過舊傳,且基本是正面描述:先强調朱朴是"以三史舉",後被"擢國子《毛詩》博士",即有正規的科舉出身,並是稱職的博士,同時列舉他兩次"上書言當世事",表明他曾積極參與了當時的政治活動,最後說"(朱)朴爲人木强,無它能……擢左諫議大夫、同中書門下平章事。以素無聞,人人大驚。俄判户部,進中書侍郎。帝益治兵,所處可一委朴。朴移檄四方,令近者出甲士,資饋饟;遠者以羨餘上"[5]。非常明顯的是,新傳雖然也說朱朴"無它能",但將舊傳評價朱朴的"腐儒木强"改爲"木强",删去了"腐儒"字樣,又删去了舊傳說他當宰相後"動爲笑端"的記載,同時强調他在當宰相前的兩次上書,以及當宰相後的"移檄四方",從而證明他通經學但並非"腐儒"。這種改動不僅反映了新傳作者對朱朴的認識,也反映了新傳作者尊崇儒者的情懷。

《賀蘭敏之傳》。舊傳說他"累拜左侍極、蘭台太史,襲爵周國公。仍令鳩集學士李嗣真、吴兢之徒,於蘭台刊正經史並著撰傳記"[6]。這裏稱"學士李嗣真、吴兢之徒",帶有明顯貶義。新傳則說"擢累左侍極、蘭台太史令,與名儒李嗣真等參與刊撰"[7]。不僅没有提吴兢,而且尊稱李嗣真爲"名儒"。再查李嗣真,舊傳將其歸入《方伎傳》[8],視其爲術士,所以才有上述"學士……之徒"的貶義表達。新傳則不然,將其按時代與"温大雅"等並傳,强調其好文多能,"撰述尤多"[9],似視其爲儒者,所以才有上述"名儒"的表達,反映了新傳作者對儒者的尊崇。

---

[1] 新傳所引《奏記》最後說:"儒官各加稍食,州縣進士皆立程督,則貞觀之風,粲然可復。"5131頁。
[2] 《舊唐書》卷一七七《裴休傳》,4594頁。
[3] 《新唐書》卷一八二《裴休傳》,5372頁。
[4] 《舊唐書》卷一七九《朱朴傳》,4662頁。
[5] 《新唐書》卷一八三《朱朴傳》,5385—5386頁。
[6] 《舊唐書》卷一八三《賀蘭敏之傳》,4728頁。
[7] 《新唐書》卷二〇六《賀蘭敏之傳》,5836頁。
[8] 《舊唐書》卷一九一《方伎·李嗣真傳》,5098—5099頁。
[9] 《新唐書》卷九一《李嗣真傳》,3796—3797頁。

《太平公主傳》。舊傳説"公主日益豪横,進達朝士,多至大官,詞人後進造其門者,或有貧窘,則遺之金帛,士亦翕然稱之"[1]。新傳則説"主亦自以軋而可勝,故益横。於是推進天下士,謂儒者多寠狹,厚持金帛謝之,以動大議,遠近翕然嚮之"[2]。新傳將舊傳中的"詞人後進"改爲"儒者",似認爲儒者才會貧窮,反映了在新傳作者心目中"儒者"身份是高於"詞人"的。這也是一種對儒者的尊崇。

尊崇儒學和儒者的同時,新傳作者對佛教則持一種貶低態度。這種態度集中表現在《李蔚傳》的"贊"中。按《李蔚傳》,舊傳録有他勸諫懿宗奉佛太過的疏文全文,達上千字;新傳將此疏文省略爲一句話,但補充了懿宗佞佛的大段文字,特别是在《傳》後寫了長達500字的"贊":

> 贊曰:人之惑怪神也,甚哉!若佛者,特西域一槀人耳。裸顛露足,以乞食自資,癯辱其身,屏營山樊,行一概之苦,本無求於人,徒屬稍稍從之。然其言荒茫漫靡,夷幻變現,善推不驗無實之事,以鬼神死生貫爲一條,據之不疑。掊嗜欲,棄親屬,大抵與黄老相出入。至漢十四葉,書入中國。迹夫生人之情,以耳目不隙爲奇,以不可知爲神,以物理之外爲畏,以變化無方爲聖,以生而死、死復生、回復償報、歆艷其間爲或然,以賤近貴遠爲惠。鞮譯差殊,不可研詰。華人之譎誕者,又攗莊周、列禦寇之説佐其高,層累架騰,直出其表,以無上不可加爲勝,妄相誇脅而倡其風。於是,自天子逮庶人,皆震動而祠奉之。
>
> 初,宰相王縉以緣業事佐代宗,於是始作内道場,晝夜梵唄,冀禳寇戎,大作盂蘭,肖祖宗像,分供塔廟,爲賊臣嘻笑。至憲宗世,遂迎佛骨於鳳翔,内之宫中。韓愈指言其弊,帝怒,竄愈瀕死,憲亦弗獲天年。幸福而禍,無亦左乎!懿宗不君,精爽奪迷,復蹈前車而覆之。興哀無知之場,丐庇百解之胯,以死自誓,無有顧藉,流涕拜伏,雖事宗廟上帝,無以進焉。屈萬乘之貴,自等太古胡,數千載而遠,以身爲徇。嗚呼,運痎祚殫,天告之矣!懿不三月而徂,唐德之不競,厥有來哉,悲夫![3]

《新唐書》列傳後面寫有這麽長的"贊",十分罕見,從中不僅可見新傳作者對晚唐皇帝佞佛的批評,更可見新傳作者對佛教的認知和態度[4],恰可與對儒

---

[1]《舊唐書》卷一八三《太平公主傳》,4739頁。
[2]《新唐書》卷八三《太平公主傳》,3650頁。
[3]《新唐書》卷一八一《李蔚傳·贊》,5355頁。
[4] 不僅列傳,本紀或也如此。《十七史商榷》卷七〇有"廢浮屠老子法"一條,認爲唐高祖武德九年(626)下詔只是沙汰僧尼道士,但仍舊保留了寺觀和僧尼道士等,而《新唐書·高祖紀》却將其記爲"廢"浮屠老子法,是不合事實的。王鳴盛甚至批評歐陽修這是"改易就己意"。這裏,我們或可將這種改動理解爲它也是《新唐書》作者"抑佛"觀念的反映。

學和儒者的尊崇相對照。

四、朝廷和皇帝

宋代是皇權上升的朝代,對朝廷的尊崇與對皇帝的尊崇是相一致的,也反映在新傳與舊傳細節書寫的異同中。例如:

《蕭遘傳》。舊傳論述田令孜率軍征討河中王重榮時説:"是年冬,(田)令孜奏安邑兩池鹽利,請直屬禁軍。王重榮上章論列,乃奏移重榮别鎮。重榮不受,令孜請率禁軍討之。重榮求援于太原,李克用引軍赴之,拒戰沙苑,禁軍大敗,逼京城。"〔1〕此段記載,新傳作"後(田)令孜取安邑池鹽給衛軍,王重榮固争,乃徙重榮它鎮,不受詔。令孜以兵討之,重榮引沙陀拒王師。王師敗,逐而西"〔2〕。可注意的是,新傳將舊傳中的"禁軍"改成了"王師",傳達的一個觀念就是,朝廷命官的田令孜率禁軍討河中藩鎮的王重榮,即使田令孜再壞,也是朝廷征伐藩鎮。朝廷就是"王師"。反映了新傳作者強調朝廷高於藩鎮,藩鎮必須聽命中央的觀念。

《鄭綮傳》。舊傳記載他"出爲廬州刺史。黄巢自嶺表還,經淮南剽掠。(鄭)綮移黄巢文牒,請不犯郡界。巢笑而從之,一郡獨不被寇"〔3〕。此一事件,新傳作"補廬州刺史。黄巢掠淮南,(鄭)綮移檄請無犯州境,巢笑,爲斂兵,州獨完"〔4〕。可注意的是,新傳將舊傳中鄭綮向黄巢"移文牒"改成了"移檄"。我們知道,"文牒"基本是處理公務,"檄"則用於聲討或征伐,因此"移文牒"是商量公務,而"移檄"則是傳達征討命令,表示朝廷對反叛者的討伐。新傳這裏改用"移檄"就將鄭綮與黄巢的商量公務變成了傳遞命令,以此維護朝廷官員(不同於反叛者的)的權力和威望。

《鄭畋傳》。黄巢佔領廣州後,想讓朝廷授予節度使,於是宰相有不同意見:鄭畋認爲可以授予,盧携反對,説高駢足以殲滅黄巢,最後僖宗同意了盧携的意見,然後舊傳説:

---

〔1〕《舊唐書》卷一七九《蕭遘傳》,4646—4647頁。
〔2〕《新唐書》卷一〇一《蕭遘傳》,3962頁。
〔3〕《舊唐書》卷一七九《鄭綮傳》,4662頁。
〔4〕《新唐書》卷一八三《鄭綮傳》,5384頁。

廣明元年(880),賊自嶺表北渡江、浙,虜崔璆,陷淮南郡縣。高駢止令張璘控制衝要,閉壁自固。**天子始思(鄭)畋前言**,二人俱徵還,拜(鄭)畋禮部尚書。尋出爲鳳翔隴右節度使。是冬,賊陷京師,僖宗出幸。畋聞難作,候駕于斜谷迎謁,垂泣曰:"將相誤陛下,以至於此。臣實罪人,請死以懲無狀。"上曰:"**非卿失也**。朕以狂寇淩犯,且駐蹕興元。卿宜堅扼賊衝,勿令滋蔓。"〔1〕

這一段,新傳的記載是:

> 俄召拜吏部尚書。明年,爲鳳翔隴西節度使,募銳兵五百,號"疾雷將",境中盜不敢發,發輒得。會(黄)巢陷東都,遣兵戍京師,以家財勞行,妻自縫戎衣給戰士。帝出梁、洋,(鄭)畋上謁斜谷,泣曰:"將相誤國,臣請死以懲無狀。"帝勞遣之,且曰:"公謹扼賊衝,無令得西向。"〔2〕

這段記載中,除去舊傳沒有的"疾雷將"和其妻子自己縫紉軍衣諸事外〔3〕,其他記述則刪去了舊傳中"天子始思(鄭)畋前言"和僖宗說"非卿失也"的話,顯然是爲維護皇帝的權威:一來表明,僖宗召回鄭畋,並非因爲原來沒有聽取鄭畋意見,判斷有誤;二來表明,僖宗出幸,如果承認了並非鄭畋之失,那是否就意味著皇帝本人要承擔責任呢?因此之故,新傳就刪掉了這兩句可能有損于皇帝形象的話,以維護皇權。

五、朋黨

唐朝最大的朋黨之爭是所謂"牛李黨爭",相關研究甚多。宋代也是黨爭頻發的朝代,《新唐書》作者之一的歐陽修還專門寫過《朋黨論》〔4〕,因此《新唐書》作者對朋黨深惡痛絕,對《舊唐書》的一些說法進行了改寫,充分反映出宋人對朋黨的態度。這特別表現在《李德裕傳》等重要傳記中。

《李德裕傳》。舊傳〔5〕說"(李)逢吉欲引(牛)僧孺,懼(李)紳與(李)德裕禁

---

〔1〕《舊唐書》卷一七八《鄭畋傳》,4633—4634頁。
〔2〕《新唐書》卷一八五《鄭畋傳》,5403頁。
〔3〕新傳總的說來比舊傳更加表彰鄭畋,增加了許多鄭畋的政績。
〔4〕歐陽修著,洪本健校箋《歐陽修詩文集校箋》卷一七,上海古籍出版社,2009年,520—522頁。
〔5〕《舊唐書》卷一七四《李德裕傳》,4509—4530頁。

中沮之,九月,出德裕爲浙西觀察使,尋引僧孺同平章事。由是交怨愈深"。新傳[1]説"(李逢吉)欲引僧孺益**樹黨**,乃出德裕爲浙西觀察使。俄而僧孺入相,由是牛、李之憾結矣"。舊傳這裏並沒有説"黨"的問題,而新傳特別指出李逢吉引牛僧孺爲相是爲了"樹黨"[2]。

舊傳又説"(李)宗閔尋引牛僧孺同知政事,二憾相結,凡德裕之善者,皆斥之於外。(大和)四年(830)十月,以德裕檢校兵部尚書、成都尹、劍南西川節度副大使、知節度事、管内觀察處置、西山八國雲南招撫等使。裴度于宗閔有恩。度征淮西時,請宗閔爲彰義觀察判官,自後名位日進。至是恨度援德裕,罷度相位,出爲興元節度使,牛、李權赫於天下"。新傳則説"裴度薦(李德裕)材堪宰相,而李宗閔以中人助,先秉政,且得君,出德裕爲鄭滑節度使,引僧孺協力,罷度政事。二怨相濟,凡德裕所善,悉逐之。於是二人權震天下,**黨人**牢不可破矣"。舊傳只説"牛、李權赫於天下"[3],新傳則又加上"黨人牢不可破矣",仍然在强調"黨人"。

可見新傳是著力將當時的大臣關係塑造爲"樹黨""黨人"關係的。

於是在最後評價李德裕時,舊傳和新傳也有很大不同。

舊傳:

> 史臣曰:臣總角時,亟聞耆德言衛公故事。是時天子神武,明於聽斷,公亦以身犯難,酬特達之遇。言行計從,功成事遂,君臣之分,千載一時。觀其禁掖彌綸,巖廊啓奏,料敵制勝,襟靈獨斷,如由基命中,罔有虛發,實奇才也。語文章,則嚴、馬扶輪;論政事,則蕭、曹避席。罪其竊位,即太深文。所可議者,不能釋憾解仇,以德報怨,泯是非於度外,齊彼我於環中。與夫市井之徒,力戰錐刀之末,淪身瘴海,可爲傷心。古所謂攫金都下,忽於市人,離婁不見於眉睫。才則才矣,語道則難。

新傳:

> 贊曰:漢劉向論朋黨,其言明切,可爲流涕,而主不悟,卒陷亡辜。德裕復援向言,指質邪正,再被逐,終嬰大禍。嗟乎,朋黨之興也,殆哉!根夫主威奪者下陵,聽弗明者賢不肖兩進,進必務勝,而後人人引所私,以所私乘狐疑不斷之隙;是引桀、

---

[1]《新唐書》卷一八〇《李德裕傳》,5327—5344頁。
[2] 不僅如此,舊傳説"交怨愈深"指的是李逢吉和李德裕,並非"牛、李",新傳則明確將其定義爲"牛、李之憾結矣",是有意識地强調甚至是製造牛、李黨争。
[3] 且這裏的"牛、李"實指牛僧孺和李逢吉。

蹠、孔、顔相闞於前,而以衆寡爲勝負矣。欲國不亡,得乎?身爲名宰相,不能損所憎,顯擠以仇,使比周勢成,根株牽連,賢智播奔,而王室亦衰,寧明有未晢歟?不然,功烈光明,佐武中興,與姚、宋等矣。

舊傳的"史臣曰"基本没有涉及朋黨問題,而新傳的"贊曰"則主要説的都是朋黨問題,可見新舊唐書作者關注的問題點有所不同,清楚反映了不同時代作者在不同社會歷史環境下看問題方式的異同以及導致的歷史書寫的異同。

同樣的傾向還見於《李宗閔傳》。舊傳雖然提到了"二李朋黨"[1],但並没有記述文宗與宰相關於朋黨的討論,而新傳則增加了如下一段:

> 久之,(李)德裕爲相,與(李)宗閔共當國。德裕入謝,文宗曰:"而知朝廷有**朋黨**乎?"德裕曰:"今中朝半爲**黨**人,雖後來者,趨利而靡,往往陷之。陛下能用中立無私者,**黨與**破矣。"帝曰:"衆以楊虞卿、張元夫、蕭澣爲**黨魁**。"德裕因請皆出爲刺史,帝然之。即以虞卿爲常州,元夫爲汝州,蕭澣爲鄭州。宗閔曰:"虞卿位給事中,州不容在元夫下。德裕居外久,其知**黨**人不如臣之詳。虞卿日見賓客於第,世號行中書,故臣未嘗與美官。"德裕質之曰:"給事中非美官云何?"宗閔大沮,不得對。[2]

新傳這裏仍然强調了朝廷裏有"朋黨"(且朝中一半都是黨人),並借文宗的口説楊虞卿等人是黨魁(而不涉及李德裕、李宗閔);李宗閔還説他更瞭解朝廷裏的"黨人"。

此外如《裴度傳》。舊傳記憲宗時事,並没有提到朋黨問題[3],而新傳則增加了以下一段話:

> 帝嘗語:"臣事君當勵善底公,朕惡夫**樹黨**者。"(裴)度曰:"君子小人以類而聚,未有無徒者。君子之徒同德,小人之徒同惡,外甚類,中實遠,在陛下觀所行則辨。"帝曰:"言者大抵若此,朕豈易辨之?"度退,喜曰:"上以爲難辨則易,以爲易辨則難,君子小人行判矣。"[4]

---

[1]《舊唐書》卷一七六《李宗閔傳》,5454頁。還可注意,文宗説的是"二李朋黨"並非"牛李朋黨"。
[2]《新唐書》卷一七四《李宗閔傳》,5235—5236頁。
[3]《舊唐書》卷一七〇《裴度傳》,4420—4421頁。
[4]《新唐書》卷一七三《裴度傳》,5213頁。

新傳增加這段話,表明皇帝對"樹黨"十分厭惡,同時借裴度之口説明君子、小人都是有黨的。這一區分君子、小人之黨的思想實際開歐陽修《朋黨論》所言觀點的先河。

總之,新傳對朋黨、樹黨、黨人、黨與、黨魁的關注度遠遠高於舊傳。這恐怕和北宋官員所處的政治環境息息相關。《資治通鑑》作者司馬光在論述文宗朝歷史時,大量使用"黨""朋黨""黨人"等詞語,也有同樣背景。他在文宗太和八年(834)十一月條有大段"臣光曰",説到君子、小人之黨的問題,並認爲造成朋黨爭鬥的原因在于君主。對此議論,胡三省注云:"温公此爲熙、豐發也"[1],可謂一語中的。極而言之,唐朝後期"牛、李"結黨以及朋黨問題的嚴重性,一定程度上是北宋史學家"製造"出來的。

六、中興[2]

這裏的"中興"並非指唐中宗、肅宗、憲宗或武宗的"中興",而是指後唐的"中興",因爲後唐以唐朝繼承者自居,稱後唐的建立爲"中興"。這反映在舊傳中。新傳作于宋代,首先不會稱後唐爲"中興",其次從體例上,凡唐朝以後的人物事迹均不入傳,因此對舊傳中此類涉及"中興"的人物和字眼都做了刪除。例如:

《張濬傳》。舊傳記其子張格"由荆江上峽入蜀。王建僭號,用爲宰相。中興平蜀,任圜携格而還"[3]。新傳則只記張格"溯漢入蜀,後事王建"[4],刪去了"中興"以下的文字。

《豆盧瑑傳》。舊傳記其侄子豆盧革"中興位亦至宰輔"[5]。新傳無。

《趙隱傳》。舊傳記其子趙光胤"中興用爲宰輔"[6]。新傳無。

這裏涉及一個問題,即《舊唐書》的史源問題。從"中興"字樣看,這些文字一定出自後唐史臣之手。《十七史商榷》專門有"中興"一條。王鳴盛認爲《舊唐

---

[1]《資治通鑑》卷二四五文宗太和八年十一月條,中華書局,1976年,7899—7900頁。
[2] 關於《舊唐書》中出現的"中興",《十七史商榷》中已經提到,但没有强調對於《舊唐書》史源的重要性,這裏特意再次拈出,以期得到重視。
[3]《舊唐書》卷一七九《張濬傳》,4661頁。
[4]《新唐書》卷一八五《張濬傳》,5414頁。
[5]《舊唐書》卷一七七《豆盧瑑傳》,4619頁。
[6]《舊唐書》卷一七八《趙隱傳》,4623頁。

書》之所以多有"中興"字樣,是因爲劉"昫修史本在後唐"[1]的緣故。那麼劉昫在後唐修史,是作爲當代人修《國史》呢,還是作爲後代人修《唐史》? 他修的史與後晉史臣修的《舊唐書》是種什麼關係? 這些問題都值得今後繼續進行研究。

　　以上列舉的若干新舊《唐書·列傳》細節書寫的異同,清楚表明了史家在書寫歷史時所受到的社會現狀和當時觀念的影響,也就是會受到時代的影響。新傳作者一方面似乎更加嚴謹,重視證據,另一方面又在書寫過程中讓詞語蘊含褒貶,雖然尚未達到全部以"春秋筆法"書寫唐書列傳的程度,但也偶有表現。這是我們讀《新唐書》時要格外注意的。

〔黃正建,中國社會科學院古代史研究所、
中國社會科學院敦煌學研究中心研究員〕

―――――――
〔1〕《十七史商榷》卷七六,5葉。

唐宋山澤之禁的律令與實踐

——兼論《唐六典》令文的時間性*

牛來穎

一

山澤之利既包括農業,也包括工商業。前者包括拓荒與獵捕,涉及順時而爲,不違農時,即所謂"山澤各致其時,則民不苟(時,謂虞衡之官禁令各順其時,則民之心不苟得也)"[1]。而引發的研究包括對時令的順應、時禁的服從,以及土地資源利用、環境保護;後者包括鹽利、銅鐵、林木開採,涉及公私之利與本末業的權衡,因而涉及國家財政與公私利益分配。相關的研究則關注經濟政策的倚重,重農抑商的政策以及工商業生產經營及稅收政策。

總體而言,第一,從人類與自然的關係出發的議論,關注時禁,如以時入山林則不禁,以順應自然生態規律,保護山林動植物。第二,從農業立國的角度出發,重農抑商,則探討專賣政策;第三,從濟貧賑恤、救災惠民的角度,討論分利與人,任從山林採集、捕獵、開採;第四,就是關於利益的佔有,強調的是公利。《史記·貨殖列傳》:"漢興,海內爲一,開關梁,弛山澤之禁,是以富商大賈周流天下,交易之物莫不通,得其所欲,而徙豪傑諸侯强族于京師。"[2]山林開放的政策導向,使地方鹽鐵及山林資源的開發利用獲得發展,也展現了官營與私營

---

* 本文爲2021年11月16—17日在中國政法大學召開的"敦煌文獻整理與研究的新視野"學術研討會的參會論文。
[1] 左丘明撰,徐元誥集解,王樹民、沈長雲點校《國語集解·齊語第六》,北京:中華書局,2002年,227頁。
[2] 《史記》卷一二九《貨殖列傳》,北京:中華書局,1982年,3261頁。

之間的利益之爭。《管子》所提出的"漁鹽之利"和對"天財地利"的壟斷,其目的是爲了富國强兵。而歷次實施的關於山林的弛與禁,無不圍繞著這一中心。通過衆利與私利的分配和協調,實現君主國家利益的最大化。從"公私共之"的原則出發,在保障君主私利的基礎上協調與百官公卿、百姓的利益,適時出讓一定的使用權。[1]"公私共之"的基本精神,體現在歷代君臣的討論中,如唐德宗朝:"陝州觀察使李泌奏盧氏山冶出瑟瑟,請禁以充貢奉。上曰:'瑟瑟不産中土,有則與民共之,任人採取。'"[2]如宋太宗說:"地不愛寶,當與衆庶共之。"[3]又如對漢武帝籍南山提封爲上林苑,說"山澤之利當與衆共之,何用此也"[4]的宋仁宗。也體現在律令制度中。本文僅就韓洄所言"天下銅鐵之冶,是曰山澤之利"[5],從銅鐵的開採、鑄幣及其禁令入手。

從唐到宋,華夷疆域概念逐漸得到强調和凸顯,《通典》"邊防典"得以確立,伴隨著對夷觀念的重視與關注[6],形成對緣邊互市及邊界携帶物品的禁令。首先,《關市令》直接關係到緣邊的禁物及限令。《關市令》除了對度關的關外人員、蕃客及其隨身携帶物品的勘查,還有緣邊互市禁品的規定,以及直接劃定的"禁鐵之鄉"的規定。分別見《關市令》唐6、唐7條:

> 諸錦、綾、羅、穀、綉、織成、紬、絲絹、絲布、氂牛尾、真珠、金、銀、鐵,並不得與諸蕃互市及將入蕃,(綾(?)不在禁限。)所禁之物,亦不得將度西邊、北邊諸關及至緣邊諸州興易,其錦、綉、織成,亦不得將過嶺外,金銀不得將過越嶲道。如有緣身衣服,不在禁例。其西邊、北邊諸關外户口須作衣服者,申牒官司,計其口數斟量,聽於内地市取,仍牒關勘過。[7]

> 諸居在禁鐵之鄉,除緣身衣服之外,所須乘具及鍋釜農器之類要須者,量給過所,於不禁鄉市者,經本部申牒商量須數,録色目給牒聽市。市訖,官司勘元牒無剩,移牒本部知。[8]

---

[1] 参看夏炎《古代山林川澤利用問題再檢討——以"公私共利"原則爲中心》,《安徽史學》2013年第6期;丁俊《從公私共之到兼贍軍資:唐前期關於山澤之利的思想變遷與實踐》(2021年7月2—4日山西大學舉辦"中古時期思想與社會"學術研討會論文)。
[2]《舊唐書》卷一二《德宗紀上》,北京:中華書局,1975年,353頁。
[3]《宋史》卷一八五《食貨志下七·坑冶》,北京:中華書局,1985年,4524頁。
[4]《宋史》卷三四〇《吕大防傳》,10842頁。
[5]《舊唐書》卷一二九《韓洄傳》,3606頁。
[6] 魏希德《宋帝國的危機與維繫》,劉雲軍譯,南京:江蘇人民出版社,2021年。
[7] 天一閣博物館、中國社會科學院歷史研究所天聖令整理課題組校證《天一閣藏明鈔本天聖令校證》,北京:中華書局,2006年,405頁。
[8] 同上書,406頁。

衆所周知，隋及唐代前期，所有商税不徵，不唯銅鐵。唐代制定了以律令爲基準的山澤占利的法規，《唐律》的規定見於《雜律》"占山野陂湖利"條：

> 諸占固山野陂湖之利者杖六十。
> [疏]議曰：山澤陂湖，物産所植，所有利潤，與衆共之。其有占固者杖六十，已施功取者不追。〔1〕

又《賊盜律》"山野物已加功力輒取"條：

> 諸山野之物，已加功力刈伐積聚，而輒取者，各以盜論。
> [疏]議曰："山野之物"，謂草、木、藥、石之類。有人已加功力，或刈伐，或積聚，而輒取者，"各以盜論"，謂各准積聚之處時價計贓，依盜法科罪。〔2〕

以此保障衆利與私利。一如仁井田陞先生在《中國法制史》中談及山澤之禁時所説：

> 按照唐代法，山林藪澤之利，據説要"與衆共之""公私共之"。總之，山林川藪幾乎都是從利用方面來考慮的，其所有關係並不直接構成問題。我想，這就是説，以農田水利爲首，餘如採獲雜草、枯枝、魚鱉、螺蚌、蓮荷之類的利益，都不容許個人獨佔，還就妨害這樣一種衆利的事項，訂立了罰則（《唐律》等）。〔3〕

唐代前期，也發生了幾次圍繞山澤徵税的討論。一次是崔融關於關市税的討論，一次是陳子昂的建言。但是結果都没有實施。而有關銅鐵礦藏的開採，集中在《唐六典》兩條關係密切且内容相近的材料中。

1. 凡州界内有出銅、鐵處，官未採者，聽百姓私採。若鑄得銅及白鑞，官爲市取；如欲折充課役，亦聽之。其四邊，無問公私，不得置鐵冶及採銅。自餘山川藪澤之利，公私共之。〔4〕

2. 凡天下諸州出銅鐵之所，聽人私採，官收其税。若白鑞，則官爲市之。其西

---

〔1〕 劉俊文《唐律疏議箋解》卷二六《雜律·占山野陂湖利》，北京：中華書局，1996年，1824頁。
〔2〕 劉俊文《唐律疏議箋解》卷二〇《賊盜·山野物已加功力輒取》，1418頁。
〔3〕 仁井田陞《中國法制史》，牟發松譯，上海古籍出版社，2018年，231頁。
〔4〕 《唐六典》卷三〇州士曹司士參軍條注文，北京：中華書局，1992年，749頁。

邊、北邊諸州禁人無置鐵冶及採鉚（礦）。若器用所須，則具名數，移於所由，官供之；私者，私市之。凡諸冶所造器物，皆上於少府監，然後給之。其興農冶監所造者，唯供隴右諸牧監及諸牧使。[1]

《舊唐書》卷四四《職官三》與《唐六典》材料2《少府監》同："凡天下出銅鐵州府，聽人私採，官收其稅。若白鑞，則官市之。其西北諸州，禁人無置鐵冶及採鐵。若器用所須，具名移於所由官供之。"[2]《新唐書·百官志》文省，作："銅鐵人得採，而官收以稅，唯鑞官市。邊州不置鐵冶，器用所須，皆官供。凡諸冶成器，上數於少府監，然後給之。"[3]

如何理解兩處記載，即唐代百姓開採的銅鐵究竟收不收稅，看似矛盾的兩處記載，引起不同的解讀。李錦綉認爲，官收其稅的情況是"天下諸州出銅鐵之所"，不稅的地區是"州界內有出銅鐵處，官未採者聽百姓私採"[4]。從字面意思看不出有稅與不稅的地區差別。對於銅鐵之處，究竟收不收稅，兩處記載的不同，從另一個角度看，是否應該是不同時期的制度呢？

此前，榎本淳一《〈唐六典〉編纂的一個剖面——以重複規定爲視角》[5]提出，《唐六典》書中引用大量令、格、式，成爲制度史、法制史研究的重要參考資料。其中就提到令文重複的問題，文章以"貢舉"制度爲例子。開元二十四年(736)貢舉從吏部考功員外郎職掌轉移至禮部侍郎，所以，《唐六典》圍繞"貢舉"的制度在卷二吏部與卷四禮部重複引用。文中所舉出的貢舉十類問題包括，開元二十一年完成《老子新注》後，增加了老子策；進士帖經標準從通六已上，改爲通四已上，則是開元二十五年的新制；國子監大成試的部分也是開元二十五年新改的。在此再次提出了《唐六典》所引令式的不同年代問題。之前，小文《〈唐六典〉户部卷與〈開元十道圖〉》[6]，比對《開元三年十道圖》時即發現《唐六典》此部分遠超原來的《十道圖》，其中李林甫的操作即以注文對正文作補充修改，《十道圖》中州縣廢置，有些已是天寶以後的變動。同樣，貢舉由吏部改禮部試的內容，也記載在注文中。這些修改痕跡都說明了《唐六典》編纂的特點以及引用令式的時間性。以往的認識是，《唐六典》引用的令式被認定爲開元七年的。

---

[1]《唐六典》卷二二少府監掌冶署條，577頁。
[2]《舊唐書》卷四四《職官志三》，1894頁。
[3]《新唐書》卷四八《百官志三》，1271頁。
[4]《唐代財政史稿》上卷第二分册，北京大學出版社，1995年，774頁。
[5] 周東平、黃靜譯，見周東平、朱騰主編《法律史譯評》第五卷，上海：中西書局，2017年，99—109頁。感謝田衛衛提供日文原文。
[6]《首都師範大學學報》1994年第5期。

由此看來,其中包括的開元二十五年令式應不在少數。比如前引分在兩卷看似矛盾的兩條關於銅鐵開採的内容。

《唐六典》、兩《唐書》皆源自唐令,即《天聖令·雜令》宋 10 條所本的唐令。宋 10 條爲:

> 諸州界内有出銅礦處官未置場者,百姓不得私採。金、銀、鉛、鑞、鐵等亦如之。西北緣邊無問公私,不得置鐵冶,自餘山川藪澤之利非禁者,公私共之。

如何從文本復原唐令,復原 12:

> 諸州界内有出銅、鐵處,官未採者,聽百姓私採。若鑄得銅及白鑞,官爲市取。如欲折充課役,亦聽之。其西邊北邊無問公私,不得置鐵冶及採礦。自餘山川藪澤之利,公私共之。[1]

復原唐令的依據,除了上述《唐六典》、兩《唐書》,重要的有日本《養老令》雜令第九條:

> 凡國内有出銅鐵處,官未採者,聽百姓私採。若納銅鐵,折充庸調者聽。自餘非禁處者,山川藪澤之利,公私共之。[2]

日本令的"國内",對應唐令"州"。復原唐令中,僅一處與仁井田陞復原不同,即仁井田陞復原爲"四邊",黄正建先生復原爲"西邊北邊",理由是:

> 第一,此條前面説"諸州界内"都聽"私採",後面又説"四邊"都禁"採",似有矛盾。第二,掌冶署所謂禁"置鐵冶及採鉚",似比士曹參軍中禁"置鐵冶及採銅"要合理些。第三,《天聖令》作"西北緣邊"。因此作如上復原。[3]

目前來看,主張《天聖令》是開元二十五年令的意見更多,我同意復原爲"西

---

[1] 天一閣博物館、中國社會科學院歷史研究所天聖令整理課題組校證《天一閣藏明鈔本天聖令校證·附唐令復原研究》,736 頁。
[2] 仁井田陞《唐令拾遺》,栗勁、霍存福等編譯,長春:長春出版社,1989 年,783 頁。
[3] 天一閣博物館、中國社會科學院歷史研究所天聖令整理課題組校證《天一閣藏明鈔本天聖令校證·附唐令復原研究》,737 頁。

邊北邊"是因爲這是開元二十五年令。而仁井田陞先生復原爲"四邊",作爲開元七年令也是對的。也就是説,現在如果復原12是開元二十五年令,應該依據"西邊北邊"復原,不僅有宋令的支持,也有《唐六典》材料2(《唐六典》卷二二少府監掌冶署條)的支持。而仁井田陞先生復原依據的材料1(《唐六典》卷三〇州士曹司士參軍條注文)是開元七年令,故兩處的矛盾是因不同時間的令所致。而還有一處不同是,開元七年令未及收税,而開元二十五年令則寫明收税。礦產税的收繳,是開元二十五年令確定的。至於第一個似有矛盾的前後文的解釋,我推測是以注文的形式來界定,州界內允許私採,唯獨邊地要特別受到限制。

二

山澤之利徵税最直接關係的是富國強兵。陳子昂提出:"臣聞古者富國強兵,未嘗不用山澤之利。臣伏見西戎未滅,兵鎮用廣,內少資儲。外勒轉餉,山澤之利,伏而未通。臣愚不識大體,伏見劍南諸山多有銅礦,採之鑄錢。可以富國。今諸山皆閉,官無採鑄。軍國資用,惟斂下人。乃使公府虛竭,私室貧弊。而天地珍藏,委廢不論。以臣所見,請依舊式。盡令劍南諸州准前採銅,於益府鑄錢。其松潘諸軍所須用度,皆取以資給。"[1]

銅鐵作爲鑄幣的主要材料,開採與鑄錢尤其是對私採與私鑄的控制,關係到幣制的穩定,控制不當會導致"民心動摇,棄本逐末"[2]。《時要字樣》卷下"鑄"字的釋文爲"私",注文曰:

"鑄"字《王二》《廣韻》皆釋"鎔鑄",此釋"私",乃指"鑄"爲"私鑄"之"鑄"也;"私鑄錢""私鑄鐵器"之屬古書中經見。[3]

由此,私鑄錢在當時是普遍的現象,由此成爲大衆常用的詞彙。

銅等金屬開採,最爲獲利是鑄錢。從民鑄、官鑄,對鑄幣權的中央掌控,經

---

[1]《陳子昂集》卷八《上益國事》,北京:中華書局,1960年,177頁;董誥等編《全唐文》卷二一一,北京:中華書局,1983年,2134頁。

[2]《漢書》卷二四下《食貨志四下》,北京:中華書局,1962年,1176頁。

[3] S.6208、S.5731、S.11423《時要字樣》,張涌泉主編《敦煌經部文獻合集·小學類字書之屬》,北京:中華書局,2008年,3857頁。

歷了幾個階段，從聽民私鑄錢，到唐代在法律上確定了"私鑄錢"的罪名的法定意義和懲處規則。《唐律疏議》卷二六《雜律》私鑄錢條：

> 諸私鑄錢者流三千里，作具已備未鑄者徒二年，作具未備者杖一百。
>
> [疏]議曰：私鑄錢者，合流三千里。其"作具已備"，謂鑄錢作具並已周備而未鑄者，徒二年。若"作具未備"，謂有所欠少未堪鑄錢者，杖一百。若私鑄金銀等錢不通時用者，不坐。
>
> 若磨錯成錢令薄小，取銅以求利者徒一年。
>
> [疏]議曰：時用之錢，厚薄大小，並依官樣。輒有磨錯成錢，令至薄小而取其銅，以求利潤者，徒一年。〔1〕

敦煌莫高窟所出《唐神龍散頒刑部格殘卷》（現分藏法國巴黎國立圖書館，編號：P.3078；英國倫敦大英圖書館，編號：S.4673）：

> 私鑄錢人，勘當得實，先決杖一百。頭首處盡，家資沒官；從者配流，不得官當、蔭贖，有官者仍除名；勾合頭首及居停主人雖不自鑄，亦處盡，家資亦沒官。若家人共犯，罪其家長，資財並沒；家長不知，坐其所由者一房資財。其鑄錢處鄰保處徒一年，里正、坊正各決杖一百。若有人糾告，應沒家資，並賞糾人。同犯自首，告者免罪，依例酬賞。〔2〕

開元二十五年，《刑部格》又有些許改變：

> 刑部格：敕，私鑄錢及造意人及勾合頭首者並處絞，仍先決杖一百；從及居停主人加役流，仍各先決杖六十。若家人共犯，坐其家長；若老、弱、殘疾不坐者，則歸罪其以次家長。其鑄錢處鄰保配徒一年，里正、坊正、村正各決杖六十。若有糾告者，即以所鑄錢毀破，並銅物等賞糾人。同犯自首告者免罪，依例酬賞。〔3〕

從《唐律》，到《神龍格》，再到《開元格》，《神龍格》擴大了處罰範圍，從犯罪者本身擴至勾合頭首、居停主人及鄰保、里正、坊正。首犯與從犯分別處罰，前者決杖一百、處死、籍沒家資，後者決杖一百、配流三千里。勾合頭首及居停主

---

〔1〕劉俊文《唐律疏議箋解》卷二六《雜律》，北京：中華書局，1996年，1779頁。
〔2〕《法國國家圖書館藏敦煌西域文獻》21，上海古籍出版社，2002年，244頁。
〔3〕《宋刑統》卷二六"私鑄錢門"引唐刑部格，北京：中華書局，1984年，407頁。

人處死、籍没家資。鄰保科徒一年,里正、坊正決杖一百。至《開元格》,則私鑄錢首犯與勾合頭首同罪,從犯與居停主人同罪;前者決杖一百、處絞,後者決杖六十、加役流。不再籍没家資。里正、坊正、村正減爲決杖六十。

圍繞禁私鑄錢,朝臣有不同的看法。中經討論,意見不一。如開元二十二年"三月,没京兆商人任令方資財六十餘萬貫。壬午,欲令不禁私鑄錢,遣公卿百僚詳議可否。衆以爲不可,遂止"[1]。此事前後經過如下:

> 開元二十二年,中書侍郎張九齡初知政事,奏請不禁鑄錢,玄宗令百官詳議。黄門侍郎裴耀卿、李林甫、河南少尹蕭炅等皆曰:"錢者通貨,有國之權,是以歷代禁之,以絶奸濫。今若一啓此門,但恐小人棄農逐利,而濫惡更甚,於事不便。"左監門録事參軍劉秩上議曰:
>
> ……夫鑄錢不雜以鉛鐵則無利,雜以鉛鐵則惡,惡不重禁之,不足以懲息。且方今塞其私鑄之路,人猶冒死以犯之,況啓其源而欲人之從令乎!是設陷穽而誘之人,其不可三也。
>
> ……夫鑄錢用不贍者,在乎銅貴,銅貴,在採用者衆。夫銅,以爲兵則不如鐵,以爲器則不如漆,禁之無害,陛下何不禁於人?禁於人,則銅無所用,銅益賤,則錢之用給矣。夫銅不布下,則盜鑄者無因而鑄,則公錢不破,人不犯死刑,錢又日增,末復利矣。是一舉而四美兼也,惟陛下熟察之。[2]

劉秩著名的《貨泉議》,主要觀點即反對開放私鑄,因爲貨幣可以"平輕重而權本末",關係到國家的盛衰。鑄幣利潤之大,足以令百姓棄本逐末。需要國家統一調控,包括鑄造流通。而關於採銅的問題,有開元十七年九月的詔書"禁鑄造銅器詔":

> 古者作錢,以通有無之鄉,以平小大之價,以全服用之物,以濟單貧之資,錢之所由急也。然絲布財穀,四者爲本,若本賤末貴,則人棄本而務賤。故有盜鑄者冒嚴刑而不悔,藏鏹者非倍息而不出。今天下泉貨益少,布幣頗輕,欲使流通,焉可得也。且銅者,餒不可食,寒不可衣,既不堪於器用,又不同於寶物。唯以鑄錢,使其流布。宜令所在加鑄,委按察使申明格文,禁斷私賣銅錫,仍禁造銅器。所有採銅錫鉛,官爲市取,勿抑其價,務利於人。[3]

---

[1]《舊唐書》卷八《玄宗紀上》,200—201頁。
[2]《舊唐書》卷四八《食貨志上》,2097—2098頁。
[3] 宋敏求編《唐大詔令集》卷一一二《政事・財利・禁鑄造銅器詔》,北京:中華書局,2008年,582頁。

從詔書來看,至少在開元十七年,還没有對銅等造幣原料的開採徵税。直到開元二十五令,最終將徵税寫入令文。

〔牛來穎,中國社會科學院古代史研究所、
　中國社會科學院敦煌學研究中心研究員〕

舊情與新恩：高宗乳母盧氏的糾結人生
——唐代皇室乳、保母制度再探

陳麗萍

唐代諸帝、王子、公主幼年皆有乳、保母。[1]其中唐高宗九歲喪母，此後多賴於乳、保母的照顧成長，與乳、保母的情感格外深厚，這些都是隨著高宗保母石氏、姬氏與乳母盧氏的相關墓誌面世後，逐漸清晰於後人眼前的。當然，不同於石氏與姬氏的罕聞，盧氏已見載於傳世史料，她雖然以高宗乳母生前得封一品燕國夫人、卒後得享輟朝詔葬之哀榮，但爲丈夫平反和夫妻合葬的要求，又皆被高宗拒絶。兩種矛盾的待遇，可能是爲了突出高宗堅持與前朝政治策略統一形象的特意書寫，也凸顯了盧氏頗爲尷尬的執著舊情。盧氏的墓誌對夫族少有提及，主要渲染了她傾力護佑高宗以及在極盡榮寵的新恩中如何善終。不同史料展現了兩種視角下高宗與盧氏的"母子情"，也正因此才能勾畫出盧氏糾結於舊情與新恩之間的一生，並能藉此對唐代皇室的乳（保）母制度增加新的研究點。爲方便行文論述，先將有關盧氏的三種史料引列、過録如下：

> 高宗乳母盧，本滑州總管杜才幹妻。才幹以謀逆誅，故盧没入於官中。帝既即位，封燕國夫人，品第一。盧既藉恩寵，屢訴才幹枉見構陷。帝曰："此先朝時事，朕安敢追更先朝之事。"卒不許。及盧以亡，復請與才幹合葬，帝以獲罪先期，亦不許之。[2]

---

[1] 唐代皇室的乳保母群體和相關制度的整體研究，主要可參見劉琴麗《論唐代乳母角色地位的新發展》，《蘭州學刊》2009年第11期，215—218頁。陳麗萍《唐代后妃史事考》，北京：社會科學文獻出版社，2014年，325—332頁；《墓誌史料深化唐代宫人研究》，《中國社會科學報》2017年11月20日；《新見唐代后妃墓誌舉隅》，雷聞主編《隋唐遼宋金元史論叢》第8輯，上海古籍出版社，2018年，276—280頁。
[2] 劉餗撰，程毅中點校《隋唐嘉話》卷中，北京：中華書局，1997年，32頁。

高宗乳母盧氏，本滑州總管杜才幹妻。以謀逆誅，故虜沒入官。帝既即位，封燕國夫人，品第一。盧既藉恩寵，屢訴及杜口氏，臨亡，復請與才幹合葬，帝以獲罪先朝，亦不許之。[1]

大唐故燕國夫人盧氏墓誌銘并序「夫人諱　，字叢璧，涿郡范陽人也。華陽啓聖，姜滋開源；懿矣太師，道光四履；偉哉霸德，功濟一匡。「克昌之烈不窮，貽慶之方靡絶。曾祖柔，魏中書監、開府儀同三司、容城伯，周内史。望實之華，風流「兩代。祖愷，隨禮部尚書、攝吏部尚書、開府儀同三司、容城侯。名器之重，摽映一時。父法壽，隨博州「堂邑令、泗州司馬。高才盛德，邁古超倫。夫人資靈素魄，挺質瓊華，容止幽閑，風操恂美。祇教師氏，「率禮家風。三德之美既弘，四行之規無爽。仁順因心而至，孝友不肅而成。德冠閨閫，聲滿親族。年「十有八，歸於杜氏，即　大唐滑州總管、宗貝二州刺史、上柱國、平輿郡開國公杜使君其人也。「移愛敬於舅姑，盡勤勞於夙夜。武德初元，伊洛尚梗，僞城僣號，猶多阻絶。夫人與姑各在非所，每「有珍羞，必令間道供送，自非使還，返，則終日忘餐。每夜未知安不，亦達旦不寐。積行累仁，皆此類也。「既而八表乂安，兩儀交泰，摛祥華渚，誕　聖猗蘭。　皇帝載育之辰，夫人「允光妙選。保佑之重，德范金闈；恭侍之勤，功敷椒掖。貞觀十七年下　詔曰：“質性和婉，志行「明淑，早在宫掖，保養儲貳，勤勞著於夙夜，忠順彰於歲寒。宜超恒典，錫以徽命，可范陽郡三品夫「人。”夫人嘗從游禁苑，方期利涉。　上所御之馬忽卧水中，夫人情切於心，便透馬扶侍。「文皇嘉嘆久之，謂從臣曰：“乳養之恩，殆鄰顧復，盧遂透馬入水，不顧性命。”是日還宫，進加品秩，賜「絹五十匹，仍別加慰喻。　皇帝養德春宫，業隆三善，問安内豎，致察晨街。「文皇口敕云：“我兒長在宫闈，每恒近侍，卧内未曾目睹一人，豈非用心盡節，使得然也。”賜黄金「百斤，前後賞賚優洽，不可勝紀。及　皇帝涼闈在辰，六宫務切，事之進退，「皆任委焉。以供奉之勤，進位一品，餘如故。累陳寡薄，醉不敢當，　上抑而不許。夫人寬以流「裕，慎而寡言，忠以事上，惠以御下。芳聲流於青史，美譽浹於彤闈。尋改授燕國夫人，爲特開廣第。「夫人悲涕固請，乞逾朞月。　上甚嘉重，深識忠孝之誠。臨當拜醉，賜以在儲之笏。「聖慈褒寵，今古莫儔。惟夫人恭儉自天，和柔表性，貴不自已，卑以自牧。淑質恬厚，神情婉慧。言作「女師，動爲嬪則。聲宣在室，德映言歸。及擇傅紫宫，名飛丹掖。罄師保之節，盡推導之誠。禮「高彌降，事泰逾貶。宜天享明德，膺此永年，窮臣妾之榮，盡家國之賾。楷模列闈，准的庶姬。而與善「愆期，遐年爽效。遘疾彌留，至於大漸。中使相望，名醫繼及。仍賜優　敕曰：“昨得書聞患，未知「今來何似？宜善將息，以解憂懸。故遣使問，坐望來報。”恩旨稠疊，禮若家人。粵以麟德元年九「月八日薨於萬

---

[1] 王讜撰，周勛初校注《唐語林校證》卷四"賢媛"條，北京：中華書局，2008年，415頁。

年縣興寧里之第,春秋六十有三。皇情九悼,弭擇官之盛典;「罷政三朝,泠椒庭而永慕。傷母師之長逝,嘆女宗之遂往。哀榮之典,獨高時望。爰有」「恩詔,留葬京師。喪事所須,並令官給。仍賜物二百段、米粟二百石,五品一人監護。即以麟德二年「歲次乙丑二月癸酉朔一日癸酉,葬於雍州萬年縣洪原鄉少陵原。子靜弘,至性自天,孝思不置,「雖清徽懿範,騰光篆册,而婓彩蘭榮,有闕言象,敬雕貞琬,乃述銘云……〔1〕

從史源來看,《唐語林》這條出自《隋唐嘉話》〔2〕並有節略,但《唐語林》將盧氏事歸於"賢媛"條,不知出於何種用意? 而《隋唐嘉話》中盧氏的相關信息可再分解爲三種:第一是(曾經身份)滑州總管杜才幹妻;第二是(當下身份)高宗乳母、一品燕國夫人;第三是(執念訴求)爲夫謀求平反、與夫合葬。而《隋唐嘉話》與盧氏墓誌相較,僅有兩處大致重合:杜才幹的官職;盧氏爲高宗乳母並得封燕國夫人。此外,盧氏的兩個訴求爲《隋唐嘉話》僅見,其父、祖的譜系與履官、太宗與高宗對她的嘉勉恩待等則僅見載於墓誌。兩種史料互爲補充,正好可以展現出盧氏糾結於舊情與新恩之間的一生。而盧氏的舊情之源,即杜才幹的相關事迹,史書記載頗爲粗略。

武德元年(618)九月,李密與王世充決戰於洛陽,王世充命人囚其長史邴元真妻子、司馬鄭虔象之母及諸子弟於洛陽,各令潛呼其父兄,"邴元真、鄭虔象等舉倉城以應之"。〔3〕邴元真等人投降以及洛口倉的丢失影響甚大,走投無路的李密只得於十月降唐。但(高祖命)李密在前往黎陽召集故舊將士的途中復叛唐,十二月底,被唐將盛彦師斬殺於陸渾縣南七十里處。武德二年(619)初,高祖遣使向李密舊屬、黎陽總管徐世勣報其反狀,世勣表請收葬之。二月十六日,徐世勣"發喪行服,備君臣之禮",舊屬劉德義、韋寶和"上柱國、聞喜縣開國公"杜才幹也到祭。閏二月九日,徐世勣以黎陽及河南十郡降唐,授官黎州總管、曹國公。至於邴元真投降王世充後,授官滑州行台僕射,武德三年(620)九月,濮州刺史杜才幹"恨元真叛密,詐以其衆降之",誘殺並以其首獻於李密墓前。當

---

〔1〕 2018年初,由西安碑林博物館王慶衛研究員見示盧氏墓誌拓片照片並尺寸:志石方形,長85、寬86厘米,志文36行,滿行37字;志蓋篆書4行:大唐故/燕國夫/人盧氏/墓誌銘。筆者在《新見唐代后妃墓誌舉隅》(《隋唐遼宋金元史論叢》第8輯,278—279頁)中,曾對盧氏墓誌簡單過録並有初步考證研究。2019年初,又復復旦大學仇鹿鳴教授引薦,蒙齊運通先生慨贈盧夫人墓誌拓片,極大方便了本文的寫作。該墓誌拓片及錄文已收入齊運通主編《洛陽新獲墓誌百品》,北京:國家圖書館出版社,2020年,78—79頁。又新見郭海文、潘鈺華《唐高宗乳母盧氏的生命歷程——新出〈大唐故燕國夫人盧氏墓誌銘并序〉考釋》(杜文玉主編《唐史論叢》第30輯,西安:三秦出版社,2020年,256—282頁)對盧氏墓誌亦有考釋。
〔2〕《唐語林校證》卷四"賢媛",盧氏條注釋一,415頁。
〔3〕《舊唐書》卷五四《王世充傳》,北京:中華書局,1975年,2230頁。

月壬午,杜才幹也以濮州來降唐。[1] 據杜才幹對邴元真"汝本庸才,魏公置汝元僚,不建毫髮之功,乃構滔天之禍,今來送死,是汝之分"的譴責,可見其血性忠心。高祖可能正是出於嘉賞,轉授邴元真滑州之職給杜才幹,後又進平輿郡開國公,行宗、貝二州刺史。

盧氏墓誌載其麟德元年(664)卒,年六十三歲,十八歲歸於杜氏,則推知其當生於隋仁壽二年(602),武德二年左右成婚,而王世充控制洛陽直至武德四年(621)五月,[2] 盧氏的婆母當時正居於洛陽,即"武德初元,伊洛尚梗,偽城僭號,猶多阻絕。夫人與姑各在非所,每有珍羞,必令間道供送,自非使還返,則終日忘餐。每夜未知安不,亦達旦不寐"。盧氏在亂世中的孝行,也間接反映了唐初割據混戰給民衆生活造成的巨大阻隔。

從官爵來看,杜才幹在高祖朝應仕途順暢,但不知何事又誘發了謀反。考慮到乳母有哺乳期的限制,而高宗出生於貞觀二年(628)六月十五,[3] 則杜才幹謀反被誅、盧氏產育或哺乳期沒入掖庭的時間應在此前後不久,盧氏時年二十六七歲,與十八歲成爲高宗保母的姬氏一樣,皆爲青年少婦,也由此能大概推斷出擇選王子乳、保母的年齡標準。見載於史且集中於貞觀初期的謀反事,主要有燕郡王李藝(貞觀元年正月)、長樂郡王李幼良(貞觀元年四月)與義安郡王李孝常(貞觀元年十二月)謀反案。[4] 其中震動最大、牽連官員最多的是李孝常案,長孫皇后的異母兄長孫安業同爲首犯,高宗保母石氏(夫劉德裕)、[5] 姬氏(夫李孝常第六子李義餘)[6] 皆是主要涉案官員的妻子,[7] 因此可能杜才幹也牽涉其中。長孫皇后爲護佑兄長不惜求太宗免死,沒入掖庭的長孫安業家眷

---

[1] 《舊唐書》卷一《高祖本紀》、卷五三《李密傳》、卷六七《李勣傳》,8—9、2222—2224、2484 頁;《資治通鑑》卷一八六、卷一八八,北京:中華書局,1956 年,5808—5833、5891 頁。《唐上柱國公邢國公李君之墓銘》,周紹良主編《唐代墓誌彙編續集》武德 001,上海古籍出版社,2001 年,1 頁。不過,李密墓誌載其安葬日爲武德二年歲次乙卯二月庚子朔十六日乙卯。但武德二年當爲己卯年,二月十六日爲丙戌,皆與墓誌所記干支無法對應,故暫以墓誌所載具體日期爲準。
[2] 《舊唐書》卷一《高祖本紀》,11—12 頁;《資治通鑑》卷一八九,5916 頁。
[3] 《舊唐書》卷二《太宗本紀上》,34 頁。
[4] 《舊唐書》卷二《太宗本紀上》、卷五一《后妃傳上》,32—33、2164—2165 頁;《資治通鑑》卷一九二,6032—6035、6039—6040 頁;《冊府元龜》卷九二二《妖妄第二》,北京:中華書局,1963 年,10888—10889 頁。
[5] 《大周故朝請大夫上護軍行宜州美原縣令劉府君墓誌銘并序》,趙力光主編《西安碑林博物館新藏墓誌續編》,西安:陝西師範大學出版有限總公司,2014 年,204—207 頁。
[6] 《大唐故周國夫人姬氏墓誌銘并序》,趙君平、趙文成編《秦晉豫新出墓誌蒐佚》,北京:中國圖書館出版社,2012 年,190 頁。
[7] 據《冊府元龜》所載,李孝常案受牽連處死的官員有十二位之多,但並未見杜才幹列入。關於李孝常謀反並石氏、姬氏相關事的考證,參見仇鹿鳴《新見〈姬總持墓誌〉考釋——兼論貞觀元年李孝常謀反的政治背景》,榮新江主編《唐研究》第 17 卷,北京大學出版社,2011 年,221—250 頁;《唐高宗李治和他的四個保母》,《上海書評》2017 年 3 月 13 日,收入氏著《讀閒書》,浙江大學出版社,2018 年,9—15 頁。陳麗萍《唐代后妃史事考》,326—328 頁;《新見唐代后妃墓誌舉隅》,276—279 頁。

應該也會受到長孫皇后的關照，而同案籍没的石氏、姬氏、盧氏這批女眷出身大族又較爲年輕，尤其盧氏正好處於哺乳期内，遂被統一挑選爲高宗的保母和乳母，開啓了她們與帝王相伴的另一種人生。

當然，杜才幹的謀反事狀目前仍難得其詳，從盧氏敢多次爲夫平反的訴求推測，也可能事有曖昧之處，但高宗一直不鬆口平反，應源自顯慶元年(656)劉泊子試圖上訴爲乃父平反時，被給事中樂彦瑋以"今雪劉泊之罪，謂先帝用刑不當乎"的冠冕理由所阻。[1] 因此前朝舊案高宗皆不予以推翻，即使恩養之情至深的乳母(詳下文)也没有轉圜餘地。

盧氏的曾祖盧柔、祖父盧愷正史皆有傳，才學和爲官皆有清譽。[2] 但盧愷官至儀同三司，尚書左丞，爲隋文帝所重，後來因卷入了和尚書右僕射蘇威的爭鬥，開皇十二年七月乙巳除名爲百姓，不久卒於家。[3] 以及從乃父盧法壽僅爲縣令、司馬之職，可見其家族入唐後已不復輝煌。不過從北朝大族聯姻的遺風推測，杜才幹可能出自京兆杜氏，與盧氏家族門當户對。《隋唐嘉話》著重記載了盧氏執著於爲夫平反與合葬的訴求，這是她顧念少年夫妻舊情的直接體現；盧氏墓誌記録她盡孝婆母的往事，或許正是她命其子特意書寫的(因爲這是作爲當事人的盧氏最爲熟悉的舊事)，否則在太宗、高宗朝的諸多新恩籠罩下，没必要非以此事書於新恩之前，以示不忘夫族的舊情。當然，在各種忌諱之下，這種情感被隱匿而成了孝道而已。

高宗保母石氏是通過其孫劉莫言墓誌間接爲後人所得知的，她與高宗的具體互動關係暫難以知曉。另一位保母姬氏的墓誌中更多渲染了她隨駕出巡、拜國夫人、篤信佛教、隆重葬禮、歸葬夫塋等宫廷生活狀況和結局。盧氏墓誌則記載了她救護高宗、太宗嘉獎、拜國夫人、代管後宫、安享晚年、風光大葬等事件，更多的筆墨凸顯於她們在太宗、高宗朝所受的新恩。盧氏與姬氏大致一樣待遇中的一些差别，除了墓誌書者筆法不同之外，或許還和她們與高宗之間的不同互動關係有關。

唐制，太子乳母可封郡夫人。[4] 如太宗乳母劉氏於武德六年(623)得封隴西郡夫人，[5] (太宗子)廢太子承乾乳母封遂安郡夫人。[6] 貞觀十七年(643)四

─────────
[1] 《資治通鑑》卷一九八、卷二〇〇，6233—6234、6300—6301 頁。
[2] 《周書》卷三二《盧柔傳》，北京：中華書局，1971 年，562—563 頁；《隋書》卷五六《盧愷傳》，北京：中華書局，2019 年，1559—1561 頁。
[3] 《隋書》卷二《文帝本紀下》、卷五六《盧愷傳》，41、1560—1561 頁。
[4] 《資治通鑑》卷一九四胡注，6120 頁。
[5] 劉氏得封郡夫人時太宗尚爲秦王並非太子，這估計是高祖時太子與秦王、齊王皆爲嫡子且權行並重的特殊政治背景所致。參見《舊唐書》卷六四《高祖諸子傳》，2413、2416 頁。
[6] 《舊唐書》卷五一《后妃傳上》，2166 頁。

月庚辰廢太子承乾,丙戌日,立晉王爲太子(高宗)。此後不久,太宗即詔拜太子乳母盧氏爲三品范陽郡夫人、保母姬氏爲三品滎陽郡夫人,這也都基本符合唐代的制度。當然也提供了新信息,即太子的保母與乳母地位是基本相當的。

盧氏的墓誌中抄錄了册封詔書"質性和婉,志行明淑,早在宫掖,保養儲貳,勤勞著於夙夜,忠順彰於歲寒。宜超恒典,錫以徽命,可范陽郡三品夫人",這也是目前所見最早的唐代乳母册封詔書,史料價值極高。盧氏與姬氏都在得授三品階後,又被抬升至一品階,她們也都無一例外地表示了謙讓。高宗即位後再崇盧氏與姬氏爲燕國、周國夫人,包括石氏的齊國夫人應該也是同期册封的,這應該是延續了太宗尊崇乳母劉氏爲彭城國夫人的傳統,也將諸帝乳、保母封國夫人基本制度化了。〔1〕盧氏墓誌中的另一種特殊史料,集中於高宗立太子之前太宗對她的嘉嘆、賜物和抬升品秩等特殊待遇,同樣抄錄了一份極爲罕見的太宗口敕"我兒長在宫闈,每恒近侍,卧内未曾目睹一人,豈非用心盡節,使得然也"。這種對太宗、高宗父子對她忠心表示肯定的極力渲染,就是爲了展現她在新的宫廷生活中所得到的雙重新恩。

至於盧氏何以會與太宗也有較多的互動,這應該與太宗朝後期的後宫格局有關。貞觀十年(626)六月己卯長孫皇后卒,此後十三年太宗再未立后。在後宫無主的情況下,其韋貴妃、燕德妃等高級嬪妃與六尚宫官們皆適當承擔了宫廷管理的職責,〔2〕而出身較高又有一定素養的太子乳、保母,也在宫廷事務中充當了一定的管理者角色,這在盧氏和姬氏的墓誌中都有提及,也因此她們能與帝王多次直接接觸並有所互動。這種王(太)子乳、保母參與管理後宫的現象,既有點北朝遺風,也是太宗維持後宫秩序的一種分權術。盧氏和姬氏的經歷,爲我們今後探究太宗朝後期的宫廷内部運作,提供了全新的史料參考。

當然,隨着高宗王皇后位主中宫,新的宫廷格局逐步建立起來時,太宗諸嬪妃皆隨子就藩,乳、保母們在完成哺育、照拂乃至協管後宫的使命後,尤其在還有子女的情況下,出宫養老成爲她們與"擬血親"乳子分離,回歸"真血親"子女身邊的合理安排。但當高宗爲盧氏"特開廣第"時,她却"悲涕固請,乞逾朞月"。盧氏的悲涕有對高宗的不捨,也可能想表達對高宗所賜豪宅的謙讓,因此堅持一月餘後才得以出宫。從保母姬氏出宫後仍能隨行高宗於洛陽,並在洛陽修業

---

〔1〕還如肅宗保母王氏亦封涼國夫人,與其他諸帝乳母同爲國夫人階。參見西安市文物保護考古研究院《唐涼國夫人王氏墓發掘簡報》,《文博》2016年第6期,3—10頁。
〔2〕陳麗萍《唐代后妃史事考》,62—67頁。唐代宫官的分職和運行制度,主要可參見《唐六典》卷一二《宫官》,北京:中華書局,1992年,341—344、348—355頁。

里有宅邸來判斷，乳、保母出宮後並非會與皇帝斷絶關聯，盧氏可能在洛陽也有宅邸，也有機會進宮面聖以及被宣召隨行洛陽，但相較於之前的晨昏相伴，出宮後的見面機緣肯定大爲減少，在家破夫亡後的二十多年裏，盧氏的心血精力全都付諸于高宗，驟然分離肯定令她悲傷不已，而"深識（盧氏）忠孝之誠"的高宗也將他爲太子時用過的笏板贈與乳母，表達了他所顧念的舊情，這一場景頗爲令人動容，也成爲盧氏所得新恩之中最大的慰藉了。

　　盧氏與姬氏的經歷本就不同，她們墓誌撰者的筆法不同，記事側重點也不同，但關於她們的養老狀態，姬氏墓誌記載頗爲詳細，盧氏却似乎悄無聲息地過了數年，直至麟德元年（664）病重時，"中使相望，名醫繼及"之余，高宗還特地寫信問候寬慰"昨得書聞患，未知今來何似？宜善將息，以解憂懸。故遣使問，坐望來報"。墓誌所言"恩旨稠疊，禮若家人"，正好概括了高宗作爲帝王兼乳子的這雙份掛懷。盧氏的喪事當爲詔葬，[1]規格應以其所封一品階爲準，除了五品官監護、賜米粟和織物以及"喪事所須，並令官給"的常規待遇外，高宗還輟朝三日。唐代的皇帝爲女眷行輟朝禮者甚少，[2]盧氏也是目前所見唯一受此禮的乳母，這是高宗爲她所做的最高級別禮遇，也是回報她哺育之情的最後一份新恩。麟德二年（665）二月一日，盧氏被安葬於萬年縣洪原鄉少陵原。但命運的無常就在於，麟德二年六月卒於洛陽的姬夫人，臨終前特別叮囑"别樹塋兆，無煩合葬"，靈柩却被遷回長安，安葬在夫族祖塋。而生前哀求能和丈夫合葬的盧氏，在墓誌中絲毫未再提及她的心願，因爲她的訴求早已被高宗否決了。那麼，回歸到盧氏的舊情之源，杜才幹到底因何謀反，高宗爲何在最後的葬禮中還要區别對待同是罪臣家眷的乳、保母，這一謎題只能留待以後了。

　　皇室貴族的乳、保母制度源自三代，[3]最早所見漢武帝稱其乳母爲"大乳母"，因當時"公卿大臣皆敬重乳母"，帝王乳母的特殊地位更令她們及家人、奴僕跋扈不法，帝王乳、保母干政亂政之事不絶於史。降至東漢，安帝乳母王聖得封"野王君"，開啓了帝王乳母有封號的制度先河，不僅如此，王聖先與中黃門李閏、大長秋江京常挑撥安帝與鄧太后不合，後竟能夥同江京、中常侍樊豐等構陷

---

[1] 唐代詔葬制度研究，主要可參見吳麗娛《終極之典：中古喪葬制度研究》，北京：中華書局，2012年，605—705頁。

[2] 夏曉臻《唐代輟朝制度考述》，《陝西師大學報》1989年第3期，63—65頁；朱振宏《隋唐輟朝制度研究》，《文史》2010年第2輯，113—145頁；尚小康《唐代輟朝制度研究》，暨南大學碩士學位論文，2013年；陳麗萍《唐代后妃史事考》，201頁。

[3] 《册府元龜》卷三八《帝王部·尊乳保》，427—430頁。

太子保(順帝)被廢爲濟陰王,權勢極大。[1]至於北朝以來因爲推行"子貴母死",特殊制度下催生出的太武帝乳母竇氏、文成帝乳母常氏竟能享太后之尊,令這一群體的權勢達到了一個新的高峰。[2]但目前學界對唐代皇室乳、保母的相關制度性問題綜合考察的並不多,結合筆者之前的一些研究,並借助盧夫人墓誌,有必要對唐代皇族的乳保母制度略作總結。

第一,太子(諸帝)、王子、公主、嬪妃皆有乳、保母,但無法確定乳、保母的具體配置情況,目前可見高宗有兩位保母、一位乳母,玄宗和哀帝皆有三位乳母,其他唐代諸帝見載的皆只有一位乳母。故要從制度上確定皇族乳、保母的配置標準,還需要新材料的支援。據劉琴麗先生考證,乳、保母有婢女、良人、掖庭宫人等多種來源,但如盧氏這般出身大族的掖庭宫人,在王子公主成長的過程中所起的教導作用顯然具有絶佳的優勢,應該爲當權者所看重也優先擇用,也是她們脱離罪人身份的一條捷徑。

第二,自東漢安帝始,之後諸如順帝乳母宋娥封"山陽君"、靈帝乳母趙嬈封"平氏君"、晉元帝乳母阿蘇封"保聖君",[3]乳母封爵得以沿襲。當然,後世對此也有詬病,如晉成帝想給乳保母周氏賜爵時,侍中顧和就堅決反對,他指出乳保母的職責就是哺育乳子,乳子成年後爲其養老,已經是親屬待遇了,至於漢靈帝給乳母賜爵是"末代之私恩,非先代之令典",成帝也只能作罷。唐代的太子乳母封郡夫人,諸帝乳、保母一般皆爲一品郡、國夫人,基本成爲定制。但唐末哀帝欲以后妃二品昭儀之號册封已被封爲郡夫人的乳母(詔書中稱奶婆),官員提出"乳母古無封夫人賜内職之例"和"婦人無爵,從夫之爵"兩項理由,指出乳母封以嬪妃名號不合舊制、女子無功於社稷封爵不妥,建議依照晉元帝封乳母蘇氏舊例,改封三位乳母分爲"安聖君""福聖君"和"康聖君"。[4]這一特殊事件,與晚唐後宫中内、外命婦的名號和職掌的紊亂有關,也進一步延續到了五代十國時期,如後唐明宗子、許王從益乳母王氏爲司衣,[5]南唐烈祖李昇第五子、

---

[1]《資治通鑑》卷五〇、卷五一,1612、1614—1616、1625、1632、1634—1636頁。
[2] 北朝皇室的乳、保母制度與保太后政治現象,主要可見田餘慶《北魏後宫子貴母死之制的形成和演變》《關於子貴母死制度研究的構思問題》,《拓跋史探》,北京:生活·讀書·新知三聯書店,2003年,9—61頁;李憑《北魏子貴母死故事考述》,《山西大學學報》1990年第1期,69—74頁;王德棟、曹金華《北魏乳母干政的歷史考察》,《揚州師院學報》1995年第4期,104—109頁;蔡幸娟《北魏保皇太后政治研究》,成功大學《歷史學報》第25號,1999年,67—92頁;李貞德《漢魏六朝的乳母》,《"中央研究院"歷史語言研究所集刊》70册第2分,1999年,439—481頁,收入李貞德、梁其姿主編《婦女與社會》,北京:中國大百科全書出版社,2005年,92—131頁;李文根《北魏的子立母死制度》,《鄭州航空工業管理學院學報》2010年第3期,47—50頁;苗霖霖《從"母强子立"到"子貴母死"——北魏婦女社會地位再探討》,《黑龍江民族叢刊》2019年第4期,42—46頁。
[3]《資治通鑑》卷五一,1664頁;《册府元龜》卷三八,428頁。
[4]《請改定乳母封號奏》,《全唐文》卷九六八,北京:中華書局,1983年,10057—10058頁。
[5]《新五代史》卷一五《明宗家人傳第三》,北京:中華書局,1974年,159頁。

江王景遏乳母杏氏拜從三品尚書,[1]乳母所封皆爲前朝宫官之職名。

第三,諸帝即位或成年後,對完成使命的乳、保母皆會養老,她們的封爵還會蔭及親屬子孫,如漢光武帝族孫劉瑰,竟因娶了安帝乳母王聖女伯榮,其從弟劉護以此借光得封朝陽侯。[2]還有一些封乳、保母子爲列侯的記載。唐高宗保母齊國夫人見載於其孫劉慎言墓誌,劉慎言墓誌也毫不諱言其宣德郎的出身,以及郊社令、美原縣令等職皆來自祖母的護蔭。門蔭制度是古代官僚制度中的一塊自留地,官員可以憑藉自己的官階或封爵,給子孫分化出一個比較好、不與其他人競爭的官資出身,但學界一般關注皆爲外朝男性官員的門蔭制度。唐代的皇太后與皇后皆有蔭及母族子弟的制度,此外,公主子孫也可享受到少許母親的蔭澤,諸帝乳、保母亦能蔭及子孫的史事,將爲唐代女性門蔭制度的研究提供更多的論證依據。

第四,盧氏、姬氏、王氏墓誌中存留的口敕、詔書,是册封、褒獎、詔葬乳保母的詔敕原文,史料價值重大。此外還有玄宗、代宗、哀帝等帝乳、保母的册封詔書傳世,雖然唐代諸帝乳、保母研究在人員配置上還有一些缺環,在很多場景下還存在乳母、保母、師傅等混稱,但這些詔敕的存在,無疑對宫廷制度視域内乳保母册封和喪葬制度的研究推進,具有重大的意義。

第五,自漢代以來的諸帝乳、保母參政干政,在北魏達到了頂峰。這一群體中的能人,不僅有我們熟悉的保太后,還有諸如身兼北齊幼主保母與後主穆皇后養母的女侍中陸令萱,其胡作爲非,更是加劇了北齊的滅亡。以及北朝宫廷中存在的傅母宫大監、内傅、傅姆等之職,皆是當時子貴母死制度催生下形成發達乳、保母制度的體現。進入隋唐以後,雖然延續北朝遺風,以帝王爲代表的皇族乳、保母地位一直較高,但隨著建立在母死前提下形成擬血親制度的消失,諸帝對乳、保母的情感依賴已降低很多,乳、保母與諸帝根本上是一種主婢關係。而且鑒於北朝的乳、保母干政以及唐武則天、中宗時期的女禍蔓延,唐後期諸帝對宫廷女性的干政防範很嚴。因此我們看到,儘管有帝王的各種恩待,但所見的乳、保母皆少干政事,忠心、謙讓乃至篤信佛教成爲了她們的群像標籤。這也爲宋代及以後乳、保母制度的發展,她們地位身份的進一步固化,打下了制度的基礎。[3]

〔陳麗萍,中國社會科學院古代史研究所、敦煌學研究中心副研究員〕

---

[1] 薛翹《唐百勝軍節度使江王乳母尚書杏氏墓銘》,《江西文物》1991年第2期,87—88、27頁。
[2] 《後漢書》卷一四《宗室四王三侯列傳》,北京:中華書局,1964年,563—564頁。
[3] 程郁《進入宋代皇室的乳母與宫廷政治鬥争》,《中華文史論叢》2015年第3期,125—161頁。

大唐故燕國夫人盧氏墓誌銘并序

唐後期五代宋初敦煌沙彌的學習與培養

——以佛典的學習與閱讀爲中心

武紹衛

沙彌是僧團的重要成員,他們的學習和培養決定了僧團的未來發展。沙彌的培養和閱讀可以分爲一般的文化教育和專門的佛事教育。其中,佛事教育是沙彌階段所接受的主要學習内容。而佛事教育又可以分爲戒律學習和佛經的學習。敦煌文獻中存在著比較豐富的反映沙彌學習和培養情況的材料。限於篇幅,本文則重點討論吐蕃歸義軍時期敦煌沙彌對佛經的學習。

佛律中規定,沙彌當有兩位師父,[1]但中國實際情況可能並非如此,義淨曾批評中國的剃度制度,其中言及剃度之時沙彌的依止情況"既蒙落髮,遂乃權依一師"。[2]敦煌的情形也大致如此,可能還會更糟糕一些,P. 6005《釋門帖諸寺綱管令夏安居帖》載:"應管僧尼沙彌及沙彌尼,並令安居,住寺依止,從師進業修習,三時禮懺",又載"諸寺僧尼數内沙彌,或未有請依止",可見原則上所有沙彌及沙彌尼都要有依止師,但也存在著尚未有依止師的情形。不過,無論如何,依止師和寺學一樣,構成了沙彌受具前的主要學習嚮導,在很大程度上決定了沙彌的文化成長。

在阿闍梨的指導下,沙彌對經典的學習,可以分爲兩類,一是讀經和誦經,二是抄經。除此之外,沙彌還要進行一些佛教基礎知識的學習以及法事訓練。

---

[1] 如道宣《四分律刪繁補闕行事鈔》便對沙彌剃度做出了規範,其中提及沙彌有二師。相關内容,參道宣撰《四分律刪繁補闕行事鈔》卷三,150頁上。

[2] 相關記載,參義淨著,王邦維校注《南海寄歸内法傳校注》,北京:中華書局,1995年,126頁。

一、創染玄籍：經典的閱讀與識誦

僧人讀經是佛門應有之義，他們的誦經訓練一般來說也是從剃度開始的。沙彌最初不識字或識字不多時，不能直接閱讀經典，如要學習佛典，那麼此時可能是要由依止師口授，抑或聽他僧經唱。通過寺學等途徑，沙彌獲得了一定的文化知識後，便可以逐漸自行閱讀和學習經典了。中國古代典籍，最初並無句讀，所以學文者，最開始讀經時必須學習的技能之一便是句讀。這種學習也是一個漸進的過程，初學者最初可能會有錯誤，這時，依止師便需要做一些引導工作。S. 2577《法華經》卷第八題記載：「余爲初學讀此經者，不識文句，故憑點之。亦不看科段，亦不論起盡，多以四字爲句。若有四字外句者，然始點之；但是四字句者，絕不加點。別爲作爲，別行作行。如此之流，聊復分別。後之見者，勿怪下朱言錯點也。」此比丘師於常見四字句絕不加點，而於四字句外方才點斷，亦可知比丘師眼中的「初學讀此經者」當是已知此經多是四字句式者。

對常見、重要佛典，諸如《法華經》《金剛界》《多心經》等，僧人不僅要做到可以讀誦，而且還要做到識記。在國家度僧的制度下，中央政府爲欲出家者舉行「試經」考試，試經標準雖歷代多有變化，但最低者亦是在一百五十紙，亦即一部《法華經》的規模。吐蕃歸義軍時期，出家雖可不必經過試經考試，但剃度出家之後，背誦經典，也是必須進行的日課。

歷代《高僧傳》中所收錄的高僧，多有可以「日通五紙」（約 2 295 字）、「日誦千言」，甚至「日誦八千餘言」者，[1]這當非普通僧人可以做得到。敦煌文獻中有兩件直接反映僧人日課速度的文書。第一件是 BD13683，是某僧人讀誦《維摩經》的日課記錄：

1.《維摩經》日誦兩行，十一月四日至「可衆得寶」，十一月十

2. 六日誦至「萬梵天王」，十二月一日至「爾時長者子」，十二月

3. 十六日誦至「爾時舍利佛」，正月三日誦至「方

4. 他品」，正月十七日誦至「弟子品三」。

---

[1] 關於《高僧傳》中高僧日課情況的統計，參 Erik Zürcher, "Buddhism and Education in Tang Times," Wm. Theodore de Bary and John W. Chaffee, eds. *Neo-Confucian Education: The Formative Stage*, Berkeley: University of California, 1989, pp. 19 - 56。

通過此件，可以推算出此人誦讀《維摩經》的進度：12月2日至16日從"萬梵天王"至"爾時長者子"，14天，831字，日均不到60字（約合3行）；17日至1月3日從"爾時舍利佛"至"方便品"，17天，474字，日均28字（約合2行）；4日至17日從"方便品"至"弟子品"，15天，1006字，日均67字（約合4行）。每日僅背誦60字、約合3行左右，大致與文書中所謂的"日誦兩行"相合，最少時甚至只有28字，僅實現了預期目標中的一半，表明學習強度並不是很大。

第二件是P.3092V《戊子年（928）十月一日淨土寺試部帖》，記錄了戊子年隸屬都僧統司的試部命諸寺綱管監督徒衆每月兩次（月朝、月半）讀誦經戒律論，其中殘存了20人的課誦結果：

（前缺）

1. 定志，《金剛經》：十月廿九日誦 至 "汝 今諦聽"，十一月一日誦至"即非菩薩"。
2. 惠深，《觀音經》：十月廿九日誦至"稱觀世音"，十一月一日誦至"大自在天"。
3. 願盈，《百法論》：十月廿九日誦至"是汝（以）小乘"。
4. 願清，《百法論》：十月廿九日誦至"如（二）我之空"，十一月一日誦至"弘法利生"。
5. 願濟，《觀音經》。
6. 法緣，《大悲經第一》。
7. 願教，《父母恩重經》。
8. 會德，《菩薩戒》：十月廿九日誦至"如法修行"。
9. 保住，《觀音經》：十月廿九日誦至"以何因緣"，十一月一日誦至"即得解脫"。
10. 戒定，《善惡因緣（果）經》：十月廿九日誦至"胞胎墮落"。
11. 保行，《金光明最勝〔王〕經第一》：十月廿九日誦至"雜事童子"，十一月一日誦至"是人當澡浴"。
12. 願安，《觀音經》。
13. 願修，《延壽經論》：十月廿九日誦至"或作駱駝身"，十一月一日誦至。
14. 惠聰，《金剛般若波羅〔蜜〕經》。
15. 願淨，《金剛經》。
16. 繼紹，《多心經》。
17. 願定，《觀音經》：十月廿九日誦至"即得解脫"，十一月一日誦至"皆悉斷懷（壞）"。
18. 願惠，《千文》。

19. 永建,《多心經》。
20. 勝淨,《八陽經》:十月廿九日誦至"獲如斯福",十一月一日誦至"而成佛道"。
(後缺)

從定志、願清、保住、戒定、保行和願定所誦經進度可以計算出如下結果:定志所誦乃羅什譯《金剛經》,10月29日誦至"汝今諦聽",翌日至11月1日,誦至"若菩薩有我相、人相、衆生相、壽者相,即非菩薩",一日誦154字(約合9行)。願清所讀當是曇曠所撰《大乘百法明門論開宗義記》,一日讀經283字(約合17行)。保住《觀音經》即《法華經》之"普門品",一日讀經277字(約合16行)。戒定所誦《善惡因果經》沒有標記誦讀的起始位置,但從10月29日誦至"胞胎墮落"位於該經起始處,可推知戒定應該是從頭開始誦經的,也意味著他一日誦經111字(約合6.5行)。保行誦義淨譯《金光明最勝王經》,11月1日一日讀經621字左右(約合37行)。願定所誦也是《法華經》之"普門品",他的誦讀記錄是從"即得解脫"誦至"皆悉斷壞",但根據經文,"皆悉斷壞"實在"即得解脫"之後,故暫不能確定他的誦讀內容;如是從"皆悉斷壞,即得解脫"誦至"稱其名故,即得解脫",則共105字(約合6行)。勝淨所誦《八陽經》從内容上看當是《天地八陽神咒經》,但因所標識的經文在經中有兩處重合,故而不能準確確定他閱讀的幅度,大致有526字(約合31行)、471字(約合28行)、396字(約合23行)和341字(約合20行)四種可能。[1] 但無論如何,與BD13683中的僧人相比,他們的誦經進度要快得多,畢竟保住和保行等人是爲應付考試而臨時採取一種應對措施,用功強度自然要大。

這兩件文書中僧人的身份雖然不知是否爲沙彌,但也可以確定沙彌的水準大致也是如此。通過第二件文書,我們也可以瞭解到928年左右,敦煌僧團中諷誦經典的傾向,其中《觀音經》(即《法華經·觀世音菩薩普門品》、兩千餘字)4人、《金剛經》(五千餘字)3人、《大乘百法明門論開宗義記》(三萬餘字)2人、《多心經》(260字)2人、五卷本《大悲經》1人、《父母恩重經》(千餘字)1人、《善惡因果經》(近四千字)1人、《金光明最勝王經》(從經題看即義淨本,凡十卷)1人、《延壽命經》(近千字)1人、《天地八陽神咒經》(四千餘字)1人。他們所選擇的經本基本上以短篇幅的常見經典爲主,其中還有一些社會上流行、但被中國古代經錄僧斥爲僞經者,如《八陽經》和《父母恩重經》《延壽命經》。

---

[1] 考慮到敦煌佛典多有異本的情況,爲便於統計,此處關於經文字數的統計,是以《大正藏》中收錄的版本爲準。

在自行讀經過程中，往往會遇到一些未曾學習過的難字，故而許多佛典卷尾都會附上本卷難字，以便讀者學習。對於沙彌來説，最初的識字教育是從最基本的《上大夫》等學起，而寺學或依止師在此方面的引導不可能覆蓋所有經典使用的字，故而在脱離識字教育之後，沙彌的識字更多的是自學。其工具便是佛典卷尾的難字或其他音義等字書工具書。敦煌文獻爲我們保存了他們如何學習和記録難字的珍貴證據。如 P. 2874 號正面是沙彌所抄《沙彌七十二威儀》，其後是沙彌所抄音義。P. 2948 正面是《法華經難字》，作者摘録了前六卷難字，雖已寫了"第七卷"三字，但其後並未繼續摘録，並且諸難字中間留有一字空間，當是爲後續填寫注音預留，綜合看來，此卷當是一未完成的草稿。此寫本之後當流通到了他人手中，但從其抄寫筆迹看，相當稚拙，作者當是沙彌。此沙彌在正面難字之後的空白處寫上了"鐵槊：所卓反，亦作梢捌"。此外，沙彌並在卷背接著抄寫了《蓮花面經》上下兩卷以及《佛垂般涅槃略説教誡經》一卷的音義。根據許端容先生的考察，這些音義都出自後晉可洪所撰《新集藏經音義隨函録》（即《可洪音義》）。[1]我們也由此可知此沙彌仍是將此卷當做了專門的難字音義書卷來使用。許端容、張金泉、張涌泉等先生曾考證出敦煌文獻中有七件《可洪音義》的抄卷，分别爲 P. 3971、S. 5508、S. 6189、BD5639（李 39、北 8722），選抄本（P. 2948）以及摘抄本（S. 3553、Дх. 11196）。[2]其中，S. 3553 字迹稚拙，當是與 P. 2948 一樣，出自沙彌之手。故而在此八件之中，至少 S. 3553、P. 2948 兩件爲沙彌所用，可見此音義在沙彌學經過程中發揮的識字作用。

有時一些僧人還將難字彙集起來，以供專門識記。P. 3109《略雜難字》有兩處題記，一是"庚寅年五月廿五日《略雜難字》一册，記"寫於頁背；第二處寫於手紙正面，爲"太平興國八年記"。太平興國八年爲 983 年，癸未年，故此"庚寅年"當爲 990 年。從書法筆迹看，背題遠勝於正文難字。又此卷多有習字，故難字最初集者當是一沙彌，抑或此卷曾爲某沙彌所用。關於難字音義類文書在沙彌識字和誦經過程中的使用，亦可見於 P. 3332（《大寶積經》）、P. 3891（《大莊嚴論》）、P. 3506（《佛本行集經》）等。在沙彌學習經文的過程中，這類難字音義實際上充當了基本的識字等童蒙教育階段之後繼續學習的輔導書角色，故而抄寫難字音義也是沙彌們自行進階學習的重要方式。

---

[1] 相關研究，參許端容《可洪〈新集藏經音義隨函録〉敦煌寫卷考》，《第二屆敦煌學國際研討會論文集》，臺北漢學研究中心，1991 年，237—239 頁。

[2] 相關研究，參許端容《可洪〈新集藏經音義隨函録〉敦煌寫卷考》，235—244 頁；張金泉《敦煌音義匯考》，杭州：杭州大學出版社，1996 年，1006—1027 頁；張涌泉主編《敦煌文獻合集》第十册《小學類佛經音義之屬（一）》，北京：中華書局，2008 年，5029—5031 頁。

值得注意的是册子裝在學習過程中的運用。册子裝,小而簡便,利於隨身携帶。根據戴仁先生(Jean-Pierre Drège)的統計,在斯坦因收藏品中有 155 份(印度事務部藏品中有 11 份藏文册子)、伯希和收藏品中有 120 號(有 21 號是藏文册子)以及收藏于吉美博物館的 1 份册子,俄羅斯收藏品中有大約 60 份册子,總共近 400 號册子,其中絶大部分都是散開成爲半頁形態了。[1] 其中便有多件是沙彌所使用的習字本或學習本。如 P. 3861《三窠法義》、Дх. 2822《小乘三科》乃是佛教入門讀物,其主要使用者便是初學佛事的沙彌。又如 P. 3823 上面多有習字、雜字,所抄主要内容乃是佛經難字,如《大方廣十輪經》《大寶積經》《大般涅槃經》《賢愚經》《報恩經》等。

二、永充供養:經典的抄寫

經過依止師的引導或在寺學處的學習,在掌握了基本的書寫能力和識字能力之後,一些沙彌便會自行抄寫一些經典。

沙彌抄經的傳統一直都有,並且抄經的目的之一便是便於自身學習。根據題記,可知甘博 001《法句經道行品·泥洹品》,在升平十年(368)時爲沙彌净明所有,而五年之後,即咸安三年(373)十月廿日時,他還在用此卷繼續學習。

Дх. 1277 是使用非常稚拙的書法抄寫的《報慈母十恩德》,當是沙彌所爲。此卷抄寫的目的或是爲練字,抑或自己誦讀。上圖 119 爲顯德六年(959)正月十九日三界寺沙彌戒輪抄寫的《父母恩重經》。關於戒輪的抄經,還保存在 P. 3919 之上。與上圖 119 卷軸裝不同,此件爲貝葉裝,抄經題記表明此卷寫於"己未年三月廿八日",與上圖寫本抄寫時間爲同一年。此件抄有多部佛經:《大般涅槃經·佛母品》《佛説父母恩重經》(兩遍)《佛説菩薩修行四法經》《佛説十想經》《佛説犯戒罪報輕重經》《佛説温室洗浴衆僧經》《佛説加句靈驗佛頂尊勝陀羅尼經》《大威儀經請問説》。根據 P. 3919 上的頁碼標識,可知當時戒輪至少抄寫了六十七紙(貝葉)的經文,而目前僅存十七紙,故而當時戒輪應當抄寫了相當數量的佛經,在末紙戒輪的題記之下,又書有"三界寺善惠受持",也許戒輪之經便是爲善惠所抄,抑或這些抄經後來經過多種原因流轉到善惠那裏。這兩份文書顯示,當時戒輪的書法用筆已經比較成熟,這也説明了戒輪確曾經過大

---

[1] 相關研究,參 Jean-Pierre Drège, Les cahiers des manuscrits de Touen-houang, in *Contributions aux études sur Touenhouang*, sous la direction de Michel Soymié. Genève, Droz, 1979, pp.17 - 28。

量的書法訓練。值得注意的是,在抄寫《佛説加句靈驗佛頂尊勝陀羅尼經》時,戒輪署名爲"三界寺觀音院僧戒輪",可知當時他身屬三界寺觀音院,而著名的修補三界寺經藏的張和尚道真便曾於不久之前擔任了觀音院主。[1]王秀波曾搜集到了多條道真的時代三界寺僧抄經記録,並認爲道真修補經藏的計畫之所以能得到實施,背後也存在著三界寺僧衆的支持。[2]此説可信。但也應看到這種支持的另一面,即也正是在道真的影響下,三界寺的僧衆的文化素質得到了一個很好的提升,而戒輪正是那一時代沙彌中的代表。

有資料顯示,沙彌抄經所據底本,有可能是規範抄經。如上舉戒輪所抄P.3919之《温室洗浴衆僧經》,原抄經文爲"一者、四大無病,所生常安,勇武丁不著,爲人所敬",在"勇武丁"與"不著"之間實有漏抄,後來戒輪也意識到了此點,便將漏抄内容在旁予以補抄,即"健,衆所敬仰;二者、所生清净,面目端正,塵水"。所漏抄的内容正是十七字。每行十七字正是中古時期標準抄經的固定格式,故而可以推知戒輪所據底本爲當時標準抄經。

敦煌的很多經卷一直都處於流通狀態,一般而言,沙彌也可以從他處(如寺院、依止師處,或其他僧人、供養人處)獲得,但就筆者搜集到的明確標有沙彌身份的抄本佛經(不包括戒文)來看,絶大部分都是沙彌自己親自抄寫而成,而非從他處得來。

沙彌所抄經典中,比較多的是《父母恩重經》《金光明最勝王經》《八陽神咒經》《觀世音經》和《無量壽宗要經》。這與敦煌地區流行的經典基本一致。[3]

有時,沙彌也爲他人抄寫。BD6261(海61、北6255)可能即是信事僧蓮台寺沙彌靈進爲張海晟等人所抄《觀世音經》。他們此種抄經行爲自然不是無償的。其實,學士郎中就已經有人從事這種活動了。抄經以獲取一定報酬,所以抄經在學士郎中可能是一種風氣。BD1199(宿99、北8374)寫有學郎詩:"寫書今日了,因何不送錢?誰家無賴漢,回面不相看。"S.692《秦婦吟》卷末頁有類似學郎詩:"今日寫書了,合有五斗米。高代(貸)不可得,還是自身災。"若此詩乃是敦煌當地所作,則可知學士郎寫書價位爲五斗米。根據鄭炳林先生的估算,敦煌抄經市價約一卷一碩麥,即十斗麥。若詩中所言也是一卷書之價格,則學士郎的抄書費用可能正是正式抄手的一半。

---

〔1〕據P.2614V《重修南大像北古窟題壁并序》可知948年時道真即爲三界寺觀音院主。
〔2〕相關研究,參王秀波《唐後期五代宋初敦煌三界寺研究》,上海師範大學碩士學位論文,2014年,40頁。
〔3〕關於敦煌地區不同時期的流行經典的統計,參林世田《敦煌佛典的流通與改造》,蘭州:甘肅教育出版社,2014年。

三、佛教知識的系統學習

在學習基本經典的同時,沙彌也要學習基本的佛教名相知識,並在具有足够佛教知識之後,開始學習精深的注疏,以爲進行更爲高階的佛教訓練做準備。

梅弘理(Paul Magnin)曾對包括《三寶四諦問答》《小乘三科》《三窠法義》《法門名義集》等在内的五種"佛教教理問答書"進行過梳理和初步研究。〔1〕上山大峻曾提出"佛教綱要書"的論説,指出了敦煌介紹佛教基本名相知識書卷的存在。〔2〕在上山大峻的基礎上,楊發鵬曾比較系統地梳理了敦煌文獻中類似文獻,並將其統稱爲"佛教入門讀物",視爲寺學之中的主要教材。〔3〕雖然他視此類文獻爲寺學主要教材的觀點不足取,但他關於此類文獻乃是佛教入門讀物的見解猶有價值。這類文獻雖非寺學所學,但根據其所載都是最基本的佛教名相知識,故而可以想知它們當是沙彌等初依佛門者所用。按照楊發鵬的整理,此類文獻有:《三寶四諦》(P. 2434、P. 3450、P. 2073V、P. 4627、S. 6108、S. 4236、S. 2669V、S. 1674、BD7572[人 72、北 8421]、BD6230[海 30、北 7114])、《小乘三科》(P. 2841、P. 4805、S. 5531、BD3274[致 74、北 8395]、BD7493[官 93、北 8396]、BD7082[龍 82、北 8397]、BD6858[羽 58、北 8398]、BD8466[裳 66、北 8399]、Дх. 223、Дх. 708)、《大乘三科》(P. 3861、BD7902[文 2、北 8393])、《三乘五性》和《五乘三性》(BD791[月 91、北 7119]、BD8024[字 24、北 7125])、《世間宗見》(BD8024[字 24、北 7125]、BD5889[菜 89、北 499]、龍谷大學 535)和《法門名義集》(有 P. 2119、P. 2128、P. 2317、P. 3008、P. 3009、P. 5958、P. 3001V、S. 6160、P. 4943、S. 1520、BD7268[帝 68、北 5863]、BD4483[崑 83、北 8720]、BD2889[調 89、北 8394])。沙彌關於佛教的宇宙觀等最基本的認知可能便是借助依止師、寺院講經以及這些入門讀物完成的。

在具有了一定佛教基礎之後,他們便可以學習一些比較精深的經典了。此

---

〔1〕 相關研究,參梅弘理著、耿昇譯《敦煌本佛教教理問答書》,《法國敦煌學精粹》,蘭州:甘肅人民出版社,2011 年,554—565 頁。

〔2〕 上山大峻先生雖然主要探討了漢文寫本中的"佛教綱要書",其實在文中也涉及了敦煌文獻中的部分藏文"佛教綱要書"。相關研究,參上山大峻:《敦煌漢文寫本中的"佛教綱要書"》,《龍谷大學論集》第 436 號,1990 年,300—335 頁。

〔3〕 相關研究,參楊發鵬《唐五代宋初敦煌佛教入門讀物研究》,西北師範大學碩士學位論文,2007 年,39—48 頁;並參同氏《敦煌寺學與敦煌佛教入門讀物之關係探析》,《宗教學研究》2010 年第 1 期,175—180 頁。

類學習的方式,有抄寫注疏、隨聽法師講經等。

《攝大乘論》是佛教大乘瑜伽行派的基本論典,也是法相唯識宗的的重要代表經典。其内容需要有一定基礎者方可學習。S.2048《攝論章卷第一》尾題"仁壽元年(601)八月廿八日,瓜州崇教寺沙彌善藏,在京辯才寺寫《攝論疏》,流通末代。比字校竟"。沙彌善藏抄寫經疏,並且進行了校勘,一方面方便自己學習,另一方面也發願此本可以永世流傳。

與《攝大乘論》同屬瑜伽行派經典的還有《瑜伽師地論》等。吐蕃歸義軍時期,在曇曠、法成、法鏡等人的推動下,敦煌地區唯識宗興盛,講説學習《瑜伽論》也成爲一時風尚。曇曠曾在敦煌講經多年,每次講法均吸引了各寺僧衆入道場禮聽。衆多聽衆之中,也有不少沙彌。沙彌弘真和一真便曾多次聽法,甚至可能抄寫了全本的《瑜伽師地論》:弘真抄寫的經本有 BD1087(辰 87、北 7208)、BD1857(秋 57、北 7202)《瑜伽論》;一真的聽經筆記有 S.6788《瑜伽師地論分門記》、山本悌二郎《瑜伽師地論卷一》、BD14026(新 226)《瑜伽師地論卷四》、P.3940《瑜伽師地論卷一六》、BD14032(新 232)《瑜伽師地論卷卅一》(857 年)。

除了唯識宗,禪宗在敦煌也曾極爲盛行,並且當時講究南北雙修。習禪的風氣也影響到了沙彌。S.2503《大乘無生方便門》乃是丁卯年(847)二月廿三日沙彌明慧所抄,該書乃是北宗禪綱要書。前後經文之間有他所抄《贊禪門詩》"丈六誰迹三世欽,菩提理絶去來今。欲升彼岸無學道,一切都緣草計心"。詩中,講由心直達佛性,亦即所謂明心見性,頗合北宗理路。雖不能確定此詩是否由他所寫,但他抄此詩,亦可説明他對禪宗之學習。同時,此詩書法頗佳,也顯示出明慧的水準已經比較高了。

四、法事訓練

除了學習戒律和經典之外,沙彌也會在依止師等人的影響下,學習一些法事,主要包括轉經、禮懺等活動。

禮懺是僧團的基本佛事之一,其中蘊含著通過禮懺可以消除罪過的觀念。在歸義軍統治者看來,僧人的存在,主要是爲了國家祈福,所以僧人的主要任務便是轉經禮懺。這類的訓練,在沙彌時期便已開始。P.6005《釋門帖諸寺綱管令夏安居帖》便載,沙彌要依師"三時禮懺"。S.1604《天復二年四月二十八日都僧統賢照帖諸僧尼綱管徒衆等》便是風尚書"令諸寺禮懺不絶"的處分,要求包括比丘、比丘尼、沙彌、式叉摩那尼、沙彌尼在内的徒衆夏中"勤加事業","每夜禮《大佛名經》一卷"。雖然尚未見到吐蕃歸義軍時期由沙彌抄寫的完整的《佛名經》經卷,但許多卷子上的習字雜寫所書内容便是來自《佛名經》中的佛名,如 P. 2483 卷背習字所書"南南無無無東方善德"等,類似的還有 S. 2104《雜寫》所寫"南無海德光明　南南明"、S. 2669《雜寫》所寫"南無光佛"等。除了依據《大佛名經》禮懺外,敦煌還存在諸如《天台禮懺文》等。就目前所見沙彌所抄,也有此類懺文,如 BD5727(奈 27、北 7158)《禮懺文》,乃是净土寺某沙彌於長興五年(934)甲午歲十月廿五日手寫之。

　　除了禮懺,在一些諸如喪葬等法事活動中,僧人作爲行法事者也多用贊文。P. 2483《佛家贊文》其中抄有《歸極樂去贊》《蘭若贊》《阿彌陀贊》《太子五更轉》《往生極樂贊》《五臺山贊》《寶鳥贊》《印沙佛文》《臨壙文》《大乘净土贊》等。在背題中,丑延自言自己是"己卯歲四月廿七日""自手書記",而保集的題記顯示他是"太平興國四年己卯歲十二月三日""發信心寫《親贊文》一本"。丑延題記上的時間與保集的時間當是同一年,但要早於後者。不過從正面抄寫筆迹看,明顯與保集題記更爲接近。故而筆者以爲此卷最初當是保集所寫,丑延之題記當是他爲顯示此卷乃自己所有而故意僞題之。此本涉及道場法事(如《蘭若贊》)、喪葬法事(如《臨壙文》)、印沙佛法事(如《印沙佛文》)等,用途廣泛,丑延佔有此書卷,當然也有學習法事之用意在内。S. 5892 乃是甲戌年(974?)三十日三界寺僧沙彌法定所抄册子,共有《入山贊文》《佛名經》《無想法身禮》等,抄寫這些法事用文的過程,其實也是逐漸學習法事的過程。

小結

　　本文主要在佛教自身所具有的教育系統的框架下,梳理了沙彌所接受的佛教教育和訓練。但也要注意到的是,並非所有的沙彌都有機會獲得進入此類佛事教育的機會。至於這個比例,根據我們對敦煌僧團識字率的考察,可能也維持在百分之五十左右。[1] 很多沙彌的啓蒙教育是在寺學之中接受的。而對於那些不能進入寺學的沙彌來説,他們也可以從其所依止阿闍梨處獲得一部分童蒙教育。對於沙彌尼來説,她們在寺内接受的童蒙教育可能要完全依靠依止師

---

[1] 參武紹衛《唐後期五代宋初敦煌僧團識字率研究》,未刊稿。

了。P.2995 是學士郎抄寫的一種姓氏蒙書,主要内容是具有敦煌地域特色的百家姓,[1]其後有詩:"沙彌天生道理多,人名不得那(奈)人何?從頭至尾没閑姓,忽若學字不得者,打你沙彌頭腦破",可見是依止師對沙彌進行了涉及姓氏的童蒙教育。

　　從進程上來看,沙彌在寺學之中接受童蒙教育和從依止師處進行專門的佛事教育並没有明顯的前後銜接關係。尤其是關於沙彌戒等内容的學習,可能在其剃度之時便已經開始。但要依靠文字進行的佛事學習,可能還是要先在寺學中接受最基本的童蒙教育、具有了一定文化能力後才開始的。

〔武紹衛,山東大學歷史文化學院助理研究員〕

---

〔1〕 其内容中最具敦煌特色的便是其中編入的昭武九姓: 張 王李趙,天下不少。殷薛唐鄧, 令 狐正等。安康石平,羅白米史,曹何闞院……

日本京都藤井有鄰館藏四件北庭書狀考釋

劉子凡

日本京都藤井有鄰館收藏有數十件敦煌吐魯番文獻,其中有一批與北庭相關的政治經濟文書,包括著名的北庭長行馬文書,以及内容涉及輪臺縣、金滿縣、瀚海軍、輪臺守捉、俱六守捉等北庭軍政機構的相關資料,藤枝晃先生將這批文書稱爲"北庭文書"[1],是研究唐代北庭的重要文獻。除此之外,有鄰館藏文書中還見有幾件書狀,可能也與北庭有關。1954年饒宗頤先生曾在有鄰館飽覽文書,並刊佈了較爲詳細的目録。在這份目録中,饒先生在"書劄類"中一共記載了5件:

(一)起"凝寒十三郎"數字,共六行,行書,極遒麗。
(二)起"孟冬已寒"句,正楷,共五行,末有"十月五日輪臺守捉典傅師表"字樣。
(三)沙州旌節官帖,四行。
(四)與四海平懷帖,十六行,背書日曆。
(五)起"季秋漸冷惟都督公"句,七行。[2]

20世紀90年代初,施萍婷、陳國燦等先生先後訪問友鄰館,並分别根據館藏編號刊佈了各自經眼的文書目録[3]。此後,陳國燦、劉安志先生在整理《吐魯番文書總目(日本收藏卷)》(以下簡稱《總目》)時,專門作爲附録加入"京都藤井有鄰館藏文書",並做了詳細的解題[4]。結合幾種目録可知,饒目中的"書劄類"

---

[1] 藤枝晃《長行馬》,載《墨美·特集 長行馬文書》第60號,墨美社,1956年,2—3頁。
[2] 饒宗頤《京都藤井氏有鄰館藏敦煌殘卷紀略》,原載《金匱論古綜合刊》第1期,此據氏著《選堂集林·敦煌學卷》,濟南:山東畫報出版社,2019年,5頁。
[3] 陳國燦《東訪吐魯番文書紀要(一)》,《魏晉南北朝隋唐史資料》第12輯,1993年,40—45頁。施萍婷《日本公私收藏敦煌遺書叙録(二)》,《敦煌研究》1994年第3期,90—100頁。
[4] 陳國燦、劉安志主編《吐魯番文書總目(日本收藏卷)》,武漢大學出版社,2005年,595—602頁。

(一) 爲藤井有鄰館1號文書,(二) 爲2號文書,(三) 爲60號文書、(四) 爲8號文書,(五) 爲9號文書。其中,饒目(三)因爲内容較短,此後幾種目録都抄録有釋文:"旌節文德元年(888)十月十/五日午時入沙州,押節大夫/宋光庭,□使朔方押牙/康元誠上下二十人/十月十九中館/設□,二十一送。"這顯然是歸義軍時期的文書,從内容上看,似是沙州迎接使節宋光庭的紀録,而非私人往來的書劄。陳目將其定名爲"雜寫",可能更得其宜。至於饒目(四),陳目、施目都定名爲"書儀",恐怕亦非實際行用的書狀。此外,陳目、施目中還載有一件饒目未收的書劄,爲藤井有鄰館3號文書。這樣,有鄰館藏書狀如果不算書儀的話,實際上一共是4件。

上述各位先生在整理有鄰館藏文書目録時,各有詳略不等的解題説明。然而關於4件書狀的具體内容似未見有較爲詳細的考述,個别書狀更未見完整釋文。筆者借助整理北庭文書之機,利用《西域出土文書(勸善文・長行馬文書)》展覽圖録等相關圖版[1],對4件書狀進行了釋文和整理,謹略作考釋如下。

一、藤井有鄰館藏唐代書狀概況

1.《唐日新致十三郎書》(藤井有鄰館1號文書)

文書存6行。第1行下有朱印三方,"合肥孔氏珍藏""何彦昇家藏唐人秘笈""德化李氏凡將閣珍藏"。饒目、陳目、施目、《總目》均有著録。圖版見於《西域出土文書》,第30頁。録文如下。

1　　]凝寒,惟
2　　十三郎所履安泰,日新卑守有
3　　限,未即言展,但增馳積。爲家
4　　中有疹患,非分痾頓,孤鎮無醫
5　　人治療。今自發交河,違隔漸遠,
6　　深眷望,人便次時賜音耗,因花
　　　(後缺)

---

[1] 92'日本書芸院展特别展観有鄰館名品展紀念品《西域出土文書(勸善文・長行馬文書その他)》,日本書芸院,1992年。

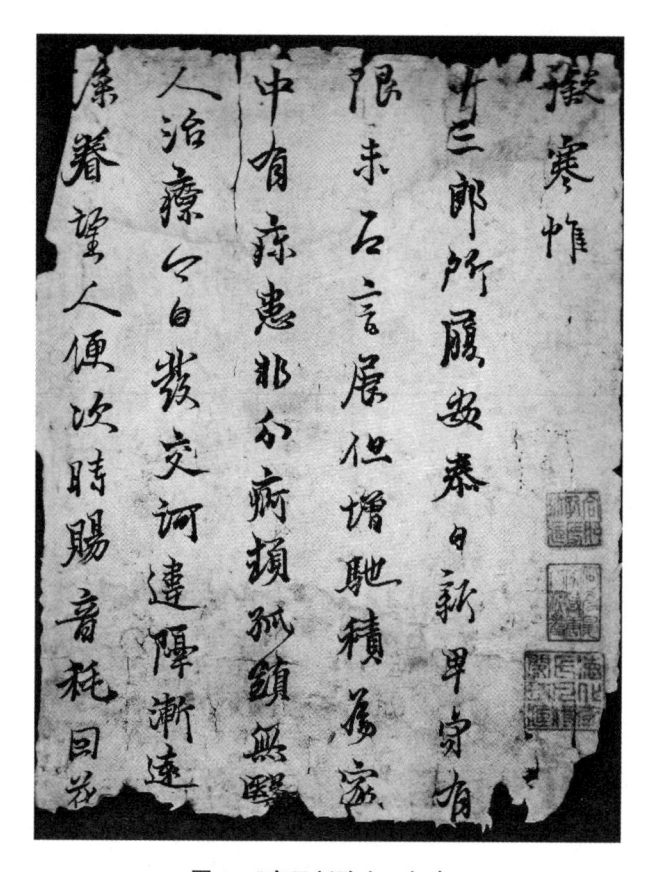

圖1　《唐日新致十三郎書》

此件施目定名"書信",陳目及《總目》擬名爲"唐某人致十三郎書"。從内容看收信人爲"十三郎"無疑,至於寄信人文書中也已提及,第2行"所履安泰"應爲書劄中常見的問候語,"日新"則很可能就是書寫人的自稱。此人應是剛剛自西州交河縣離開,故而寫信致十三郎以通報音訊,則此文書可重新擬題爲《唐日新致十三郎書》。

按,《書儀鏡》所載《四海書題》中記録有官員往還書狀的"重書"和"次重書",内容如下:

重書
相國、左右丞相、御史大夫、中丞、侍御、六尚書、三公九卿、節度使、太守同。
孟春猶寒,伏惟官位公尊體動止萬福,即此蒙恩(如有事意,即於蒙恩之下論),所守有限,拜奉未由,無任下情,伏增馳戀,謹遣使次(即謹因)厶官厶乙(使次即云使次)奉狀起居不宣,謹狀。官位公(閣下月日行官姓名狀上)

次重
仲春慚暄,伏惟公尊體動止萬福,即此蒙恩,卑守有限,拜伏未由,無任下情,伏增馳戀，謹因厶使奉狀不宣，謹狀。題如前重書。[1]

可見，這件書狀的內容是基本套用了《四海書題》中類似的書儀格式，從書狀中直接稱"十三郎"而非"某某公"來看，大致是相當於次重書的等級。也就是説，日新的官品大致是低於十三郎，因而採用了較爲謙卑的語氣，但十三郎可能並非節度使、太守一級的高官，或者二人關係較爲親密。

2.《唐輪臺守捉典傅師表致三郎書》（藤井有鄰館2號文書）

書狀存5行。第1行下有孔氏、何氏、李氏收藏印。饒目、陳目、施目、《總目》均有著録，施目還録有釋文。録文如下。

1　孟冬已寒，伏惟
2　三郎尊體動止萬福。師表驅役丁，
3　未由拜奉，伏增戰灼，無任下情，謹因
4　兒吕該使往，謹奉狀不宣，謹狀。
5　　　　　十月五日　輪臺守捉典傅師表

這件書狀是輪臺守捉的典傅師表因其子吕該出使，向三郎奉書致意。唐代輪臺縣治在今新疆維吾爾自治區烏魯木齊市附近，其設立時間應當在長安二年(702)之後，因地理位置極爲重要而很快成爲唐代經營西域的一個軍事和經濟重鎮。這件書狀中提到了輪臺守捉，證明唐代曾在輪臺縣設立守捉這一級軍事機構，孫繼民等先生有相關研究[2]。從形式上看，這件書狀也是使用了類似《四海書題》"次重書"的格式，發信人傅師表只是輪臺守捉的典，職級較爲低微，收信人的地位應該更高。

3.《殘書狀》（藤井有鄰館3號文書）

存4行，第2、3行間有孔氏收藏印。此件不見於饒目，陳目、施目、《總目》則均有著録。該書狀此前未見釋文，現據東洋文庫所存藤井有鄰館圖片影本，録文如下：

（前缺）
1　闊覲累旬，馳仰彌積，時候共系，未審知[

---

[1] 杜友晉《書儀鏡》，參敦煌 S.329、S.361 拼合，此處録文據周紹良主編《全唐文新編》卷七二四，長春：吉林文史出版社，2000年，8347頁。

[2] 孫繼民《唐代瀚海軍文書研究》，蘭州：甘肅文化出版社，2002年，129頁。劉子凡《唐代輪臺建置考》，《西域研究》2021年第1期。

2　　願納貞吉,想起公事,甚以艱辛,更 屬

3　　使臨,深當疲倦,□私趨職,參謁莫□

4　　盡暮之闊,□□無盡,任爲身事,恒□

　　（後缺）

這件書狀首尾殘缺,無法判斷具體的發信、收信人。從内容格式上看,不似前兩件書狀那樣拘於書儀形式,可能是平級或者關係較近之人的往來書狀。

4.《唐某人致都督公書稿》(藤井有鄰館9號文書)

存7行。有孔氏、李氏、何氏收藏印。饒目、陳目、施目、《總目》則均有著録。該書狀此前未見釋文,現據《西域出土文書》展覽圖録第31頁,録文如下:

1　　季秋漸冷,惟

2　　都督公動止珍勝,某邊務粗推,

3　　各以主事,禮謁未由,但懷翹系。因

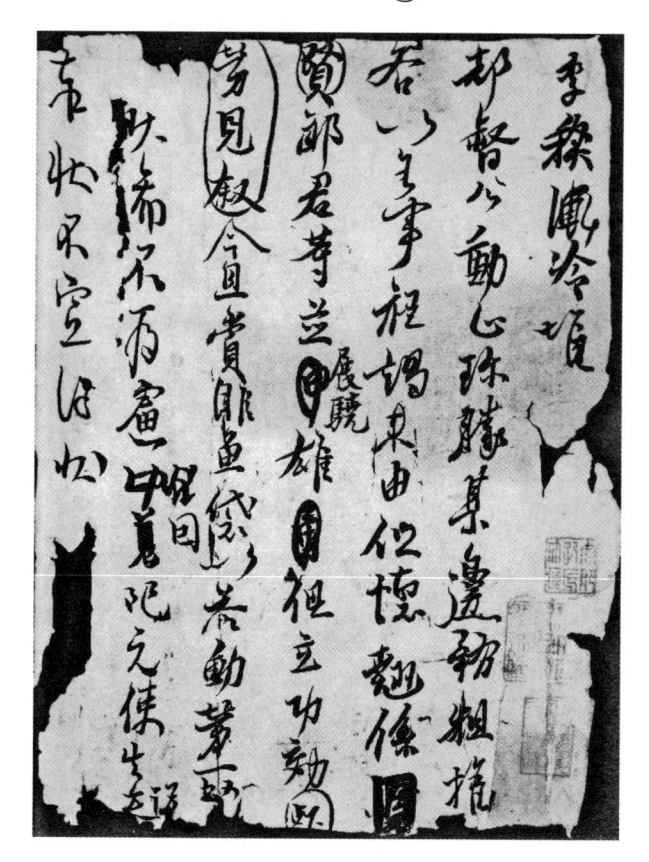

圖2　《唐某人致都督公書稿》

```
4   ⑱郎君等並⑪展驍雄⑰,俱立功效,囗
5   ⑲見⑳,今且賞緋魚袋,以答勛勞。所
6     狀希不爲慮,中因氾元使,先謹
7   奉狀不宣,謹狀。
```

這件書狀有多處塗抹痕迹,明顯只是草稿而非真正寄出的書信。其在格式上並未直接套用類似《四海書儀》的"重書"或"次重書",但從稱"都督公"的語氣看,還是體現了對收信人的尊重。不過後文又緊接著提到"某邊務粗推,各以主事,禮謁未由"云云,似乎説明發信人與都督公一樣也是某一邊州的主事,二者實際地位可能大致相仿。而書狀的主要內容,是叙述此都督公之子是在發信人的麾下效力,而都督公似乎有所請托,即第5—6行"所狀"云云,故而在其郎君立功受賞後,發信人就將這一消息通報都督公。

二、書狀的來源與性質

　　藤井有鄰館藏文書,是國外機構收藏的敦煌吐魯番文獻中較爲特殊的一批,其中大部分文書都並不是直接反映唐代沙州或西州的事務,而是與北庭密切相關。因此池田温先生曾推測這批文書可能並不全是來自敦煌[1]。陳國燦先生也指出:"從以上列目及其内容考察,有鄰館的何氏藏文書中屬敦煌所出者,只在二十件左右,餘下約四十件則是唐北庭發往西州或西州發往北庭的牒狀,它們的出土地點雖已難一一具體考定,然出自新疆吐魯番一帶是可以肯定的。"[2]這裏主要説的是有鄰館藏長行馬文書。而陳目在有鄰館1號文書下的解題中寫有"5行有'今日發交河,違隔漸遠'語,知爲吐魯番所出",則大致也是將其推斷爲吐魯番出土。然而榮新江先生指出,有鄰館藏長行馬文書從字體、內容和署名上判斷,與英、俄所藏斯坦因和奧登堡自敦煌藏經洞所獲經帙上揭出的文書是同組文書,可以推測也是來自敦煌石室。同時他提出了一條關鍵的證據,參照英藏文書的例證,裱糊經帙的文書大多會按照經帙大小進行切割,文書上下往往會被切割掉一行或半行文字,有鄰館藏長行馬文書也具有這樣的特

---

[1] 池田温《敦煌漢文文獻》,瀋陽:大東出版社,1992年,725頁。
[2] 陳國燦《東訪吐魯番文書紀要(一)》,45頁。

徵[1]。由此來看,這批文書應該還是出自敦煌。

至於本文討論的 4 件書狀,從紙張上看也有著非常明顯的裁剪痕迹。尤其是從《西域出土文書》展覽圖録刊載的有鄰館 1、9 號文書高清彩圖來看,文書的天頭和地脚都明顯是剪裁過的,出現了很多半個字的現象。特别是 1 號文書第 1 行"凝寒"兩字,根據唐代書儀,其上必定有"暮冬"兩字,但或許是因爲頂格書寫而被裁剪掉了。另外值得注意的是,在圖版上可以清楚地看到 9 號文書右下角附著有帶有筆劃的殘片,應當就是未揭取乾净的經塊。而且這些書狀與長行馬等北庭相關文書,大致一直是作爲一組文書流傳、收藏。饒宗頤先生即根據藏書印和館藏目録指出,這批文書應是何彦昇舊藏,經李盛鐸之手,轉而入藏藤井有鄰館,而何彦昇正是敦煌劫余文書自敦煌運抵京師時,上下其手偷竊經卷的重要人物之一[2]。從這幾件文書的藏書印看,也可以勾勒出何彦昇—孔憲廷—李盛鐸的流傳順序。陳國燦先生曾提出,這批文書或許是何彦昇在任新疆布政使時所得。然而何彦昇雖然已被任命爲新疆布政使,但在 1910 年 8 月赴任途中便已病故,是否有機緣獲得吐魯番文書亦未可知。綜合這些信息來看,有鄰館藏的 4 件書狀應該跟長行馬文書一樣是出自敦煌藏經洞,而非吐魯番。

當然以上只是説 4 件書狀的出土地點,至於其行用時的收發地址未必與敦煌有關,可能與著名的長行馬文書一樣,也是被在外任職的官員携帶回敦煌。書狀中直接出現地點有兩處,1 號文書中的西州交河與 2 號文書中的北庭輪臺守捉,都是發信的位置,收信位置可能也在與交河、輪臺相關的地域範圍内。鑒於有鄰館這一組文書大多與北庭有關,或許也可以推測這 4 件書狀也來自北庭,其中 1、2、3 號文書是發往北庭,而 9 號文書則是擬自北庭發出的書信的稿件。如果是這樣的話,前述 9 號文書中與都督公"各以主事"的寄件者,很有可能就是北庭的長官或者重要人物。P. 2625《敦煌名族志》載有:"次子嗣監……唐見任正議大夫、北庭副大都護、瀚海軍使、兼營田支度等使、上柱國。"英藏的一組開元十五年十六年前後北庭瀚海軍文書中,就多次出現了"陰副使""陰都護",應即陰嗣監或是與其同族的陰嗣瓌[3]。9 號文書中主事北庭的發信人,或許也是與陰家有關。如果進一步猜測的話,都督公也有一定可能是開元十六年在任的西州都督張楚珪,而張楚珪也是出身於敦煌的大族。這或許是 9 號文書

---

[1] 榮新江《海外敦煌吐魯番文獻知見録》,南昌:江西人民出版社,1999 年,197 頁。
[2] 饒宗頤《京都藤井氏有鄰館藏敦煌殘卷紀略》,2—4 頁。
[3] 榮新江先生認爲是陰嗣監,見《英國圖書館藏敦煌漢文非佛教文獻殘卷目録(S.6981—13624)》,臺北:新文豐出版公司,1994 年,210 頁。孫繼民先生則懷疑也有可能是陰嗣瓌,見《唐代瀚海軍文書研究》,171—172 頁。

中主事北庭的某人關照都督公郎君的機緣，也可以解釋這件文書爲何會出現在敦煌。

以上簡略介紹了藤井有鄰館藏4件書狀的大致情況，並推測其與長行馬文書等都是出土於敦煌，屬於所謂"北庭文書"。值得注意的是，相對於晚唐五代敦煌文書中所見的大量書狀，這些唐前期官員之間私人往還的書狀實物，在此前所知敦煌吐魯番文獻中似並不算多，尤其是有可能涉及資料較少的北庭，更顯珍貴。這大致可以爲研究唐前期書儀以及邊疆官吏的關係網絡提供一些新的認識。

〔劉子凡，中國社會科學院古代史研究所、敦煌學研究中心副研究員〕

《唐代郡李使君故聶氏夫人墓誌銘并序》考釋

——論後唐的一個晉商家族

趙 洋

士農工商,雖有身份高低之分,但重農抑商的觀念並非一成不變。在晚唐五代十國時期,社會長期處於戰亂變動的狀况,社會階層由此加劇流動,商人階層也藉此機會崛起。此前,已有學者對晚唐五代的商人與軍將、藩鎮的關係有過研究[1],但相關研究大多依據史籍和筆記小説材料,未能生動展示該時段商人階層對於自身的身份認同及其姻親關係。山西地區自古就是重要的農耕文化區,商業活動也頗爲繁盛。晉商之稱雖然自明清才聞名於世,但根據1957年6月13日在山西代縣城南覓得的《聶氏墓誌》記載,早在晚唐五代時期,晉地就已有商人家族出現[2]。

聶氏家族原本是太原人,後來遷居於代郡。根據"莊宗鎮晉陽,以諸陵在代郡"的記載[3],後唐莊宗李存勗之父李克用的陵寢就在代郡,而《李克用墓誌》於1989年在山西代縣城關七里營出土,墓誌稱李克用"歸窆於代州雁門縣里仁

---

[1] 魏承思《略論唐五代商人和割據勢力的關係》,《學術月刊》1984年第5期,39—42、50頁;鄭炳林《晚唐五代敦煌商業貿易市場研究》,《敦煌學輯刊》2004年第1期,103—118頁;陳洪英《試論唐五代士商關係的變化》,《九江學院學報》2008年第1期,61—63頁;陳磊《從〈太平廣記〉的記載看唐後期五代的商人》,《史林》2009年第1期,135—148頁;賈志剛《唐代藩鎮供軍案例解析》,《中國社會經濟史研究》2011年第4期,第1—8頁;王麗梅《論五代十國時期的商人與市民階層》,《唐史論叢》第25輯,西安:三秦出版社,2017年,278—287頁;周鼎《晚唐五代的商人、軍將與藩鎮回圖務》,《中國經濟史研究》2020年第3期,109—121頁。

[2] 張希舜主編《隋唐五代墓誌彙編·山西卷》,天津古籍出版社,1991年,180頁;山西省考古研究所《山西碑碣》,太原:山西人民出版社,1997年,159—161頁;吴鋼主編《全唐文補遺》第7輯,西安:三秦出版社,2000年,435—436頁;周阿根《五代墓誌匯考》,合肥:黄山書社,2012年,217—219頁。

[3] 《舊五代史》卷九一《晉書·王建立傳》,北京:中華書局,1976年,1198頁。

鄉常山里，祔於先塋"[1]，由此推知《聶氏墓誌》所言代郡即是唐代的代州，也就是如今的山西代縣。聶氏的生平雖然簡單，但其墓誌對於其祖父輩從商的經歷以及她隨夫宦游的經歷描述，實屬生動有趣，大致反映了唐末五代時期晉地商人觀念的覺醒以及商人家族在五代政治局勢下的生存之道。以下將就具體問題展開討論。先將墓誌全文逐錄於此，其後將對相關問題進行考釋。

唐代郡李使君故聶氏夫人墓誌銘并序

夫人字慕閨，姓聶氏，太原人也。其先游俠刺韓之後，世出崆峒，後家塑代，今爲代郡人也。晉、宋以降賢彥繼有，可略而言焉。祖諱亮，立性孤摽，爲人倜儻。執孝以事父母，持信以結友朋。宗族歸仁，鄉黨稱悌。及孤，每嘆其先人之食祿，不逮其親，乃不仕，退耕於野。值世亂且繁，歲不能自給。因農閑聚室相謀曰："凡貧而求富，莫若歸農。則又農有水旱，所謂農不如工。則又工有成敗，所謂工不如商。"乃經營四方，貨殖九土。不日不月，家貯萬金。惠及宗親，利兼鄉黨。寔謂富而可求也已。父諱和，謙謹居采，繼先父之業，不費千家之貨，更披百氏之書。事佛宗儒，濟貧扶苦。嘗語里人曰："古人有言曰：'爲富則不仁，爲仁則不富'，何哉是言也。若以富而下人，何人不重；以富而敬人，何人不親，何哉是言也。"鄉中之友曰："子負大才，何不登仕？"公曰："嘻！子何見事之泥，今滿天氛祲，匝地兵戈，當世亂而穀者，君子所耻也。吾無仕矣，以全長幼之節。"

夫人，即公之長女也。幼守閨儀，長從姆(母)訓，溫柔植性，爲親戚所重。與使君鄉里鄉黨之族也。笄而應鵲巢之詩，合鳴鳳之兆，歸於李氏。既入他姓，承事舅姑，舅姑以慈，和敬宗親，宗親以睦。及丁舅姑之喪也，如考妣焉。恒敬其長，慈於下，勤浣濯之衣，修蘋藻之薦。從夫曆職邢方，又遣鎮陽務業。天成二年（927）忽縈疾，遍召良醫，有加無減。去當年二月二十九日，終於鎮府閱禎坊之私第，享年四十八。以天成三年正月十九日，權窆於石岡村。永暮詔受本郡太守。嗟吁！夫人承事舅姑，和順親戚，從微至著。向四十春不得見晷侯伯之榮信矣，夫命也。

夫人又四子三女。長子曰德遇，娶孫氏，任洛京牛羊務使。次子德釗，娶賈氏。次子德鋒，娶安氏。次子德勛，娶楊氏。有三女，孟季二女，曰比丘尼。爲性憫慈，居心孝敬。年將齠齔，了達虛空。知四代無依，覺三乘有託。志求清静，不樂浮華，性（住）持資□蘭若。仲女適當州軍事判官吳彥瑶室也。

三徙以牧郡，暮年葡尋塋域，□長興元年（930）十月十三日，發諸孝子自鎮府

---

[1] 張希舜主編《隋唐五代墓誌彙編·山西卷》，177頁；樊文禮《李克用評傳》，濟南：山東大學出版社，2005年；牛雨《李克用墓誌新考——兼論李克用的官職和漢化》，《忻州師範學院學報》2015年第3期，96—101頁。

扶護夫人神櫬歸鄉,十一月十九日葬於雁門縣周劉村,禮也。其先代墳塋,在平田村北去二十里。乃述爲銘。銘曰:

> 仁者必壽,夫人不壽。不壽伊何,書胡妄多。修短有常,福禄無備。辭世不恨其俄歸,承家喜傳其令嗣。各有長能,俱付壯志。上和下□,敦書閲文。食禄則君君臣臣,居家則父父子子。女棄榮華,心歸釋氏。嘆□□之須臾,樂金蓮之富貴。見邪則嗔,聞法則喜。旦夕不忘,始終如是。封樹去畢,龜筮合辭,四棺五槨,前櫳後崗,星臨號(兮)月照,青松號(兮)白楊。

唐初,官方對於工商階層一直都持抑制的態度,商人家庭不僅無法出仕,對其在社會待遇上也有所貶低,如《唐律疏議》引《選舉令》曰:"官人身及同居大功以上親,自執工商,家專其業者,不得仕。"[1]此外,武則天曾在内殿設宴,張易之招引蜀商助興,韋安石則進諫稱:"蜀商等賤類,不合預登此筵。"[2]所以,唐代雖已出現了揚州和成都這類商業活動十分活躍的城市,許多巨賈也時有出現,但商人階層依然只能歸屬於賤類,社會地位相當低微。有時,商人的私財可能還會隨時面臨被没收的風險,如開元二十二年(734)三月"没京兆商人任令方資財六十餘萬貫"[3]。官方的重農抑商政策使得商人雖坐擁家財萬貫,比大多數農人都富裕,但社會身份始終被壓抑束縛,社會地位難以得到提升。

之前學者已指出唐末五代時期統治階層在觀念上發生轉變,商人勢力得到藩鎮割據的支持,商業繁榮發展,商人階層也不斷壯大[4]。但商人群體在唐末五代時期急劇擴充,其原因不僅限於此,更爲直接的社會原因還在於唐末五代長期戰亂的局勢。

唐末五代,社會局勢早已處於長期戰亂的狀態,藩鎮割據和農民起義,部分地區的農耕活動無法正常開展。這也使得許多農民的正常生活難以維持,大量人口被迫由農轉商,開始從事商業活動,重農抑商的政策在現實生活困難之下已成爲一紙空文,商人階層也由此崛起。這種由農轉商的轉變,在《聶氏墓誌》中表現得尤爲明顯,墓誌中稱其祖聶亮"及孤,每嘆其先人之食禄,不逮其親,乃不仕,退耕於野",原本是唐末從未出仕而專心於農耕的農民,而其之所以開始從事商業活動,主要在於唐末"值世亂且繁,歲不能自給",農耕勞作因戰亂的頻繁已不能滿足自給自足的生活,故而只能尋求經商,"乃經營四方,貨殖九土",

---
[1] 長孫無忌等撰《唐律疏議》卷二五《詐僞律》,北京:中華書局,1983年,462頁。
[2] 《舊唐書》卷九二《韋安石傳》,北京:中華書局,1975年,2956頁。
[3] 《舊唐書》卷八《玄宗本紀》,200頁。
[4] 王麗梅《論五代十國時期的商人與市民階層》,278—287頁。

甚至很快就"不日不月,家貯萬金"。按筆者推測,聶亮開始從商可能是懿僖之際,因僖宗登基之初,劉允章上《直諫書》稱:

> 國有九破,陛下知之乎?終年聚兵,一破也。蠻夷熾興,二破也。權豪奢僭,三破也。大將不朝,四破也。廣造佛寺,五破也。賂賄公行,六破也。長吏殘暴,七破也。賦役不等,八破也。食禄人多,輸税人少,九破也。臣聞自古帝王,終日勤農,猶恐其饑,終日勤桑,猶恐其寒。此輩不農不桑,坐食天下,欲使天下之人盡爲將士矣。[1]

國家弊端最首即連年聚兵,尤其是懿僖時期的王仙芝和黃巢起兵造成的連年戰亂,大量人口不農不桑而被迫從軍,中原地區的農耕活動因戰火屢造破壞,留守當地的農民只能另謀他路。

所以,聶亮才會"因農閑聚室相謀",提出:"凡貧而求富,莫若歸農。則又農有水旱,所謂農不如工。則又工有成敗,所謂工不如商。"在聶亮的觀念中,成爲農民,只是因貧而求富貴,但因爲有水旱等天氣原因,農民不如做工的穩定,但是做工也會有成功率等問題,所以商業又比做工的更好。其實,聶亮所說的這些話,都有其史料來源,如《史記·貨殖列傳》曰:

> 凡編户之民,富相什則卑下之,伯則畏憚之,千則役,萬則僕,物之理也。夫用貧求富,農不如工,工不如商,刺繡文不如倚市門,此言末業,貧者之資也。[2]

又《列子》云:

> 農赴時,商趣利,工追術,仕逐勢,勢使然也。然農有水旱,商有得失,工有成敗,仕有遇否,命使然也。[3]

《史記》主要强調商業是用貧求富的最佳方式,《列子》認爲士農工商的成功都是命勢使然,除《聶氏墓誌》所言"農有水旱,工有成敗"之外,其實還有"商有得失"。在聚室相謀時聶亮引用這些典籍的論述,將傳統農工商的地位進行了顛

---

[1] 董誥等編《全唐文》卷八〇四,北京:中華書局,1983年,8449—8450頁;並可參傅璇琮《唐翰林學士傳論·晚唐卷》,瀋陽:遼海出版社,2007年,352頁。
[2]《史記》卷一二九《貨殖列傳》,北京:中華書局,1982年,3274頁。
[3] 楊伯峻撰《列子集釋》卷六《力命》,北京:中華書局,1979年,215頁。

覆,指出經商才是能亂世存身的最佳手段,而他也從事實上證明了經商不僅可以自給,也可以"惠及宗親,利兼鄉黨"。

聶亮之子聶和同樣繼承父業,繼續行商,不僅"事佛宗儒,濟貧扶苦",還對"爲富則不仁,爲仁則不富"的古語提出了自身不同的見解。按《孟子》云:"陽虎曰:'爲富不仁矣,爲仁不富矣。'"[1]富與仁在儒家觀念中似乎是對立的存在,但聶和卻認爲:"若以富而下人,何人不重;以富而敬人,何人不親,何哉是言也。"爲富不一定不仁,即使是富裕的商人,只要謙卑禮敬他人,也能爲富且仁。聶亮對於儒家典籍語句的不同解讀,重新樹立起一個儒商的形象。此外,當周圍朋友勸其登仕,聶亮直接稱:"嘻!子何見事之泥,今滿天氛祲,匝地兵戈,當世亂而穀者,君子所恥也。吾無仕矣,以全長幼之節。"聶和所言之語可能化用了駱賓王的《兵部奏姚州道破逆賊諾没弄楊虔柳露布》:

飛塵埃而匝地,白日爲之晝昏;掃氛祲以稽天,滄溟爲之晦色。[2]

當戰亂頻出,亂世當道,出仕也被君子所不恥,聶和雖然被友人稱讚爲"大才",但依然選擇在戰亂之世繼續當商人,並覺得以此更能"全長幼之節",頗有出世的隱士之感。

與唐初相比,唐末五代時期士農工商的地位已然有所改變。《聶氏墓誌》中聶氏祖父聶亮棄農從商和父親聶和不願出仕,雖然很有可能是墓誌書寫者的讚美之辭,但是也或多或少反映了唐末五代時期商人地位的抬升以及世人對於商人形象的重塑。唐末五代的長期戰亂不僅使得"軍國之費,務在豐財,關市之徵,資於行旅,所宜優假,俾遂通流"[3],打戰的軍費都需要商業活動帶來的財富支持。同時,戰亂也導致農耕活動"歲不能自給",而且農業也無法帶來巨額的財富,棄農從商也成爲亂世之人安身立命的一種選擇。所以,亂世讓出仕爲君子所不恥,農工也無法自給,但這卻爲商業活動提供了良好的政治與社會環境,商人的地位也由此得到急劇提升,一個後唐的商人家族也被塑造成"惠及宗親"和"事佛宗儒"的儒商。

聶氏聶慕閨出身於這樣一個晉地的儒商家族,及笄就嫁於同鄉黨的李府君,後隨夫到過邢方和鎮陽,四十八歲客死他鄉,後唐天成三年暫葬於鎮陽附近

---

[1] 焦循撰,沈文倬點校《孟子正義》卷一〇,北京:中華書局,1987年,333頁。
[2] 董誥等編《全唐文》卷一九九,2011頁。
[3] 王欽若等編《册府元龜》卷九五《帝王部·赦宥》,北京:中華書局,1960年,1136頁。

的石岡村,長興元年才由其子遷葬回鄉,最終葬於雁門縣周劉村。聶氏夫君李府君的信息並不詳細,只能得知李府君與聶氏一樣,也是代州雁門縣人,之後在邢方和鎮陽任職。其中,"邢方"用了《春秋左傳》"今邢方無道,諸侯無伯"的典故[1],實際應指唐代的邢州,亦即如今的河北邢臺附近。而鎮陽,則是唐代的鎮州,即如今的河北正定[2]。從代州到邢州直至鎮州,李府君都是在後唐政權的勢力範圍内任職。而代州雁門縣不僅是後唐太祖李克用陵寢所在之地,也是其勢力壯大的地方,甚至其義子李嗣本就是代州雁門縣人[3]。所以李府君應該也是跟隨李克用或李存勖南征北戰的軍將官員,聶氏家族之所以將聶慕閏嫁於李府君,很可能就是看中李府君的軍將背景。

這種夫君任職軍將,夫人家族善於經商的例子在後唐似乎很普遍。李克用義子李嗣昭任後唐昭義節度使,其夫人楊氏"治家善積聚,設法販鬻,致家財百萬"[4]。後唐莊宗李存勖的劉皇后也曾"又好聚斂,分遣人爲商賈,至於市肆之間,薪芻果茹,皆稱中宫所賣"[5],皇后也爲聚斂財富而進行經商活動。後唐時期,軍將與商人結合也很是平常,商人並不爲當時世人所貶低。一方面軍將與商人其實都是被傳統儒家知識分子所排斥,兩者之間不會互相貶斥;另一方面商人在亂世能積聚大量的財富,可以爲軍將提供大量的軍費以供養軍隊。

聶氏長子李德遇所任洛京牛羊務使,應該也與聶氏家族經商有一定關係。按,唐代有牛羊使,爲宦官使職,地位與監軍使相當,主要負責京師對於牛羊的需求,"供億有常,宣索秘闕"[6]。到朱温斬殺第五可範等七百餘宦官以後,宦官勢力遭受徹底打擊,許多宦官使職也逐漸爲外朝文官武將所攫取。李德遇的洛京牛羊務使應該是與唐代牛羊使類似的使職,主要負責後唐洛京的牛羊供應。而在五代戰亂不斷的局勢下,牛羊供應想必大多也需要市買,聶氏家族的行商活動則可以爲牛羊買賣提供更多的便利。

總之,《聶氏墓誌》雖然只是聶慕閏的私人生平書寫,但也塑造了唐末五代時期後唐的一個晉商家族。根據聶氏墓誌的誌蓋四周刻有"八卦""十天干""十二地支""二十八宿星象圖"與"三十六禽"等繁雜圖案推測[7],聶慕閏應當也因

---

[1] 杜預集解《春秋經傳集解》,上海古籍出版社,1988年新版,315頁。
[2] 梁勇、楊俊科《石家莊史志論稿》,石家莊:河北教育出版社,1988年,291—293頁。
[3] 樊文禮《李克用評傳》,65—102頁;牛雨《李克用墓誌新考——兼論李克用的官職和漢化》,99—100頁。
[4] 《舊五代史》卷五二《唐書·李嗣昭傳》,706頁。
[5] 歐陽修撰《新五代史》卷一四《皇后劉氏傳》,北京:中華書局,1974年,144頁。
[6] 吴鋼主編《全唐文補遺》第3輯,西安:三秦出版社,1996年,213頁。
[7] 山西省考古研究所《山西碑碣》,159—160頁。

娘家的商人身份得到了夫家的重視,不僅在權葬他鄉後還能魂歸故里舊塋,其墓誌雕刻及撰修也都十分講究。所以,在唐末五代紛亂局勢之下,戰爭導致軍餉需求巨大,商業活動帶來的巨額財富重新得到重視。聶氏家族雖然原本只是代州的農民,但在審時度勢之後棄農轉商,其家族還通過姻親與軍將勢力結合,從而利用商人積聚財富的能力在亂世得以自給安身且惠及鄉里,成爲當地有名的儒商家族。

〔趙洋,中國社會科學院古代史研究所、
中國社會科學院敦煌學研究中心助理研究員〕

遼太祖紀功碑初步整理與研究[*]

董新林　康　鵬　汪　盈

　　2007年夏,中國社會科學院考古研究所内蒙古第二工作隊與内蒙古文物考古研究所聯合組成的遼祖陵考古隊對龜趺山基址進行了爲期33天的搶救性清理。龜趺山基址坐落於内蒙古巴林左旗查幹哈達蘇木石房子村西北的山谷中,位處遼祖陵陵園和奉陵邑祖州城之間,距遼上京城遺址約20公里。此次考古發掘清理出千餘塊石刻殘片,依據殘片文字及相關文獻,我們初步推定石碑爲遼太祖紀功碑,遺址爲紀功碑碑樓。[1]

　　遼太祖紀功碑的絕大部分業已丟失,我們推測石碑文字殘存不到三分之一(詳下)。[2] 依據現存的有限信息,我們試對遼太祖紀功碑殘石開展初步的整理與研究工作,囿於學力,難免有舛誤、疏漏處,還請學界同仁惠予指正。

一、遼太祖紀功碑形制的初步復原

　　遼太祖紀功碑位於龜趺山遺址中央,坐北朝南,地表僅殘存龜趺碑座。碑座頭部已缺,整個龜趺殘長2.8、寬2.1、高1.06米。龜背上有三圈環套的六邊形龜背紋,四足各爲四瓣爪,雕刻細緻。龜趺背部中央鑿有長方形碑槽,長1.11、寬0.45、深0.55米。

---

[*]　本文係國家社科基金冷門絶學研究專項"契丹文整理與遼史研究"(21VJXG014)階段性成果。
〔1〕　董新林、塔拉、康立君《内蒙古巴林左旗遼代祖陵龜趺山建築基址》,《考古》2011年第8期,3—12頁;汪盈、董新林《從考古新發現看遼祖陵龜趺山基址的形制與營造》,《考古》2016年第10期,24—33頁。
〔2〕　我們在整理中發現有個别殘片在石質、字體上均與遼太祖紀功碑殘片相異。依據"當受七返"(采78)、"佛説"(采15第1行)、"唵尾戌"(采15第2行)、"地域"(采73第2行)等殘留信息,我們認爲這些文字當出自《佛頂尊勝陀羅尼經》的經文及咒文。這些較爲特殊的殘石應爲"佛頂尊勝陀羅尼經幢"的一部分,至於經幢立於何時、何地,殘片又如何出現在龜趺山,還有待進一步的調查和研究。

碑座上石碑已被損毀砸碎，石碑殘片散落四周，南面契丹大字殘片居多，北面漢字殘片居多。我們推測此碑是一通正面鐫刻契丹大字、背面鐫刻漢字的契、漢雙語石碑。

龜趺碑座寬 2.1 米，碑槽寬 0.45 米。我們推測碑身可能與碑座等寬，故暫且推定碑身寬約 2.1 米、厚 0.45 米。碑身具體高度已難確知，我們通過比對碑文與《遼史·太祖紀》，發現一條關鍵綫索，遼太祖紀功碑全文收録了太祖天贊三年(924)六月乙酉日的詔書。據《遼史·太祖紀》所載，詔文總計 152 字。[1] 我們依據紀功碑殘存文字，輔以提行、平闕等因素，認爲紀功碑漢文碑文滿行爲 105 字(詳下)。又，每個漢字字徑爲 3.5 厘米，[2] 依據漢字高度及字數，可推出碑身部分應高於 3.675 米。是故，碑身尺寸當爲高 3.675 米以上，寬約 2.1 米、厚 0.45 米。這爲我們復原遼太祖紀功碑奠定了基礎。

紀功碑碑文兩側各有留白，合約 10 厘米，故刻有文字部分的碑身寬約 2 米，碑文每行寬 3.5 厘米，據此可以推知碑文大約有 57 行。若碑文全部刻滿，字數約爲 5 985 字，考慮到碑首、碑尾字數較少以及平闕等因素，我們初步估計碑文字數應在 5 500 字左右。現殘存的漢文文字大約 1 500 字，約占總字數的 27%。上文太祖詔書的殘留情況略好於這一數據，《遼史·太祖紀》所載詔文共 152 字，太祖紀功碑詔文殘 48 字，約占總字數 31.6%。根據此次碑文整理的總體情況，我們認爲情況不容樂觀，故推測現存紀功碑漢文部分應當殘存 27% 左右。

碑文契丹大字部分，每個契丹字字徑爲 3.1 厘米，略小於漢字字徑。依據上文碑身高、寬兩項數據，我們推測契丹文碑文大約有 64 行，碑文滿行字數約 118 字(按上文碑高 3.675 米計算)，碑文全部刻滿的字數約爲 7 552 字，除去碑文空白部分，我們初步估計碑文實際字數約在 7 000 字左右。現殘存契丹大字約 2 000 字，大約占總字數的 28.6%，殘存情況與漢文部分大體一致。我們初步推測，現存紀功碑契丹文部分應當殘存 28% 左右。

碑額部分有一圭形殘石(T4∶23-1)，高 31 厘米、寬 41 厘米，上殘三字，疑似爲"帝祖大"，字徑爲 20 厘米，[3] 明顯大於正文文字，當爲碑額文字。根據碑文所殘"昇天皇帝"以及碑文大致内容(詳下)，我們推測碑額全稱可能爲"大契丹太祖昇天皇帝紀功碑"或"大契丹太祖昇天皇帝聖功碑"，[4] 按三行、每

---

[1] 《遼史》(點校本二十四史修訂本)卷二《太祖紀下》，北京：中華書局，2017 年，21—22 頁。
[2] 爲便於推測碑身大小，此處字徑尺寸包含字距間隔，非文字實際大小。以下諸處皆同。
[3] 我們假定碑額之字與正文相似，同爲方形，依據殘字寬度 20 厘米，我們推測碑額文字高度亦爲 20 厘米。
[4] 文中所録碑文，缺字以"□"標識，一字對應一"□"；缺字據《遼史》或文意補者，以灰色底紋標識；殘損字據字形、文意補者，文字之外添加邊框予以標識。

行四字排列(參見圖2)。每列列高約20厘米,總計4列,故刻有文字的圭形部分應高於0.91米。又據殘存的龍形紋飾(T2∶67‐2),可知圭形部分的外輪廓爲蟠龍形螭首,故碑首整體應當高于1米。綜合碑座、碑身以及碑首高度,遼太祖紀功碑通高應大於5.735米,形制爲當時較爲流行的龜趺螭首碑(參圖3)。

T4:23-1

0　　　20厘米

T2:67-2

圖1　紀功碑碑額

| 大契丹太 | 祖昇天皇 | 帝紀功碑 |

| 大契丹太 | 祖昇天皇 | 帝聖功碑 |

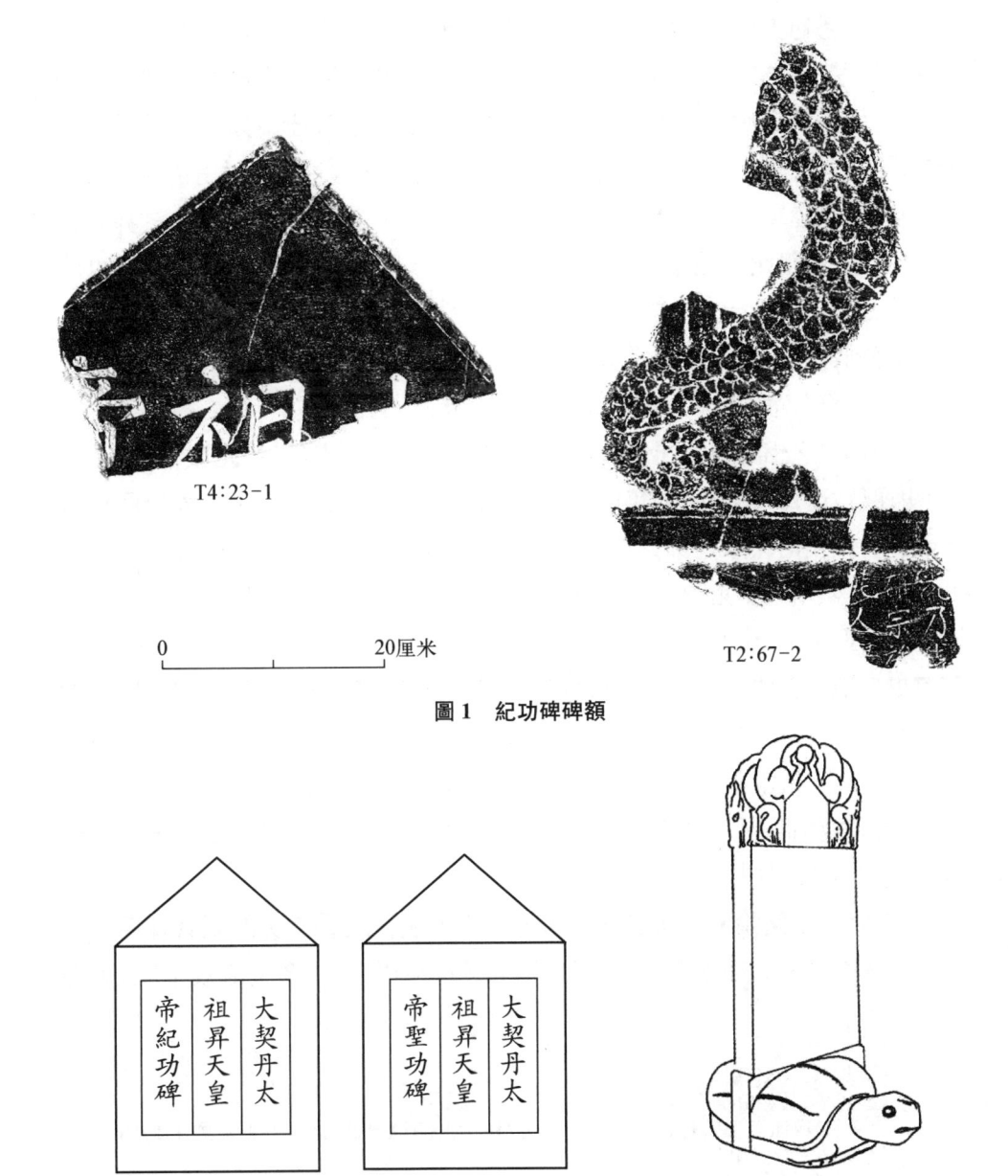

圖2　碑額文字示意圖

圖3　龜趺螭首碑示意圖[1]

───────

〔1〕 圖片采自趙超《中國古代石刻概論》(增訂本),北京:中華書局,2019年,130頁。

二、遼太祖紀功碑刻立及損毀時間

我們經過初步綴合,發現碑文末尾刻有"天顯二年□□□□□月己卯朔廿四日壬寅"等字,字形略大於右側正文文字,可知此句所載當爲紀功碑刻立時間。文中所殘五字應爲"歲次丁亥八"或"歲次丁亥十",理由如下。天顯二年(927)爲丁亥年,該年己卯朔的月份爲八月、十月。又,《遼史·太宗紀》謂天顯二年"秋,治祖陵畢",[1]《遼史·太祖紀》稱是年八月丁酉(19日),太宗"葬太祖皇帝于祖陵,置祖州天城軍節度使以奉陵寢"。[2] 相較而言,八月立碑的可能性略大一些,然終不能完全排除十月之可能,爲便於叙述,我們暫將此事繫於八月。按碑刻行文慣例及所缺字數,此句可復原爲"天顯二年歲次丁亥八月己卯朔廿四日壬寅",意謂太祖紀功碑立於天顯二年八月廿四日。

另一個與之相關的問題是太祖紀功碑被毀時間。據《三朝北盟會編》卷二一引史愿《亡遼録》,"天慶九年(1119)夏,金人攻陷上京路,祖州則太祖阿保機之天膳堂,懷州則太宗德光之崇元殿,慶州則望聖、神仙、坤儀三殿,乾州則凝神、宜福殿,顯州則安元、安聖殿,木葉山之世祖享殿,諸陵並皇妃子弟影堂,焚燒略盡,發掘金銀、珠玉器物"。[3] 祖州之天膳堂,建於太宗天顯三年五月,[4] 蓋即《遼史·地理志》"祖州"下之"膳堂",史稱"太祖陵鑿山爲殿,曰明殿。殿南嶺有膳堂,以備時祭。門曰黑龍。東偏有聖踪殿,立碑述太祖游獵之事。殿東有樓,立碑以紀太祖創業之功。皆在州西五里"。[5] 據此可知,祖州天膳堂與遼太祖紀功碑樓相距咫尺之間。金人大肆焚燒、毀壞天膳堂之時,紀功碑及碑樓應當同毀於兵燹。[6]

史愿將上京路淪陷事繫於天慶九年,[7] 不過,遼、金二史的記載却與之相差一年。《遼史·天祚皇帝紀》謂天慶十年(1120)"五月,金主親攻上京,克外

---

[1]《遼史》卷三《太宗紀上》,30頁。
[2]《遼史》卷二《太祖紀下》,26頁。
[3] 徐夢莘《三朝北盟會編》卷二一引《亡遼録》,上海古籍出版社影印許涵度刻本,1987年,151頁下欄。
[4]《遼史》卷三《太宗紀上》,31頁。
[5]《遼史》卷三七《地理志一》,501頁。
[6] 紀功碑樓基址有多處被火焚燒的痕迹,參見董新林、塔拉、康立君《内蒙古巴林左旗遼代祖陵龜趺山建築基址》,7頁。
[7]《契丹國志》卷一一《天祚皇帝中》(北京:中華書局,2014年,133頁)、《大金國志》卷一《太祖武元皇帝上》(《大金國志校證》,北京:中華書局,1986年,17頁)皆繫陷上京事於天輔二年,然二書係元代書賈攢湊之僞書,繫年屢有訛誤,史源也大多源自宋方記載,在此問題上,參考價值較小,故不取。

郭,留守撻不也率衆出降"。[1]《金史·太祖紀》所載與此合,文稱天輔四年(1120)"五月甲辰,次渾河西,使宗雄先趨上京,遣降者馬乙持詔諭城中。壬子,至上京……甲寅,亟命進攻。……上親臨城,督將士諸軍鼓噪而進。自旦及巳,闍母以麾下先登,克其外城,留守撻不野以城降。……壬戌……命分兵攻慶州"。[2]另據趙良嗣《燕雲奉使録》,宣和二年(1120),良嗣一行"四月十四日抵蘇州關下,會女真已出師分三路趨上京",阿骨打"諭令相隨看攻上京城破",城破後,良嗣與金太祖並轡觀覽遼上京城。[3]是故,金人攻破上京的時間當在天慶十年,史愿所載年份有誤。綜上,遼太祖紀功碑當毁於天慶十年五月。

三、漢文碑刻的初步整理與研究

遼太祖紀功碑被金人損毁之後,歷經八九百年的風吹日蝕,殘石或埋没原地,或沿山滾落,或被人採作他用,今日所得已不及原貌三分之一,且大部分碎片的文字殘缺不全,無法辨認,綴合難度超乎想像。此次我們重點從漢文殘石入手,通過與《遼史》詳細比對,儘量將内容相關的殘片集於一處。對於無法確定時序、位置的殘片,爲免混亂,此次整理暫不涉及。以下我們大致按碑文的叙述順序,將紀功碑殘片分爲四組予以介紹。[4]

(一)第一組殘石

第一組殘石爲紀功碑起首部分,大致述及碑刻撰者、頌聖之華章、太祖名諱、降生神迹以及太祖之家世。

殘片 T4:20-3 刻有"徽臣丁",T4:26-2 第 1 行刻有"等奉敕撰",據殘石右側留白及語義,此處所記當爲紀功碑之撰者,大致當爲"臣(中殘)徽、臣丁(下殘)等奉敕撰"。檢諸史籍,我們暫未發現太祖時"丁"姓臣僚。名字與"徽"相關者,遼初有佐命功臣韓延徽。太祖曾命延徽"守政事令、崇文館大學士,中

---

[1]《遼史》卷二八《天祚皇帝紀二》,379 頁。
[2]《金史》(點校本二十四史修訂本)卷二《太祖紀》,北京:中華書局,2020 年,36 頁。
[3]《三朝北盟會編》卷四引《燕雲奉使録》,25 頁上欄—下欄。
[4] 整理、綴合之後的圖片、録文可參見文末附録。

外事悉令參決",史稱"太祖初元,庶事草創,凡營都邑,建宮殿,正君臣,定名分,法度井井,延徽力也"。[1] 韓延徽卒於應曆九年(959),因其爲太祖重臣,且筆翰優餘,[2]我們推測延徽當有機會參與太祖紀功碑的撰寫,故疑此處名姓含"徽"的臣僚或爲韓延徽。

T4:26-2 第 2 行刻有"右族名王趙魏雄飛豈在",第 3 行刻有"仙鄉□游紫府感鶴駕而",第 4 行刻有"河割隸疆封";T4:21-3 刻有"寡和之";T4:27-3 刻有"池亘扶桑而";T2:48-1 第 1 行刻有"而寧世";第 2 行刻有"無遠";T2:4-1 刻有"華宗夏土"。[3] 諸石右側皆有留白,知其爲碑刻起首之文。揆諸文句,皆爲頌揚太祖之華辭麗藻。因文字殘缺過甚,無法綴連成文,姑將這些殘片匯於一處。

T2:58-6 第 1 行刻有"皇帝諱",T4:34-1 第 2 行刻有"元轄列軋石列耶律迷里阿鉢家内"(第 2 行),蓋係介紹太祖名諱及出身之文。此與《遼史·太祖紀》大致相合,是書開篇稱"太祖大聖大明神烈天皇帝,姓耶律氏,諱億,字阿保機,小字啜里只,契丹迭剌部霞瀨益石烈鄉耶律彌里人"。[4] T4:34-1 右側(即第 1 行)刻有"有始有終盡善盡美者"等詞,同屬上文之華藻,這説明虛文贊頌之後,碑文轉而實寫太祖之名諱、家世等内容。

T2:58-6 第 2 行刻有"遂再適",所指不明,當指某重要女性改嫁之事。

T2:27-12 刻有"能匍匐"三字,蓋指太祖出生時之異象。《遼史·太祖紀》謂太祖甫一降生,"室有神光異香,體如三歲兒,即能匍匐"。[5]

T4:26-1 從右至左依次刻有"浴其□□□六□""半規□□皃如""迭列宰相曾祖獲剌""氣充門望而異""或有疑刑斷""邇風行□□""利",此一部分所指不詳。我們懷疑"迭列宰相""曾祖獲剌"或指太祖之母族。《遼史》稱太祖母親宣簡皇后爲"遥輦氏剔剌宰相之女",[6]或與此相關。"半規□□皃如""氣充門望而異"等句或與太祖體貌及出生異象有所關聯。[7] 我們初步懷

---

[1] 《遼史》卷七四《韓延徽傳》,1357—1358 頁。
[2] 燕帥劉仁恭曾召韓延徽爲"幽都府文學",太祖以延徽爲"崇文館大學士",可知延徽當以文字見長,參見《遼史·韓延徽傳》。
[3] "華宗夏土"典出《晉書》卷一二六《秃髮傉檀載記》(北京:中華書局,1974 年,3151 頁),史稱"命世大才、經綸名教者,不必華宗夏土",此句可補爲"不必華宗夏土"。
[4] 《遼史》卷一《太祖紀上》,1 頁。
[5] 《遼史》卷一《太祖紀上》,1 頁。
[6] 《遼史》卷七一《德祖宣簡皇后蕭氏傳》,1319 頁。
[7] 除上文"神光異香"諸事外,《遼史》卷一《太祖紀上》謂"初,母夢日墮懷中,有娠。……祖母簡獻皇后異之,鞠爲己子。常匿於別幕,塗其面,不令他人見。三月能行;晬而能言,知未然事。自謂左右若有神人翼衛。雖齠齔,言必及世務。時伯父當國,疑輒諮焉。既長,身長九尺,豐上鋭下,目光射人,關弓三百斤"(1 頁)。《遼史》卷七三《耶律曷魯傳》稱"聞于越之生也,神光屬天,異香盈幄,夢受神誨,龍錫金佩"(1347 頁)。

疑殘片有可能是敘述太祖體貌及神異事,並追述其母族,故暫置於第一組。

上文所述龍紋螭首(T2∶67-2)從右至左依次刻有"況乃""雄宗族""兆人"等字,位于碑文右側,從位置及文辭上來看,疑爲篇首頌聖之辭,故亦置于第一組。

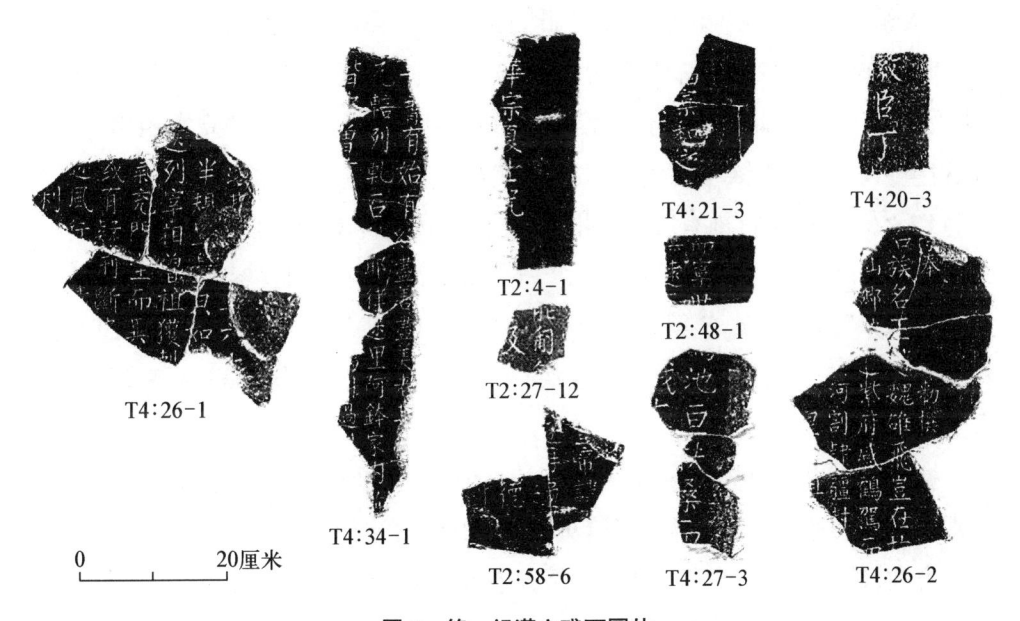

图 4　第一組漢文殘石圖片

（二）第二組殘石

第二組殘石主要介紹 901 年至 916 年太祖之功績,兼及應天皇后之家族世系。

T2∶41-6 第 2 行刻有"辛酉年"三字,太祖時之辛酉年爲 901 年(唐天復元年),《遼史·太祖紀》紀年即始於該年。史稱"唐天復元年,歲辛酉,痕德堇可汗立,以太祖爲本部夷離堇,專征討,連破室韋、于厥及奚帥轄剌哥,俘獲甚衆。冬十月,授大迭烈府夷離堇"。我們認爲太祖紀功碑的紀年也應始於辛酉年,所記內容或與《太祖紀》相當,我們暫將此殘片置於第二組之首。

T2∶41-2 第 2 行殘有"囗州癸亥"等字,"癸亥"當即癸亥年(903)。上殘"囗州",頗疑爲壬戌歲(902)"城龍化州"事。《遼史·太祖紀》謂該年秋太祖"以兵四十萬伐河東代北,攻下九郡,獲生口九萬五千,駞、馬、牛、羊不可勝紀。九月,城龍化州于潢河之南,始建開教寺"。〔1〕此殘石或可還原爲"城龍化州癸亥年"。

T4:11-1第5行刻有"物馬牛充□",第6行刻有"化州東城"。"物馬牛充□"或即上文太祖伐河東、代北獲財物牛馬事。"化州東城"當指甲子年(904)三月,太祖"廣龍化州之東城"事,〔2〕此行或可復原爲"廣龍化州東城"。

T2:22-7第2行刻有"乙丑",第3行刻有"懇勸再"。"乙丑"即905年(唐天祐二年)。左側"懇勸再"當指次年(丙寅年)十二月諸臣勸立太祖事,史稱"痕得堇可汗殂,群臣奉遺命請立太祖。曷魯等勸進。太祖三讓,從之"。〔3〕

T2:6-1第4行刻有"即梁朝太□□□也丙寅年討幽州",第5行刻有"□共理國者其唯⊔⊔⊔我應天皇后",〔4〕第6行刻有"俊異容我梅里居其一焉容我梅里";T2:15-7第3行刻有"代祖糯思";T2:18第2行刻有"設計殺却幽州",第3行有"得景豬天子遇疾",第4行刻有"族也糯思生魏寧",第5行刻有"葛之泥六居大"。

據容我梅里、糯思、魏寧等字,知三塊殘石皆涉及應天皇后之家世,諸石所載當爲叙事相連的一組文字。《遼史》載太祖皇后述律氏"其先回鶻人糯思,生魏寧舍利,魏寧生慎思梅里,慎思生婆姑梅里,婆姑娶匀德恝王女,生后于契丹右大部。婆姑名月椀,仕遥輦氏爲阿扎割只"。〔5〕《遼史·地理志》"儀坤州"條稱"應天皇后建州。回鶻糯思居之,至四世孫容我梅里,生應天皇后述律氏,適太祖"。〔6〕"月椀""容我"係同名異譯,碑石所載應天后世系大致與《遼史》相合。惟述律后出自回鶻之説,學界認知有所不同。我們遍檢碑片,僅T4:10-1殘一"鶻"字,可惜此字與述律后族屬是否相關,終難鑿實,只好暫且闕疑。

T2:6-1第4行之"丙寅年(906)討幽州",即該年二月"復擊劉仁恭"事。〔7〕

T2:18所記丙寅年之前事有二,一爲"設計殺却幽州",一爲"得景豬天子遇疾"。"設計殺却幽州"或指甲子年(904)太祖敗幽州趙霸事。是年九月,太祖"討黑車子室韋,唐盧龍軍節度使劉仁恭發兵數萬,遣養子趙霸來拒。霸至武

---

〔1〕《遼史》卷一《太祖紀上》,2頁。
〔2〕《遼史》卷一《太祖紀上》,2頁。
〔3〕《遼史》卷一《太祖紀上》,2—3頁。《遼史》卷七三《耶律曷魯傳》有關於此事詳細記載,茲不贅言(1346—1347頁)。
〔4〕"⊔"表示平闕所空之格,一格對應一"⊔"。
〔5〕《遼史》卷七一《太祖淳欽皇后述律氏傳》,1319頁。
〔6〕《遼史》卷三七《地理志一》,505頁。
〔7〕《遼史》卷一《太祖紀上》,2頁。

州,太祖諜知之,伏勁兵桃山下。遣室韋人牟里詐稱其酋長所遣,約霫兵會平原。既至,四面伏發,擒霸,殲其衆,乘勝大破室韋"。[1]若果如此,此石亦可與上文甲子年三月"廣龍化州東城"殘石(T4∶11-1)相連。[2]

"得景猪天子遇疾"句較難理解,或指丙寅年痕得菫可汗讓位之事。《遼史·太祖紀》言"痕德菫可汗殂,群臣奉遺命請立太祖",《遼史·耶律曷魯傳》稱"會遥輦痕德菫可汗殁,群臣奉遺命請立太祖",皆謂乙丑年(905)痕德菫可汗卒,太祖方得即位。然據中原文獻,開平二年(戊辰歲,908)五月,契丹前國王欽德(即"痕德菫"之異譯)遣人向中原進貢馬匹,[3]則太祖即位時,痕得菫仍在世。遼人趙志忠所撰《虜庭雜紀》亦稱"八部落主愛其雄勇,遂退其舊主阿輦氏歸本部,立太祖爲王",[4]"阿輦氏"即"遥輦氏",亦指痕德菫可汗,未云痕德菫卒於退位之年。頗疑此處"得景猪天子"指"痕德菫可汗"。若此,則"遇疾"之事異於諸處記載,或有待發之覆。此殘石亦可與上文丙寅年(906)"懇勸再"殘石(T2∶22-7)相勾連。

T2∶18所記丙寅年(906)之後事爲"□共理國者其唯□□□我應天皇后"云云,此事當指丁卯年(太祖元年,907)太祖獲取汗位後,與應天后共理國政。該年春正月庚寅,太祖在如迁王集會堝即位,"群臣上尊號曰天皇帝,后曰地皇后"。史稱太祖開疆拓土,述律后"有力焉"。[5]太祖紀功碑在叙述太祖稱汗事之後,謂應天后與太祖"共理國",並詳述后族家世,此間或暗示太祖獲取汗位很可能與述律后家族有較大關聯。[6]

T4∶41-2第1行刻有"奇自",第2行刻有"會故改",第3行刻有"是歲國中",第4行刻有"等無敢",第5行刻有"兩乳子之遇",第6行刻有"餘國於龍化州",第7行刻有"渾攻破振武軍";T4∶41-1第1行刻有"安容淑麗機斷精明",第2行刻有"生女一人諱謾頰聰惠",第3行刻有"州刺史將家屬□",第4行刻有"□爲會盟□",第5行刻有"銀鐵礦處",第6行刻有"□俱伏天"。此二石可合二爲一(參圖5)。

---

[1]《遼史》卷一《太祖紀上》,2頁。
[2] T2∶18與T2∶6-1綴合、勾連的結果是"設計殺却幽州"句位於丙寅年之下(參附録二),與此推測有異。下文"得景猪天子遇疾"事,勾連後亦有不諧之處。因殘石所缺過多,我們只能暫且存疑。
[3]《五代會要》卷二九《契丹》,上海古籍出版社,1978年,456頁;《册府元龜》卷九七二《外臣部·朝貢五》,南京:鳳凰出版社,2006年,11420頁。
[4]《資治通鑑》卷二六六後梁紀一太祖開平元年五月丁丑條考異引趙志忠《虜庭雜紀》,北京:中華書局,1956年,8677頁。
[5]《遼史》卷三七《地理志一》,505頁。
[6] 此碑撰於太宗即位前夕,而太宗得立實因應天后扶持,故碑文陳述應天后家族並凸顯應天皇后之功績亦在情理之中。

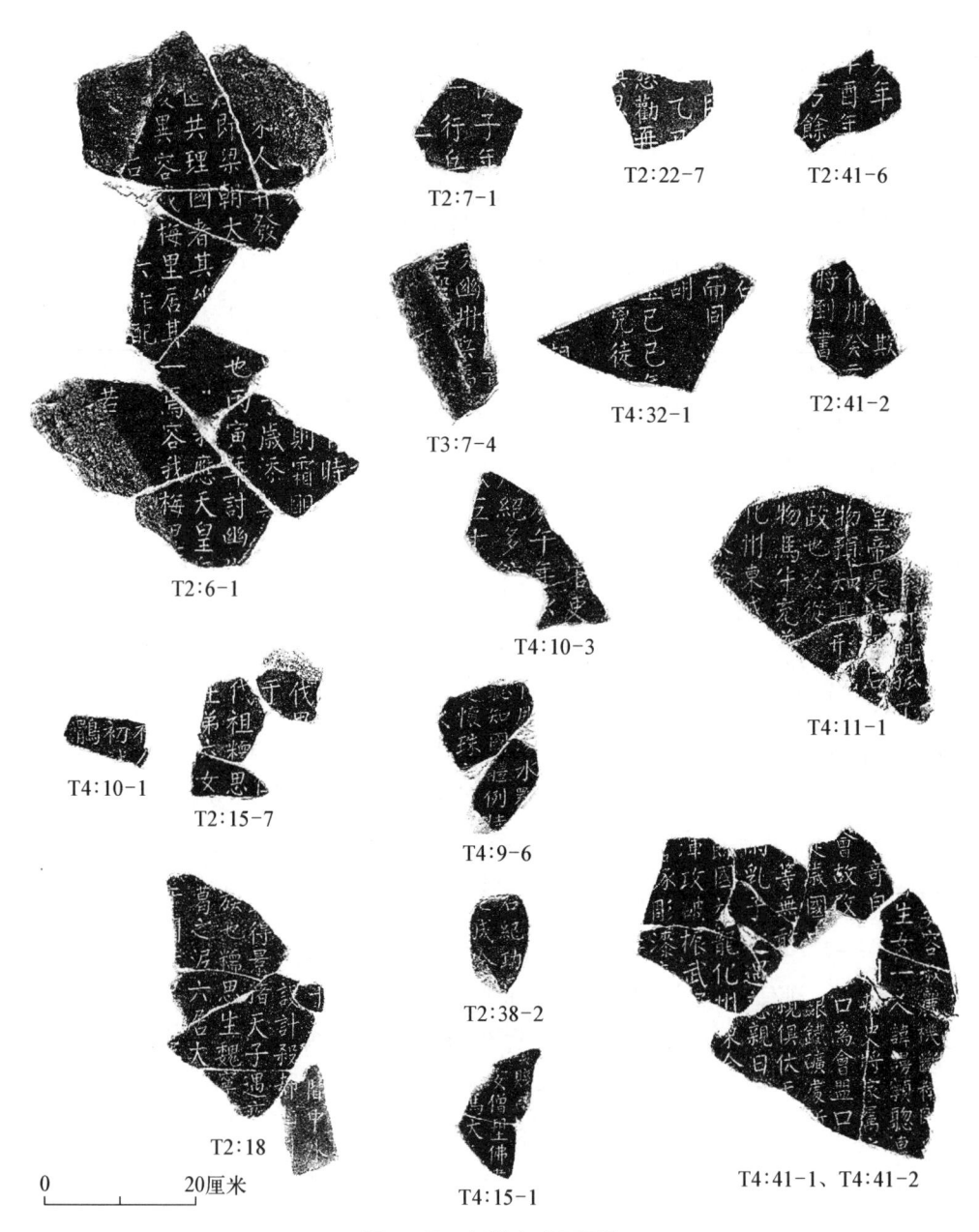

圖5 第二組漢文殘石圖片

T4：41-1第1行之"安容淑麗機斷精明"及T4：9-6之"聰知國體例"或指應天皇后而言。T4：41-1第2行之"生女一人諱謾頦聰惠"及T4：9-6第2行之"懷珠"，或指應天后之女。然《遼史·公主表》謂太祖有女一人，名"質古"，[1]

---

[1]《遼史》卷六五《公主表》，1105頁。

與此不合。"謾頡"或爲"質古"之第二名,然無實據,姑且存疑。

T4∶41-2第1行之"奇自",T4∶41-1第3行之"州刺史將家屬□",蓋指丁卯年(太祖元年,907)秋七月乙酉,"平州刺史(劉)守奇率其衆數千人來降"事。[1]此處可還原爲"守奇自平州刺史將家屬"。

T4∶41-2第2行之"會故改",T4∶41-1第4行之"□爲會盟□",當指己巳年(太祖三年,909)"三月,滄州節度使劉守文爲弟守光所攻,遣人來乞兵討之。命皇弟舍利素、夷离堇蕭敵魯以兵會守文於北淖口。進至橫海軍近淀,一鼓破之,守光潰去。因名北淖口爲會盟口"。[2]此處可復原爲"會故改北淖口爲會盟口"。

T4∶41-2第3行之"是歲國中",T4∶41-1第5行之"銀鐵礦處",或指辛未年(太祖五年,911)冬十月戊午"置鐵冶"事,[3]《遼史·食貨志》謂"太祖征幽、薊,師還,次山麓,得銀、鐵礦,命置冶",[4]或亦與此相關。

T4∶41-2第4行之"等無敢",T4∶41-1第6行之"□俱伏天",或指壬申年(912)太祖平諸弟之亂事。是年冬十月戊寅,剌葛與迭剌、寅底石、安端等反。壬辰,太祖"聞諸弟以兵阻道,引軍南趨十七濼。是日燔柴。翼日,次七渡河,諸弟各遣人謝罪。上猶矜憐,許以自新"。[5]

T4∶41-2第6行之"餘國於龍化州",當指丙子歲(神册元年,916)太祖稱帝建元事。是年二月丙戌朔,"上在龍化州,迭烈部夷离堇耶律曷魯等率百僚請上尊號,三表乃允。丙申,群臣及諸屬國築壇州東,上尊號曰大聖大明天皇帝,后曰應天大明地皇后。大赦,建元神册"。[6]

T4∶41-2第7行之"渾攻破振武軍",蓋指916年太祖征吐渾諸部及拔振武軍事。《遼史·兵衛志》稱"神册元年,親征突厥、吐渾、党項、小蕃、沙陀諸部,俘户一萬五千六百;攻振武,乘勝而東,攻蔚、新、武、嬀、儒五州,俘獲不可勝紀,斬不從命者萬四千七百級"。[7]

T4∶32-1第4行刻有"己巳年(909)",可與上文"會故改北淖口爲會盟

---

[1]《遼史》卷一《太祖紀上》,3頁。
[2]《遼史》卷一《太祖紀上》,4頁。
[3]《遼史》卷一《太祖紀上》,5頁。
[4]《遼史》卷六〇《食貨志下》,1032頁。
[5]《遼史》卷一《太祖紀上》,6頁。
[6]《遼史》卷一《太祖紀上》,10—11頁。
[7]《遼史》卷三四《兵衛志上》,450頁。《遼史》卷四一《地理志五》"振武縣"條(581頁)謂"太祖神册元年,伐吐渾還,攻之(即振武軍),盡俘其民以東,唯存鄉兵三百人防戍。後更爲縣";卷一《太祖紀上》(第1册,11頁)將"振武"記作"朔州","秋七月壬申,親征突厥、吐渾、党項、小蕃、沙陀諸部,皆平之。俘其首長及其户萬五千六百,鎧甲、兵仗、器服九十餘萬,寶貨、駝馬、牛羊不可勝算。八月,拔朔州,擒節度使李嗣本。勒石紀功於青冢南。冬十月癸未朔,乘勝而東。十一月,攻蔚、新、武、嬀、儒五州,斬首萬四千七百餘級"。

口"諸石(T4∶41-2、T4∶41-1)相關聯。

T4∶10-3第2行"庚午年以",疑此處爲庚午歲(910)七月戊子朔"以后兄蕭敵魯爲北府宰相"事,后族爲相自此始。

T2∶7-1第1行刻有"丙子年",T3∶7-4刻有"充幽州兵馬",疑此處指丙子年(916)以盧國用爲幽州兵馬留後事。是年夏四月乙酉朔,"晉幽州節度使盧國用來降,以爲幽州兵馬留後"。[1]

T2∶38-2刻有"石紀功"三字,或可與上文丙子年(916)攻破振武軍事相關。是年八月,太祖"拔朔州,擒節度使李嗣本。勒石紀功於青冢南"。[2] 以上三石,亦可與上文T4∶41-2、T4∶41-1二石相勾連。

此外,T4∶15-1殘有"安僧塑佛建"等字,或指壬申歲(912)建天雄寺事。是年太祖"以兵討兩冶,以所獲僧崇文等五十人歸西樓,建天雄寺以居之,以示天助雄武"。[3] 故暫與以上諸石列爲一組。

(三) 第三組殘石

第三組殘石主要介紹917年至926年太祖之功績及太祖薨逝之事。

採70第1行刻有"周德威兵士",根據左側殘文之時序(詳下),我們推測此處可能是指神册二年(丁丑年,917)太祖攻幽州事,"三月辛亥,攻幽州,節度使周德威以幽、并、鎮、定、魏五州之兵拒于居庸關之西,合戰於新州東,大破之,斬首三萬餘級,殺李嗣本之子武八"。[4]

採70第2行刻有"年又親征域屈里",有可能是神册四年(己卯年,919)太祖征烏古部事。烏古又稱于厥、于骨里。此處"域屈里"亦爲"烏古"之異譯。據《遼史·太祖紀》,是年九月,太祖征烏古,"冬十月丙午,次烏古部,天大風雪,兵不能進,上禱于天,俄頃而霽。命皇太子將先鋒軍進擊,破之,俘獲生口萬四千二百,牛馬、車乘、廬帳、器物二十餘萬。自是舉部來附"。[5]

採70第3行刻有"異母弟索隈授南",蓋指神册六年(辛巳年,921)"春正月

---

[1]《遼史》卷一《太祖紀上》,11頁。
[2]《遼史》卷一《太祖紀上》,11頁。
[3]《遼史》卷一《太祖紀上》,6頁。
[4]《遼史》卷一《太祖紀上》,12頁。
[5]《遼史》卷二《太祖紀下》,17頁。

丙午,以皇弟蘇爲南府宰相"事。[1]《遼史·皇子表》載太祖父親德祖有六子,母宣簡皇后生五子,[2]知德祖有一子爲庶出。《皇子表》將耶律蘇置於德祖諸子之末,蓋以庶出之故。《遼史·耶律奴瓜傳》稱奴瓜爲"太祖異母弟南府宰相蘇之孫"。[3]故此處"異母弟索隈"即耶律蘇,殘石可補爲"異母弟索隈授南府宰相"。

T2:11-7第1行之"令公"可以與採70第4行"男一人漢軍大"綴合爲"令公男一人漢軍大",然所指究竟何事,暫不可知。

T4:36-1之"胡瓊",當指天贊元年(壬午年,922)四月太祖攻破薊州,"擒刺史胡瓊"事。[4]

T4:36-11第2行之"民歷戶"、T4:3-1第5行之"口滋□糺轄疏遠遂分"、T2:11-7第2行之"二部立兩節度"、採70第5行之"度使以統押"可以綴合爲一,所指爲天贊元年太祖二分迭剌部事。據《遼史·兵衛志》,"天贊元年,以户口滋繁,糺轄疏遠,分北大濃兀爲二部,立兩節度以統之"。[5]《遼史·食貨志》亦謂太祖"嘗以户口滋繁,糺轄疏遠,分北大濃兀爲二部,程以樹藝,諸部效之"。[6]《遼史·太祖紀》則稱天贊元年十月甲子,"分迭剌部爲二院:斜涅赤爲北院夷离堇,綰思爲南院夷离堇。詔分北大濃兀爲二部,立兩節度使以統之"。綜合以上記載及碑文所缺字數,此句可綴合補充爲"民歷户口滋繁糺轄疏遠遂分北大濃兀爲二部立兩節度使以統押"。

此句中"糺轄"二字亦見於《遼史·國語解》,文稱"糺轄。糺,軍名。轄者,管束之義"。[7]因《國語解》繫此詞於"太祖紀"之下,故學界普遍認爲"太祖紀"原有"糺轄疏遠"等文字,後被元代史官刪去。紀功碑之文可佐證學界這一推測。

此外,關於"糺"字的寫法,學界頗有爭議。今日所存《遼史》諸本皆作"糺",清人錢大昕曾見一《遼史》作"糺"。[8]由于糺與糺軍涉及遼金元史上諸多重大問題,故學界對於"糺(糺)"字字形,展開了曠日持久的爭論,迄今仍是難以達成共識。紀功碑明確載有"糺(糺)"字,本可據此結案,可惜造化弄人,該字左下角關鍵部分恰好剥落,歷史真相就這樣失之眉睫間,令人扼腕。

---

[1]《遼史》卷二《太祖紀下》,18頁。
[2]《遼史》卷六四《皇子表》,1067—1074頁。
[3]《遼史》卷八五《耶律奴瓜傳》,1448頁。
[4]《遼史》卷二《太祖紀下》,20頁。
[5]《遼史》卷三四《兵衛志上》,450頁。
[6]《遼史》卷五九《食貨志上》,1026頁。
[7]《遼史》卷一一六《國語解》,1691頁。
[8]錢大昕《十駕齋養新餘錄》卷中,"糺"條,陳文和主編《嘉定錢大昕全集》,南京:江蘇古籍出版社,1997年,586頁。

採50第2行刻有"平州拔",當指天贊二年(癸未年,923)正月丙申"大元帥堯骨克平州"事。[1]

T4：3-1第6行之"部恃險偷"、T2：11-7第3行之"一鼓而亡餘黨歸"、採70第6行之"降各令"可大致綴連爲"部恃險偷……一鼓而亡餘黨歸降各令",蓋指天贊二年三月太祖平奚墮瑰部事。是年"三月戊寅,軍于箭笴山,討叛奚胡損,獲之,射以鬼箭。誅其黨三百人,沉之狗河。置奚墮瑰部,以勃魯恩權總其事"。[2]《遼史·營衛志》亦載此事,"天贊二年,有東扒里廝胡損者,恃險堅壁於箭笴山以拒命,揶揄曰：'大軍何能爲,我當飲墮瑰門下矣!'太祖滅之,以奚府給役戶,併括諸部隱丁,收合流散,置墮瑰部,因墮瑰門之語爲名,遂號六部奚。命勃魯恩主之,仍號奚王"。[3]

T4：15-3第1行之"牢城"、T1：10-1第1行之"城使裴信"、T2：59-4第1行之"父子"可綴連爲"牢城使裴信父子",所記當爲天贊二年耶律德光擒裴信父子事。是年四月庚申,"堯骨軍幽州東,節度使符存審遣人出戰,敗之,擒其將裴信父子"。[4]

T4：3-1第7行之"年六"、T2：11-7第4行之"皇后太子元帥王子太"、採70第7行"后"、T3：14-12第1行之"二宰"、T4：9-5第1行之"宰相諸"、T3：13-1之"部頭等從"可大致綴合爲"年六……皇后太子元帥王子太后二宰相諸部頭等從",所指當爲天贊三年(924)"六月乙酉,召皇后、皇太子、大元帥及二宰相、諸部頭等詔曰"事。[5]

T4：36-16第2行之"天"、T4：19-1第3行"監惠及蒸民"、T1：25-3第1行"民聖"、T3：7-12第2行之"載一"、T3：14-9第1行之"下降凡間"、T3：14-14第2行之"是以"、T4：15-3第2行之"在已"、T1：10-1第2行之"已取捨如"、T2：59-4第2行之"神人"、T4：4-3第1行之"人情"、T4：36-42之"附"、T2：48-3第2行之"舜詑"、T4：3-1第8行之"巨"、T2：11-7第5行之"之經營爲群方□□母憲"、T2：26-7之"方之父"、T3：14-4第1行之"斯在"、T3：14-12第2行之"在"、T4：9-5第2行之"胤嗣何"、T3：13-1第4行之"憂昇降有"、T4：19-1第4行之"自有侶於"、T1：25-3第2行之"天"、T3：14-9第2行之"年之後歲在丙"、

――――――
[1]《遼史》卷二《太祖紀下》,20頁。
[2]《遼史》卷二《太祖紀下》,20頁。
[3]《遼史》卷三三《營衛志下》,439頁。
[4]《遼史》卷二《太祖紀下》,21頁。
[5]《遼史》卷二《太祖紀下》,21頁。

T1∶10-1第3行之"事豈負"、T4∶4-3第2行之"嚴是"。

以上諸殘片,雖是斷爛不堪,難以猝讀,然而經過仔細比對,我們確定這些文字皆出自太祖天贊三年之詔書。《遼史·太祖紀》載有天贊三年詔之全文,兹引如下,"上天降監,惠及烝民。聖主明王,萬載一遇。朕既上承天命,下統群生,每有征行,皆奉天意。是以機謀在己,取捨如神,國令既行,人情大附。舛訛歸正,遐邇無愆。可謂大含溟海,安納泰山矣!自我國之經營,爲群方之父母。憲章斯在,胤嗣何憂?升降有期,去來在我。良籌聖會,自有契於天人;衆國群王,豈可化其凡骨?三年之後,歲在丙戌,時值初秋,必有歸處。然未終兩事,豈負親誠?日月非遥,戒嚴是速"。[1]

我們依據殘石 T4∶36-16"天"字頂格書寫以及 T4∶19-1、T1∶25-3(此二石可綴合)、T3∶14-9、T1∶10-1、T4∶4-3 所載詔書文字左、右對應的規律(參圖6),推測出詔文行數及提行之位置。現依據《遼史》所載詔書內容,結合碑刻殘存文字,將石刻中的詔書文字及行款格式復原如下:

(上略)上

A 天降**監惠及蒸民**聖主明王萬載一遇朕既上承天命**下降凡**間每有征行皆奉天意是以機

B 聖會**自有侣於天**人衆國群王豈可化其凡骨三年之**後歲在**丙戌時值初秋□必有歸處然

A 謀在己**取捨如**神人□國令既行**人情**大附舛訛歸正遐邇無愆可謂大含巨海安納泰山矣

B 未終兩**事豈負**親誠日月非遥戒**嚴是**速

A 自我國之經營爲群方之父母憲章斯在胤嗣何憂昇降有期去來在我良籌□□□[2]

需要説明的是,"取捨如神人□國令既行""丙戌時值初秋□必有歸處然未終兩事"兩處文字應當與《遼史》略所不同,若非如此,則圖 3 所示殘石文字無法左右一一對應,我們暫以"□"表示存疑之字,以滿足這一條件。

─────────

[1]《遼史》卷二《太祖紀下》,21—22 頁。
[2] 詔文共有兩行,我們標以 A(第1行)、B(第2行)以示區別,粗體下劃綫文字表示殘存文字存在左右對應關係。

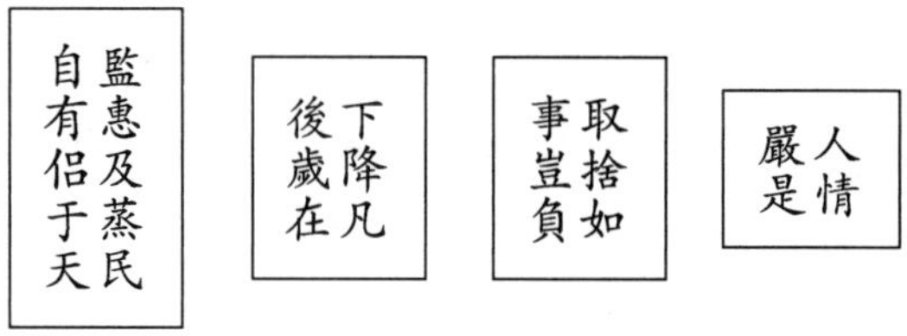

```
┌─────┬───┬───┬───┐
│監惠及│下降│取捨│嚴人│
│自有蒸│後歲│事豈│是情│
│侶民 │在凡│負如│   │
│于  │   │   │   │
│天  │   │   │   │
└─────┴───┴───┴───┘
```

圖 6　殘石詔文示意圖

A 行"良籌"下當空有三格,此據相鄰殘石(T3:13-1)之文推測。T3:13-1 殘石除去詔書之"憂昇降有"等文字之外,左側尚殘有十餘行文字。其中與"籌"處於同一列的"之""若""聖""龍"等字下仍有文字(參見圖 7 及附錄一、二),可見"籌"字並非位於碑文最下端。我們依據殘石左側這些文字,推測"良籌"下當空有三格,而這與紀功碑平闕格式恰好相符。據 T3:13-1 第 11、12 行以及 15 行,"皇帝"以及"昇天皇帝"前各闕三格,可知紀功碑平闕格式爲闕三格。"良籌聖會"之"聖"字,按例亦需闕三格,因"籌"字下僅有三個空格的空間,故空闕之後,"聖會"二字正好提行書寫。至此,A 行的文字情況已可確定,我們據此推測紀功碑每行滿行的字數當爲 105 字。

除此之外,紀功碑文字與《遼史》所載略有出入,現臚列如下。"自有侶於天人",《遼史》作"自有契於天人";"下降凡間",《遼史》作"下統群生";"大含巨海",《遼史》作"大含溟海"。這說明《遼史》的文字經過史官的進一步潤色,當有可能出自耶律儼或陳大任的手筆。

T3:1-1 刻有"事一事",當爲天贊四年(乙酉年,925)太祖伐渤海詔。該年十二月乙亥,太祖詔曰:"所謂兩事,一事已畢,惟渤海世仇未雪,豈宜安駐。"[1] 此句可補爲"兩事一事已畢"。

T3:13-1 第 8 行"天贊五年丙戌正月三日",蓋指天贊五年(丙戌年,926,二月改元天顯)攻克扶餘府事。是年正月庚寅(3 日),"拔扶餘城,誅其守將"。[2]

T3:4-1 第 2 行之"諲譔率內"、第 3 行之"餘人渤海"、第 4 行之"諲譔等",T4:25-6 第 2 行之"海國爲",T4:37-10 第 1 行之"爲人皇王",T3:13-1 第 9 行之"備亡國之禮降拜於京城",蓋指太祖滅渤海國事。天顯元年春正月"己巳,諲譔請降。……辛未,諲譔素服,稿索牽羊,率僚屬三百餘人出降。上優禮而釋之。……丁丑,諲譔復叛,攻其城,破之。駕幸城中,諲譔請罪馬前。

---

[1]《遼史》卷二《太祖紀下》,23 頁。
[2]《遼史》卷二《太祖紀下》,24 頁。

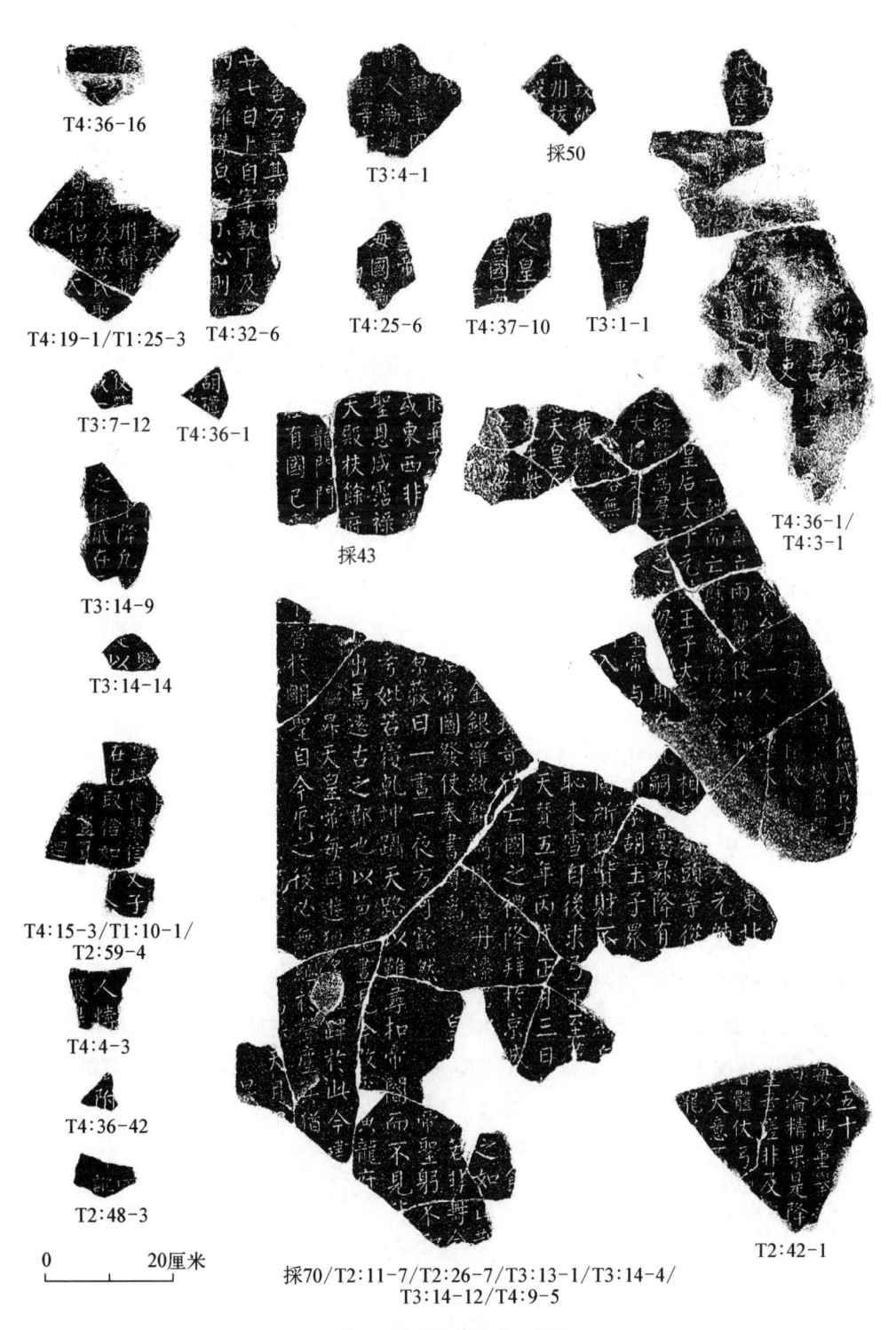

圖 7　第三組漢文殘石圖片

詔以兵衛諠譟及族屬以出。祭告天地,復還軍中"。二月丙午,"改渤海國爲東丹,忽汗城爲天福。册皇太子倍爲人皇王以主之"。[1]

T4:32-6第22行"廿七日上自宰執下及 蒸 民",T3:13-1第12行"原蔽日一晝一夜方可豁然囗囗囗皇帝聖躬不 和"、第13行"考妣若覆乾坤蹕天路以難尋扣帝閽而不見",蓋指天顯元年太祖駕崩事。天顯元年七月"辛巳(27日)平旦,子城上見黃龍繚繞,可長一里,光耀奪目,入于行宮。有紫黑氣蔽天,逾日乃散。是日,上崩,年五十五"。[2]又,T2:42-1第1行之" 年五十五",疑指太祖之年壽,或可與上述二石相勾連,故將此石置於第四組。

T4:32-6第14行"出焉遠古之郡也以黃龍晝見今改 爲黃龍 府",蓋指改扶餘府爲黃龍府事。《遼史·地理志》謂"龍州,黃龍府。本渤海扶餘府。太祖平渤海還,至此崩,有黃龍見,更名"。[3]《遼史·太祖紀》亦謂"太祖所崩行宮在扶餘城西南兩河之間,後建昇天殿于此,而以扶餘爲黃龍府云"。[4]

採43第4行刻有"天殿扶餘府",此句疑爲建昇天殿於扶餘城附近事,《遼史·太祖紀》稱"太祖所崩行宮在扶餘城西南兩河之間,後建昇天殿于此",[5]然《遼史·太祖紀》將此事接續於重熙二十一年九月太祖加諡大聖大明神烈天皇帝之後,令人無法確知"昇天殿"建立時間,今據紀功碑可知"昇天殿"當建於太祖亡後不久的天顯元年或二年。

採43第4行"龍門門",當指祖州附近之龍門山及黑龍門事。《遼史·地理志》稱祖州"有龍門、黎谷、液山、液泉、白馬、獨石、天梯之山","太祖陵鑿山爲殿,曰明殿。殿南嶺有膳堂,以備時祭。門曰黑龍"。[6]

T4:32-6第15行刻有"昇天皇帝每因游獵多駐蹕於此今建","昇天皇帝"爲太祖之諡號,天顯元年九月己巳,"上諡昇天皇帝,廟號太祖"。[7]"每因游獵多駐蹕於此今建",或指建奉陵邑祖州事。《遼史·地理志》"祖州"條謂"太祖秋獵多於此,始置西樓。後因建城,號祖州"。[8]關於祖州建立時間,《遼史·太祖紀》稱天顯二年八月丁酉,"葬太祖皇帝于祖陵,置祖州天城軍節度使以奉陵寢"。[9]

---

[1]《遼史》卷二《太祖紀下》,24頁。
[2]《遼史》卷二《太祖紀下》,25頁。
[3]《遼史》卷三八《地理志二》,533頁。
[4]《遼史》卷二《太祖紀下》,26頁。
[5]《遼史》卷二《太祖紀下》,26頁。
[6]《遼史》卷三七《地理志一》,501頁。
[7]《遼史》卷二《太祖紀下》,26頁。
[8]《遼史》卷三七《地理志一》,500頁。
[9]《遼史》卷二《太祖紀下》,26頁。

（四）第四組殘石

第四組殘石為碑文結尾部分，大致為總結太祖功績之辭藻、銘文以及立碑日期。

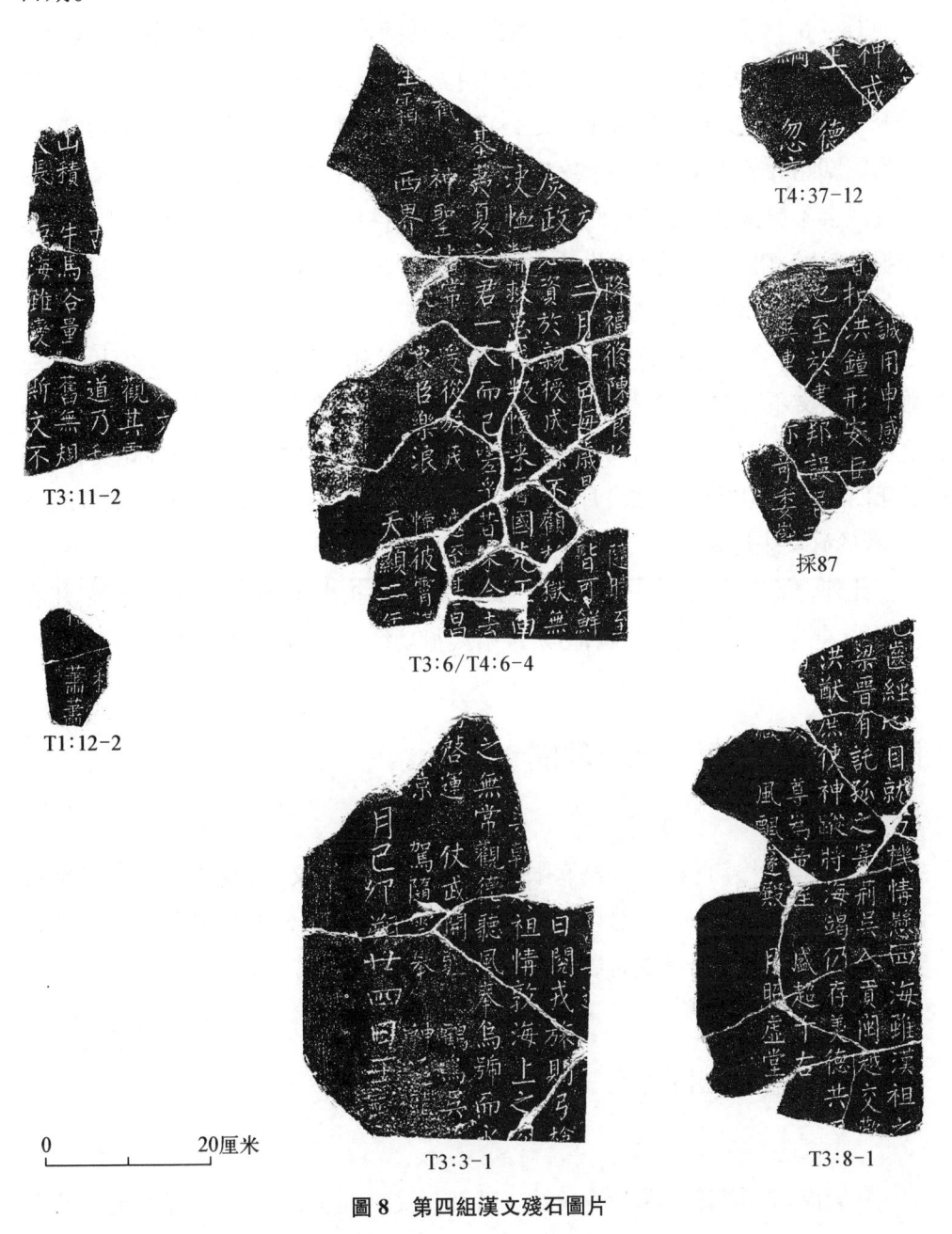

圖 8　第四組漢文殘石圖片

T3：6、T4：6-4二石可以綴連成文。T3：6第2行、T4：6-4第3行可綴合爲"庶政[必]資於親授成謀不顧折獄無[疑]"，T3：6第3行、T4：6-4第4行可綴合爲"決恤[鄰]救患伐叛懷來晉國先王面"，T3：6第4行、T4：6-4第5行可綴合爲"基夷夏[之]君一人而已嗟乎昔來今去"，T3：6第5行、T4：6-4第6行可綴合爲"截⊔神聖[非]常⊔爰從族茂⊔遽至其昌"，T3：6第6行、T4：6-4第7行可綴合爲"生霜⊔西界□□⊔東臣樂浪⊔懷彼宵"。

T4：6-4與T3：3-1二石可相綴合，其間雖有缺字，但依據最右側關於日期的文字，我們可以確定二石當前後相連。T4：6-4第8行之"天顯二[年]"、T3：3-1第8行之"月己卯朔廿四日壬[寅]"，每字占據空間雖與右側正文相當，但字形明顯略大於正文文字。按例，此句當爲碑末之立碑日期。我們認爲年、月之間缺字不會太多，輔以右側銘文四字一句的特點，所缺字數當以五字爲宜。依據《遼史》相關記載，我們將此句補充爲"天顯二年歲次丁亥八月己卯朔廿四日壬寅"。補字緣由，前文已有述及，姑不贅言。

T3：11-2第4行之"山積⊔牛馬穀量⊔舊無規"，第5行之"[天長]⊔巨海雖變⊔斯文不"；T1：12-2之"蕭蕭"；T4：37-12第2行之"王⊔德"，第3行之"[綱]⊔忽"；T3：8-1第5行之"風飄邃殿⊔月照虛堂"，顯爲碑刻銘文，故置於第四組。其中"風飄邃殿、月照虛堂"句，當爲銘文結尾之辭，故將殘石T3：8-1置於碑文末尾處。

此外，採87自右至左依次刻有"誠用申感""扣洪鐘形安臣""至於[建]邦設邑""異[連]□□奇委[岳]"等詞，當是總結太祖功績之辭，亦可置於第四組。

四、契丹大字碑刻殘石舉隅

由于契丹大字的釋讀較爲有限，且無可以參照的文本，我們面對這些殘石斷片，尚未發現關鍵綫索，難以綴連、復原，相關工作只好俟諸來日。我們僅就契丹大字殘石中較爲重要的幾處問題略作申述。

（一）關於遼朝之國號

關於遼朝的國號，學界屢有爭論。就契丹文字而言，爭議的焦點在於"遼"字的釋讀。劉鳳翥先生認爲契丹大字墓誌中的 䒑奊 一詞可以漢譯爲"遼"。該詞對應的契丹小字爲 玬刋，可以擬音爲 * xulus，意爲遼遠、遼闊。劉先生認爲無論遼朝的漢文國號如何更改，在契丹文中使用的始終是雙國號。當改國號爲大契丹時，契丹小字墓誌中的國號爲 哭关 玬刋，契丹大字墓誌中的國號爲 冈刈 䒑奊，漢譯爲"契丹·遼"。當改國號爲大遼時，契丹小字中的國號則變爲 玬刋 哭关，契丹大字墓誌中的國號則變爲 䒑奊 冈刈，漢譯爲"遼·契丹"。[1]

烏拉熙春教授則認爲契丹大字之 䒑奊 以及契丹小字之 玬刋 的音值爲 * huldʒi，含義與蒙古語 ulus 相近，本義或即"人衆"，有可能具有"自家的人衆"這一特定的含義。她認爲 䒑奊 冈刈（玬刋 哭关）較 冈刈 䒑奊（哭关 玬刋）更爲常用。契丹人在建立王朝之前，以此自稱；王朝建立後，則在其後加上漢語借詞"國"（契丹大字作 国、契丹小字作 几夾）作爲國號。[2]

遼太祖紀功碑殘石兩見 䒑奊（T2：20-1 第 2 行、T2：32-3 第 4 行），奊 當爲 奊 之異體。T2：20-1 第 2 行前後文已殘，由於 䒑奊 有時會用作人名，我們暫時無法鑿實該詞究竟是國名還是人名。T2：32-3 第 4 行刻有"䒑奊冈"三字，當即契丹文之國號，此後所殘字當爲 刈。我們推測契丹大字殘石中應當出現了遼朝的國號"䒑奊冈刈"。

據上文所述，碑陰的漢文部分刻於天顯二年（927），按理碑陽記録太祖功績

圖 9　契丹大字殘石圖片之一

---

[1] 劉鳳翥《從契丹文字的解讀談遼代契丹語中的雙國號——兼論"哈喇契丹"》，《東北史研究》2006 年第 2 期，1—4 頁；劉鳳翥《契丹大字〈耶律祺墓誌銘〉考釋》，《内蒙古文物考古》2006 年第 1 期，53—54 頁。劉鳳翥先生的觀點發表後，學界仍有一些不同意見，陳曉偉從波斯文、藏文等史料入手，進一步論證了遼朝的雙國號制度，參見氏著《遼朝國號再考釋》，《文史》2016 年第 4 輯，95—106、154 頁。

[2] 烏拉熙春《遼朝國號非"哈喇契丹（遼契丹）"考——兼擬契丹大字 奊 和契丹小字 刋 的音值》，氏著《愛新覺羅烏拉熙春女真契丹學研究》，（日本）松香堂書店，2009 年，192—196 頁。

的契丹大字也應刻於同一年。然而,作爲國號的"遼"晚至太宗時期方才出現。學界目前有會同元年(938)建遼説和大同元年(947)建遼説兩種不同的觀點,無論哪一種,皆與天顯二年相去較遠。殘石中的"㞚㪚冎(刈)"無疑對㞚㪚爲"遼"説以及雙國號説造成了衝擊。究竟如何解釋這一現象,㞚㪚究竟是"遼",還是代表"人衆",亦或是不同時期的語義發生轉變,再或是契丹大字殘石的復原及刊刻時間的推測有誤,這些都需要我們進一步的調查與研究。

(二) 關於東丹國之國號

關於東丹國國號,學界有兩種截然不同的説法。金毓黻先生認爲"東丹之名得自契丹,以其建國在契丹國之東也,亦即'東契丹國'之簡稱"。[1] 最初學界對於這一認知並無異議。但是隨著契丹文字墓誌的出土、釋讀,這一看法受到了挑戰。

刻於遼興宗重熙二十二年(1053)的契丹小字《耶律宗教墓誌》第 4 行見"伃㪚九安冇 㸚 　坐",意爲"丹國之聖汗"。[2] 與之對譯的漢文墓誌作"渤海聖王",即渤海國王大諲譔。渤海亡國後,遼太祖改渤海國爲東丹國。此處的"丹國",實應指"東丹國"。

刻於遼道宗大康七年的(1081)的契丹大字《多羅里本郎君墓誌》第 3 行稱:[3]

佲札尒㪚冎伞坐皇帝岙珎弃舟国岙冎伞用乚
寅底哂・兀里 宰相　天皇帝 之時於 丹國 之宰相　授予

寅底哂・兀里爲多羅里本之先世,漢名耶律羽之。《遼史・耶律羽之傳》謂羽之曾任東丹國中台省右次相。此處的丹國顯然是指東丹國。契丹

---

〔1〕 金毓黻《渤海國志長編》卷一九《叢考》,趙鐵寒主編《渤海國志》,臺北:文海出版社,1977 年,359 頁。金毓黻《東北通史》上編亦稱"東丹之名,蓋與契丹對舉,義猶東契丹,以其建國於契丹之東也"(《社會科學戰綫》雜誌社翻印本,1980 年,317 頁)。
〔2〕 參見劉鳳翥《契丹文字研究類編》,北京:中華書局,2014 年,釋文見 659 頁,契丹小字拓本照片見 1126 頁,漢文拓本照片見 1127 頁。
〔3〕 參見叢艷雙、劉鳳翥、池建學:《契丹大字〈多羅里本郎君墓誌銘〉考釋》,《民族語文》2005 年第 4 期,51、54 頁;愛新覺羅・烏拉熙春:《遼朝の皇族——金启孮先生逝去二周年に寄せて》,《立命館文學》第 594 號,2006 年 3 月,86 頁。

大字之**丹国**與上文契丹小字**仔冇 冗夾**相對應，皆可譯爲"丹國"，用以指稱東丹國。

劉鳳翥先生依據契丹文將"東丹國"直譯爲"丹國"的現象，推測"東丹"的國號與耶律大石之西遼、耶律淳之北遼類似，都是後世史家爲便於區别契丹或遼朝而加上"東""西"和"北"字。他認爲"東丹國"實際的國號爲"丹國"，"丹國"的"丹"字並不是"契丹"的簡稱，"東丹"國號與"契丹"没有任何關係。[1]

烏拉熙春教授也有類似看法。她依據《耶律宗教墓誌》，認爲"東丹之'東'乃後加之語，至遲在興宗之世仍稱丹國。則'東丹'之本義並非略自'契丹之東'，而是源自'丹國'"。[2]

劉浦江先生則認爲"東丹國號的真實性是不容置疑的"，東丹國的全稱應爲"大東丹國"，契丹大小字石刻資料中所謂的"丹國"僅僅是東丹國的簡稱，"東丹"之名後起説並不可信。

劉浦江先生的依據主要是漢文石刻及文獻。首先是遼代漢文石刻，刻於會同五年(942)的《耶律羽之墓誌》有"東丹國大内相""收伏渤海，革號東丹""君臨東丹"；[3]刻於遼景宗保寧十一年(979)的《耶律琮神道碑》追述太祖弟迭剌爲"東丹國左宰相"。[4]

其次是中原文獻，《五代會要》稱耶律倍爲"東丹王"，並謂後唐明宗"敕渤海國王、人皇王突欲：'契丹先收渤海國，改爲東丹，其突欲宜賜姓東丹，名慕華'"。[5]《册府元龜》以及宋初成書的《舊五代史》中亦屢見"東丹王"或"東丹國"之稱，不下數十百條。陸游《南唐書》謂南唐明確稱契丹、東丹，並將二者合稱爲"二丹"。[6]

最後是遼朝文獻，《遼史》卷三八《地理志》見《大東丹國新建南京碑銘》。[7]

劉浦江先生的論證詳實可信，可惜由於所用皆爲漢文史料，有的學者對契丹文中的"丹國"仍心存疑慮。如今，契丹大字遼太祖紀功碑殘石完全可以打消人們這種疑慮。

---

[1] 劉鳳翥《從契丹文字的解讀説"東丹"國號》，《東北史研究》創刊號，2004年，42頁。

[2] 愛新覺羅·烏拉熙春《遼金史札記》，《立命館言語文化研究》15卷1號，2003年6月；收入同氏《遼金史與契丹、女真文》，京都大學東亞歷史文化研究會，2004年，85頁。

[3] 蓋之庸《内蒙古遼代石刻文研究(增訂本)》，呼和浩特：内蒙古大學出版社，2007年，1—3頁。

[4] 李逸友《遼耶律琮墓石刻及神道碑銘》，《東北考古與歷史》第1輯，北京：文物出版社，1982年，181頁。

[5] 《五代會要》卷二九《契丹》，456—458頁。

[6] 陸游《南唐書》卷一八《契丹傳》，傅璇琮、徐海軍、徐吉軍主編《五代史書彙編》，杭州出版社，2004年，5605頁。

[7] 《遼史》卷三八《地理志二》，518頁。

図 10　契丹大字殘石圖片之二

紀功碑 T2∶59-11 刻有**东丹**兩個契丹大字,可直譯爲"東丹",顯然是指東丹國而言。這說明早期的契丹文應當寫作"東丹國",後期的契丹文因爲某種原因簡稱爲"丹國",從而造成今人的誤解。紀功碑從契丹文字的角度證明了劉浦江先生論證的準確性,厘清了"東丹國"國號的謎團。

綜上,"東丹國"在契丹文中有"東丹國""丹國"兩種書寫形式,後者爲前者之簡稱,漢文中東丹之"東"並非後世所加,東丹國當得名於東契丹國。

（三）關於神册之年號

《遼史·太祖紀》明確稱太祖於丙子年（916）稱帝並建元"神册",然而由於中原文獻失載神册、天贊年號,一些學者認爲神册、天贊當出自後世史家杜撰,遼朝實際上並不存在這兩個年號。[1]例如《册府元龜》卷九五六《外臣部·總序》謂"虜主德光始建年紀",[2]《舊五代史·契丹傳》稱 928 年"德光僞改爲天顯元年",[3]《宋會要輯稿》蕃夷一之一載"（阿保機）次子元帥太子德光立二年,始私建年號曰天顯",[4]一致認爲遼朝直至太宗時才創建年號天顯,太祖神册、天贊兩個年號皆不見於記載。

劉浦江先生依據考古材料,詳細論證了"天贊"年號的存在。刻於天贊二年的《大王記結親事》碑、[5]赤峰阿魯科爾沁旗寶山一號遼墓"天贊二年癸（未）歲"的墨書題記、[6]遼太祖紀功碑漢文"天贊五年"殘片（T3∶13-1）,皆可證"天贊"年號的真實性。不過關於"神册"年號,劉浦江先生雖然堅信其真實性,但苦於沒有地下文物之證據,只能存而不論。

---

[1] 關於這一問題的學術史梳理及研究,可參見劉浦江《契丹開國年代問題——立足於史源學的考察》,《中華文史論叢》2009 年第 4 期;收入氏著《宋遼金史論集》,北京：中華書局,2017 年,17—23 頁。
[2] 《册府元龜》卷九五六《外臣部·總序》,11066 頁。
[3] 《舊五代史》（點校本二十四史修訂本）卷一三七《契丹傳》,北京：中華書局,2016 年,2134 頁。
[4] 《宋會要輯稿》蕃夷一之一,上海古籍出版社,2014 年,9711 頁。
[5] 李義《内蒙古寧城縣發現遼代〈大王記結親事〉碑》,《考古》2003 年第 4 期,93 頁。
[6] 齊曉光、蓋志勇、叢艷雙《内蒙古赤峰寶山遼壁畫墓發掘簡報》,《文物》1998 年第 1 期,82—83 頁。

實際上,契丹文石刻中曾出現過"神册"年號。契丹大字《耶律祺墓誌》第6行云:

夲皇帝 扔 夲下 戊朱……夫爪先 朿氺寺 癸卅寸
天皇帝 之　　天下 統　　　神册 六年於

夲冈皇帝 扔 夲下 去宵 戊朱 禸光卅屮 夫坐 卂乃氕
天子皇帝 之　　天下 兵 統　　　大元帥　　　成爲[1]

劉鳳翥先生指出太祖天皇帝時年號滿六年者,只有神册,故將**夫爪先**釋讀爲神册。[2] 烏拉熙春教授對該詞進一步展開論證,認爲**夫**應當對譯"神",**爪先**應當對譯"册",本義當爲"排列"。[3] 契丹大字"神册"年號的存在,可以説明"神册"並非向壁虛構之物。不過,由於《耶律祺墓誌》刻於遼天祚帝乾統八年(1108),已屬遼朝末年,很難反駁"神册"爲後人追加説。

幸運的是,我們在遼太祖紀功碑中發現了契丹大字"神册"一詞。T2:7-2以及T2南擴:12-2第2行刻有**爪先**,然而上部文字皆殘,該詞是否爲**夫爪先**一時難以確定。T2:19-1第3行刻有**夫爪先**,當即年號"神册"。我們認爲契丹大字紀功碑與漢字石碑相同,皆立於太祖薨逝的次年,即天顯二年(927)。這説明"神册"年號應當是太祖時期就有的年號,並非出自後人的杜撰。北朝系統的《遼史》對遼初年號的記載準確無誤,南朝系統的文獻則多有失實、失載之處。

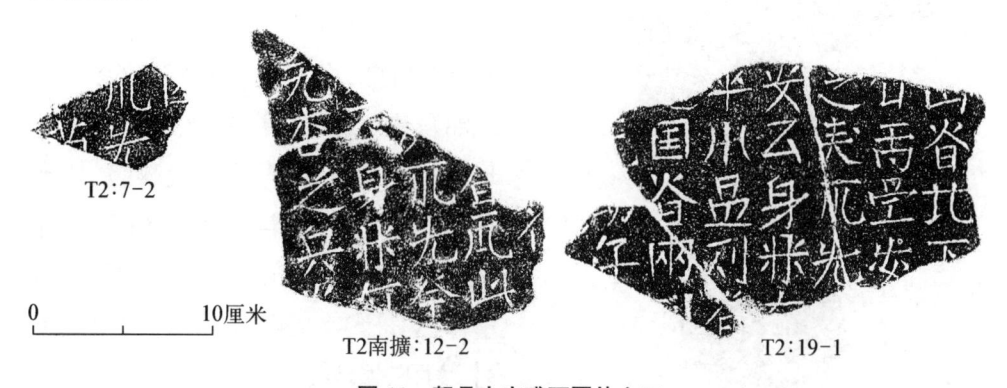

圖11　契丹大字殘石圖片之三

---

[1] 天子皇帝即遼太宗耶律德光,此處當指太宗出任天下兵馬大元帥之事,然《遼史·太祖紀下》及《太宗紀上》(第1册,20頁、29頁)皆繫此事於天贊元年(922)十一月,此處言神册六年(921)授大元帥,或有訛誤。
[2] 劉鳳翥《契丹大字〈耶律祺墓誌銘〉考釋》,《内蒙古文物考古》2006年第1期,52—78頁。
[3] 烏拉熙春《契丹大字文"天神千萬"考》,《立命館文學》第613號,2009年10月,46—47頁。

（四）關於昇天皇帝之名號

契丹大字殘石 T4：40-1 數次出現"**太昇乑皇帝**"，該詞組顯然是漢字殘石中的"昇天皇帝"(T3：13-1)之對譯。然而，由於該詞組多出"**太**"字，與漢字部分不完全對應，這給我們的釋讀造成了困擾。

"**太昇乑皇帝**"有四字已釋讀，**太**爲漢語借詞，可以音譯漢字的"大""太"等字，音值爲 *tɑi。**乑**爲契丹語詞，意思爲"天"，音值不詳。**皇帝**二字爲漢語借詞，用以音譯漢字"皇帝"，音值分別爲 *ɣuaŋ 和 *ti。**昇**字係第一次出現，因其字形與紀功碑漢字殘石的"昇(昇)"完全相同，我們推測**昇**音值應當爲 *ʃiŋ，用以音譯漢字"昇"及其同音字。

"**太昇乑皇帝**"可以有兩種釋讀路徑。第一種取徑是，將"**昇乑皇帝**"視爲一組，漢譯"昇天皇帝"。此前的"**太**"字可視爲修飾詞，音譯爲"大"，用以修飾"昇天皇帝"。該詞組可以漢譯爲"大昇天皇帝"，與漢字碑刻中的"昇天皇帝"大致對應。[1]

第二種取徑是，將"**太昇**"視爲一組，漢譯"大聖"；將"**乑皇帝**"視爲一組，漢譯"天皇帝"。其中"天皇帝"的漢譯當無疑問，《耶律習涅墓誌》《多羅里本郎君墓誌》《耶律祺墓誌》皆曾單獨出現"**乑皇帝**"，學界已屢次驗證。"**太昇**"爲首次出現，若**昇**的音值爲 *ʃiŋ，"**太昇**"擬音爲 *tɑi-ʃiŋ，可音譯爲"大聖"。契丹大字可以音譯"聖"字者還有 **外**、**外** 以及 **昇**。《北大王墓誌》第 11 行之"**外仅皇帝**"、《耶律習涅墓誌》第 6 行"**外仅皇帝**"，皆可漢譯爲"聖宗

0　　　10厘米　　　T4:40-1

圖 12　契丹大字殘石圖片之四

---

[1] 筆者曾與劉鳳翥先生探討這一問題，劉先生比較傾向於此種譯法，筆者則傾向於另一種譯法。

皇帝",外、外與漢字"聖"相對譯。《多羅里本郎君墓誌》第13行見"𦫵史昇火",漢譯人名"賢聖哥",昇亦與漢字"聖"相對譯。此處昇的字形與昇較爲相近,或係同字異寫。綜上,該詞組可以漢譯爲"大聖天皇帝",若此,則紀功碑中太祖的契丹大字稱號與漢文稱號並無對應關係,而是各自書寫。漢文碑刻"昇天皇帝"對應的是太祖的謚號;契丹文碑刻"大聖天皇帝"對應的則是太祖的尊號,係"大聖大明天皇帝"的簡稱。

(五) 關於應天皇后之稱號

契丹大字殘石不僅出現了太祖的稱號,還出現了應天皇后的稱號,作"應天天呈"(T2:24-1、T1:23-2)。"應天"即漢語之"應天","天呈"應爲漢語"皇后"之對譯。

《遼史》卷七一《后妃傳·序》謂"遼因突厥,稱皇后曰'可敦',國語謂之'膩俚蹇',尊稱曰'耨斡麼',蓋以配后土而母之云"。《遼史》卷一一六《國語解》則謂"可敦,突厥皇后之稱","忒里蹇,遼皇后之稱","耨斡麼。麼亦作改。耨斡,后土稱;麼,母稱"。如果算上漢語詞彙,遼朝的"皇后"一詞共有四種說法,即"可敦""忒里蹇""耨斡麼""皇后"。

以上四種形式的"皇后"在契丹小字中皆有體現,茲列如下:一、𠫵𠕋丙(耨斡麼),出現頻率最高,常與漢語借詞"皇帝"相匹配;二、𠂤(可敦),出現頻率僅次於耨斡麼,常與"可汗"對舉;三、𠂤(忒里蹇),與"𠫵𠕋(地)"連用,作爲"地皇后"(即應天皇后)的專稱;四、主介(皇后),出現頻率最低,僅見於契丹小字《仁懿皇后哀册》。

那麼契丹大字的"天呈"究竟應該對應哪一種形式的"皇后"呢?由於此前的契丹大字資料中從未出現皇后一詞,這爲我們的釋讀增加了難度,現僅就已知情況對"天呈"的對應形式作一推測。

首先,漢語借詞這一形式應當可以排除。契丹小字皇帝作"主王",契丹大字作"皇帝",主可以與皇相對應。契丹小字皇后作"主介",根據主、皇相應的規律,契丹大字"皇后"的漢語借詞更有可能作"皇(后)",[1]而不太可能採用"天呈"這一形式。

---

[1] 契丹大字"后"的漢語借詞形式尚難推斷,姑以括號表示。

其次，耨斡麼（⿵冂芬丙）這一形式應當也可以排除。契丹大字中尚未發現與⿵冂芬對應的詞彙，不過，夲可以與契丹小字丙對應，學界已有共識。夲字顯然無法與天坓相對應。此外，殘石 T2：24-1 第 8 行在天坓之下雖然出現了夲，但該字應當與"皇后"無涉。這是因爲"天坓"與夲之間尚有朩、卅兩字，朩的音值爲 *ur 或 *ud，卅的音值 *ai，二字在語音上不僅與耨斡麼無法勘同，同時與其他形式的皇后也無法對應。又據 T2：16-2 第 4 行"天坓"下所殘字，起筆爲一斜點，與朩起筆明顯不同，這也說明"天坓"與朩卅夲沒有固定的搭配關係，故朩卅夲當與皇后一詞無關。綜上，天坓不太可能是耨斡麼這一形式。

最後，皇后一詞僅剩下可敦和忒俚蹇兩種形式。考慮到契丹小字中曾以耨斡忒里蹇（⿵冂芬⿱𠂉⿱土一），即"地皇后"）指稱應天皇后的用例，我們認爲此處"天坓"當爲耨斡忒里蹇，意爲"地皇后"。殘石之"應天地皇后"係述律后尊號，與碑文太祖尊號"大聖天皇帝"對舉。[1]

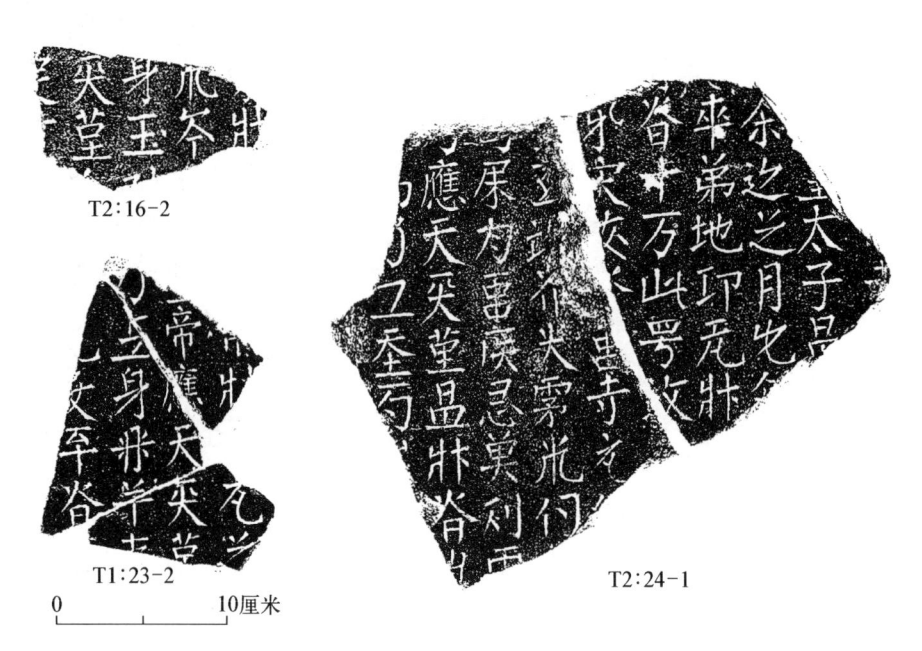

圖13　契丹大字殘石圖片之五

[1] 劉迎勝先生認爲忒里蹇一詞爲突厥語、回鶻語 terken 一詞的音譯，君主及其女眷都能使用，9—13世紀時，男性已有減少使用的趨勢，參見氏著《西北民族史與察合台汗國史研究》，南京大學出版社，1994 年，54 頁。白玉冬先生認爲回鶻文獻中出現 tärkän 一詞，多用於可汗稱號，或爲女王之稱，忒里蹇與 tärkän 有密切關係，二者或有相同詞源。回鶻語 tärkän 極可能借自曾經統治突厥語族集團的古代蒙古語族集團——柔然或鮮卑，忒里蹇應是契丹語自有詞彙，參見白玉冬、賴寶成《契丹國語"忒里蹇"淺釋》，《華西語文學刊》第 8 輯（契丹學專輯），成都：四川文藝出版社，2013 年，77—80 頁。關於契丹大字"地皇后"的考證，參見拙文《契丹大字中的"皇后"》（待刊）。

五、結語

遼太祖紀功碑立於天顯二年(927),是目前刊刻時間最早的遼代石刻資料。碑文記載太祖出任本部夷离堇至太祖薨逝二十餘年(901—926)的功績,同時兼及太祖和應天皇后之家族世系,是研究遼初歷史最重要也是最原始的史料。

學界曾經普遍認爲遼朝初期的修史制度極不完善,没有專門的史官記録文字。聖宗以來所修遼初歷史,皆爲事後追憶、追述之辭,難免疏漏。[1]然而,遼太祖紀功碑所載太祖功績幾乎可以與《遼史·太祖紀》逐年一一對應,可以説是《遼史·太祖紀》的精簡版。這表明遼初的修史制度已較爲成熟,後世修史當有文本上的依據,而非僅憑口耳相傳。[2]

遼太祖紀功碑以契、漢雙語書寫,也提示我們遼朝的修史制度存在契、漢兩套書寫系統。神册五年(920),耶律魯不古在協助太祖創制契丹大字後,"授林牙,監修國史"。[3]以精通契丹大字的魯不古監修國史,表明太祖已著意用本族文字撰寫、記録本族之史,契、漢雙語的修史制度也隨之創立。[4]

遼太祖紀功碑涉及遼朝開國、建元等一系列重大的歷史事件,對於遼朝國號、東丹國之國號、神册年號、天贊年號以及天贊三年詔書、帝后二族出身等諸多問題的深入研究皆具有重要的史料價值。

由於遼太祖紀功碑僅殘存不到三分之一,我們能够大致還原者更是十不及一,這也給我們留下了太多的遺憾。例如痕得堇可汗讓位事、太祖稱汗稱帝事、契丹開國年代事、述律后族屬事、"紅"字字形事等,皆因關鍵部位缺失而無從解決。儘管如此,我們依然相信隨著研究的不斷深入,遼初的諸多謎團終會得以揭示,太祖紀功碑的價值也會得到最大程度的發掘。

(本文在撰寫過程中獲得巴林左旗葛華廷、王青煜、王玉亭、陳瑩、陳小雲諸位先生、女士的大力幫助,謹致以誠摯的謝意!)

〔董新林,中國社會科學院考古研究所研究員;康鵬,中國社會科學院古代史研究所副研究員;汪盈,中國社會科學院考古研究所助理研究員〕

---

[1] 劉浦江《契丹開國年代問題——立足於史源學的考察》,《中華文史論叢》2009年第4期;收入氏著《宋遼金史論集》,北京:中華書局,2017年,31頁。《點校本〈遼史〉修訂前言》,《遼史》,10頁。

[2] 參見苗潤博《〈遼史〉探源》,北京:中華書局,2020年,8—9頁。

[3] 《遼史》卷七六《耶律魯不古傳》,1375頁。

[4] 參見苗潤博《〈遼史〉探源》,11—13頁。

附錄一：漢文遼太祖紀功碑初步復原圖片

附錄二：漢文遼太祖紀功碑初步復原錄文

*說明：此碑暫按57行，滿行105字予以復原。空缺字以□標識，殘字框以方框標識，補字以灰底宋體標識，無法準確定位的殘片前後加省略號，置於相對合理之處。因碑文殘缺甚夥，綴連的殘片及時序、位置容有不諧之處。

契丹小字詞語"仁"釋讀*

傅　林　齊孟遠

在契丹小字文獻中,有兩個可與漢語"仁"對應的詞語,分別是"🈳🈳🈳🈳"(ʃulks)和"🈳🈳🈳🈳"(χʊrʊtpuər)。本文對這兩個詞進行釋讀、比較,並追溯其詞源,在此基礎上討論契丹文化和漢文化在相關道德觀念上的接觸與融合。

一、"🈳🈳🈳🈳"(ʃulks)的釋讀

詞語"🈳🈳🈳🈳"在契丹小字[1]《道宗哀册》第22—23行出現,用來表示古帝王商湯的品德。其所在語句爲哀册銘文的一部分,並且是模仿漢文駢文的對仗句式創作的[2]:

火火	田屮丹伏	仔危有	🈳🈳🈳🈳	丂	方丞豹	业平叉
io-un	putəl-puan	tʰaŋ-ən	ʃul-ks	əs	alutʃ	pʰul-ər
禹-GEN	功	湯-GEN	?	NEG	?	多-?

灬芍丞火	又	🈳亦有	柒关秂仐丹伏	仔本	叙比尺豹	卉
ŋəuu-un	╪	ʃon-ən	tʃʰiʃət-puən	tʰar	xəlutʃ	xul
堯-GEN	大	舜-GEN	孝(血-ABS)	超過?	可謂	NEG

---

* 本文屬於教育部人文社科基金青年項目"語言接觸對京津冀漢語方言歷史演變的影響研究"(項目號:17YJC740019)。

〔1〕契丹小字文本引自清格爾泰、吴英哲、吉如何《契丹小字再研究》,呼和浩特:内蒙古大學出版社,895—1585頁,2017年。爲便於標注語音和語法信息,本文將契丹小字的豎排雙欄式行款改成了横排單行式。語音和語法標注爲筆者所加,標注中所用術語簡稱見附録。

〔2〕清格爾泰、吴英哲、吉如何《契丹小字再研究》,910頁。

這裏首行的第四詞是我們要討論的。這兩個句子尚不能通順地釋讀，但其各自的主語部分語義較清楚，分別是漢文化中的理想帝王代表"禹、湯"和"堯、舜"，其作者以之來類比哀册主人遼道宗。四個人名均爲漢語借詞。四位古帝王分別以一詞來概括其特徵，其中"禹"的特徵"功"，舜的特徵"孝"，與漢文文獻中的常見説法較爲一致，其對應的契丹語詞形和語義也都已由學界解讀[1]。堯的特徵詞"又"，語音雖未明，但語義已被學界解讀，明確爲"大；長(排行)"。漢文典籍中，孔子就曾將堯的特徵歸結爲"大"，即《論語·泰伯》："大哉堯之爲君也！巍巍乎！唯天爲大，唯堯則之。"[2]因此，這裏將其直接譯爲"大"。

需要詳細解讀的是湯的特徵詞"ᚡᚱᚴ"（ʃulks）。

首先，從漢文典籍的傳統看，對商湯的主要特質，通常標揚其寬厚、仁愛，如《史記》特別通過"網開一面"的事例來描述商湯的品質：

> 湯出，見野張網四面，祝曰："自天下四方皆入吾網。"湯曰："嘻，盡之矣！"乃去其三面，祝曰："欲左，左。欲右，右。不用命，乃入吾網。"諸侯聞之，曰："湯德至矣，及禽獸。"[3]

後代典籍中，也多見以"仁"定性商湯的説法，如柳宗元《伊尹五就桀贊》[4]，把商湯和夏桀用"仁"和"不仁"來對比：

> 仁至於湯矣，四去之；不仁至於桀矣，五就之。大人之欲速其功如此。

這樣，對契丹小字"ᚡᚱᚴ"（ʃulks）的語義，我們可以先將其假定爲"寬厚、仁愛"這一範圍。

與上述用法類似的是契丹小字《蕭胡獨堇墓誌銘》第 19 行中的"ᚡᚱᚴ"（ʃolks）[5]，這一詞形與上述"ᚡᚱᚴ"的第二個原字不同，音值因此略有差異：

---

[1] 參看 Otake Masami, *Correspondence Rules between Khitan and Mongolian Consonants*，第四屆契丹學國際學術研討會(河北大學)論文，2018 年。清格爾泰、劉鳳翥、陳乃雄、于寶林、邢復禮《契丹小字研究》，北京：中國社會科學出版社，1985 年，516 頁。

[2] 楊伯峻《論語譯注》，北京：中華書局，2009 年，82 頁。

[3] 《史記》卷三《殷本紀》，北京：中華書局，1982 年，95 頁。

[4] 柳宗元《柳宗元全集》卷七《伊尹五就桀贊》，北京：中華書局，2013 年，521 頁。

[5] 《契丹小字再研究》，1506 頁。

　　　　　　ʃol-ks
　　　　　　ʃul-ks

但是,因爲契丹小字中存在表示 u 和 o 的原字相互通用的情況[1],這兩個詞形應認定爲表示的是同一個詞。《蕭胡獨堇墓誌銘》中的"☐☐☐☐"是下列短語的第三詞,表示漢文化中的聖賢孔子和孟子的品德:

☐☐	☐☐	☐☐☐☐	☐☐☐☐
quŋ	mɐŋ-an	ʃol-ks	nairən
孔	孟- GEN	?	和睦

除了"☐☐☐☐"(ʃulks)外,這個短語中的其他詞和語法關係都已經被學界解讀。整個短語的意思是孔孟(或孔孟學說)的兩種特徵。考慮孔孟之道的主要特徵"仁""恕"等,結合上述對商湯特徵詞的考釋,說明將"☐☐☐☐(☐☐☐☐)"的語義範圍假定爲"仁愛"是正確的。在這一基礎上,我們再討論該詞在其他文本中的用法。

詞語"☐☐☐☐"(ʃulks)也見於契丹小字《耶律仁先墓誌》第 61 行[2],這一行的內容主要是叙述墓誌主人耶律仁先的夫人的事跡:

☐☐	☐☐☐	☐☐☐☐☐	☐☐☐☐
kol	auɣu-unt	tʃʰiʃət-pən	pɐrɐl-ən
公公	婆婆- ALL	孝(血- ABS)	約束- ADL. FEM

"事翁姑(公婆)孝謹"

☐	☐☐☐	☐☐☐	☐☐☐☐
ai	qu-unt	au-ui-ən	ʃili-ən
男	人- ALL	順從- FEM	? - FEM

"對丈夫順從並且…"

☐☐☐☐	☐☐☐☐☐
tʰɔtaɣa-ɔn	nairqas
後代- POS	親和

"對其後代親和"

---

[1] 傅林《契丹語和遼代漢語及其接觸研究》,北京:商務印書館,2019 年,124 頁。
[2] 引自《契丹小字再研究》,1074—1075 頁。對個別原字的字形,筆者對照拓本照片進行了修正。

  出丞火 死平凡仐
koiu-un   ʃulks
僕人- POS 仁厚？
"對其奴僕仁厚"

  這四句話分別描述了耶律仁先夫人對待四類人的狀態，大致均爲漢文化中對女性德行的傳統評定標準。在最後一句中，詞語"死平凡仐"（ʃulks）描述的是耶律仁先夫人對待僕人的一種狀態，從文意可推知爲"仁厚"，因爲主人對待僕人，總以仁愛、寬容爲主要的美德。這樣就和上文的解讀在語義上保持一致了。

  再看契丹小字《梁國王墓誌銘》第 26 行[1]，這是其銘文的一部分，有存在對仗關係的兩句：

朿关禾 苟万公 关火 业不矢
tʃʰiʃ xarəi-ər lu-un pʰɔn-unt
血   聯繫- PST 龍- GEN 後裔- ALL
"與皇帝的後裔結親"

死平凡仐有 叔比公公 苟丞火 中
ʃulks-ən xələɣə-ər xaru-un ai
某品質- POS 言語- PST 民- GEN 父親
"其仁，可用'民之父'稱頌"

  其中第二句的首詞的詞幹即是"死平凡仐"（ʃulks），從文意看，被稱頌的人作爲官員，如果堪稱"民之父"，那被稱頌的品德通常應該是"仁愛、寬厚"。這再次驗證了上文對該詞詞義的假設。

  上文是從文本意義層面對詞義進行的推導。在契丹語的親屬語言中，我們目前尚未找到與"死平凡仐"（ʃulks）存在語音對應且語義較爲相近的詞。可能有關係的詞是蒙古語中表示"正直、質樸"的詞，見表 1 展示的對應。

  雖然不能在親屬語言中找到較強的支持證據，但因爲契丹小字文本自身的語義能夠形成相互支撐的鏈條，因此我們可以較爲確定地將"死平凡仐"（ʃulks）釋爲"仁愛、仁厚"，它在契丹語者心目中是可以與漢語的"仁"相對應的。

---

 [1]《契丹小字再研究》，1426 頁。

表 1　契丹語和蒙古語中與"𘬚𘭒𘭇𘬐"(ʃulks)有關的語音對應[1]

語　義	契丹語		書面蒙古語	當代標準蒙古語
	契丹小字	音值		
寬厚、仁愛	𘬚𘭒𘭇𘬐	ʃulks	silugun(正直、質樸)	ʃulu:n(正直、質樸)
露　水	𘬚𘭙𘬜	ʃəus	sigudər	ʃu:dər

二、"𘭛𘬐𘭅𘬗"(χʊrʊtpuər)的釋讀

契丹小字文本中另外一個可以表示"仁"概念的詞,出現在遼道宗皇帝的謚號中,下面看契丹小字《道宗哀册》的册蓋上的名號部分:

𘭛𘬐𘭅𘬗[2]	𘭆𘬃𘭊	𘬚𘬉	𘭜𘭎𘭂𘬹𘭡𘬚	𘭫𘬟	𘬴	𘬲
χʊrʊ-utpuər	olutʃ	mə	tʃʰiʃ-ətpuər	vun	xuaŋ	ti
? - ABS. MAS	?	大	孝(血- ABS. MAS)	文	皇	帝

"仁聖大孝文皇帝"(漢字《道宗哀册》中的謚號)

這裏,除前兩詞外,後四詞的語義已經非常明確,爲"大、孝、文、皇帝"。漢字《道宗哀册》中,道宗的謚號是"仁聖大孝文皇帝",後四詞與契丹小字一致,所以學界一般都據之推斷前兩詞分別爲"仁""聖"。這裏"仁"的詞形和我們上文分析的"𘬚𘭒𘭇𘬐"(ʃulks)是不一致的,需要比較其詞源來分析其語義和使用場合的細微差别。

詞語"𘭛𘬐𘭅𘬗"(χʊrʊtpuər)是由詞根"𘭛𘬐"和表示抽象化的詞綴"𘭅𘬗"組成的。先看詞根"𘭛𘬐",當其單獨使用時,多爲動詞,意義有"掌管"和"統和"兩種。前者一般出現在其所支配的賓語之後,如《道宗哀册》第 2 行有其作者耶律固的官職名稱[3]:

𘬕𘭇	𘭛𘬐𘬟	𘬟	𘭈𘬉
pitʰik	χʊrʊ-un	ui	xolpi
字	掌管- GEN	事務	聯絡

"總知翰林院事"

---

[1] 蒙古語信息引自内蒙古大學蒙古學研究院蒙古語文研究所《蒙漢詞典》(增訂本),呼和浩特:内蒙古大學出版社,1999 年,919 頁。

[2] 原字𘭛參考吉本智慧子《契丹小字の音価推定及び相關問題》,《立命館文學》2012 年第 627 期,100—128 頁。

[3] 《契丹小字再研究》,901 頁。

這裏的"掌管",是從該官職的漢文形式"總知翰林院事"推斷的,即"𘮊𘬞"對應漢文的"知"(義爲"管理")。該詞還被用來與漢字"統"對應,如金代契丹小字《郎君行記》第一行[1]:

𘬁𘬡	𘮊𘬞	𘭔𘭕	𘭧𘮉𘭨	𘯓𘯒𘯑
tʃʰu-utʃ	hʊrʊ	kiŋ	lɛu	ʃari
軍-ADL	?	經	略	郎君

"都統經略郎君"(《郎君行記》所附漢譯)

這一短語中,漢字"經略郎君"對應的契丹小字詞形已經明確,所以"𘬁𘬡 𘮊𘬞"必然對譯"都統"。由於其中"𘬁𘬡"的詞幹的含義確定爲"軍"("軍隊",或作爲軍事行政單位的"軍",如"天雲軍"),所以"𘮊𘬞"對應"統",表示"管理、率領","𘬁𘬡 𘮊𘬞"整體上表示"管理軍隊"的意思,與漢文的"都統"相應。

下面再看"𘮊𘬞"表示"統和"的情況,它用於遼聖宗的年號"統和"(983—1011)[2],例如契丹小字《耶律奴墓誌銘》第 6 行的一個短語:

𘭀	𘮊𘬞	𘭠𘬞
♯	χʊrʊ	ai-s
天	統和	年-PL

"統和年間"

這裏意爲"天"的"𘭀",是年號的固定修飾語。"統和"與"管理"在意義上存在一定聯繫。如果對照與該詞存在語音對應且相似的蒙古語"xuraxu",我們可以找到確認其基本義的綫索,參見表 2:

表 2　契丹語和蒙古語中與"管理、統和"有關的語音對應[3]

語　義	契丹語		書面蒙古語	當代標準蒙古語
	契丹小字	音值		
管理、統和	𘮊𘬞	hʊrʊ	xuraxu(匯合)	xʊrax(匯合)
黑	𘬔𘭨	harɑ	xarɑ	xɑr

---

[1]《契丹小字再研究》,895 頁。
[2]《契丹小字再研究》,1192 頁。
[3]《蒙漢詞典》(增訂本),685 頁。

从这一对应可以确定蒙古语的"匯合"是契丹语"⿱亞伞"的同源词。这样，契丹语的两个意义"管理"和"统和"也可以得以整合，其原始义爲"匯合、聚集"，上文所述《道宗哀册》中表示耶律固官职中宾语"𠂇几"(字)的动词"⿱亞伞"，应该使用的是其原始义，因爲"翰林院事"指的就是文书的製作，而文书的製作就是将字匯合组织起来。汉语中，书写汉字和组织汉字成篇兩种意思，动词都使用"寫"，如"寫字""寫文章"，而契丹语显然分爲兩种，前者是"寫"(夲父)，后者是"匯合、聚集"(⿱亞伞)。辽圣宗年號"统和"，与这一原始义相差不远。《郎君行记》中的"都统"中的"统"(管理、统率)，则可以看作是从"匯合、聚集"进一步引申出的用法。

下面再回到我们的主题，即"⿱亞伞"的派生词"⿱亞伞伙屮"(仁)的讨论上来。该词的后缀是"伙屮"(-ut-puər)，它是词缀"-t-puər"在接续以"u"类元音结尾的词根时的变体。该词缀表示与词根意义相关的抽象概念，可以参考使用同一词缀的"孝"：夲父禾仌丹又，tɕʰ iʃ-ət-puər。"孝"的词根 tɕʰ iʃ，义爲"血、血亲"。从语义较爲具体的"血、血亲"到较爲抽象的"孝"，语义衍生过程较曲折，其词缀的功能可以归纳爲"与……有关的品德"。这一语义衍生过程其实与汉语的"孝"相类：汉语的"孝"(上古音 * qhruus)与"老"(上古音 * ruuʔ)上古音接近[1]，很有可能爲同族词，"孝"可看作是从"老"引申出的抽象的道德概念。契丹语"⿱亞伞伙屮"表示"仁"，其构词类型，参照"孝"，则应理解爲"与'匯合、聚集'有关的品德"，再结合汉语"仁"的"宽容、亲和、博愛"等含义，则应描述爲"能将衆人聚合到一起的品德"。由此可见，契丹语的"⿱亞伞伙屮"虽然被译爲汉语的"仁"，但其内涵和汉语的"仁"有所不同，它是契丹文化自身生成的道德概念。

三、兩个表示"仁"的词语的比较

上文释读的兩个词，虽词源不同，但语义较接近，所以有时会被连用成并列的修饰词，如契丹小字《许王墓誌》的第 27 行[2]：又平几伞 ⿱亞伞伙丹伏；契丹小字《萧查剌墓誌》第 16 行：⿱亞伞伙丹伏 又平几伞[3]。这兩处中的

---

[1] 郑张尚芳《上古音系》(第二版)，上海教育出版社，2018 年，503 页。
[2] 引自刘凤翥《契丹文字研究类编》，北京：中华书局，2014 年，935 页。原石刻首词第二个原字残缺，本文据文意补。
[3] 引自《契丹小字再研究》，1585 页。原文首词第三个原字爲伙，经对照拓本照片后修正爲伙。

"🔣🔣🔣🔣"(χurʊ-tpuən)與上文討論的"🔣🔣🔣🔣"(χurʊ-tpuər)爲同一詞,區別在於其詞綴分別爲陰性和陽性條件下的變體。這種連用現象本身,應該正說明兩個詞已經在契丹人心理上向表示同一個概念的方向融合發展。這與漢語中語義接近的單音節詞連用融合爲複音詞的現象,如從"仁""慈"到"仁慈",從"孝""順"到"孝順"等相類。

從在現有文獻中的出現頻率看,"🔣🔣🔣🔣"(ʃulks)更爲常用,共出現14次,且用於對不同種類人物的描述。"🔣🔣🔣🔣"(χurʊ-tpuər)及其變體出現6次,其中有3次是用於遼道宗的謚號。

從與漢文化中的"仁"概念的對應看,在契丹人心目中,"🔣🔣🔣🔣"(ʃulks)和"🔣🔣🔣🔣"(χurʊ-tpuər)都能與"仁"對譯,且抽象程度和莊重程度無別:前者用於商湯、孔孟,後者用於皇帝謚號。契丹語的這種歧譯,應該與漢族儒家文化中的"仁"的含義本來就較爲廣泛有關。儒家對"仁"的定義和用法,從最核心的"愛人"到"克己復禮"(皆出《論語·顏淵》),語義已經相當泛化。馮友蘭認爲,"仁"已經不光是一種特殊的德性,而是一切德性的總和,"仁"即"全德"[1]。契丹語者將自身表示"寬厚、仁愛"的"🔣🔣🔣🔣"(ʃulks)對譯"仁"較易理解,而將表示"匯聚衆人之德"的"🔣🔣🔣🔣"(χurʊ-tpuər)也歸爲"仁",則較曲折,但在儒家學說中也能找到解釋,如《論語·陽貨》:

> 子張問仁於孔子。孔子曰:"能行五者於天下,爲仁矣。""請問之。"曰:"恭、寬、信、敏、惠。恭則不侮,寬則得衆,信則人任焉,敏則有功,惠則足以使人。"[2]

其中,"仁"的含義中的"寬",其效果"得衆",可與契丹語"🔣🔣🔣🔣"(χurʊ-tpuər)呼應。這一解釋如果能成立,說明契丹文化和漢文化的接觸已經進入了很深的層面,在抽象的哲學和道德概念上有了多層次的對接。當然,"仁"的核心仍然是"愛人",即"仁愛、寬厚",這可以解釋爲什麼除了用作謚號外,對譯"仁"更多使用"🔣🔣🔣🔣"(ʃulks),這和漢文化中的"仁"的用法也是相似的。在漢文化中,"仁"的語義固然在聖賢言論和哲學層面探討中已經嚴重泛化,但在通常的話語中,"仁愛、寬厚"仍是主要的。

〔傅林,河北大學文學院副教授;齊孟遠,河北大學文學院碩士研究生〕

---

〔1〕 馮友蘭《中國哲學簡史》,涂又光譯,北京大學出版社,1985年,49頁。
〔2〕 楊伯峻《論語譯注》,北京:中華書局,2009年,181頁。

附錄：文本語法信息標注術語簡稱表

♯	不明確音值	unknown phonetic value
ABS	抽象化詞綴（與……有關的品質）	abstraction affix
ADL	形容詞化詞綴	adjectivalization affix
ALL	向位格	allative
FEM	陰性	feminine
GEN	領格	genitive case
MAS	陽性	masculine
NEG	否定詞	negative word
PL	複數	plural
PST	過去時	past
POS	屬格	possessive

《宋會要輯稿》點校本芻議——以《禮類·國忌門》爲例[*]

聶文華

　　《宋會要輯稿》是研究宋史的重要資料庫,成書和整理過程複雜,決定了它在內容上無法避免會有大量的文字錯訛。2014年上海古籍出版社出版的點校本,已經進行了詳細的校勘,校正了諸多錯誤,提供給學界一個方便利用的本子,不過仍留下不少問題。小文以筆者曾研究過的宋代國忌爲例,[1]重新校讀《宋會要輯稿·禮》四二《國忌》部分的材料,發現點校者僅從文獻整理入手,對没有直接的他校材料的記載,往往不能發現、判定文字上的錯訛得失。本文希望能够通過幾個例子,一方面説明點校本的質量仍有繼續提高的餘地,尤其是在本校與他校上;同時也説明具體研究和文獻整理之間可以有良性的互動,點校本出現問題的地方,多由於點校者只是在單純地整理文獻,而没有對國忌等相關制度作一番瞭解所致,理校上還可繼續努力。爲閲讀方便,每個問題前特擬一小標題,以醒名目。

1. 顯祖惠元皇帝

　　《宋會要輯稿·禮》四二之一:

---

[*] 本文係2020年重慶市教育委員會人文社會科學研究項目(項目編號20JD047)"宋代國忌研究"和國家社科基金重大項目(批號:14ZDB033)"《宋會要》的復原、校勘與研究"成果之一。類、門名據陳智超《解開〈宋會要〉之謎》(增訂本)的復原方案,北京:研究出版社,2022年,202頁。2017年7月15日初稿,2022年7月10日最後改定。

[1] 拙文《禮制中的政治秩序:以宋代皇帝喪葬禮爲中心》第三章《忌:曆日與廟制》,北京大學博士學位論文,2017年,113—170頁。

  宋太祖建隆元年三月**十四日**,追尊四廟,内出僖祖文獻皇帝十二月七日忌、**文懿皇后六月十七日忌,顯祖惠元皇帝正月二十五日忌**、惠明皇后……

  據《宋會要輯稿·禮》五八之一一,追尊四廟謚號的時間在"三月[二]十四日",繫時與此不同,此處可出校説明。"文懿皇后"至"二十五日忌"二十三字,係據天頭按語"此段添惠明皇帝之上"補。但惠元皇帝廟號"順祖",並非"顯祖",此處應爲筆誤,與"惠明皇后"訛成"惠明皇帝"類似,點校本均未加説明。此處點校本的處理就很不規範,不但没有出校,也没有很好理解天頭上的按語。

2. 莊穆皇后立忌時間

《宋會要輯稿·禮》四二之五至六:

  (乾興元年)**十一月十四日**,禮儀院言:"莊穆皇后升祔太廟,其四月十六日忌辰,請依禮例前一日不視事,群臣進名奉慰訖,赴佛寺行香,著爲令式。"

  按乾興元年(1022)二月十九日真宗去世,據《長編》卷九九,"(十月)己未,祔真宗神主於太廟,……以莊穆皇后配饗,仍詔立莊穆忌"。[1]己未即二十三日,真宗神主入祔太廟第七室,從别廟迎奉莊穆皇后神主升配,后廟皇后升祔太廟與皇帝祔廟在同一天。莊穆皇后立忌在祔廟後,十月二十四日最爲接近"仍詔立"的書寫體例,故《會要》此處疑脱"二"字,衍"一"字,或作"十(一)月[二]十四日",可不改出校。不過,《長編》紀事,經常出現不同時間點的事情因相關而順帶提及的現象,故"仍詔立忌"也未嘗不可在"十一月十四日"。單純從文字上是不易發現這個問題,但如果理解宋代皇后祔廟與升爲大忌的關係(一種情形是皇帝祔廟之時,皇后神主先從别廟升祔太廟,其忌日隨後升爲大忌),就不難發現此記載在時間上的不對應。

3. 真宗忌辰升爲大忌?

《宋會要輯稿·禮》四二之七:

---

[1]　李燾《續資治通鑑長編》(簡稱《長編》)卷九九,乾興元年十月己未條,北京:中華書局,2004年,第4册,2299頁。

> （景祐二年）正月二十三日，詔**真宗、莊懿皇太后**忌辰**並**爲大忌。

按《長編》卷一○四，天聖四年二月壬戌，"遣官祀九宫貴神。上因謂輔臣曰：'祠日適與真宗大忌同，其施樂耶？'"可見此前真宗忌日已爲大忌，故此處"並"字爲衍文，景祐二年（1035）只是升莊懿皇太后忌辰爲大忌。點校本在真宗、莊懿皇太后中句讀，亦有誤。據拙文研究，宋代皇帝忌日成爲大忌，真宗以後均在其死後的第三年，所以真宗忌辰立爲大忌的時間不可能在景祐二年。

4. 十五忌

《宋會要輯稿·禮》四二之一○至一一：

> （熙寧三年）十一月，編修敕令所删定到：每遇國忌前一日，牒三司取齋錢、香等，閤門輪差軍將於左藏庫請領，送僧録司齋僧。順祖、翼祖、惠明、簡穆皇后四忌，各齋錢二十千、香十兩；[**僖祖**]、宣祖、太祖、太宗、真宗、仁宗、英宗、昭憲、孝明、明德、懿德、元德、章穆、章憲明肅、章懿皇后**十五忌**，各齋僧錢二十五千、香二斤。

細數忌日數量只有十四個，點校本顧及十五之數，臆補了"僖祖"。但據前後文，僖祖及文懿皇后忌日，治平四年（1067）十月四日已廢罷；並且補了"僖祖"，必須再補一"文懿皇后"，數量上仍不吻合。更有可能的是，十五爲十四之誤，〔1〕我們可以找到一條旁證。

龐元英《文昌雜録》卷一記載："祠部休假，凡七十有六日。……大忌十五，小忌四。"〔2〕此爲元豐五年五月前後之制，龐元英只記載當時國忌日的總數和等級，並未細數具體是哪些帝后的忌日。與《會要》記載相比，兩者的結構是一致的，國忌由兩部分構成，一是建隆元年四親廟追尊帝后的小忌，一是大忌。而龐氏的記載恰好是十五個大忌，豈不正印證了《會要》記載無誤？其實不然。熙寧五年（1072），僖祖成爲太廟始祖時，祧遷了順祖和惠明皇后，僖祖和文懿皇后

---

〔1〕據邵育欣意見，致誤之由，或是傳抄過程中誤以"章獻明肅"爲兩忌而誤改。這是最簡單也最合理的解釋。

〔2〕龐元英著，金圓整理《文昌雜録》，《全宋筆記》第 2 編第 4 册，鄭州：大象出版社，2006 年，117 頁。

重返太廟,小忌數量沒變,但具體所指發生變化。元豐五年(1082)時,仁宗曹皇后已去世三年,她的忌日已成爲大忌。所以,元豐五年的大忌數量比熙寧三年多了一個。

4. 簡恭皇后神主

《宋會要輯稿·禮》四二之一二至一三:

> 崇寧四年正月二十六日,禮部言:"奉僖祖神主爲太廟始祖,其僖祖忌並文懿皇后忌,至今因循[禮](理)例,未曾參考奉慰行香之禮。及近降詔旨,**翼祖皇帝、簡恭皇后神主**、簡穆皇后神主復還本室,其忌辰亦合依舊。"

按此事《宋會要輯稿·禮》一五之五七亦有記載:"奉僖祖睿和皇帝神主爲太廟始祖及翼祖神主復還本室,所有二帝忌辰及文懿皇后、簡穆皇后忌,並依大忌施行。"僖祖與文懿皇后、翼祖與簡穆皇后配,且簡恭爲翼祖謚號,故"翼祖皇帝、簡恭皇后神主"文字有錯訛,應爲"翼祖簡恭皇帝神主",或"簡恭皇后神主"爲衍文。

5. 十六年七月十四日

《宋會要輯稿·禮》四二之一六:

> **十六年七月十四日**,禮部、太常寺言:"(十六年)十月初八日,高宗皇帝大祥。國朝故事,大祥後次年,合於曆日內箋注忌辰。"

此條初看似無問題,但據《中興禮書續編》卷七三《大祥一》和卷八〇《忌辰》中保存禮部、太常寺當時的申狀,其中提到:

> 准批下秘書省狀,據太史局申:勘會淳熙十六年己酉歲頒賜曆日及民庶曆日已行箋注,所有十月八日高宗皇帝忌辰,未審曆日內合與不合箋注?後批送禮部、太常寺勘當。今檢照(紹興三十年已降指揮,顯仁皇后箋注立忌,檢准紹興三年所

降指揮,昭慈聖獻皇后依)國朝故事,大祥後次年合箋注立忌,所有將來高宗皇帝箋注立忌,合依前項禮例,於淳熙十七年曆日内箋注忌辰。[1]

二者文字稍有異同,括弧内爲卷七三所獨有,只是節略不同,但時間均在七月十四日,與《會要》記載爲同一事,而繫年却在十五年(1188)。曆日由太史局製作,頒布時間一般在十月,所以禮部、太常寺對十六年曆日箋注事宜的意見針對的只能是太史局十五年的申請。

《會要》節錄不當,疑因狀中說"十月初八日,高宗皇帝大祥",而高宗大祥在十六年,故編纂時更改了繫年時間。需要注意的是,《會要》中關於南宋禮制的記載,與《中興禮書》及《續編》有一定的對應關係,後者收錄的是當時官司往來的文書,文字也更爲原始、詳細,這是整理《會要》禮類部分可資利用的他校材料。

附　昭懷皇后死後禁樂舉哀

《宋會要輯稿·禮》三四之一《昭懷皇后》門,政和三年(1113)二月九日,崇恩太后劉氏去世,徽宗下詔:

在京禁音樂七日,在外三日**除。沿邊**訃告到,舉哀成服,三日而除。

此詔内容可分爲兩部分,先說禁樂時間,京城七日,外地三日;後論舉哀成服時間。兩宋的太后遺誥規定"軍民百姓不用縞素,沿邊州府不得舉哀"(《宋大詔令集》卷一一、一四《遺誥》)。據此故事,沿邊是不舉哀成服的,點校本理解有誤,應作"在京禁音樂七日,在外三日。除沿邊,訃告到,舉哀成服,三日而除"。

同日詔"**園陵、按行**、管勾使並都監,今來諸處行移文字内,便合稱崇恩太后園陵。"點校本亦有誤,應是"園陵按行、管勾使並都監",是負責"崇恩太后園陵"選址事宜的一組固定的職官搭配,"園陵"是修飾"按行使"的,不應斷開。

禮儀文獻的重要特點是結構固定、等級區分,注意到此點,或可避免一些不必要的失誤。

〔聶文華,重慶師範大學歷史與社會學院講師〕

---

[1] 徐松輯《中興禮書續編》,《續修四庫全書》影印國圖藏清蔣氏寶彝堂抄本,上海古籍出版社,2002年,第823册,652、680頁。此處文字據後者。

"覺"與"不覺"的"同""異"二相

——試辨析《大乘起信論》"心生滅門"章對阿梨耶識的闡釋

雷 博

《大乘起信論》"心生滅門"一章論阿梨耶識,有"覺"與"不覺"二義,其論曰:

> 復次,覺與不覺有二種相。云何爲二?一者同相,二者異相。言同相者,譬如種種瓦器,皆同微塵性相。如是無漏無明種種業幻,皆同真如性相。是故修多羅中,依於此真如義故,説一切衆生本來常住入於涅槃菩提之法,非可修相,非可作相,畢竟無得。亦無色相可見,而有見色相者,唯是隨染業幻所作,非是智色不空之性,以智相無可見故。言異相者,如種種瓦器,各各不同。如是無漏無明,隨染幻差別,性染幻差別故。[1]

對於這段内容的意義,特別是"同相""異相"二概念之所指,一般有兩種解釋的角度。一種觀點認爲,所謂"覺與不覺有同、異二相",當指本始二覺與本末不覺之間的關係:所謂"同",即論中"無漏無明種種業幻,皆同真如性相",無論覺與不覺,其在真如本體的層面都是相同的;而所謂"異",則指無漏與無明體現差別的方式不同,前者爲"隨染幻差別",後者爲"性染幻差別"。所以覺與不覺二者之間的關係是即同即異,在本原一致的基礎上,又表現出樣態和性狀層面的差別。

第二種觀點則對上述文本作了不同的解讀,認爲文中所述"同""異"二相,均爲"覺"與"不覺"各自所有。即本覺與始覺内在包含同、異兩種形態:所謂

---

[1] 高振農《大乘起信論校釋》,北京:中華書局,1992年,51頁。

"同",即指同于真如,而"異"則指染幻差别,本末不覺亦然。因此,這裏所謂的"同""異",並不直接涉及"覺"與"不覺"二者之間的比較關係,而是針對"覺性",特别是"真如緣起"這一《大乘起信論》的核心議題,討論無漏、無明各自所具有的特性。

綜合各方面因素來看,筆者以爲,前一種觀點表面看起來明白清晰、容易理解,但其實是對這個問題的誤讀。而後一種意見貌似迂曲,但其論述更符合上下文的邏輯脉絡,對義理的顯發也更爲準確深刻。本文試圖通過討論三家(慧遠、元曉、法藏)疏解,並聯係《大乘起信論》的整體結構,特别是"心生滅門"一章對真如體用的論述,分析比較這兩種意見在文字和深層義理上的差别。

一、歷代注疏的不同闡釋方向

對這段文字的理解,歷代注疏雖然在細節上大同小異,但對於"同""異"二相所指的理解,差異較大,其闡釋方向也有根本不同。如净影寺慧遠釋曰:

> 譬如瓦器者,喻第七識種種妄法;皆同微塵性相者,喻以真如爲体。無漏無明皆第七識也,皆同真如者,合上同微塵性相。……此同異大意者,真妄二識有同異義。同者真外無妄妄外無真故;言異者真妄相返故。[1]

依慧遠所釋,此處同、異的大意,指真妄二識的相互關聯。一方面,真外無妄,妄外無真,二者皆同於真如;另一方面,真妄相返,各得其所。顯然這種看法是前述第一種觀點的立場。但是慧遠的疏解只對"同相"作了正面解釋,没有説明"異相"的具體含義,就直接跳到"此同異大意",顯得有些突兀,對"同異大意"的斷言也就不能令人完全信服。

相形之下,新羅元曉的疏記更爲清晰嚴謹:

> 無漏者,本覺始覺也;無明者,本末不覺也。此二者皆有業用顯現而非定有,故名業幻。
>
> 本來常住入於涅槃菩提法者,如大品經言:……空中無有滅,亦無使滅者,諸

---

[1] 慧遠《大乘起信論義疏》,《大正藏》No.1843。

法畢竟空,即是涅槃故。菩提有空、如、法性、實際、諸法實相不誑不異,此中菩提約於性净菩提,本來清净涅槃,故諸衆生本來入也。非可修相者,無因行故;非可作相者,無果起故;畢竟無得者,以無能得者,無得時無得處故。

隨染幻差別者,是無漏法也;性染幻差別者,是無明法也。何者？本末無明,違平等性,是故其性自有差別。諸無漏法,順平等性,直置其性,應無差別,但隨染法差別之相,故説無漏有差別耳。謂對業識等染法差別,故説本覺恒沙性德,又對治此諸法差別,故成始覺万德差別。如是染净皆是相待,非無顯現,而非是有,是故通名幻差別也。[1]

元曉將"菩提"的含義進行了細緻的區分,認爲此處"本來常住入於涅槃菩提法"約於性净菩提,是故衆生本來得入,無可修相,無可作相,畢竟無得。另一方面,無漏、無明俱是業用顯現,而非定有,故有種種染幻差別。元曉以爲：無論自性差別抑或隨染幻差別,"皆是相待,非無顯現,而非是有"。若以無漏和無明二者之間的差異作爲解釋重點,則末句不當强調"皆是相待"之"同"。由此可見,所謂"異相"之"異",在於無漏與無明自身固有的染幻差別,是其内藴的"異質性",而並非"自性"和"隨性"兩者之間的差異關係。這與前文所述第二種觀點相合。

賢首大師法藏的解釋與元曉的疏記相近,但在文字細節上要更加清楚,而且特别突出了如來藏"体、相、用三大"這一核心義理[2]：

"言同相者,譬如種種瓦器,皆同微塵性相。如是無漏無明種種業幻,皆同真如性相。"無漏者,始本二覺也;無明者,本末不覺也。此二者皆有業用顯現而非實有,故云業幻也。……以動真如門作此生滅門中染净二法,更無别體故云性也。真如亦以此二法爲相。[3]

無漏無明俱在生滅門中,而以真如門爲体,如種種瓦器皆以微塵爲性,而真如亦以此染净二法爲相。故所謂"同相"者,即本覺始覺與本末不覺,俱以真如爲体,更無别体自性。譬如無明風動大海水,雖有生滅變化,而不離水相。這裏强調真如之体,正是要説明無漏與無明中内藴的"同一性",是俱"同于真如"。即無論有何種業幻變化,其根本之体是一而不是多。可見,這裏的"同"是内在

---

[1] 元曉《大乘起信論疏》,《中華大藏經》本。
[2] 以下四段引文中,引号内部分爲法藏疏所引《起信論》原文,其他爲法藏疏解的内容。
[3] 法藏《大乘起信論義記》,《大正藏》No.1846。

涵攝於覺和不覺之中的"性質",而並不是覺與不覺之間有彼此"相同"的關係。這樣才能從"真如體用"的角度,準確切入原文的主旨。

"是故修多羅中,依於此真如義故,説一切衆生本來常住入於涅槃。菩提之法,非可修相,非可作相,畢竟無得。"依此同相門,如上本末不覺,本來即真如,故説一切衆生性自涅槃不更滅度。〔1〕

之所以説衆生性自涅槃,菩提之法無作無得,是因爲本末不覺本來即是真如,此正阿梨耶識不生不滅與生滅合和,不一不異。這種"合和"所依的根據,正是此同相門中,種種業幻皆以真如爲体。所以"同"的意義並不在於覺與不覺的聯繫,而在於無明熏習産生的業幻生滅,如波不離水,其本質爲不生不滅之体。只有從這個層面介入無漏與無明的關聯,才可以將"一心"中的"二門"銜接起來。一方面觸達"非可修相,非可作相,畢竟無得"的頓悟直契,另一方面也不忽略精勤戒律、篤實修行的必要性。

"亦無色相可見,而有見色相者,唯是隨染業幻所作,非是智色不空之性,以智相無可見故。"諸佛種種色等者,並是隨衆生染幻,心中變異顯現,屬後異相門,非此同相門中本覺智内有此色礙不空之性也。

此處應當特別注意,法藏將"諸佛種種色等者,隨衆生染幻"歸于後異相門而不是同相門,這是一個很精準的判斷。所謂異相,即染幻差别顯現的諸般變異,爲無漏、無明**各自所有**,是它們内蘊的"異質性"與"變化性",而不是前述第一種意見中"隨染幻"和"性染幻"之間的區别。

"言異相者,如種種瓦器,各各不同。如是無漏無明,隨染幻差别,性染幻差别故。"隨染幻差别者,是無漏法也;性染幻差别者,是無明法也。以彼無明迷平等理,是故其性自是差别。……諸無漏法順平等性,直論其性則無差别,但隨染法差别相故,説無漏法有差别耳。……如是染净皆是真如隨緣顯現,似有而無體,故通名幻也。〔2〕

---

〔1〕《大乘起信論義記》。
〔2〕《大乘起信論義記》。

這段文字簡別"隨染幻"與"性染幻"的差別,而結論于"染净皆是真如隨緣顯現,似有而無體,故通名幻"。可見此處"異相"的解釋重點,在於真如隨緣幻現之種種差別相,無論是覺或不覺,都會呈現出這樣的"異"。如果將"隨染幻"與"性染幻"的區别,當作無漏和無明之間的"異",則義理層次就粗淺了很多。

綜合上述三家注釋,可以看出在對這段基本文義的理解上,慧遠疏與元曉、法藏疏有較大的差異。相比較而言,后兩者的注釋更加清晰,對文義的梳理更通暢,而義理結構也更加深邃縝密。筆者認爲,他們的觀點與《起信論》本意更加貼近。

二、《起信論》上下文的邏輯脉絡

從《起信論》上下文來看,"解釋分"中"心生滅門"章,主要闡發"總説"中摩訶衍体大、相大、用大的三重涵義,特別是"心真如相,即示摩訶衍體;心生滅因緣相,能示摩訶衍自體相用",即所謂"一心開二門"的主旨。這一主旨幾乎貫穿《起信論》全文,而在本章中依照一定的層級結構依序展開。首先界定阿梨耶識所含"覺"與"不覺"二義的具體內涵:

> 所言覺義者,謂心體離念。離念相者,等虛空界,無所不遍,法界一相,即是如來平等法身。[1]
>
> 所言不覺義者,謂不如實知真如法一故,不覺心起而有其念;念無自相,不離本覺。猶如迷人,依方故迷;若離於方,則無有迷。衆生亦爾,依覺故迷;若離覺性,則無不覺。以有不覺妄想心故,能知名義,爲説真覺;若離不覺之心,則無真覺自相可説。[2]

覺爲離念,離念相則等虛空皆無所不遍,是爲即一而多;不覺者,不知真如法一,心起而有念,然而念亦無自相,不能離于本覺,是即多而一。其中的階次,依《起信論》義,又有不覺、相似覺、隨分覺與究竟覺,分別與凡夫、初發心菩薩、法身菩薩和八地上菩薩相對應。故衆生不名爲覺者,以從本來念念相續,未曾離念,故説無始無明。若得無念,則知心相之生住異滅,俱時而有,皆無自立,本

---

[1] 《大乘起信論校釋》,27頁。
[2] 《大乘起信論校釋》,44頁。

來平等,同爲一覺。

這種即異而同、即同而異的微妙關聯,非僅從"真如本體"的層面可以建構,必須源于本覺空寂妙明之體相,猶如浄鏡[1],能不失不壞,常住一心,而又依法出離,遍照衆生,隨念示現。故《起信論》于覺義之下,論述本覺隨染分別,所生二種相:

> 復次,本覺隨染分別,生二種相,與彼本覺不相舍離。云何爲二? 一者智浄相,二者不思議業相。
>
> 智浄相者,謂依法力熏習,如實修行,滿足方便故。破和合識相,滅相續心相,顯現法身,智淳浄故。此義云何? 以一切心識之相,皆是無明;無明之相,不離覺性;非可壞、非不可壞。如大海水,因風波動,水相、風相,不相舍離,而水非動性。若風止滅,動相則滅,濕性不壞故。如是衆生自性清浄心,因無明風動,心與無明俱無形相,不相舍離,而心非動性。若無明滅,相續則滅,智性不壞故。
>
> 不思議業相者:以依智浄相,能作一切勝妙境界。所謂無量功德之相,常無斷絶;隨衆生根,自然相應,種種而現,得利益故。[2]

智浄相能破無明、滅相續而智性不坏,不思議業相依於智浄,能作一切勝妙境界,成就無量功德。以同異而論,本覺體性同于真如,依此同相,可如實修行,止滅無明風,除却動相;又以此空寂之體爲本,而隨順衆生根器,變現諸般差別形象,使得利益。可見,單就"本覺"之中,即可見"同異"二相,與前後文字對應榫接。如果脱離這一脉絡,將"同異"放在覺與不覺的關係層面來解釋,則顯然背離了《起信論》的意旨。

更進一步,如欲深究此"生滅門"中本覺所生二相的根據,當就"真如門"内對真如體用的論述入手,發明其内在邏輯的整體關聯。所謂"心真如"者,依《起信論》所釋,即心性不生不滅,從本以來,離文字、言説及心緣之相,畢竟平等,無有變異,不可破壞。惟其雖説無有能説可説,雖念無有能念可念,故可以隨順得入。《起信論》中説真如門以言説分別,有二種義:一者如實空,二者如實不空。

> 所言空者,從本以來,一切染法不相應故。爲離一切法差別之相,以無虛妄心念故。當知真如自性,非有相,非無相,非非有相,非非無相,非有無俱相,非一相,

---

[1] 按:《起信論》説覺體相四種大義,以鏡爲喻,有如實空鏡、因熏習鏡、法出離鏡、緣熏習鏡。《大乘起信論校釋》,40—41頁。
[2] 《大乘起信論校釋》,35—36頁。

非異相,非非一相,非非異相,非一異俱相。乃至總説,依一切衆生,以有妄心,念念分别,皆不相應,故説爲空。若離妄心,實無可空故。

所言不空者,以顯法體空無妄故,即是真心;常恒不變,净法滿足,則名不空。亦無有相可取,以離念境界,唯證相應故。[1]

衆生有妄,念念分别,執無爲有,而真如自性有無一異俱非,故可以就真如而説妄心爲空,是爲如實空也。至於真如法體之常恒不變,净法滿足,則可名爲如實不空。説如實空,則遣妄還真,離念顯性遂具有内在的可能性與必然性,是爲修行之因;説如實不空,則去妄有所依傍,還真有所指歸,是爲修行之果。真如的兩種意義,也就是下文"自體相熏習"中,内净法正因熏習力的内在根據。《起信論》以燃木爲喻:木中火性,是火正因;然而若無外力以成就具足因緣,則不能自燒木,故仍需"用熏習",即假衆生外緣之力,以合體用,而至於與佛智相應。[2] 故《起信論》説真如之體,有平等義與差别義:

問曰:上説真如其體平等,離一切相,云何復説体有如是種種功德? 答曰:雖實有此諸功德義,而無差别之相,等同一味,唯一真如。此義云何? 以無分别,離分别相,是故無二。

復以何義得説差别? 以依業識生滅相示。此云何示? 以一切法,本來唯心,實無於念。而有妄心,不覺起念,見諸境界,故説無明。心性不起,即是大智慧光明義故。若心起見,則有不見之相,心性離見,即是遍照法界義故。若心有動,非真識知,無有自性,非常、非樂、非我、非净,熱惱衰變,則不自在,乃至具有過恒沙等妄染之義。對此義故,心性無動,則有過恒沙等諸净功德相義示現。若心有起,更見前法可念者,則有所少。如是净法無量功德,即是一心,更無所念,是故滿足,名爲法身如來之藏。[3]

真如唯一,故本平等;心性離見,故能遍照。如此"净法無量功德,即是一心",是體用相涵,一多互攝。也因真如的這種特性,本覺可以有智净相與不思議業相兩種相反相成的功德相,而無論覺與不覺,俱可以兼攝同異、即一即多。

---

[1]《大乘起信論校釋》,21—22頁。
[2]《大乘起信論校釋》,91頁。
[3]《大乘起信論校釋》,103—104頁。

結語

總之，在《起信論》"心生滅門"章對"同異"的界定中，所謂"同"並不是指覺和不覺之間的"相同"，而是兩者之中都蘊含以真如爲體的內在"同一性"；而所謂"異"，也並不是覺與不覺的"相異"，而是二者都包含真如染幻差別而演化出的"異質性"與"變化性"。

就《大乘起信論》本文而言，從"真如緣起"到"净法熏習"，邏輯演進環環相扣，間不容髮。其中"體用""一多""動静""同異"等概念，可以通過上下文相互發明，在意義上也有內在的關聯。可以很明顯地看出，《起信論》的作者並不特別關注從"不覺"到"覺悟"的修證過程，究竟是應當漸修以弭其異，抑或以頓悟而趨其同；而是更著重于闡發真如"空寂妙明"的體性，以及由這一體性所延伸出的種種功德作用，從不同層面反復論證。因此，我們討論和理解"心生滅門"章"覺"與"不覺"的"同""異"二相，就不能單獨拿出這一段文字，進行孤立的分析，這樣容易脱離義理脉絡。必須在《起信論》的整體語境中，把握與其他名相的關係，特別是在論證邏輯結構中的作用，才能對其意旨有一個比較準確的理解。

〔雷博，中國社會科學院古代史研究所助理研究員〕

夏主元昊的趙宋"屬籍"辨疑

周思成

一、史家關於元昊屬籍的對立見解

宋仁宗明道元年(1032),元昊嗣位爲夏州政權統治者。他一改其父德明佯裝恭順、内屬事大的對宋姿態,意圖"循拓跋之遠裔,爲帝圖皇",[1]先後改易姓名、服飾、官制、禮俗,並於寶元元年(1038)正式稱帝,國號大夏。針對夏州政權偏霸自帝的舉動,宋廷回應以削奪元昊元封官爵,除屬籍,張榜邊境,購募其首級。元昊亦不甘示弱,派人送去"嫚書"譏誚,雙方遂增兵備戰。元昊稱帝與宋廷反擊,是西夏建國史和宋夏關係史的標志性事件。[2]然而,仁宗下詔除去元昊的屬籍(宗室身份)一事,史家却出現了截然相反的兩種説法。

李燾《續資治通鑑長編》記載此事:

> (寶元二年六月)壬午,詔削趙元昊官爵,除屬籍,揭榜于邊。募人擒元昊,若斬首獻,即以爲定難節度使。元昊界蕃漢職員能帥族歸順者,等第推恩。初,保忠但賜國姓,而詔言除屬籍,誤也。[3]

據此,率先内附的夏州節度使李繼捧,宋廷僅"賜國姓",改姓名爲趙保忠,並未將他的家族納入趙氏的宗正屬籍,詔書實誤。李燾作《長編》,雖在南宋,然

---

[1] 李燾《續資治通鑑長編》卷一二五,寶元二年閏十二月,北京:中華書局,2004年,2950頁。
[2] 參見李華瑞《宋夏關係史》,北京:中國人民大學出版社,2010年,32—42頁;杜建録《論西夏建國前與北宋的關係》,《寧夏大學學報(人文社會科學版)》1995年第2期;岩崎力《西夏建國史研究》,東京:汲古書院,2018年,612—679頁。
[3] 李燾《續資治通鑑長編》卷一二三,寶元二年六月壬午,2913頁。

"自實録、正史、官府文書以逮家録、野紀,無不遞相稽審,質驗異同",[1]凡有闕疑,多附注考訂,"詔言除屬籍,誤也"乃繋于正文,可見頗爲肯定。無獨有偶,活躍于英宗、神宗時期的大臣宋敏求在《春明退朝録》中也辨明:"趙德明歸款,真宗賜以宗姓,然不附屬籍。晁文元(晁迥)草制云:'弃世荷殿邦之德,舉宗聯命氏之榮。'寶元二年,元昊叛,詔削屬籍,非也。"[2]宋敏求之父名臣宋綬親歷宋夏交惡,敏求任職史館,"熟于朝廷典故,士大夫疑議,必就正焉"。[3]《宋史·藝文志》還著録有他編纂的《韵類次宗室譜》。[4]李燾説李繼捧(趙保忠)"但賜國姓",而宋敏求説真宗賜李德明"宗姓",可見二人所本不同,却都認定元昊家族只被賜趙姓,未被納入宗正屬籍,應有相當的可信度。

另一些北宋時期的史料,對此事有不同記載。其中最難回避的,正是宋廷自身頒發的詔令。明道元年(1032)十一月癸巳《趙元昊静難軍節度西平王制》贊揚元昊父祖"嘉捍難于邊衡,賜同姓于宗籍"。[5]寶元二年(1039)六月壬午的《削元昊官爵除去屬籍詔》明白寫有:"元昊在身官爵,並宜削奪,仍令宗正寺除去屬籍。"[6]曾鞏的《隆平集》源出他擔任史官期間彙集的早期國史資料,[7]其中的《夏國傳》就明確點出元昊先世曾名隸屬籍:"繼遷在銀州,太宗賜以國姓,俾隸屬籍。又賜繼捧名曰保忠,繼遷名曰保吉。"[8]司馬光《涑水紀聞》記:"寶元二年六月壬午,詔元昊在身官爵並宜削奪,仍除屬籍。"[9]《稽古録》記:"(寶元元年十二月)詔:'削元昊官爵,除屬籍,發兵備西邊。'"[10]更晚的王稱《東都事略》、[11]元修《宋史》等書,[12]均照録削官爵、除屬籍之文。

二、宋代官方資料之含混曖昧

宋人記載齟齬,亦給後世西夏史的編纂者造成了困惑。周春《西夏書》抄録

---

[1] 永瑢等《四庫全書總目》卷四七《史部三》,北京:中華書局,1965年,424頁。
[2] 宋敏求《春明退朝録》(上),北京:中華書局,1980年,3頁。
[3] 脱脱《宋史》卷二九一《宋綬子敏求傳》,北京:中華書局,1977年,9725—9737頁。
[4] 脱脱《宋史》卷二〇四《藝文志三》,5149頁。
[5] 佚名《宋大詔令集》卷二三三,北京:中華書局,1962年,908頁。
[6] 佚名《宋大詔令集》卷二三三,908頁。
[7] 王瑞來《〈隆平集·夏國傳〉箋證》,氏著《文獻可徵:宋代史籍叢考》,太原:山西教育出版社,2015年,36頁。
[8] 王瑞來《〈隆平集·夏國傳〉箋證》,37頁。
[9] 司馬光撰,鄧廣銘、張希清點校《涑水紀聞》卷一二,北京:中華書局,1989年,239頁。
[10] 司馬光撰,王亦令點校:《稽古録點校本》卷一九,北京:中國友誼出版公司,1987年,731頁。
[11] 王稱《東都事略》卷一二七《附録五 西夏一》,濟南:齊魯書社,2000年,1101頁。
[12] 脱脱《宋史》卷一〇《仁宗紀二》,205頁。

李燾《長編》原文，[1]吳廣成《西夏書事》則曰："仁宗下詔，削奪賜姓、官爵"，即將"除屬籍"改作"削賜姓"。吳氏注云："宋敏求《春明退朝録》：'趙德明歸款，真宗賜以宗姓，然不附屬籍。晁文元草制云：'弃世荷殿邦之德，舉宗聯命氏之榮。'而《宋史·仁宗紀》云：'壬午，削趙元昊官爵，除屬籍'。誤。茲依商氏《續綱目》。"[2]明人商輅《續資治通鑑綱目》記此事言："削趙元昊賜姓、官爵。"[3]此即吳氏徑改史文的根據。

《西夏書事》及《續綱目》這樣寫，混淆了兩個不同的問題。其一，寶元二年，宋廷是否下詔削除元昊屬籍？《削元昊官爵除去屬籍詔》保存至今，可知仁宗確曾下令宗正寺削除元昊屬籍。將當年紀事中的"除屬籍"改爲"削賜姓"，有篡改史實之嫌。其二，平夏的拓跋家族自李繼捧以來，究竟是否附入趙宋的宗正屬籍？宋敏求、李燾認定不曾附籍。相反，胡玉冰先生校注《西夏書》和《西夏書事》，引徵《除去屬籍詔》《長編》《東都事略》《宋史》《宋會要輯稿》等，指出諸多史籍均言削元昊官爵、除屬籍，則宋敏求所記"不附屬籍"之事疑誤。[4]孟昭輝也據《西平王制》《除去屬籍詔》，認爲宋廷至少在名義上視德明、元昊爲宗室。[5]不過，諸史書中寶元二年削官爵、除屬籍的紀事，包括《除去屬籍詔》，主要證明當年宋廷確曾下詔除屬籍，邏輯上不能直接反駁宋敏求、李燾認爲詔書有誤的看法。何況，以宋、李之博洽精審，大概見過這類反證，何以堅稱拓跋氏不附屬籍？宋廷經嚴格程序發布的詔敕，何至一誤再誤，多次爲敵國添上無中生有的宗室名分？這些關鍵疑團依舊待解。

趙宋君主是否賜予平夏拓跋氏以"國姓"或"屬籍"？仔細審查宋朝的官方記録，竟可以發現，這些記録原本就存在相當的含混曖昧之處。

端拱元年（988）五月，宋太宗采納趙普建議，恩撫李繼捧、繼遷兄弟，"親書五色金花箋賜繼捧國姓，改名保忠，壬申，授定難節度使"。[6]

淳化二年（991）太宗又"授繼遷銀州觀察使，賜以國姓，名曰保吉"。[7]王禹偁起草《趙保吉賜姓名除銀州觀察使詔》，有"賜之國姓，俾預于宗盟"語。[8]

---

[1] 周春撰，胡玉冰校補《西夏書》卷五《載記一 景宗》，北京：中華書局，2014年，240—241頁。
[2] 吳廣成撰，胡玉冰注《西夏書事校注》卷一三，上海古籍出版社，2021年，167頁。
[3] 商輅《御批續資治通鑑綱目》卷四，《景印文淵閣四庫全書》本，38頁。
[4] 見上引二書，頁碼同。
[5] 孟昭輝《北宋對李德明父子封官授爵研究（1006—1038）》，遼寧大學碩士學位論文，2017年，82—83頁。
[6] 李燾《續資治通鑑長編》卷二九，端拱元年五月辛未，653頁。
[7] 李燾《續資治通鑑長編》卷三二，淳化二年七月，718頁。
[8] 佚名《宋大詔令集》卷二三三，905頁。

淳化五年(994)四月,李繼捧、繼遷内訌,太宗下令"削保吉所賜姓名,復爲李繼遷"。[1]六月,李繼遷獻馬,"猶稱所賜姓名,答詔因稱之"。[2]《答銀州觀察使趙保吉詔》中有"寵以嘉名,賜之國姓"語。[3]

至道三年(997)李繼遷遣使修貢,真宗繼位,"姑務寧静,因從其請,復賜姓名、官爵"。繼遷恢復"趙保吉"姓名,授定難節度使。[4]次年(咸平元年),直集賢院田錫上書批評"李繼遷不合與夏州,又不合呼之爲趙保吉。雖賜姓與名,已自先朝,然狼子野心,終是異類"。[5]咸平四年(1001),繼遷來貢,"猶稱所賜姓名"。[6]

景德元年(1004),繼遷死,其子德明嗣位。真宗答詔吊慰,稱"趙德明",且有"早聯宗屬,曾列侯藩"語。[7]景德三年十月,德明授定難節度使,封西平王。[8]晁迥起草《趙德明拜官封西平王制》,有"舉宗聯命氏之榮,弈世荷殿邦之德"語。[9]仁宗即位後賜予趙德明的詔書,也多有"寵聯宗籍,位冠侯藩"(《趙德明尚書令加恩制》)、"歸祭膰以先同姓,受福攸均"(《西平王趙德明加恩制》)之語。[10]

由此可見,一方面,在北宋的官方紀事中,給予平夏拓跋氏的禮遇一直是"賜姓名(國姓)",並未明言附屬籍。後來,夏主諒祚求尚公主,宋廷也以"昔嘗賜姓"爲由拒絶。[11]但另一方面,在宋廷頒賜的詔書中,又頻頻出現"俾預于宗盟""賜同姓于宗籍""早聯宗屬""寵聯宗籍"這類表述,除了表示附宗正屬籍,躋身宗室,很難有别的解釋。另外,至道元年的《銀州觀察使趙保吉除定難軍節度使制》開列繼遷官爵,有"天水郡開國侯"。[12]在兩宋碑傳中,帶"天水郡"的爵名大都見於皇侄、皇弟或其他宗室,加之元昊稱帝時,仁宗明白下令宗正寺除籍。因此,元昊家族與趙宋宗室的關係,當仍有未發之覆。

---

[1] 李燾《續資治通鑑長編》卷三五,淳化五年四月甲申,777頁。
[2] 李燾《續資治通鑑長編》卷三六,淳化五年六月乙亥,790頁。
[3] 佚名《宋大詔令集》卷二三三,905頁。
[4] 李燾《續資治通鑑長編》卷四二,至道三年十二月辛丑,896頁。
[5] 李燾《續資治通鑑長編》卷四三,咸平元年二月乙未,910頁。
[6] 李燾《續資治通鑑長編》卷四九,咸平四年八月庚子,1068頁。
[7] 佚名《宋大詔令集》卷二三三,906頁。
[8] 李燾《續資治通鑑長編》卷六四,景德三年十月庚午,1428頁。
[9] 佚名《宋大詔令集》卷二三三,906頁。
[10] 佚名《宋大詔令集》卷二三三,907頁。
[11] 李燾《續資治通鑑長編》卷一九六,嘉祐七年四月,4745頁;又司馬光《涑水紀聞》卷九,165頁。
[12] 佚名《宋大詔令集》卷二三三,907頁。

三、五代宋初"錫姓宗屬"的消亡

如何理解各種史料在元昊屬籍記載上的含混甚至矛盾？綫索當于唐代政治傳統以及五代到宋初的觀念轉換中求之。衆所周知，晚唐五代帝王給予異姓的功臣、降將、藩鎮，特別是蕃酋以賜姓入籍待遇，例子不勝枚舉，[1]所謂"蠻夷降虜，或冠以李氏"（章太炎）。[2]宋初賜國姓于平夏拓跋氏，自是這一政治傳統的賡續。不過，唐五代的賜姓屬籍還有三個重要現象，是解開元昊屬籍疑問的關鍵。

（一）一些獲賜國姓的勛貴、蕃酋，享有編入屬籍的殊榮。杜伏威、羅藝並以降唐"賜姓，豫屬籍""賜姓李氏，預宗正屬籍"。[3]代宗時東川節度使李叔明，本姓鮮于，"表乞宗姓，列屬籍，代宗從之"。[4]後梁朱簡，先攀附朱溫，"乞以姓名，肩隨宗室"，朱溫"名之爲友謙，編入屬籍"。梁亡，他又投靠李存勖，"賜姓，名繼麟，編入屬籍，賜之鐵券"。[5]《舊五代史・明宗紀》説李嗣源"世事武皇（李克用），及其錫姓也，遂編于屬籍"。[6]

（二）賜國姓且入屬籍，榮于單純的賜姓，故在時人觀念中，所重者爲屬籍，而非賜姓。唐武宗時，黠戛斯首領阿熱入朝，史言"詔阿熱著宗正屬籍"。[7]李叔明家族的墓誌説叔明"勛高王室，詔賜屬籍"，鮮于家族"則爲宗正氏矣"。[8]由此，賜屬籍不僅可兼代賜姓，且此種特殊的賜姓乃是"宗正氏"，不單純意味著一與帝王家姓同音同形之符號，而是皇室宗親的身份象徵。李嗣源宣稱，先帝（李克用）以"錫姓宗屬，爲唐雪冤，以繼唐祚"。[9]在這個場合，"錫姓宗屬"這一説法，正顯示賜予帝王家姓、獲得宗正屬籍實爲一體之兩面。對君主和異姓貴族來説，帝王家姓是外在的符號（能指），唯有宗正屬籍，才真正具有政治-倫理意涵（所指）。通過賜予／獲得"宗正氏"，異姓功臣或蕃帥便與君主的宗族産

---

[1] 黃修明《中國古代賜姓賜名制度考論》，《四川師範大學學報（社會科學版）》2000年第6期；郝黎《唐代的賜姓賜名制度》，《文史知識》2003年第9期。

[2] 章炳麟著，朱維錚編校《訄書（重訂本）》，上海：中西書局，2012年，161頁。

[3] 歐陽修、宋祁《新唐書》卷九二《杜伏威傳》《羅藝傳》，北京：中華書局，1975年，3800、3807頁。

[4] 歐陽修、宋祁《新唐書》卷一四七《李叔明傳》，4757頁。

[5] 薛居正《舊五代史》卷六三《唐書三十九・朱友謙傳》，北京：中華書局，1976年，845—846頁。

[6] 薛居正《舊五代史》卷三五《唐書十一・明宗紀一》，481頁。

[7] 歐陽修、宋祁《新唐書》卷二一七下《回鶻傳下》，6150頁。

[8] 李孟栩《大唐故左武衛翊府左郎將趙府君夫人漁陽縣太君漁陽李氏墓誌銘并序》，周紹良主編《全唐文新編》第3部第1册，長春：吉林文史出版社，2000年，5611頁。

[9] 薛居正《舊五代史》卷三五《唐書十一・明宗紀一》，491頁。

生了一種擬制但具象的親屬關係——"錫姓宗屬",進而鞏固雙方原有的政治和軍事紐帶。拓跋氏世襲夏州節鎮,由唐僖宗賜李姓,宋太宗又賜趙姓,皆屬這一傳統的延續。宋廷歷年頒賜給平夏拓跋的制詔,多有"賜同姓于宗籍""早聯宗屬"等語,這恰是因爲,在當時宋人和夏人觀念中,殆將繼遷、德明、元昊視同"錫姓宗屬",所賜"國姓"實爲"宗正氏"。

(三) 懲罰反亂的"錫姓宗屬",晚唐五代中央政權的標準對策就是絶屬籍、削官爵。唐昭宗大順元年(890),朝廷討伐沙陀,"五月,詔削奪克用官爵、屬籍"。[1]李克用上章論訴:"臣之屬籍,懿皇所賜;臣之師律,先帝所命。臣無逆節,浚討何名?"[2]詔書、章表,皆言削屬籍,而不言削賜姓。元昊稱帝后,仁宗下詔:"元昊在身官爵,並宜削奪,仍令宗正寺除去屬籍。"這一詔書的原型範本,顯然來自晚唐五代。《長編》引《吕氏家塾記》云:"趙元昊反,有詔削奪在身官爵,募能生擒元昊若斬首者,即以爲節度使,仍賜錢萬萬。許公(吕夷簡)時在大名,聞之驚曰:'謀之誤矣。'立削奏曰:'前代方鎮叛命,如此詰誓,則有之矣,非所以禦外國也'云云。"[3]這也佐證此時宋廷正是以唐末中央政權對待沙陀等錫姓宗藩的方式來對待夏州政權的。

宋朝官方記録在賜予元昊家族"國姓"或"屬籍"上的含混,可由晚唐五代傳統的"錫姓宗屬"得到解釋。但是,李燾、宋敏求爲何又對元昊"不附屬籍"言之鑿鑿呢?這應當是五代宋初關於宗室的觀念及制度的轉變造成的一種錯位所致。

唐五代的賜姓入籍並非虚語,而是至少形式上落實在宗室譜系的支脉。沙陀的朱邪赤心,唐懿宗時以討龐勛立功,"賜姓李氏,名國昌"。《舊五代史》説他"仍係鄭王(唐高祖子元懿)房",雖然疏遠,也算名副其實地編入屬籍。[4]然而,宋初的隸屬籍,似乎並非如此。宋太宗"親書五色金花箋賜繼捧國姓",早在端拱元年(988)。此時雖有"司皇族之籍"的宗正寺,但主要負責宗廟陵寢祭祀。[5]至道初年(995—996),太宗才命張洎、梁周翰同修皇屬籍。真宗咸平四年(1001),宗正卿趙安易、翰林學士梁周翰始上新修《皇屬籍》三十三卷,史言"唐末喪亂,《屬籍》罕存,無所取則,周翰創意爲之,頗有倫貫"。[6]可見,宋初

---

[1] 司馬光《資治通鑑》卷二五八《唐紀七十四》,北京:中華書局,1956年,8397頁。
[2] 劉昫等《舊唐書》卷一七九《張浚傳》,北京:中華書局,1975年,4659頁。
[3] 李燾《續資治通鑑長編》卷一二五,寶元二年閏十二月,2950頁。
[4] 薛居正《舊五代史》卷二五《唐書一·武皇紀上》,332頁。
[5] 徐松輯《宋會要輯稿》第71册《職官二十》,北京:中華書局,1957年,2821—2822頁。
[6] 李燾《續資治通鑑長編》卷四八,咸平四年正月己亥,1044頁。

的皇族譜牒有很長一段時期處于草創階段,内容體例均未確定。[1] 因此,一方面,雖然宋人詔制公開贊許平夏拓跋"寵聯宗籍",實際上,宗正寺屬籍樓保管的皇屬籍中很可能没有繼遷、德明和元昊等人的姓名。另一方面,寶元二年的仁宗詔書仍然要"令宗正寺除去屬籍",因爲這正是唐五代以來貶罰"錫姓宗屬"的標準程序。

仁宗以後,宋代的宗室管理制度和皇族譜牒修纂更趨嚴密,[2] "編年以紀帝系,而載其歷數及朝廷政令之因革者,爲《玉牒》;序同姓之親而第其五屬之戚疏者,爲《屬籍》;具其官爵、功罪、生死及宗婦族姓與男若女者,爲《譜》;推其所自出至于子孫而列其名位者,爲《宗藩慶系録》;考定世次枝分派别而歸于本統者,爲《仙源積慶圖》。"[3] 皇族譜牒不僅限于趙氏皇親,有固定的行輩排字,且定期修訂更新,在專門場所嚴加保管。[4] 北朝的《皇室譜》,在《帝緒》《疏屬》之外尚有《賜姓》專篇,[5] 此在兩宋則不可能。宋代新制下續修、補修的皇室宗譜,既未給賜姓蕃酋留一席之地;宋人對夏的官方記録多言賜國姓,也已顯示出剥離賜姓的宗屬内涵的趨向。因此,宋敏求和李燾從更成熟的制度和觀念出發,認定平夏拓跋氏"不附屬籍",若就宋代屬籍的實體言之,亦有一定的真實性。最後,宋朝對宗室防範周密,[6] 當然不會再承認手握重兵、稱雄一方的異姓酋帥爲宗親。兩宋時期雖偶見功臣、歸附人和蕃酋賜姓名乃至國姓的現象,[7] 但與宗正屬籍不再發生什麽聯繫。五代邊鎮如李克用以"錫姓宗屬"爲名分,冒繼唐祚的局面,自然不可能再現。由此看來,元昊的屬籍爭議又反映了唐宋之際政治文化的一種變貌,體現了宋人對唐代政治遺産的揚棄。

〔周思成,清華大學歷史系副教授〕

---

[1] 王善軍《宋代皇族譜牒考述》,《歷史檔案》1999年第3期。
[2] 參見賈志揚著,趙冬梅譯《天潢貴胄:宋代宗室史》,南京:江蘇人民出版社,2010年;何兆泉《兩宋宗室研究——以制度考察爲中心》,上海古籍出版社,2016年。
[3] 徐松輯《宋會要輯稿》第71册《職官二十》,2823頁。
[4] 王瑞來《宋代玉牒考》,《文獻》1991年第4期。
[5] 魏徵等《隋書》卷六六《鮑宏傳》,北京:中華書局,1973年,1548頁。
[6] 張邦煒《宋代對宗室的防範》,氏著《宋代婚姻家族史論》,北京:人民出版社,2003年,407—438頁。
[7] 參見趙寅達《宋代賜姓與賜名現象探究》,《河北北方學院學報(社會科學版)》2015第6期;佟少卿《北宋西北蕃官賜姓賜名現象探究》,《西夏研究》2018年第4期。

論海陵王完顏亮之死

——金宋文獻記載的叙事版本與源流變異*

邱靖嘉

　　海陵王完顏亮可謂是金朝最爲暴虐無道的一位皇帝。他通過弑殺熙宗完顏亶而篡奪皇位，在位期間殘暴荒淫，"屠滅宗族，翦刈忠良，婦姑姊妹盡入嬪御"[1]，又大興土木，徵發夫匠，先後營建中都燕京和南京汴梁宮室，並舉全國之力，整軍備戰，欲滅宋以成一統，結果"賦役繁興，盗賊滿野，兵甲並起，萬姓盼盼，國内騷然"[2]。正隆六年(1161)，海陵南征，世宗完顏褒自立於遼陽，渡淮伐宋又兵敗於采石，完顏亮内外交困，最終被部將弑殺。關於完顏亮死事，《金史》與宋代文獻均有詳細記載，然而清代學者袁枚注意到"金主亮之死諸書不一"，並具體列出了《金史》及《采石戰勝録》《煬王江上録》《正隆事迹》《神麓記》《虞尚書采石斃亮記》所載的六種不同説法[3]。諸書所記儘管都是寫完顏亮爲部將所殺，但其事件經過和人物細節却有很大出入，那麽這些叙事版本是如何形成的，它們之間有什麽源流關係，又體現出怎樣的文本特徵，就很值得考究。這不僅關涉到諸書記載的真實性，而且還牽扯金宋之間軍情信息的來源渠道與流傳變異問題，饒有趣味。

---

　　* 本文係教育部人文社會科學重點科研基地項目"7—16世紀的信息溝通與國家秩序"(項目批准號17JJD770001)的階段性成果。
　　[1]《金史》卷五《海陵紀》"贊曰"，北京：中華書局，1997年，118頁。
　　[2]《金史》卷八《世宗紀下》"贊曰"，203頁。
　　[3] 袁枚《隨園隨筆》卷二三《不符類》"金主亮之死諸書不同"條，《續修四庫全書》影印清嘉慶十三年刻本，上海古籍出版社，2002年，第1148册，356—357頁。

一、金人筆下的完顏亮死事

考察完顏亮之死事,我們自然首先要看《金史》的記載。據《海陵紀》,正隆六年十一月,完顏亮進兵揚州,"甲午,會舟師于瓜洲渡,期以明日渡江。乙未,浙西兵馬都統制完顏元宜等軍反,帝遇弑,崩,年四十"[1]。其事始末詳見於完顏元宜本傳:

> 是時,世宗已即位于遼陽,軍中多懷去就。海陵軍令慘急,亟欲渡江,衆欲亡歸,決計於元宜。猛安唐括烏野曰:"前阻淮渡,皆成擒矣。比聞遼陽新天子即位,不若共行大事,然後舉軍北還。"元宜曰:"待王祥至謀之。"王祥者元宜子,爲驍騎副都指揮使,在別軍。元宜使人密召王祥,既至,遂約詰旦衛軍番代即行事。元宜先欺其衆曰:"有令,爾輩皆去馬,詰旦渡江。"衆皆懼,乃以舉事告之,皆許諾。
>
> 十〔一〕月乙未黎明,元宜、王祥與武勝軍都總管徒單守素、猛安唐括烏野、謀克斡盧保、婁薛、温都長壽等率衆犯御營。海陵聞亂,以爲宋兵奄至,攬衣遽起,箭入帳中,取視之,愕然曰:"乃我兵也。"大慶山曰:"事急矣,當出避之。"海陵曰:"走將安往。"方取弓,已中箭仆地。延安少尹納合斡魯補先刃之,手足猶動,遂縊殺之。驍騎指揮使大磐整兵來救,王祥出語之曰:"無及矣。"大磐乃止。軍士攘取行營服用皆盡,乃取大磐衣巾裹海陵尸,焚之。遂收尚書右丞李通、浙西道副統制郭安國、監軍徒單永年、近侍局使梁珫、副使大慶山,皆殺之。元宜行左領軍副大都督事,使使者殺皇太子光英于南京。大軍北還。[2]

當時金世宗即位的赦書已傳至軍中,而完顏亮沒有立即收兵,反勒令諸將率兵渡江與宋決戰,以致激起軍變。完顏元宜時任浙西兵馬都統制,諸將以其爲謀主,元宜密召其子完顏王祥議定,遂於十一月乙未(二十七日)黎明舉事。元宜、王祥等人率軍犯御營,完顏亮初以爲宋兵劫營,待見射入之箭,知爲己兵,他中箭倒地,"延安少尹納合斡魯補先刃之,手足猶動,遂縊殺之",後又以"衣巾裹海陵尸,焚之",李通、郭安國、徒單永年、梁珫、大慶山等海陵寵臣皆一併被誅。《金史》的這段記載當源出金朝官修《海陵實錄》,在元代數術文獻曉山老人《太

---

[1]《金史》卷五《海陵紀》,117 頁。
[2]《金史》卷一三二《完顏元宜傳》,2830—2831 頁。"十一月",原作"十月",今據本紀補。

乙統宗寶鑑》中尚保存有節録自金實録的若干佚文,其中涉及完顔亮之死記云:

> (正隆六年)冬十月,世宗即位于遼陽。都統完顔元宜曰:"主上無道,上下離心。"定議詰旦乃行,時欲怒於衆,語之曰:"適有定命,令爾輩皆去馬,明日渡江。"軍士莫不危懼,繼而告以舉事之計,衆皆從之。黎明,元宜等以兵犯營,海陵聞亂,以爲宋兵至,遽起揭衣,而箭入帳中,所視之謔然曰:"乃我軍也。"已中流矢,軍士争進刃體,肢猶動,遂縊殺之。[1]

儘管《太乙統宗寶鑑》所存金實録佚文已遭删略,但仍可看出其内容與《金史·完顔元宜傳》當同出一源。由於《金史》之説乃出自金朝的官方記録,具有相當的權威性,故當代學者論及完顔亮死事皆取其説[2]。

除金朝官修實録的記載之外,金人張棣所撰《正隆事迹》也記有完顔亮被殺事。張棣於南宋紹熙年間由金歸宋[3],《正隆事迹》蓋作於入宋後,此書今已佚,僅有若干佚文見於徐夢莘撰《三朝北盟會編》(以下簡稱《會編》)。《會編》於紹興三十一年(1161)十一月二十八日丙申,"金國完顔亮被弒於揚州,殂"條下[4],用了五卷篇幅(卷二四一至二四五)徵引數種文獻備載其事,其中就有《正隆事迹》:

> (正隆六年)至十一月,亮以内亂所擾,知軍意之二三,戰船之不至,大江之不可涉,有難肋之意,然未形于牙齒間,又恐貽萬世笑,遂築渡江臺于江之北岸,欲渡萬人于大江之南,然後作還軍計。是日,宣威勝軍萬户耶律勃農,語曰:"爾所將兵竢來日,朕欲自較其部族,苟失其數,當從軍法。"耶律自度所統軍已不及半,懼亮之必誅,與子寢殿宿直將軍毋里哥謀,子毋里哥説以弒亮,上下皆從之。明日,乘亮未起,軍突于帳前,集箭射之。亮疑本朝掩襲,令取箭視之,亮愕然曰:"軍變矣。"披衣而前,已爲謀克當鵠殺射。亮仆地,衆執而縊之。都督李通亦爲亂軍所殺,三軍遂四散而歸。[5]

---

[1] 曉山老人《太乙統宗寶鑑》卷一六"太乙統運入卦行爻編年",見邱靖嘉《曉山老人〈太乙統宗寶鑑〉所見金朝史料輯考》附録,《文史》2016年第2輯,167—168頁。
[2] 如周峰《完顔亮評傳》,北京:民族出版社,2002年;滿汝毅《千古異帝海陵王》,哈爾濱:黑龍江人民出版社,2004年。
[3] 參見孫建權《關於張棣〈金虜圖經〉的幾個問題》,《文獻》2013年第2期,131—137頁。
[4] 徐夢莘《三朝北盟會編》卷二四一紹興三十一年十一月二十八日,《中華再造善本》影印國家圖書館藏明抄本,北京:國家圖書出版社,2013年,葉1A。筆者又參校了國家圖書館藏明湖東精舍本、鬱岡齋本、繆藏明抄本、清勤志館本及活字本、許刻本,以下若涉及文字校勘,隨文説明。此處"完顔"原避宋諱作"元顔",今據許刻本改。
[5] 《三朝北盟會編》卷二四二紹興三十一年十一月二十八日引《正隆事迹》,葉16A—16B。

此處記載弒殺完顏亮的主謀爲"威勝軍萬户耶律勸農"及其子"寢殿宿直將軍毋里哥",此二人又見於《會編》卷二四五引《族帳部曲録》:"耶律勸農使,人往往不知其名,止以'勸農'呼之。亮寇淮甸,除威勝統軍,弒亮者此人首爲謀也。""耶律毋里哥,勸農之子,自宿直將軍弒亮。"[1]這位"耶律勸農"儘管不知其名,但可考知他就是《金史》所記的完顏元宜。據其本傳,"完顏元宜,本名阿列,一名移特輦,本姓耶律氏",其父慎思原爲遼將,因降金賜姓完顏氏,天德三年(1151),"詔凡賜姓者皆復本姓,元宜復姓耶律氏",海陵伐宋時任勸農使,而且他的確是殺完顏亮的謀首,正與《正隆事迹》所記合,惟元宜時以勸農使的"本官領神武軍都總管",而《正隆事迹》則稱"威勝軍萬户",有些出入,後世宗大定二年(1162),元宜又"復賜姓完顏氏"[2],所以《金史》所見皆作完顏元宜,由此可知,勸農之子寢殿宿直將軍耶律毋里哥應該就是《金史》提到的完顏王祥,毋里哥乃其契丹語名。《正隆事迹》謂耶律勸農父子率衆於天明發難,突入御帳前射箭,完顏亮懷疑宋軍掩襲,取箭視之方知軍變,被謀克當鵑射倒後又爲"衆執而縊之"。其所述情節大體與《金史》記載相符,不過《金史》稱手刃亮者爲"延安少尹納合斡魯補",而此處作"謀克當鵑",按大定十一年,"尚書省奏擬納合斡魯補除授,上曰:'昔廢海陵,此人首入弒之,人臣之罪莫大於是,豈可復加官使? 其世襲謀克姑聽仍舊。'"[3]知納合斡魯補本爲謀克,故所謂"謀克當鵑"或許指的就是納合斡魯補。總的來看,《正隆事迹》講述的完顏亮死事基本上可以納入《金史》記載的系統之中,只不過張棣記録的是在朝堂之外流傳的一種叙事版本,有些具體細節可能不大準確。

其實,完顏亮死事在金代還流傳著另外一個叙事版本,見於《會編》卷二四一引苗耀《神麓記》。苗耀其人不詳,有學者判斷他可能也是由金入宋的歸正人[4]。《神麓記》一書早已亡佚,今《會編》尚存其佚文,此書記金朝雜事,下限迄於世宗即位、海陵被弒,推測其成書年代或在金世宗初,其内容多源自於金朝方面的原始資料,史料價值頗高[5]。《神麓記》云:

> 亮自提大兵直至淮陽,要一舉而下,先以采石難渡,定要瓜洲,如違制,來日皆從軍法。衆軍恐懼,唯以待死,計無所出。勸農使契丹阿列等謀,十一月二十六日夜分,以御營諸軍弓弩持滿,向内喧譁,聲近御帳,亮驚問,莫非南軍至乎。王光道

---

[1]《三朝北盟會編》卷二四五紹興三十一年十一月二十八日引《族帳部曲録》,葉11B—12A。
[2]《金史》卷一三二《完顏元宜傳》,2829—2831頁。
[3]《金史》卷一三二《完顏元宜傳》,2831頁。
[4]劉浦江《關於金朝開國史的真實性質疑》,《遼金史論》,瀋陽:遼寧大學出版社,1999年,7頁。
[5]參見傅朗雲《評苗耀〈神麓記〉的史料價值》,《北方文物》1987年第4期,74—76頁。

秉燭引亮出帳，未即言間，衆謂曰："君違天虐民，殺母戮親，族滅大臣，舉國愁痛，唯君一人。南朝無罪，背約犯邊，生造釁端，不容諫諍，惡逆不道，神人共怒，豈能脱乎？"亮見不免，謂曰："汝等殺我順南乎，歸國乎？"厲言歸國，衆箭皆發，射死，焚其屍，時年四十。王光道、梁恪、馬欽、郭安國等皆遇害。就遣驛使走至汴，殺皇后徒姑丹氏、太子光英，其惠妃、德妃、昭容、婉容、昭儀、淑儀十六位御嬪，皆放歸宗。[1]

《正隆事迹》僅謂軍變主謀爲"耶律勸農"，失其名，而《神麓記》則明確說是"勸農使契丹阿列"，與《金史》所記完顏元宜的契丹語名完全吻合。起事時間《神麓記》作"十一月二十六日夜分"，而《金史》繫於十一月二十七日黎明，相差不大。在具體情節上，叛軍向御帳放箭，完顏亮中箭，後屍體被焚，這一點《神麓記》與《金史》所述一致，但兩者也有重要差異：《神麓記》多出一段"王光道秉燭引亮出帳"與叛軍對答的內容，而《金史》則稱完顏亮在帳中覺變，近侍局副使大慶山勸其躲避，然爲時已晚；又《神麓記》言完顏亮最後被射死，而《金史》說他中箭倒地後爲納合斡魯補所殺。《神麓記》載一併遇害者有"王光道、梁恪、馬欽、郭安國等"，據書中叙述此四人爲海陵南侵之謀主，其中王光道、馬欽、郭安國三人皆見於《金史》：郭安國時任浙西道副統制，確實死於瓜洲軍變[2]；國子司業馬欽當時亦從征，但似乎未死於軍前，"大定二年，除名"[3]；王光道，僅知天德三年始爲内藏庫使[4]，餘不詳。梁恪，《金史》未見，疑當爲完顏亮親信宦官近侍局使梁玞，他極力鼓動南伐，亦爲亂軍所殺。《金史》謂亮之太子光英被殺於南京，而皇后徒單氏尚存，至大定十年方卒[5]，《神麓記》却說兩人一同遇害，所記不確。至於完顏亮的衆多妃嬪下場如何，《金史》沒有明確交代，可能多被放歸宗。由此看來，《神麓記》所載既有與《金史》相近之處，也存在著明顯齟齬，尤其是王光道秉燭引亮出帳問答之事有較強的戲劇性，這是在金國朝野間流傳的第二種完顏亮遇弑故事版本。

總之，《金史》的記載源自於金朝的官方記錄，儘管世宗朝修《海陵實錄》旨在暴揚海陵之惡，多有偏頗[6]，但就完顏亮被殺事而言，似乎並無篡改的必要，當得其實。在金代流傳過程中，派生出有關完顏亮之死的兩種叙事版本：張棣《正隆事迹》大致與《金史》所載一脉相承，但記述相對簡略，容有訛誤；而苗耀

---

[1]《三朝北盟會編》卷二四一紹興三十一年十一月二十八日引《神麓記》，葉 4B—5B。
[2]《金史》卷八二《郭安國傳》，1835 頁。
[3]《金史》卷一二九《馬欽傳》，2789 頁。
[4]《金史》卷一三一《梁玞傳》，2808 頁。
[5]《金史》卷六三《后妃傳上》，1508 頁。
[6] 參見趙葆寓、趙光遠《〈海陵庶人實錄〉的得失及其對〈金史〉的影響》，《北方文物》1985 年第 2 期，75—78 頁。

《神麓記》記載的故事情節更爲豐富,不過其間亦有失實之處,可能經過金人的演繹加工,這些戲劇化的細節描述又將會成爲宋人記載的史料來源之一。

二、宋人文獻記載的史源與變異

宋代文獻有關完顏亮之死的記載,集中見於《會編》卷二四一至二四三所引諸書。除去《正隆事迹》和《神麓記》來源於金人記述之外,其餘皆爲宋人所撰,從内容來看,大體可分爲三個不同的叙事版本,下文分兩節進行討論。

第一種説法諸書記載最多,尤以蹇駒《采石斃亮記》、員興宗《采石戰勝録》、晁公愬《敗盟記》爲代表。蹇駒是虞允文的門客,他將幕府諸公轉述采石之戰的經過記録下來[1],其書《會編》卷首引用書目題爲《乾道采石斃亮記》[2],卷二四一徵引稱《虞尚書采石斃亮記》[3],此書今有傳世單行本,作《采石瓜洲斃亮記》[4],各不相同,姑且統稱爲《采石斃亮記》[5]。據考證,傳世本《采石斃亮記》書前有隆興元年(1163)七月漫叟序,乃是蹇駒最初撰成的版本,後乾道時蹇駒又重新改寫編定,《會編》所引據者係乾道修訂本,其文字内容與傳世之初修本存有較大差異[6]。《會編》卷二四二引《采石戰勝録》,題名作者爲"國史院編修官員興宗"[7]。檢《南宋館閣録》,員興宗爲國史院編修官在乾道四年六月至六年四月間[8],《采石戰勝録》當作於任上。《四庫全書總目》雜史類存目著録有此書,並稱"《永樂大典》亦載之,題曰《采石大戰始末》,而冠以《九華集》字,蓋其集中之一篇,後人析出,别立此名也"[9]。員興宗《九華集》今有《永樂大典》輯本,卷二五題作《紹興采石大戰始末》[10],内容與《會編》所引《采石戰勝録》基本

---

[1] 參見顧宏義《宋金采石之戰考》,《東北史地》2010年第3期,47—48頁。
[2] 《三朝北盟會編》卷首《書目》,葉6A。
[3] 《三朝北盟會編》卷二四一紹興三十一年十一月二十八日引《虞尚書采石斃亮記》,葉5B。"采石",原作"採石",今據勤志館本、活字本、許刻本改。
[4] 蹇駒《采石瓜洲斃亮記》,見國家圖書館藏《雜史四種》清抄本。《全宋筆記》第六編有點校本出版。
[5] 錢謙益《絳雲樓書目》卷一雜史類著録即作"《采石斃亮記》一册"(《續修四庫全書》影印清嘉慶二十五年劉氏味經書屋抄本,第920册,336頁)。
[6] 蒙文通《從〈采石瓜洲斃亮記〉看宋代野史中的新聞報導》,原載《四川大學學報(社會科學版)》1955年第2期,收入《蒙文通全集》第2册《史學甄微》,成都:巴蜀書社,2005年,536—544頁。
[7] 《三朝北盟會編》卷二四二紹興三十一年十一月二十八日引《采石戰勝録》,葉1A。
[8] 陳騤撰,張富祥點校《南宋館閣録》卷八《官聯下》,北京:中華書局,1998年,132、138頁。乾道六年四月改任實録院檢討官。
[9] 《四庫全書總目》卷五二史部八雜史類存目一《采石戰勝録》提要,北京:中華書局,2008年,471頁。
[10] 員興宗《九華集》卷二五《紹興采石大戰始末》,臺灣商務印書館《景印文淵閣四庫全書》本,1986年,第1158册,214—217頁。

一致,四庫館臣認爲後人從《九華集》中將《采石大戰始末》析出別行,改題爲《采石戰勝錄》。但陳樂素先生否定了這種看法,謂"《九華集》乃寶慶三年(1227)其孫所編,後於《會編》三十餘年,《采石戰勝錄》之名先集而存在者也"〔1〕。今《采石戰勝錄》除見《會編》引文外,尚有清人輯自《會編》的單行抄本〔2〕,同時亦可參看《九華集》之《采石大戰始末》。晁公恣《敗盟記》,《會編》卷首引用書目題作《金人叛盟記》〔3〕,成書年代不詳,大概也應出現於宋孝宗時期,但在前兩書之後。此書今僅見於《會編》卷二四一徵引。以下將校勘後的《采石斃亮記》(以下簡稱《斃亮記》)兩種、《采石戰勝錄》(以下簡稱《戰勝錄》)及《敗盟記》所載完顏亮被殺事件始末並列於下表,以便對照分析。

表1 宋人諸書所記完顏亮死事一覽表

事件	《會編》引蹇駒《采石斃亮記》〔4〕	蹇駒《采石斃亮記》傳世本〔5〕	《會編》引員興宗《采石戰勝錄》〔6〕	《會編》引晁公恣《敗盟記》〔7〕
軍變起因	北岸虜酋皆憑壘縱觀,駭愕相謂,曰:"南軍有備。"亟遣人楊州報亮。亮馳馬立至,〔8〕問諸酋以必渡之策。"且采石渡方此狹甚,〔9〕而我軍猶不利,請徐爲之謀,以伺其隙。"亮大怒。	北岸諸酋皆憑壘縱觀,曰:"南軍爲備,張設如此。"時亮已次揚州,急遣人報亮。亮跨馬即至,列坐諸酋會議。一酋前跪曰:"南軍有備,未可輕舉,向觀所用舟檝迅駛如飛,此寧能當之?且采石江南視此爲甚狹,而我軍尚且不利,不如徐爲謀,	北岸酋長皆憑壘縱觀,駭愕皆曰:"南軍有備。"急遣人楊州報亮。亮跨馬即至,列坐諸酋長會議,爲必渡之舉。有酋長前曰:"南軍有備,未可輕舉,向視所用舟楫迅駛如飛,此寧能當之?且采石江面方此爲狹甚,而我軍猶不利,不如徐爲之謀,以間其隙。"〔10〕	

---

〔1〕 陳樂素《〈三朝北盟會編〉考》"《采石戰勝錄》"條,原載"中央研究院"歷史語言研究所集刊》第6本2、3分,1936年,收入陳智超編《陳樂素史學文存》,廣州:廣東人民出版社,2012年,321頁。
〔2〕 員興宗《采石戰勝錄》,見國家圖書館藏《雜史四種》清抄本。
〔3〕 《三朝北盟會編》卷首《書目》,葉6B。
〔4〕 《三朝北盟會編》卷二四一紹興三十一年十一月二十八日引《虞尚書採石斃亮記》,葉11B—12A。
〔5〕 蹇駒撰,趙維國點校《采石瓜洲斃亮記》,《全宋筆記》第六編,鄭州:大象出版社,2013年,第3册,276—277頁。引文標點有所不同。
〔6〕 《三朝北盟會編》卷二四二紹興三十一年十一月二十八日引《采石戰勝錄》,葉8A—8B。括號內爲原文小注。
〔7〕 《三朝北盟會編》卷二四一紹興三十一年十一月二十八日引《敗盟記》,葉2B—4A。
〔8〕 "亮馳馬立至","亮"字原脱,今據許刻本補。
〔9〕 "且采石渡方此狹甚","且"字底本墨改作"衆答曰",湖東精舍本墨校、繆藏明抄本改作"皆曰"。按此句前及句中皆有奪文,以致語義不諧,《戰勝錄》謂"有酋長前曰"云云,"且采石江面方此爲狹甚",知此處節略不當。
〔10〕 "以間其隙","間",明湖東精舍本墨校及繆藏明抄本作"伺",許刻本及《雜史四種》本作"俟"。

(續表)

事件	《會編》引蹇駒《采石斃亮記》	蹇駒《采石斃亮記》傳世本	《會編》引員興宗《采石戰勝錄》	《會編》引晁公恋《敗盟記》
軍變起因		以間其隙。"亮振怒,拔劍數之曰:"汝罪當死數矣。我不即誅汝,今沮吾軍事,詎可恕?"酋哀懇久之,亮曰:"赦汝,汝率諸酋旦日各將戰艦百艘,約五日必絕江,違令先斬汝!"	亮震怒,拔劍數之曰:"汝罪當死者數矣。我即不誅汝,今沮吾軍事,尚可恕乎!"酋伏地,涕泣交流,哀告久之,亮曰:"我且赦汝,汝與諸酋議,來旦合要船百隻即渡江,違令者斬之。"	
諸酋定謀	諸酋退,聚謀曰:"南軍如此,豈宜輕舉,祇送死耳。亮凶諢,明日若不能渡江,必殺我輩,不如先發。"遂共定謀殺亮。	諸酋退曰:"南軍有備,豈宜輕舉?輕即送死。今亮以險狠拒諫,吾等有言不從,必殺我,不如先下手爲強也。"遂定謀殺亮。	諸酋退曰:"南軍如此,豈宜輕舉,輕則送死。亮凶很,不容吾等説,明日必殺我,不如先下手爲強也。"遂定謀殺亮。	二十七日,金虜諸酋集衆兵帳中,相與謀曰:"南軍如此,此豈宜輕舉。前有大江之險、車船之敵,後有粮運之阻、敲殺之憂,祇送死耳。完顏亮凶諢[1],我輩若無船渡江,必殺我等,奈何?"內一萬户曰:"等死? 求生可乎!"衆皆曰:"願聞教,令得生則可。"有萬户戴總管、李總管者,諸酋之豪,起前密諭諸酋曰:"殺郎主,却與南宋通和歸鄉則生。"衆口一辭,曰:"諾,不食。"
變亂經過	乙未,諸酋詐作南軍劫寨,直趨亮寢帳。親兵問:"謂誰?"諸酋語之曰:"我欲帳前白事。"親兵縱。諸酋引弓射帳中,亮被傷起,彎其弓,曰:"汝	乙未夜,作南軍劫寨,直至亮寢帳。帳前後皆亮親兵,問:"誰何?"諸酋諭之曰:"我欲帳中幹事。"親兵縱。諸酋入,引弓射帳中。亮被箭蹶起,猶挽	夜即其所居帳中,連發三箭,射中,又射了欲射[2],已而問曰:"你是江南人,是自家人。"萬户答曰:"自家人。"虜主曰:"我自去年煞做無道理事,今日饒我也由	頃,諸酋統集甲馬萬餘人,控弦持滿,呼噪直入逆亮寢帳,把門細軍問:"爲誰。"曰:"我等欲至帳前,有公事理會。"細軍縱入,諸酋引弓射帳中。亮左右護駕親信

---

[1] "完顏亮","完"字原脱,今據許刻本補。
[2] "連發三箭,射中,又射了欲射",此處顯有脱誤;《九華集》卷二五《紹興采石大戰始末》作"連發三箭,射中,又挾弓欲射",仍語義不暢;《雜史四種》本作"連發三箭,射中亮,亮引弓欲射",據《斃亮記》及《敗盟記》所載,知較妥。

(續表)

事件	《會編》引 蹇駒《采石斃 亮記》	蹇駒《采石斃亮記》 傳世本	《會編》引 員興宗《采石戰 勝錄》	《會編》引 晁公愬 《敗盟記》
變亂經過	是南家人,抑我家人?"答曰:"我家人。"亮曰:"今日殺我、赦我在汝等。不赦我,速殺我。然我自知無道,汝等殺我固當。"	弓欲射,已而問曰:"汝自江南人,自家人?"應曰:"自家人。"即卑辭祈懇曰:"汝殺我,今日之命懸汝等。必殺我,速得死爲幸。然我自去年十月至今日,作無道理事,宜汝等之殺我也。"	你輩,殺我也由你輩,不若早早快脆。"	兵衛識其難作,擐甲上馬,各帶奴婢出營,脱身北走,而亮覺變,索弓箭仗劍,顧視左右,無一人矣,乃獨身倉卒引弓欲射,曰:"南家人,我家人? 今日殺我、赦我在汝等,囚我可也,無取弑君之名。"諸酋不應。
弑殺結果	諸酋連射帳中,矢下如雨。亮即死,兼殺其妃三人。	諸酋連以數箭斃亮,兼殺侍寢妃花不如等五人,併殺梁大使、郭副留、馬韓欽哥、季康政〔1〕,四人者,皆爲虜謀南犯者。……	萬户一人直入,即其帳中殺之,併及其帳中妃侍五人,併殺梁大使、郭副留(藥師之子)、馬韓哥(馬欽)、李參政(通),四人皆爲虜謀來南者,盡焚其屍。	連射帳中,矢下如雨,亮即死於楊州,並殺妃三人、太傅一人。
消息來源	虜兵遂退屯三十里。丙申,北人虢州簽軍雷政渡江歸順,報虜主已被殺矣,使騎往探,得其實。	明日,諸酋遂麾軍退屯三十里。是日,北人田政以亮死報我師〔2〕,繼遣探騎偵虜虛實,知虜果移屯。	是月初二日〔3〕,虢州簽軍雷政來告。	……(二十八日)被虜散人張真,並虢州僉軍雷政渡江歸順,報虜主已被弑訖。

由上表可見,各書記完顔亮之死整個事件經過基本一致,只是其中某些細節有所出入。此事的直接導火索是金主完顔亮在明知宋軍已有防備的情況下,仍嚴令金軍諸酋强行渡江,違令者斬。諸酋知渡江必敗,抗命必死,遂定謀先下手爲强,弑殺完顔亮。對此《斃亮記》和《戰勝錄》均有詳述,觀傳世本《斃亮記》與《戰勝錄》文字内容比較接近,考慮到兩書的成書時間,員興宗編撰《戰勝錄》時可能參考過《斃亮記》,此外又吸收了其他史料,故多出一些《斃亮記》没有的内容。《會編》引《敗盟記》未言事件起因,但對諸酋謀議的過程記載比前兩種書

---

〔1〕 "馬韓欽哥、季康政",據《戰勝錄》可知此處有舛誤,當作"馬韓哥欽、李參政"。
〔2〕 "北人田政以亮死報我師",據《會編》引《斃亮記》及《戰勝錄》《敗盟記》可知,此處"田政"當作"雷政"。
〔3〕 "是月",原作"是日",今據勤志館本及《雜史四種》本、《九華集》卷二五《紹興采石大戰始末》改。

更爲詳細，可補充許多細節叙述，史源當與前兩書不同。

關於諸酋發動變亂的經過，各書所記有一些共同點。第一，軍變時間。《斃亮記》明確繫於紹興三十一年(金正隆六年)十一月乙未(二十七日)夜，《敗盟記》說諸酋謀亂在二十七日，"頃"大概表示隨即付諸行動，可能就是指當天夜晚。《戰勝錄》記"北岸酋長皆憑壘縱觀"在二十三日，軍變時僅稱"夜"，從《戰勝錄》與《斃亮記》具有淵源關係來看，或許此處"夜"原本亦當爲"乙未夜"。第二，帳中射箭。各書皆謂諸酋直入完顏亮寢帳中放箭，《斃亮記》和《敗盟記》還記載諸酋在帳前遇亮親兵護衛(即細軍)，詐稱面君奏事，遂被縱入。第三，中箭問答。各書基本都記有完顏亮中箭負傷，欲引弓回擊，此時問叛軍是南家人，還是自家人，在得到答覆爲己軍後，又有一番是殺是赦任由爾輩的言辭，不過這段話在《斃亮記》中顯得完顏亮甘願認罪伏誅，而《敗盟記》之言乃求饒勿殺，語義有些差別。

結果完顏亮被殺，然具體死法有異。《斃亮記》和《敗盟記》都說是爲亂箭射死，而《戰勝錄》則稱"萬户一人直入，即其帳中殺之"。一併遇害的還有亮之侍妃，但人數稍有出入，《斃亮記》傳世本和《戰勝錄》作"五人"，而《會編》引《斃亮記》及《敗盟記》作"三人"，二者當有一是。《斃亮記》與《戰勝錄》還提到梁大使、郭副留、馬韓哥、李參政亦爲亂軍所殺，此四人皆爲完顏亮"謀南犯者"。"梁大使"，《戰勝錄》前文有小注曰"名球，來采石引亮者"[1]。《會編》引《族帳部曲錄》謂"侍從梁球，廣寧府人……亮時爲户部尚書"[2]，按梁球《金史》又作"梁銶"，至大定初仍爲户部尚書[3]，並非大使。檢《金史》，所謂"梁大使"最有可能是近侍局使梁珫，他"以閹豎事海陵"，"勸帝伐宋"，完顏亮被弒時確爲亂軍所殺[4]，與此處"梁大使"事迹吻合。"郭副留"乃金初降將郭藥師之子郭安國，"馬韓哥"爲國子司業馬欽[5]，"李參政"即尚書右丞李通。據《金史》，郭安國、李通的確死於軍變，而馬欽未死，不過他見於《神麓記》所載遇害者中。另外，《敗盟記》又言"太傅一人"被殺，疑指張浩，正隆六年七月，"以左丞相張浩爲太傅、尚書

---

[1]《三朝北盟會編》卷二四二紹興三十一年十一月二十八日引《采石戰勝錄》，葉6B。
[2]《三朝北盟會編》卷二四五紹興三十一年十一月二十八日引《族帳部曲錄》，葉13A。
[3]《金史》卷五《海陵紀》正隆元年十一月，"以右司郎中梁銶等爲賀宋正旦使"(107頁)；卷八六《李石傳》謂大定三年，户部尚書梁銶言事不實，"削官四階，降知火山軍"(1912頁)。又卷六《世宗紀上》大定二年二月"詔前户部尚書梁銶、户部郎中耶律道安撫山東百姓"(126頁)，此處"梁銶"原作"梁球"，點校本據列傳改(校勘記五，151頁)，此稱"前户部尚書梁銶"，但據卷九一《石抹榮傳》載"大定初，還鎮東平，與户部尚書梁銶按治山東盜賊"(2027頁)，則大定二年梁銶仍爲户部尚書，至三年始罷，《世宗紀》稱"前户部尚書"，恐不確。
[4]《金史》卷一三一《梁珫傳》，2808頁。
[5]《金史》卷一二九《馬欽傳》云："馬欽，幼名韓哥。"(2789頁)

令"[1],但實際上他卒於大定三年[2]。

據以上梳理可知,儘管各書記完顏亮死事在某些細節上有所出入,或有與史實不符之處,但總體過程基本可以概括爲十一月二十七日乙未夜,諸酋率軍譁變,直入御帳中,將亮射殺,亮死前還與叛軍發生了一段對話,因此我們不妨將這種叙事版本稱爲"乙未軍變"説。那麽這一情報消息是從何而來的呢? 各書最後都提到"北人虢州簽軍雷政渡江歸順",向宋軍報告了金主被殺之事。《斃亮記》《敗盟記》均將雷政來歸繫於十一月二十八日丙申,而《戰勝録》則在"是月初二日",此處"是月"實指十二月,大概員興宗在編排史料時此前脱去了十二月朔日記事。那麽,《戰勝録》爲何與《斃亮記》《敗盟記》記載時間不同呢? 這跟《敗盟記》中提到的"被虜散人張真"來歸有關,暫且留待下文解釋。虢州簽軍雷政前來歸順南宋應當是十一月二十八日丙申事,可謂是在第一時間帶來了金軍變亂的消息,上述有關完顏亮之死的叙事版本可能主要來自雷政的報告,在其基礎上各書轉載時又摻雜或衍生出一些具體情節。這種"乙未軍變"説在宋代文獻中出現很多,除以上諸書外,如楊萬里撰《虞允文神道碑》云:"(紹興三十一年十一月)北岸諸酋憑壘縱觀,駭愕,皆以爲神,亟遣人報亮。……乙未夜,諸酋僞效南軍劫砦,直至亮幄,前閽曰:'何爲者?'曰:'欲奏事。'既入,即亂射幄中,亮被箭,呼曰:'汝南人乎,吾人乎?'皆應曰:'吾人。'遂連射殪亮。"[3]顯然與表1所引各書係出同源,又《皇宋十朝綱要》、乃至元人據宋代文獻抄撮而成的《大金國志》亦所記略同[4]。

宋人記載完顏亮之死的第二種説法以趙甡之《中興遺史》(以下簡稱《遺史》)爲代表,也有一定影響。《會編》卷二四一引《遺史》云:

> (紹興三十一年十一月二十八日丙申)金國主亮駐于揚州之東南,督諸萬户渡江甚急,限來日不渡,盡行誅斬,萬户皆懼之。是時,葛王已即位于國中,改大定元年,有傳録其赦書至軍中者。萬户等以大江不可渡,斬戮不可免,遂各懷異心,有弑其主歸葛王意。亮有親兵皆心腹人,以紫茸串甲,謂之紫茸軍,又謂之細軍,素

---

[1]《金史》卷五《海陵紀》,114頁。
[2]《金史》卷八三《張浩傳》,1864頁。
[3] 楊萬里《誠齋集》卷一二〇《宋故左丞相節度使雍國公贈太師謚忠肅虞公神道碑》,《四部叢刊》景印景宋寫本,葉8B—9A。
[4] 李壁撰、燕永成校正《皇宋十朝綱要校正》卷二五紹興三十一年十一月,"乙未,虜諸酋集兵入亮帳中,殺亮及其三妃與謀事者十餘人"(北京:中華書局,2013年,726頁);舊題宇文懋昭《大金國志》卷一五《紀年·海陵煬王下》正隆六年十一月,"乙未,諸將集兵萬餘人,控弦直入主寢帳中,左右親軍散走,諸將射帳中,矢下如雨,主即崩,并殺妃侍與謀事者十餘人"(崔文印校證《大金國志校證》,北京:中華書局,2011年,211頁)。

號精勇,諸萬户請于亮曰:"紫茸軍遠行數千里,未有以犒之,可令取泰州犒其軍。"亮然之,遂發紫茸軍取泰州,諸萬户無所畏。丙申夜,持勁弓突入帳下,衛者止之,則曰:"有急事聞奏。"亮聞喧欲披衣出,則矢已及左右矣,亂矢齊發,亮斃于帳中。[1]

趙甡之《遺史》蓋作於宋孝宗乾道五年以後至淳熙年間[2],也是一部記録兩宋之際歷史的重要文獻。它記載金軍内亂之前的背景是完顔亮命令諸統軍萬户限期渡江,違令者斬,引發恐懼,此時葛王(即金世宗)已即位於國中的消息傳至軍前,諸萬户遂決定弑亮而歸葛王,這與《金史》所記的情況大致相符。《遺史》又稱諸萬户爲便於發動軍變,設計調走完顔亮的心腹親兵紫茸軍去攻泰州,此事在晁公愬《敗盟記》中有更詳細的記載[3],不過《敗盟記》謂"二十八日破泰州,而逆亮被弑乃二十七日也",但《遺史》所説的時間恰恰相反,作二十七日乙未陷泰州[4],二十八日弑亮。關於軍變的過程,《遺史》的説法與上述宋人的第一種敘事版本也有明顯不同。首先,在時間上,《遺史》記於二十八日丙申夜,而非二十七日乙未。其次,在情節上,《遺史》謂諸萬户持弓突入御帳下,謊報奏事,完顔亮聞喧披衣欲出,帳外却已亂箭齊發,亮尚未覺變即斃命帳中,而前一種敘事版本則稱諸酋入帳中射殺亮,且期間還有一番對話。鑒於這些差異,《遺史》之説可視爲宋人記載完顔亮死事的第二種敘事版本,即"丙申軍變"説。

那麼《遺史》的説法又源出何處呢?《遺史》下文又載軍變發生後軍營内"喧囂不止",這時有"梁尚書者聞亂,即馳入,呼諸萬户曰:'事已如此,固無可奈何,然方與敵國相持,不知諸君何以善其後。'衆皆不言。梁尚書曰:'當撫定諸軍,勿使囂亂,徐思計策可也。'衆稍定"。這位"梁尚書"應該就是上文提到的户部尚書梁球,於是他給南宋寫了一封講和牒文,讓被俘宋人張真送交宋軍。《遺史》記云:

初瓜洲之役,軍中散人張真被虜,亮婿駙馬都尉見而留之,駙馬管黃頭女真三

---

[1]《三朝北盟會編》卷二四一紹興三十一年十一月二十八日引《遺史》,葉1A—1B。亦可見許起山輯《中興遺史輯校》,北京:中華書局,2018年,290頁。

[2]《中興遺史輯校》"輯校前言",5頁。

[3]《三朝北盟會編》卷二四一紹興三十一年十一月二十八日引《敗盟記》,葉3B—4A。

[4] 李心傳《建炎以來繫年要録》卷一九四紹興三十一年十一月乙未,"金人陷泰州",其下小注云:"趙甡之《遺史》載此事在乙未,熊克《小曆》在丙申,按:三省激賞庫有沙世堅申狀,稱十一月二十七日金人攻破泰州。乙未,二十七日也。"(胡坤點校,北京:中華書局,2013年,第8册,3812頁)

萬人。亮聞葛王已立,乙未命駙馬以本部兵歸。丙申軍變,駙馬既行,溫暾者覓張真而得之。梁尚書既作牒,未有人傳行,乃以張真賫牒,戊戌發行。十二月己亥,渡江。是時,江南但不見虜人飲馬于江濱,方疑之。會張真到,方知亮被弒,虜騎已有回者。〔1〕

張真原爲宋軍散人,在此前的戰役中被金人俘虜,爲完顔亮之婿駙馬都尉所留。此人掌管黄頭女真三萬人,在十一月二十七日乙未已率本部軍歸葛王。李心傳《建炎以來繫年要録》(以下簡稱《要録》)記此事作:"亮妹婿唐括安禮能文知兵,掌黄頭女真,亮聞新主襃立,遣安禮以本部兵歸。"小注曰:"趙甡之《遺史》:'亮婿駙馬管黄頭女真三萬人。'按:亮子女尚少,其婿恐未能典軍,以范成大《攬轡録》考之,知兵者乃安禮,蓋亮妹婿也。"〔2〕李心傳判斷,《遺史》提到的"亮婿"實指完顔亮妹婿唐括安禮,其依據實際上是《會編》引《族帳部曲録》〔3〕,李氏誤題作范成大《攬轡録》〔4〕。"丙申軍變"時,有人發現張真没有隨唐括安禮北行,而梁尚書正需要有人前往南宋呈遞牒文,本爲宋人的張真便成爲一個合適人選,遂令其賫牒返宋,三十日戊戌發行,十二月一日己亥渡江〔5〕,二日南宋正式接獲金牒文〔6〕。根據《遺史》的記載,張真的到來纔使宋軍獲悉完顔亮被弒之事,那麽以上所記"丙申軍變"很可能源自張真的匯報〔7〕。表1所見,晁公愬《敗盟記》謂二十八日"被虜散人張真"與虢州簽軍雷政一併前來歸順,所言不確;而員興宗《戰勝録》稱"是月初二日,虢州簽軍雷政來告",也不對,兩者弄混了雷政、張真二人的歸宋時間。其實,應是十一月二十八日雷政先至,稍後十二月二日張真入宋。

《遺史》有關完顔亮之死的叙事版本儘管流傳不如前一種廣,但也還是有其他文獻因襲其説。如徐夢莘在能看到前一種"乙未軍變"説的情況下,最終却仍然選擇了《遺史》的記載,在正文綱目中記曰紹興三十一年十一月二十八日丙申,"金國完顔亮被弒於楊州"。另外,佚名《中興禦侮録》亦將完

〔1〕以上皆見《三朝北盟會編》卷二四一紹興三十一年十一月二十八日引《遺史》,葉1B—2B。
〔2〕《建炎以來繫年要録》卷一九四紹興三十一年十一月甲子,3811頁。
〔3〕《三朝北盟會編》卷二四五紹興三十一年十一月二十八日引《族帳部曲録》:"唐骨安禮,字仲和,亮之妹婿也。自陝西總管入拜參知政事,極能文,知兵。"(葉11A)樓鑰使金所撰《北行日録》亦記載安禮嘗娶"金主之妹"(《攻媿集》卷一一一《北行日録上》,《四部叢刊初編》本,葉27B),當屬可信。
〔4〕參見劉浦江《范成大〈攬轡録〉佚文真僞辨析》,《遼金史論》,402—414頁。
〔5〕《建炎以來繫年要録》卷一九五紹興三十一年十二月己亥朔謂"成忠郎張真自揚州金寨至鎮江"(3829頁)。
〔6〕《三朝北盟會編》卷二四六紹興三十一年十二月二日庚子"得金國公牒",葉2B。
〔7〕《遺史》最後還提到"有虢州僉軍雷政者,先自間道來歸,説亮被弒,初猶未信,得梁尚書牒,乃賞政以官"(葉2B),可見雷政之説宋軍開始並未採信,所以這裏只記述了張真帶來的"丙申軍變"説。

顏亮遇弒繫於十一月二十八日,"是夕亮被弒",不過在具體情節上與《遺史》相比又有一些變化,其謂群下"遂謀於是夜二鼓,詐爲捷書入報,稱前軍已渡江畢,南軍皆潰。亮方醉卧,聞奏至喜,自帳中躍出,遂遇弒,衆軍皆亂"[1],多出叛軍以奏渡江捷報爲由接近御帳及完顏亮醉卧"聞奏至喜"的細節,且亮最終出帳被殺,而非射死於帳内,這説明"丙申軍變"説在流傳過程中又發生了一些變異。

以上歸納出宋人文獻所載完顏亮之死存在"乙未軍變"與"丙申軍變"兩種叙事版本。若與金人的記載相比較,其一軍變時間,《金史》繫此事於十一月乙未黎明,而宋人記於乙未夜或丙申夜,均有所不同,相對而言,"乙未軍變"説在時間上更近於史實。其二參與人物,《金史》明確指出了當時謀亂的金朝將領,以完顏元宜、王祥父子爲首,還有徒單守素、唐括烏野等人,甚至記有手刃完顏亮者之名,即便見於《正隆事迹》和《神麓記》的非官方記録,也都指明謀主爲耶律勸農使。但宋人的兩種説法提及金軍叛亂者,均泛稱爲"諸酋"或"諸萬户",幾乎没有出現一個具體人名[2],這與兩者的消息來源有關。無論是"虢州簽軍雷政",還是"被虜散人張真",都屬於金軍内的底層人物,他們應該没有親身參與軍變,而是通過事後的口耳相傳纔得知一些詳情,所以他們缺乏對那些叛將的具體描述也可以理解。其三軍變經過,《金史》所記與宋人的兩種説法各不相同,但還是存在著一條共同的故事主綫,即叛軍向御帳射箭,完顏亮中箭,死於帳内,這個情節諸説皆有,而完顏亮究竟是被直接射殺,還是其後又被人刀斫縊殺,以及死前有没有與身邊侍臣或帳前叛軍有過對話,則諸説不一。對於這些細節内容,恐怕不是非真即僞那麽簡單,不同記載可能都只是提供了這個複雜事件的其中一個側面。儘管《金史》所記具有較高的權威性,但也不見得完全詳盡,可能會遺漏一些具體細節;而宋人記載源自雷政、張真的報告,二人當時身在金營,耳聞目睹,也許能夠補充一些重要信息。因此,金宋雙方有關完顏亮死事的記録均有參考價值。此外,如上所述,"乙未軍變"説與"丙申軍變"説,不同南宋史籍在轉載時或多或少都會有一些内容出入,這是信息傳遞過程中的常見現象,可視爲這兩個叙事版本的流傳變異,那些二次衍生的内容可能是從其他來源渠道雜糅進來的。

---

[1] 佚名著,黄寶華點校《中興禦侮録》卷上,《全宋筆記》第五編,鄭州:大象出版社,2012年,第1册,45—46頁。
[2] 僅表1所見,《會編》引晁公㳄《敗盟記》提及"有萬户戴總管、李總管者",但此二人名字不詳,在《金史》中也找不出能夠對應的人物。

三、《煬王江上録》的故事演義

上節開頭提到,在宋代文獻中關於完顔亮之死記有三個不同的叙事版本,前文已論其二,而第三種説法的代表性文獻乃是《煬王江上録》。此書作者佚名,見於《會編》卷二四三徵引[1],另有輯自《會編》的單行抄本流傳,著録於《四庫全書總目》雜史類存目,四庫館臣推測爲金人所撰[2],但余嘉錫先生指出"其書稱亮曰虜主,稱宋曰大宋,亦非金人之詞"[3],認爲應出自宋人之手,所言當是。在考察《煬王江上録》(以下簡稱《江上録》)所記完顔亮死事之前,我們首先需要瞭解此書的内容和性質。

《江上録》起首謂"岐王亮弑主自立,改元天德,都會寧府。内侍梁漢臣本宋内侍,陷虜,每思報仇"。據此所言,梁漢臣原爲宋朝内侍,被金人俘虜,雖身侍金廷,但常懷復仇之志,爲全書定立了一個基調。其後具體記載梁漢臣如何慫恿完顔亮修燕京大内,遷都燕京,又勸説亮徵調兵馬、聚積糧草、徵發夫匠、製作軍器、打造戰船、營建汴京、開通海道,以征伐南宋,最終亮兵敗於采石,遇弑於瓜洲。《四庫總目提要》總結全書内容云:"叙宋内侍梁漢臣爲金人所得,謀欲弱金事。所載漢臣勸金主都燕山、營汴梁、開海口,進兵采石、退至瓜州、爲其下所害諸事,皆首尾畢具。"[4]可見《江上録》全書就是圍繞内侍梁漢臣如何弱金報仇而展開的,由此看來此人在海陵朝應是一個重要人物,但却不見於《金史》,且更可疑的是,書中記述的事件大多都與史實不符。例如,"差梁漢臣充修燕京大内正使,孔彦舟爲副使。自天德四年起至貞元三年畢工,改燕京爲中都,擇日遷都燕山府,⋯⋯木突總管留守會寧府。貞元四年八月十八日至燕京"[5]。然據《金史》,"天德三年,廣燕京城,營建宫室",命尚書右丞張浩主持其事,"浩與燕京留守劉筈、大名尹盧彦倫監護工作"[6],天德五年初工畢,"三月辛亥,上至燕

---

[1]《三朝北盟會編》卷二四三紹興三十一年十一月二十八日引《煬王江上録》,葉 1A—9B。以下引《煬王江上録》除版本校勘外,不復注。

[2]《四庫全書總目》卷五二史部八雜史類存目一《煬王江上録》提要,472 頁。此四庫進呈本今尚存,見國家圖書館藏《雜史四種》清抄本。《四庫全書存目叢書》另據上海圖書館藏清鈔《雜史五種》本影印《煬王江上録》,濟南:齊魯書社,1996 年,史部第 45 册,34—38 頁。

[3] 余嘉錫:《四庫提要辨證》卷五史部三雜史類存目一《煬王江上録》,北京:中華書局,2007 年,296 頁。

[4]《四庫全書總目》卷五二史部八雜史類存目一《煬王江上録》提要,472 頁。

[5]《煬王江上録》引文中所見"貞元"紀年,原皆避宋諱作"正元",今據活字本改,下同。

[6]《金史》卷八三《張浩傳》,1862 頁。

京。……乙卯,以遷都詔中外。改元貞元。改燕京爲中都,府曰大興,汴京爲南京"[1]。《要録》於紹興二十三年(金天德五年)亦記云:"是春,金主亮徙都燕京,下詔改元貞元,不肆赦。内外文武,皆進官一等。改燕京析津府爲大興府,號中都,……汴京開封府爲南京。"[2]可知完顏亮令張浩負責營建燕京,自天德三年動工,至貞元元年(1153)建成遷都,而《江上録》所記修燕京的大臣和時間均誤。且海陵遷都後,以宋王完顏晏留守上京會寧府,"晏本名斡論"[3],並非《江上録》所説的"木突總管"。《江上録》又有一段:"以梁漢臣充修汴京大内正使,孔彦舟爲副使。……貞元三年,梁漢臣至汴京。正隆元年春,起夫。正隆四年,畢工。"亦據《金史》,正隆三年十一月,"詔左丞相張浩、參知政事敬嗣暉營建南京宫室"[4],"以(張)大節領其役"[5],"汴宫成,海陵自燕來遷居之"[6],係正隆六年六月事[7]。《正隆事迹》又云:"己卯春三月,遣左相張浩、右參政嗣暉起天下軍民夫匠、民夫,限五而役三,工匠限三而役兩,統計二百萬,運天下林木花石,營都于汴。"[8]知起夫修汴京實在正隆四年己卯春。由此可見,《江上録》所記以梁漢臣、孔彦舟主持修汴京事也全不可信。

在《江上録》中,類似上述這樣的史實錯誤可謂比比皆是。除此之外,有學者指出,此書還存在内容記載時間錯亂、人物活動矛盾荒唐、叙事缺乏邏輯性、拼湊痕迹明顯等一系列問題,顯然不是史家應有的水準,而更像是小説家言[9]。這一判斷應當是正確的,不過這並不意味著書中的核心人物梁漢臣完全出於虚構,其實他的原型就是前文提到的近侍局使梁珫。據《金史》本傳,梁珫"本大臬家奴,隨元妃入宫,以閹豎事海陵。珫性便佞,善迎合,特見寵信"。海陵朝,"宦者始與政事,而珫委任尤甚,累官近侍局使。及營建南京宫室,海陵數數使珫往視工役。是時,一殿之費已不可勝計,珫或言其未善,即盡撤去。雖丞相張浩亦曲意事之,與之均禮。海陵欲伐宋,珫因極言宋劉貴妃絶色傾國。海陵大喜,及南征將行,命縣君高師姑兒貯衾褥之新潔者俟得劉貴妃用之。議

---

[1]《金史》卷五《海陵紀》,100頁。
[2]《建炎以來繫年要録》卷一六四紹興二十三年三月末,第7册,3121頁。
[3]《金史》卷七三《完顏晏傳》,1673頁。
[4]《金史》卷五《海陵紀》,109頁。
[5]《金史》卷九七《張大節傳》,2145頁。
[6]《金史》卷八三《張浩傳》,1863頁。
[7]《金史》卷五《海陵紀》,114頁。
[8]《三朝北盟會編》卷二四二紹興三十一年十一月二十八日引《正隆事迹》,葉11B。
[9] 景新强《〈四庫全書存目叢書〉宋代雜史研究——兼論史部雜史類目的演變》,陝西師範大學博士學位論文,2007年,57—61頁。

者言珫與宋通謀,勸帝伐宋,徵天下兵以疲弊中國"[1]。由此可知,梁珫是完顏亮十分寵信的內侍官,參與政事,在汴京營建時任監工,"費累鉅萬"[2],又"勸帝伐宋","與宋通謀",使金朝"疲弊",其身份、行事均與《江上錄》中的梁漢臣十分接近。關於梁漢臣,還有一些零散記載。李心傳《要錄》稱漢臣乃是北宋末權閹梁師成的養子,似實有其人,小注云:"熊克《小曆》稱:'金主以左相張浩領行臺省修汴京,且用本朝內侍嚮陷金,梁其姓者爲提舉官,號大使。'注云:'此據《殺亮錄》參修。'以《煬王江上錄》考之,內侍則漢臣也。"[3]這裏提到張浩修汴京時的提舉官梁某,即上文表1《斃亮記》《戰勝錄》所見之"梁大使",當指梁珫,熊克《中興小曆》所引《殺亮錄》指明這個"梁大使"係"本朝內侍嚮陷金"者。《殺亮錄》其人其書皆不詳,但此記載可以得到其他史料的佐證。宋人周麟之嘗於紹興二十九年(金正隆四年)九月"爲大金奉表哀謝使"[4],出使金朝,在燕京會同館,有"梁大使入館傳旨",謂"梁乃先朝內侍官也"[5],與《殺亮錄》所指當爲同一人,即近侍局使梁珫,周麟之與梁珫有過直接接觸,其謂梁珫原爲北宋內侍官,應該是可信的。

在知曉梁珫的這一身份後,再結合《金史》本傳的記載,我們可以推測出梁珫陷金的大致時間和原因。《金史》稱梁珫"本大㚟家奴",按金軍將領在對宋戰爭中常將俘虜的人口充作自家的家奴部曲,如《會編》引《族帳部曲錄》便記有山東益都府臨朐縣人劉機,"幼年被虜在葛王家,葛王父潞王放從良"[6]。金將大㚟參與了天會三年(1125)的伐宋之戰,破汴京[7],梁珫應該是在此時被大㚟俘虜,並成爲其家奴的,後來得到完顏亮的寵信,官至近侍局使,然宋人尚知其本來身份。明乎此,則更加可以肯定梁珫就是《江上錄》所記內侍梁漢臣的原型。《金史》本傳又稱"議者言珫與宋通謀","海陵至和州,聞珫與宋人交通有狀","傳泄事情"[8],可知梁珫很可能確與宋方暗中聯絡,爲宋內奸,南宋方面當知其事。後來梁珫死於瓜洲軍變[9],宋人撰作《江上錄》,便以其所瞭解的梁珫事

---

[1] 《金史》卷一三一《梁珫傳》,2808頁。
[2] 《金史》卷八三《張浩傳》,1863頁。
[3] 《建炎以來繫年要錄》卷一七五紹興二十六年末,第7冊,3363頁。
[4] 《建炎以來繫年要錄》卷一八三紹興二十九年九月癸卯,第8冊,3533頁。
[5] 周麟之:《海陵集》外集《中原民謠‧金瀾酒》詩序小注,民國韓國鈞輯《海陵叢刻》本,葉3A。
[6] 《三朝北盟會編》卷二四五紹興三十一年十一月二十八日引《族帳部曲錄》,葉15B。
[7] 《金史》卷八〇《大㚟傳》,1808頁。
[8] 《金史》卷一三一《梁珫傳》,2808頁。
[9] 《金史》卷一三一《梁珫傳》謂"海陵遇弒,(梁)珫、(田)與信皆爲亂軍所殺"(2808頁)。《江上錄》稱采石兵敗,赤盞明威將軍告發梁漢臣出賣金國,完顏亮大怒,遂"命赤盞明威將軍斬梁漢臣於江岸"。大概宋人不知梁珫最終下場如何,《江上錄》所載梁漢臣死事情節當出於作者杜撰。

迹爲主幹綫索，又串聯了其他一些史事記載，加上作者的文學演繹，從而改編成"梁漢臣"弱金報仇的故事，所謂"漢臣"無非是想表達身在曹營心在漢之志[1]，確實屬於小説者流，很多具體内容都是經不起考證的。而李心傳却信從《江上録》的記載，指明《中興小曆》引《殺亮録》提到的"梁大使"就是梁漢臣，且稱其爲"梁師成養子"[2]，其實如上所述，"梁大使"當指梁玘，然不排除此人原爲梁師成養子的可能。

在明晰《江上録》一書的内容和性質之後，我們再來看它對完顔亮之死的記述：

> 正隆五年十一月，亮至楊州東門外漢王廟，建御寨。詣瓜洲岸，望大江，見本朝以戰艦來往江心，旌旗麗日，器甲鮮明，艨艟艦、海秋、戈船及獅子船、樓子船，於大江心飛走，布長陣，望北岸一弩箭射不到處，打梆子聲絶，擺一字陣於浮玉亭上，聲喏，諸船復回。虜衆大駭，亮謂臣下曰："此紙糊船，何足道哉！"遂回楊州御寨。有木突總管、大懷忠總管、蕭遉巴等衆議曰："郎主堅欲渡江，適觀大宋戰艦，江心如飛，甲士奮勇，人船精鋭。我等皆北人，走馬射弓爲上，豈可乘船與江南人戰於大江，多是死於江中，不見鄉里。"大懷忠等早詣御寨奏事，見樂家奴將軍云："郎主昨晚大醉未起。"大懷忠等詢樂家奴："郎主夜來有何聖旨？"樂家奴曰："昨晚與妃后飲，言三日渡江不得，將大臣盡行處斬。"蕭遉巴以足躙大懷忠脚，云："謂樂家奴曰若郎主起，謂大臣奏〔事〕則箇。"於是蕭鷗巴、大懷忠復回商議："若不行弑逆，我等無緣還鄉，必死於此。"大懷忠云："郎主有圍子細軍萬人護御，又樂家奴將軍親信，奈何事有泄露，死必無餘。"蕭遉巴云："晚朝奏遣圍子細軍東取海陵，先請樂家奴將軍諭以禍福，使心變動，事可濟矣。"晚朝奏云："臣等度大江，必能濟渡。東有泰州可令圍子細軍連夜進取，所掠金銀盡以給賜。一發渡江，必能濟岸。"〔亮即〕遣行。是夜，諸人邀樂家奴將軍，説云："郎主堅欲下江，今南宋沿江戰艦萬隻，衝巨浪如飛，我等盡喂魚鱉耳。"樂家奴曰："諸人欲何如？"大懷忠等曰："若不行弑逆，定難回鄉。"樂家奴曰："諸人擧事，家奴願效愚誠。"蕭遉巴曰："今夜三鼓，伏萬弓於暗處，使人擧喊，家奴入報南人劫寨。家奴先盗郎主劍，以燭引郎主出帳，諸人望燭明處，以萬箭齊施，家奴當避。"大懷忠曰："若事濟，拜家奴將軍東道大總管。"是夜三鼓，亮醉卧帳中，聞外喊聲，樂家奴入報云："南人劫寨。"亮驚惶索劍甲，樂家

---

[1] 王曾瑜先生提到"漢臣"可能是梁玘的字（《金代的开封城》，《史學月刊》1998 年第 1 期，88 頁），按"漢臣"與"玘"没有任何語義上的關聯，此説恐不確。又上引景新强《〈四庫全書存目叢書〉宋代雜史研究——兼論史部雜史類目的演變》認爲梁漢臣與梁玘乃兩人，《江上録》把梁玘的事迹嫁接到了梁漢臣身上，亦不確。
[2] 李心傳撰，徐規點校《建炎以來朝野雜記》甲集卷二〇《邊防二》"虞丞相采石之勝"條，北京：中華書局，2010 年，459 頁。

奴云："恐人所盜,臣帶於身。"家奴執燭〔前〕引,亮荒急,披錦衾出外。家奴棄燭犇竄,萬箭攢發,射死亮。大懷忠等引軍北遁。〔1〕

乍一看來,《江上錄》所記完顏亮被殺始末非常詳細,有板有眼,似乎很可信,但若細究起來,實則漏洞百出。首先,時間有誤。上文提到的所有文獻記完顏亮死事,皆在正隆六年十一月,而《江上錄》却作"正隆五年十一月",其實《江上錄》中的金朝紀年存在系統性錯誤,此非孤例。

其次,人物可疑。這裏涉及的幾個主要人物有木突總管、大懷忠總管、蕭這巴和樂家奴將軍,其中木突總管與樂家奴均於《金史》無徵,而且似乎也找不出與之相近的原型。大懷忠見於《金史》,正隆四年十二月,嘗"以左副點檢大懷忠等為宋弔祭使"〔2〕,出使南宋〔3〕;六年八月,"以諫伐宋弑皇太后徒單氏于寧德宫"〔4〕,當時派去殺太后的使臣中為首者即"點檢大懷忠"〔5〕。《中興禦侮錄》也多次提及"元帥"大懷忠,可見實有其人,至於他是否參與了軍變則尚無其他佐證。最蹊蹺的是蕭這巴,《江上錄》又漢譯作"蕭鷓巴",此人在宋代文獻中有所記載。如張端義《貴耳集》稱蕭鷓巴為"北人歸順本朝"者〔6〕,史浩《乞罷蕭鷓巴入内打毬劄子》作"契丹歸正蕭鷓巴"〔7〕,知蕭鷓巴係一歸降南宋的契丹人,《宋史·孝宗紀》紹興三十二年十月即有"契丹招討蕭鷓巴來奔"的記録〔8〕,後隆興二年他還擔任了由北方歸正人組建的軍隊之一忠順軍的統領〔9〕。關於此人的真實身份,亦有綫索可循。陸游《老學庵筆記》提到"'鷓巴'北人實謂之'札八'"〔10〕,又楊萬里撰《張魏公(浚)傳》云:"(紹興三十二年十一月)契丹酋窩斡起兵攻虜,為虜所滅,其驍將蕭鷓巴、耶律适里自海道來降,浚請厚撫之。"〔11〕這兩條材料十分重要。考之《金史》,由於海陵南征在國内"盡籍丁壯為兵",激起

---

〔1〕《中華再造善本》影印國家圖書館藏明抄本有墨筆校改,具有一定校勘價值,以上引文中涉及幾處墨校補字予以保留,以方括號標識。"於是蕭鷓巴、大懷忠復回商議"句,"鷓"有墨筆改作"這",按"鷓巴",湖東精舍本、鬱岡齋本皆同,係"這巴"之異譯,故不取此條墨校。
〔2〕《金史》卷五《海陵紀》,110—111頁。卷六〇《交聘表上》所記同,1412頁。
〔3〕《建炎以來繫年要錄》卷一八四紹興三十年二月乙卯,"大金弔祭使、金吾衛上將軍、左宣徽使大懷忠,副使、太中大夫、尚書禮部侍郎耨盌温都謹行禮於慈寧殿"(3555—3556頁)。
〔4〕《金史》卷五《海陵紀》,114頁。
〔5〕《金史》卷六三《后妃傳上》,1506頁。
〔6〕張端義撰,許沛藻、劉宇點校《貴耳集》卷中,《全宋筆記》第六編,第10册,311頁。
〔7〕史浩《鄮峰真隱漫錄》卷七《乞罷蕭鷓巴入内打毬劄子》,《宋集珍本叢刊》影印清乾隆刻本,北京:綫裝書局,2004年,第43册,11頁。
〔8〕《宋史》卷三三《孝宗紀一》,北京:中華書局,1977年,620頁。
〔9〕《建炎以來朝野雜記》甲集卷一八《兵馬》"赤心、忠毅、忠順、强勇、義勝軍"條,423頁。
〔10〕陸游撰,李劍雄、劉德權點校《老學庵筆記》卷五,北京:中華書局,2007年,62頁。
〔11〕《誠齋集》卷一一五《張魏公傳》,葉17B。"窩斡",原作"窩幹",據《宋集珍本叢刊》影印明汲古閣鈔本(第55册,536頁)校正。

山後契丹諸部的怨恨[1],"正隆六年,契丹撒八反"[2],後其部將移剌窩斡"殺撒八,遂有其衆",繼續發動叛亂。是年十月,金世宗即位於遼陽,"詔遣移剌札八招契丹諸部爲亂者"[3],"扎八見窩斡兵衆强,車帳滿野,意其可以有成",遂留在窩斡身邊進行輔佐,勸其自立勿降,"正隆六年十二月己亥,窩斡遂稱帝,改元天正"。但不久,次年(即宋紹興三十二年)九月,窩斡之亂便被世宗派大軍平定,其同黨咸平府謀克括里及扎八"亡去,遂奔于宋"[4]。由此可知,《張魏公傳》所載自海道來降者"蕭鷓巴(札八)""耶律适里",當即《金史》中的扎八和括里。其中,扎八,原姓移剌,即金代"耶律"之異譯,奔宋後改蕭氏[5],而耶律括里雖亦爲契丹人[6],却未改姓。通過以上考證,我們可以瞭解正隆六年十一月完顔亮南征軍中發生"辛巳之變"時,蕭鷓巴正"反於遼"[7],絶無參與軍變的可能,那麽《江上録》記叙完顔亮被弒,稱蕭鷓巴(這巴)在其中發揮了重要作用,就非常可疑了。上文提到,已有學者指出,《江上録》其實是一部小説家言,它的一個撰作特點是給一些宋人所熟悉的人物附會更多的事迹和情節[8],這在蕭鷓巴身上體現得尤爲明顯。正因蕭鷓巴歸宋後爲南宋人所熟知,故《江上録》的作者便將他安插到故事當中,加以演義。

再次,内容情節取材諸書。《江上録》記完顔亮之死,大致經過也是亮不顧宋軍戰力,强令渡江,導致諸將謀行弒逆,最終將亮射殺,但其具體細節更爲豐滿,而且明顯是吸收了一些有關完顔亮遇弒不同來源的記載。例如大懷忠、蕭這巴奏請調完顔亮護衛軍圍子細軍東取泰州,大概參考的就是上引趙姓之《遺史》及晁公忞《敗盟記》有關紫茸軍的記事。叛軍作亂樂家奴"入報南人劫寨",與蹇駒《斃亮記》"諸酋詐作南軍劫寨"有相近之處。特别是樂家奴執燭引亮出帳而射之的情節,與苗耀《神麓記》所載"王光道秉燭引亮出帳"如出一轍,且戲劇性更强。不過《神麓記》謂王光道與完顔亮一同被殺,而《江上録》則稱樂家奴已與叛軍約定,將亮引出後,"家奴棄燭犇竄",應未死,大懷忠等許以拜樂家奴爲東道大總管。這一情節演繹顯得有些離奇,不

---

[1]《金史》卷八四《耨盌温敦思忠傳》,1883頁。
[2]《金史》卷六九《宗敏傳》,1609頁。
[3]《金史》卷六《世宗紀上》,123頁。
[4] 以上皆見《金史》卷一三三《移剌窩斡傳》,2849—2860頁。《金史》卷六《世宗紀上》大定二年九月乙巳,"以移剌窩斡平,詔中外"(129頁)。
[5] 姚燧《牧庵集》卷八《承顔亭記》:"金人惡'耶律'爲字有父嫌,謁爲'移喇',後逃亂奔宋,再謁爲'蕭'云。"(查洪德編校《姚燧集》,北京:人民文學出版社,2011年,122頁)
[6]《金史》卷八六《李石傳》謂"世宗留守東京,禦契丹括里"(1912頁)。
[7] 辛更儒箋注《辛棄疾集編年箋注》卷三《美芹十論·寡勢》,北京:中華書局,2015年,227頁。
[8] 景新强《〈四庫全書存目叢書〉宋代雜史研究——兼論史部雜史類目的演變》,61頁。

妨試想在黑夜之中,樂家奴引亮秉燭而出,約以燭火爲號,伏兵萬箭齊發,樂家奴即使逃得再快,恐怕也未必能全身而退。總之,從内容上來看,《江上録》應是在汲取諸書相關記載的基礎上二次創作而成的,有些細節可能邏輯不大嚴謹。

總而言之,《江上録》所記完顔亮被殺的叙事版本,看似詳實,但却有很大的故事演義成分,當屬小説演史,而非真實的歷史記載。然而宋人似乎對此書並無充分的認識,頗有採信其説者。較爲典型的是,李心傳《要録》紹興三十一年十一月甲午"金人分兵犯泰州"條,即採録了《江上録》所載大懷忠、蕭鷓巴奏請調細軍攻泰州之事[1];在記述完顔亮遇弑時,雖大體採納"乙未軍變"説,但其中却又摻雜了來自《江上録》的"將軍樂家奴入告以南人劫寨,亮驚起,求劍甲不得"這一情節[2]。憑藉《要録》的影響,《江上録》的一些記載又進入了其他史書,如《宋史全文》等[3]。

四、結語

清代學者袁枚最早指出"金主亮之死諸書不一",但未深究諸書究竟如何不同。面對海陵王完顔亮遇弑的諸多記載,其實可以依據其來源與内容,大致區分出不同的叙事版本和源流關係。在金朝方面,《金史》之説源出《海陵實録》,應是官方認定的説法,此事在金代朝野間流傳過程中派生出兩個叙事版本:其一見於張棣《正隆事迹》,内容大體沿襲官説;其二見於苗耀《神麓記》,其故事演繹具有一定的戲劇性。而在南宋,關於完顔亮被殺事則出現了"乙未軍變"説、"丙申軍變"説及《煬王江上録》三種叙事版本。前兩者可能分别來自"虢州簽軍雷政"和"被虜散人張真"由金歸宋帶回的一手情報消息,雖有不實之處,但在某些細節上或可補《金史》之未載,而《煬王江上録》的記述則當屬演義小説,恐無史料價值。宋人記載的前兩種叙事版本,在流傳過程中可能還會發生一些變

---

[1] 《建炎以來繫年要録》卷一九四紹興三十一年十一月甲午,3810—3811頁。
[2] 《建炎以來繫年要録》卷一九四紹興三十一年十一月乙未,3811頁。《要録》謂"乙未,金人弑其主亮于龜山寺",《建炎以來朝野雜記》乙集卷一九"邊防二""女真南徙"條稱諸將"弑亮於揚州瓜洲鎮之龜山寺,紹興三十一年十一月乙未也"(下册,841頁)。按李心傳纂修《要録》主要參考《高宗日曆》,《宋史》卷三二《高宗紀九》亦載乙未"是日,金人弑其主于揚州龜山寺"(607頁),故完顔亮遇弑於揚州龜山寺這一地點蓋出自南宋官方史書。不過,從其他諸書記載來看,皆稱完顔亮被殺於軍營御帳,而非寺院,抑或金主御帳駐紮於龜山寺附近,宋人傳言不確,誤作殺亮於寺内。
[3] 佚名撰,汪聖鐸點校《宋史全文》卷二三上紹興三十一年十一月,北京:中華書局,2016年,第6册,1910頁。

異,摻雜入其他來源的内容,以致諸書轉載呈現出更爲複雜的文本情況。學者在利用這些文獻史料時,需注意辨析與剝離,追根溯源,纔能弄清不同説法之間的源流關係。

〔邱靖嘉,中國人民大學歷史學院副教授〕

試析宋元時期的三種趙普傳記
—— 以文本來源與人物形象爲中心*

胡潮暉

作爲北宋最重要的開國功臣之一,趙普的政治生涯頗具争議性。關於不同時期對趙普的不同評價,張其凡《趙普評傳》有較爲詳細的介紹[1],其中南宋趙彦衛《雲麓漫鈔》中的一條記載頗值得注意:

> 近世行狀、墓誌、家傳,皆出於門生故吏之手,往往文過其實,人多喜之,率與正史不合。如近日蜀本《東都故事·趙普傳》與正史迥然如兩人,正史幾可廢。[2]

趙彦衛所説的"《東都故事》"當是指南宋王稱所撰《東都事略》[3],"正史"則是指《國史》。通觀《東都事略·趙普傳》,王稱的確對趙普不吝溢美之詞,由此可推測《國史》對趙普評價並不是很高,趙彦衛因而感嘆"正史幾可廢"。趙彦衛的這個説法帶來了兩個問題:第一,趙彦衛並未説明《國史·趙普傳》與《東都事略·趙普傳》之間的具體區别,那么趙普在《國史》中的形象具體是什么樣的,《東都事略·趙普傳》又做了哪些調整?第二,衆所周知"《宋史》多《國史》原本"[4],而《宋史·趙普傳》對趙普雖有非議,但總體上仍較爲推崇,那么《宋

---

* 本文是浙江省哲學社會科學重點研究基地浙江大學宋學研究中心課題"《宋史》列傳文本來源與生成過程研究"(項目編號 2022JDKTZD04)成果。

[1] 張其凡《趙普評傳》,北京出版社,1991年,289—309頁。

[2] 趙彦衛《雲麓漫鈔》卷八,《全宋筆記》第6編第4册,鄭州:大象出版社,2013年,109頁。

[3] 張其凡《趙普評傳》較爲謹慎,稱《東都故事》一書,現在存留的宋代官私目録書均未著録,不知道是不是《東都事略》的别名"(294頁)。綜合考慮"《東都故事》"的書名、紀傳體體裁及刊刻地點,所謂"《東都故事》"應該是《東都事略》的誤記。

[4] 趙翼撰,王樹民校證《廿二史劄記校證》卷二三,北京:中華書局,2013年,498頁。

史·趙普傳》與《國史·趙普傳》之間的關係究竟如何，《宋史·趙普傳》是否另有所本？爲回答上述兩個問題，本文嘗試從文本來源與人物形象這兩個角度對《國史》《東都事略》《宋史》這三種趙普傳記稍作分析。

一、《宋史·趙普傳》的文本來源與《國史·趙普傳》的復原

　　趙普卒於淳化三年(992)，當入天聖八年(1030)上進的太祖、太宗、真宗《三朝國史》。不過，太祖、太宗《兩朝國史》在大中祥符九年(1016)即已成書，天聖八年上進的《三朝國史》實際只是將太祖、太宗《兩朝國史》與新修的《真宗國史》合爲一書而已[1]。宋朝的《國史》皆已亡佚，但經過大量研究，筆者發現對於多數人物來說，"《宋史》多《國史》原本"這一判斷是成立的，趙普亦不例外。將現存史籍中引述《國史·趙普傳》的相關文字與《宋史·趙普傳》進行比較亦可證明這一點。

　　現存史籍中述及《國史·趙普傳》的相關文字涵蓋八事。一爲"杯酒釋兵權"事。《續資治通鑑長編》稱"此事最大，而《正史》、《實録》皆略之"[2]。《宋史·趙普傳》未載此事。

　　二爲趙普遷太子太保事。《續資治通鑑長編》稱："普遷太子太保，《正史》、《實録》及《百官表》並不記。"[3]而《宋史·趙普傳》載趙普"太平興國初入朝，改太子少保，遷太子太保"[4]，當是另有依據[5]。

　　三爲趙普密奏金匱之盟事。元朝史官袁桷在《修遼金宋史搜訪遺書條列事狀》中提到：

　　　　杜太后金縢之事，趙普因退居洛陽，太宗嫉之。後以此事密奏，太宗大喜，秦王廷美、吳王德昭、秦王德芳，皆緣普以死。今《宋史》普列傳無一語及之，李燾作《通鑑長編》，亦不敢載。[6]

---

[1] 蔡崇榜《宋代修史制度研究》，臺北：文津出版社，1993年，117—121頁。
[2] 李燾《續資治通鑑長編》卷二，北京：中華書局，2004年，50頁。
[3] 李燾《續資治通鑑長編》卷二二，500頁。
[4] 《宋史》卷二五六《趙普傳》，北京：中華書局，1985年，8933頁。
[5] 王稱《東都事略》卷二六《趙普傳》載："太宗即位，改太子少保，遷太子太保，時盧多遜爲相，數於上前毀普。"(濟南：齊魯書社，2000年，207頁)《宋史》的依據或是《東都事略》。
[6] 袁桷著，楊亮校注《袁桷集校注》卷四一《修遼金宋史搜訪遺書條列事狀》，北京：中華書局，2012年，1845頁。

袁桷卒於泰定四年(1327),其時《宋史》尚未修成,因此袁桷所說的"《宋史》"實際上是指宋修《國史》。而《宋史·趙普傳》載:

> 會柴禹錫、趙鎔等告秦王廷美驕恣,將有陰謀竊發。帝召問,普言願備樞軸以察奸變,退又上書,自陳預聞太祖、昭憲皇太后顧托之事,辭甚切至。太宗感悟,召見慰諭……及涪陵事敗,多遜南遷,皆普之力也。[1]

根據袁桷的說法,《宋史·趙普傳》中"退又上書,自陳預聞太祖、昭憲皇太后顧托之事,辭甚切至""及涪陵事敗,多遜南遷,皆普之力也"等語當是《宋史》史官根據《續資治通鑑長編》《東都事略》等相關材料所增,而非《國史》原文[2]。

四爲太宗語趙普"人誰無過"事。《續資治通鑑長編》載:

> 會如京使柴禹錫等告秦王廷美驕恣,將有陰謀竊發。上召問普,普對曰:"臣願備樞軸以察奸變。"退,復密奏:"臣開國舊臣,爲權倖所沮。"因言昭憲顧命及先朝自憨之事。上於宮中訪得普前所上章,並發金匱,遂大感寤,即留承宗京師,召普謂曰:"人誰無過,朕不待五十,已盡知四十九年非矣。"辛亥,以普爲司徒、兼侍中。(原注:"不待五十,已知四十九年非"此太宗盛德要語也。今《正史》乃削去,可不惜哉!今依《實錄》具載聖語。《實錄》又云即日復相,則恐未然。《正史》稱未幾復相,當得其實也。丁謂《談錄》則云上元夜召普觀燈,即命爲相。亦與《正史》不合,今不取。)[3]

《宋史·趙普傳》並無"人誰無過"等語,稱趙普"俄拜司徒兼侍中"[4]則與《國史》"未幾復相"相合。

五爲雍熙三年(986)趙普上《諫伐燕疏》事。北宋崇寧(1102—1106)年間,邵伯溫曾"得葉子冊故書一編,有趙普中書令雍熙三年爲鄧州節度使日,諫太宗皇帝伐燕疏與劄子各一道"[5],"其疏與國史所載大略相似,有不同者"[6]。李

---

[1] 《宋史》卷二五六《趙普傳》,8933—8934頁。
[2] 金匱之盟乃《宋史》史官尤爲關注的事件,如《宋史·魏王廷美傳》中就有文字直接取材自《續資治通鑑長編》,參見顧宏義《宋初政治研究:以皇位授受爲中心》,上海:華東師範大學出版社,2010年,127—128頁;顧宏義《〈宋史〉的史源及其相關問題》,《唐宋歷史評論》第3輯,北京:社會科學文獻出版社,2017年,176—178頁。"及涪陵事敗,多遜南遷,皆普之力也"則可能由王稱《東都事略》卷二六《趙普傳》"廷美廢,多遜南遷,普之力也"(208頁)一語轉化而來。
[3] 李燾《續資治通鑑長編》卷二二,500—501頁。
[4] 《宋史》卷二五六《趙普傳》,8934頁。
[5] 邵伯溫《邵氏聞見錄》卷六,北京:中華書局,1983年,48頁。
[6] 邵伯溫《邵氏聞見錄》卷六,53頁。

燾亦稱《國史·趙普傳》所載《諫伐燕疏》曾遭《國史》史官"删潤"[1]。檢《宋史·趙普傳》,此份手疏的文辭與《邵氏聞見録》《續資治通鑑長編》所録的確有所不同[2]。李燾又指出,《實録·趙普附傳》誤載趙普此次上疏的前因後果,《國史·趙普傳》已做出修正:

> 普附傳云上親耕耤田,普上疏引姚崇十事以諫,因求入朝。按十事乃普引以諫伐幽州,與耤田不相關,附傳誤矣。蓋未嘗見普手疏,故妄載於耤田,正傳亦已改之。[3]

《宋史·趙普傳》稱趙普因"大軍出討幽薊,久未班師"[4]而上疏,與《國史》的説法相合。

六爲雍熙四年趙普上《諫伐燕劄子》事。根據邵伯温的説法,《國史》並未收録此劄[5]。李燾亦稱"普劄子所言尤切,本傳悉不載"[6]。《宋史·趙普傳》未收録此劄。

七爲趙普上《謝請班師批答表》事。趙希弁《讀書附志》稱"希弁又得其《謝請班師批答》一表於《國史》本傳"[7]。《宋史·趙普傳》載有此表[8]。

八爲趙普建議以趙保忠復領夏臺故地事。《續資治通鑑長編紀事本末》載:

> 《普傳》云:普建議以趙保忠復領夏州使,圖李繼遷,保忠反與繼遷同謀爲邊患。時論歸咎於普,頗爲同列所窺,不得專決。因稱疾,遂罷相。[9]

《宋史·趙普傳》亦載此事:

---

[1] 李燾《續資治通鑑長編》卷二七,616頁;馬端臨《文獻通考》卷二三三引李燾《趙韓王遺稿序》,北京:中華書局,2011年,6375頁。
[2] 分別參見《宋史》卷二五六《趙普傳》,8934—8935頁;邵伯温《邵氏聞見録》卷六,48—50頁;李燾《續資治通鑑長編》卷二七,614—615頁。李燾《續資治通鑑長編》卷二七又云《國史·趙普傳》"有云'晦朔荐更,已及初夏'"(616頁),然《宋史》卷二五六《趙普傳》作"晦朔屢更,荐臻炎夏"(8934頁)。"晦朔荐更,已及初夏"一語見於吕祖謙《宋文鑑》卷四一所録此疏(北京:中華書局,1992年,617頁),可知《宋文鑑》所録出自《國史》。對比《宋史》與《宋文鑑》所録,則知《宋史》在《國史》基礎上又有删削。
[3] 李燾《續資治通鑑長編》卷二八,642頁。
[4] 《宋史》卷二五六《趙普傳》,8934頁。
[5] 邵伯温《邵氏聞見録》卷六,53頁。
[6] 李燾《續資治通鑑長編》卷二七,617頁。
[7] 趙希弁《讀書附志》卷下,晁公武撰,孫猛校證《郡齋讀書志校證》,上海古籍出版社,1990年,1174—1175頁。
[8] 《宋史》卷二五六《趙普傳》,8936頁。
[9] 楊仲良編《續資治通鑑長編紀事本末》卷一〇《趙普復相》,北京圖書館出版社影印宛委別藏本,2003年,176頁。

李繼遷之擾邊,普建議以趙保忠復領夏臺故地,因令圖之。保忠反與繼遷同謀爲邊患,時論歸咎於普,頗爲同列所窺,不得專決……明年,免朝謁,止日赴中書視事,有大政則召對。冬,被疾請告,車駕屢幸其第省之,賜予加等。普遂稱疾篤,三上表求致仕,上勉從之,以普爲西京留守、河南尹,依前守太保兼中書令。〔1〕

九爲趙普寡學術事。趙希弁《讀書附志》載：

> 傳（引者按：指《國史》趙普本傳）亦稱：普初以吏道聞,寡學術。及爲相,太祖常勸以讀書。晚年手不釋卷,諡以忠獻,取慮國忘家、薦可替否之法也。〔2〕

《宋史·趙普傳》亦載此事：

> 普少習吏事,寡學術,及爲相,太祖常勸以讀書。晚年手不釋卷……〔3〕

上述九事,趙普遷太子太保及密奏金匱之盟二事乃元朝史官所增,其餘七事《國史》有載則《宋史》亦有載,《國史》不載則《宋史》亦不載,《國史·趙普傳》與《宋史·趙普傳》之間的承襲關係顯而易見。不過,復原《國史·趙普傳》的關鍵在於確定《宋史·趙普傳》中還有哪些內容乃元朝史官所增。經逐條核查,筆者發現《宋史·趙普傳》中有多條記事出自筆記小説。一爲太祖雪夜訪趙普事：

> 太祖數微行過功臣家,普每退朝,不敢便衣冠。一日,大雪向夜,普意帝不出。久之,聞叩門聲,普亟出,帝立風雪中,普惶懼迎拜。帝曰："已約晉王矣。"已而太宗至,設重裀地坐堂中,熾炭燒肉。普妻行酒,帝以嫂呼之。因與普計下太原。普曰："太原當西北二面,太原既下,則我獨當之,不如姑俟削平諸國,則彈丸黑子之地,將安逃乎?"帝笑曰："吾意正如此,特試卿爾。"〔4〕

此事出自《邵氏聞見録》〔5〕。

二爲錢俶贈趙普海物事：

---

〔1〕《宋史》卷二五六《趙普傳》,8938頁。
〔2〕趙希弁《讀書附志》卷下,晁公武撰,孫猛校證《郡齋讀書志校證》,1175頁。
〔3〕《宋史》卷二五六《趙普傳》,8940頁。
〔4〕《宋史》卷二五六《趙普傳》,8932頁。
〔5〕邵伯溫《邵氏聞見録》卷一,4頁。

> 時錢王俶遣使致書於普,及海物十瓶,置於廡下。會車駕至,倉卒不及屏,帝顧問何物,普以實對。上曰:"海物必佳。"即命啓之,皆瓜子金也。普惶恐頓首謝曰:"臣未發書,實不知。"帝嘆曰:"受之無妨,彼謂國家事皆由汝書生爾!"[1]

此事出自《涑水記聞》[2]。

三爲趙普屢言太祖不足事:

> 初,太祖側微,普從之游,既有天下,普屢以微時所不足者言之。太祖豁達,謂普曰:"若塵埃中可識天子、宰相,則人皆物色之矣。"自是不復言。[3]

此事出自《丁晉公談錄》[4]。

四爲趙普讀《論語》事:

> 每歸私第,闔户啓篋取書,讀之竟日。及次日臨政,處决如流。既薨,家人發篋視之,則《論語》二十篇也。[5]

根據顧宏義的研究,此事源出《鐵圍山叢談》,以《東都事略》爲中介進入《宋史》[6]。

五爲趙普補綴奏牘事:

> 嘗奏薦某人爲某官,太祖不用。普明日復奏其人,亦不用。明日,普又以其人奏,太祖怒,碎裂奏牘擲地,普顔色不變,跪而拾之以歸。他日補綴舊紙,復奏如初。太祖乃悟,卒用其人。[7]

此事出自《涑水記聞》[8]。

六爲趙普堅請某人當遷官事:

---

[1]《宋史》卷二五六《趙普傳》,8933頁。
[2] 司馬光《涑水記聞》卷三,北京:中華書局,1989年,41頁。
[3]《宋史》卷二五六《趙普傳》,8940頁。
[4] 潘汝士《丁晉公談錄》,北京:中華書局,2012年,13頁。
[5]《宋史》卷二五六《趙普傳》,8940頁。
[6] 顧宏義《趙普"夜讀〈論語〉"傳說探源》,《宋史研究論叢》第27輯,北京:科學出版社,2020年,205—212頁。不過顧宏義認爲"普少習吏事,寡學術,及爲相,太祖常勸以讀書。晚年手不釋卷"一句亦出自《東都事略》,實際上《國史》已有此句,詳見前文。
[7]《宋史》卷二五六《趙普傳》,8940頁。
[8] 司馬光《涑水記聞》卷一,10頁。

又有群臣當遷官,太祖素惡其人,不與。普堅以爲請,太祖怒曰:"朕固不爲遷官,卿若之何?"普曰:"刑以懲惡,賞以酬功,古今通道也。且刑賞天下之刑賞,非陛下之刑賞,豈得以喜怒專之。"太祖怒甚,起,普亦隨之。太祖入宫,普立於宫門,久之不去,竟得俞允。[1]

此事出自《涑水記聞》[2]。

七爲趙普爲曹彬辨白事:

　　太宗入弭德超之讒,疑曹彬不軌,屬普再相,爲彬辨雪保證,事狀明白。太宗嘆曰:"朕聽斷不明,幾誤國事。"即日竄逐德超,遇彬如舊。[3]

此事出自《王文正公筆録》[4]。

八爲趙普援救祖吉事:

　　祖吉守郡爲奸利,事覺下獄,案劾,爰書未具。郊禮將近,太宗疾其貪墨,遣中使諭旨執政曰:"郊赦可特勿貸祖吉。"普奏曰:"敗官抵罪,宜正刑辟。然國家卜郊肆類,對越天地,告于神明,奈何以吉而驪陛下赦令哉?"太宗善其言,乃止。[5]

此事出自《王文正公筆録》[6]。

　　上述筆記小説的成書時間皆晚於《三朝國史》,而且出自《涑水記聞》的三條紀事有明確的出處[7],因此這些記事無疑是《宋史》史官所增,而非出自《國史》。將出自筆記小説的八事以及趙普遷太子太保、密奏金匱之盟二事除去之後,《國史·趙普傳》即可大致得到復原。

二、明褒暗貶:《國史·趙普傳》對趙普的微妙態度

　　由於材料的限制,《國史·趙普傳》的具體文本來源與生成過程已無法詳

---

[1]《宋史》卷二五六《趙普傳》,8940頁。
[2] 司馬光《涑水記聞》卷一,10頁。
[3]《宋史》卷二五六《趙普傳》,8940頁。
[4] 王曾《王文正公筆録》,北京:中華書局,2017年,9頁。
[5]《宋史》卷二五六《趙普傳》,8940—8941頁。
[6] 王曾《王文正公筆録》,9頁。
[7] 其中錢俶贈趙普海物事爲富弼所云,趙普補綴奏牘、堅請某人當遷官二事爲趙興宗所云。對於出自《國史》的記事,司馬光《涑水記聞》一般會作説明,如卷三所載張佖怨張泊事即注明"事見《國史》"(46頁)。

考,不過趙普在《國史》中的形象仍可通過現存的文本進行推測。除去元朝史官所增内容之後,《國史》可大致得到復原,而趙普在其中的形象頗爲負面。一方面,《國史》對趙普的功績著筆不多。洪邁曾這樣概括趙普在太祖一朝的功績:

> 趙韓王佐藝祖,監方鎮之勢,削支郡以損其強,置轉運、通判使掌錢穀以奪其富,參命京官知州事以分其黨,禄諸大功臣於環衛而不付以兵,收天下驍鋭於殿巖而不使外重。建法立制,審官用人,一切施爲,至于今是賴。[1]

《東都事略·趙普傳》對趙普的這些功績就有更爲詳細的叙述,然而《宋史·趙普傳》對此却只有寥寥數語:

> (乾德)五年春,加右僕射、昭文館大學士。俄丁内艱,詔起復視事。遂勸帝遣使分詣諸道,徵丁壯籍名送京師,以備守衛;諸州置通判,使主錢穀。由是兵甲精鋭,府庫充實。[2]

《國史》對"杯酒釋兵權"一事(即洪邁所説的"禄諸大功臣於環衛而不付以兵")更是隻字未提,以致李燾感嘆"甚可惜也"[3]。考慮到《宋史》史官對趙普的功績亦給出了較高的評價,如果《國史》詳載趙普的功績,《宋史》史官似無必要將其删去。

另一方面,《宋史》用了很多筆墨描寫太祖對趙普的不信任:

> 普爲政頗專,廷臣多忌之。時官禁私販秦、隴大木,普嘗遣親吏詣市屋材,聯巨筏至京師治第,吏因之竊貨大木,冒稱普市貨鬻都下。權三司使趙玭廉得之以聞。太祖大怒,促令追班,將下制逐普,賴王溥奏解之。故事,宰相、樞密使每候對長春殿,同止廬中;上聞普子承宗娶樞密使李崇矩女,即令分異之。普又以隙地私易尚食蔬圃以廣其居,又營邸店規利。盧多遜爲翰林學士,因召對屢攻其短。會雷有鄰擊登聞鼓,訟堂後官胡贊、李可度受賕狥法及劉偉偽作攝牒升官,王洞嘗納賂可度,趙孚授西川官稱疾不上,皆普庇之。太祖怒,下御史府按問,悉抵罪,以有鄰爲秘書省正字。普恩益替,始詔參知政事與普更知印、押班、奏事,以分其權。

---

[1] 洪邁《容齋隨筆》卷七,北京:中華書局,2005年,96頁。
[2] 《宋史》卷二五六《趙普傳》,8932頁。
[3] 李燾《續資治通鑑長編》卷二,50頁。

未幾,出爲河陽三城節度、檢校太傅、同平章事。[1]

與此同時,《宋史》關於趙普與太宗關係的描寫則頗顯刻意,例如:

(太平興國)八年,出爲武勝軍節度、檢校太尉兼侍中。帝作詩以餞之,普奉而泣曰:"陛下賜臣詩,當刻石,與臣朽骨同葬泉下。"帝爲之動容。翌日,謂宰相曰:"普有功國家,朕昔與游,今齒髮衰矣,不容煩以樞務,擇善地處之,因詩什以導意。普感激泣下,朕亦爲之墮泪。"宋琪對曰:"昨日普至中書,執御詩涕泣,謂臣曰:'此生餘年,無階上答,庶希來世得效犬馬力。'臣昨聞普言,今復聞宣諭,君臣始終之分,可謂兩全。"[2]

又如:

(雍熙)四年,移山南東道節度,自梁國公改封許國公。會詔下親耕籍田,普表求入覲,辭甚懇切。上惻然謂宰相曰:"普開國元臣,朕所尊禮,宜從其請。"既至,慰撫數四,普嗚咽流涕。[3]

實際上,在太祖一朝,趙普與趙光義的關係長期緊張,特別是乾德二年(964)趙普拜相、位在趙光義之上後,兩人更加不和,展開了激烈的政治鬥爭。例如,乾德四年(966),趙光義向太祖告發宋琪與趙普交善,宋琪因此被貶。開寶四年(971),趙普則尋機貶死趙光義的心腹幕僚姚恕。趙光義長期未能封王,或是因爲趙普的強烈反對。開寶六年(973)八月趙普罷相,九月趙光義即封晉王,位居宰相之上[4]。而在太宗即位之後,趙普雖助太宗打擊趙廷美、盧多遜,但太宗對趙普終有猜忌,使用竇偁、郭贄、柴禹錫等藩邸舊臣制約趙普。總之,趙普在太宗一朝表面上備受尊崇,但他與太宗實際上若即若離,互相利用而又互相提防[5]。作爲太宗之子,真宗在撰修《國史》時自然要爲尊者諱。《國史》將趙普開寶六年罷相一事解釋爲趙普因專權失去太祖信任,又刻意描寫太宗與趙普"君臣情深",實際上只是《國史》史官的欲蓋彌彰。

---

[1] 《宋史》卷二五六《趙普傳》,8933頁。
[2] 《宋史》卷二五六《趙普傳》,8934頁。
[3] 《宋史》卷二五六《趙普傳》,8936—8937頁。
[4] 張其凡《趙普評傳》,185—191頁;顧宏義《宋初政治研究:以皇位授受爲中心》,148—171頁。
[5] 張其凡《趙普評傳》,191—216頁。

除了趙普與太祖、太宗之間的關係以外,《國史》中還有兩處記事值得注意,第一是雍熙三年(986)北伐時趙普上《諫伐燕疏》事,第二是雍熙四年(987)趙元僖推薦趙普事。《國史》在記述這兩件事時分別引用了趙普、趙元僖的奏疏以及太宗賜趙普的手詔、趙普的謝表。《宋史·趙普傳》全文約4 200字,除去元朝史官所增內容後約有3 700字,趙普上《諫伐燕疏》、趙元僖推薦趙普二事約有1 300字,占用了整篇傳記大約三分之一的篇幅,但這兩件事在趙普的整個政治生涯中似乎稱不上特別重要。《國史》史官之所以對這兩件事特別關注,應該與當時的政治背景有關。《太宗實錄》完成於咸平元年(998),其中的《趙普附傳》並未收錄趙普《諫伐燕疏》原文,甚至誤以爲趙普此次上疏與太宗"親耕耤田"有關[1]。而在澶淵之盟之後成書的太祖、太宗《兩朝國史》中,趙普上疏的緣由不僅得到糾正,趙普的奏疏以及太宗賜趙普的手詔、趙普的謝表經删改後亦被收入傳記當中。奏疏中說"戰者危事,難保其必勝;兵者凶器,深戒於不虞"[2],而雍熙北伐最後果然遭到失敗。很顯然,真宗君臣是想借趙普的《諫伐燕疏》來證明澶淵之盟的合理性。

至於趙元僖推薦趙普的奏疏,當與趙普復相後打擊趙昌言、胡旦等人一事合而觀之。《太宗實錄》明確指出,趙昌言、胡旦等人被貶與趙元僖有關:

> (陳)象輿素與(趙)昌言善,董儼、胡旦皆昌言同年生,(梁)顥又常在昌言幕下,四人皆與昌言厚善,日夕多會於昌言之第。故京師有"陳三更"、"董半夜"之言。先是,有傭筆人翟穎者,奸險誕妄,素與胡旦親狎,旦知可使,乃作大言怪誕之辭,使穎上之。初爲穎改名馬周,以爲唐馬周復出也。其言多排毁時政,自薦可爲天子大臣,力舉十數人,皆公輔之器,令昌言內爲之助,人多識其辭氣,知旦之爲也。會京尹陳王使親吏儀贊廉知其事,白上,捕馬周繫獄。時張去華爲府判官,親窮治之,具狀聞。上怒,杖馬周脊,黥面流海島,禁錮終身,昌言等並加貶黜。[3]

"京尹陳王"即趙元僖。《國史·趙普傳》先是詳載趙元僖推薦趙普復出,隨後又記載趙普打擊趙昌言、胡旦等人,"會旦令翟馬周上封事,排毁時政,普深嫉之,奏流馬周,黜昌言等"[4],或是暗指趙普與趙元僖有結黨之嫌,以此彰顯真宗得位之合法性[5]。

---

[1] 李燾《續資治通鑑長編》卷二八,642頁。
[2] 《宋史》卷二五六,8935頁。
[3] 錢若水修,范學輝校注《宋太宗皇帝實錄校注》卷四四,北京:中華書局,2012年,576頁。
[4] 《宋史》卷二五六《趙普傳》,8938頁。
[5] 此點承吳錚強師提示。關於趙普與趙元僖的關係,可參看何冠環《論宋太宗朝之趙普》,香港中文大學碩士學位論文,1979年,94—104頁。

總之,趙普在《國史》中的形象頗爲負面,很可能與其在《實錄》附傳中的形象類似[1]。一方面,《國史》未詳細記録趙普在太祖朝的功績,而是將趙普刻畫爲一位權臣,並著力突出太祖對趙普的不信任。另一方面,《國史》對趙普在太宗朝任相時的決策也直接提出了批評,稱"普建議以趙保忠復領夏州使,圖李繼遷,保忠反與繼遷同謀爲邊患。時論歸咎於普,頗爲同列所窺,不得專決"[2],又暗示趙元僖與趙普結黨。儘管《國史》也借太宗之口稱贊趙普"盡忠國家,真社稷臣也"[3],但從整體來看,《國史·趙普傳》無疑是一篇對趙普明褒暗貶的傳記。

三、《東都事略·趙普傳》的文本來源

關於王稱所撰《東都事略》,李心傳有這樣一段評價:

> (淳熙)十三年八月,又有知龍州王稱亦獻《東都事略》百三十卷於朝。洪内翰(邁)主之。明年春,除直秘閣。然其書特掇取《五朝史傳》及《四朝實錄附傳》,而微以野史附益之,尤疏駁。[4]

不過就《趙普傳》而言,《東都事略》補充了十餘條《國史》未載的記事,其篇幅約占整篇傳記的一半,趙普的人物形象也因此發生了比較明顯的變化,絕非"微以野史附益之"那般簡單。

若將《國史》中可能有載而被《宋史》史官刪去的記事姑置不論[5],《東都事略·趙普傳》補充的記事共有十五條。一爲趙普進征李筠策事,源出《太師魏國公尚書令真定王趙普神道碑》(以下簡稱《趙普神道碑》)[6]。《續資治通鑑長

---

[1]《太宗實録·趙普附傳》稱"普於中書接見群官,必語次尋繹有言人短長者。既退,即命吏追録之。事發,引以爲證。由是群官悚息,無敢言者,中書事益壅蔽",見李燾《續資治通鑑長編》卷二九,652頁。《隆平集》主要摘録自《實録》《國史》等官史,故《隆平集》亦多載趙普的負面事迹,見曾鞏撰,王瑞來校證《隆平集校證》卷四《趙普傳》,北京:中華書局,2012年,145—146頁。
[2] 楊仲良編《續資治通鑑長編紀事本末》卷一〇《趙普復相》引《國史·趙普傳》,176頁。
[3]《宋史》卷二五六《趙普傳》,8939頁。
[4] 李心傳《建炎以來朝野雜記》甲集卷四,北京:中華書局,2000年,113—114頁。
[5] 如王稱《東都事略》卷二六《趙普傳》載:"普嘗戒其子弟曰:'吾本書生,偶逢昌運,受寵逾分,當以身許國。私家之事,吾不復與。爾等宜自勉勵,無重吾過。'故輔兩朝,出入三十餘年,未嘗爲子弟求恩澤者。"(210頁)此段文字李燾《續資治通鑑長編》卷二九(653頁)有載而未見於筆記小説,或出自《國史》。
[6] 宋太宗《太師魏國公尚書令真定王趙普神道碑》,杜大珪編《新刊名臣碑傳琬琰之集》上卷一,北京圖書館出版社影印中國國家圖書館藏宋刻元明遞修本,2003年,頁1b。

編》亦載此事[1],然文字較《趙普神道碑》有較多删節,《東都事略》所記或直接取自《趙普神道碑》。

二爲趙普進征李重進策事。《趙普神道碑》亦載此事[2],然文字與《東都事略》有較大區別。《續資治通鑑長編》所記與《東都事略》更爲接近[3],或取自《實錄》等官史。《東都事略》或據《續資治通鑑長編》增入。

三爲金匱之盟事。《續資治通鑑長編》綜合了《太祖新錄》《國史》等官史與《涑水記聞》的説法[4],《東都事略》所記當取自《續資治通鑑長編》,例證有三:第一,《涑水記聞》稱太后欲傳位"二弟"(趙光義、趙廷美),李燾則以官史爲據,稱太后僅欲傳位趙光義,將"二弟"改爲"汝弟",《東都事略》亦作"汝弟"。第二,官史稱趙光義亦入受顧命而《涑水記聞》未載,《續資治通鑑長編》從《涑水記聞》之説,《東都事略》亦未載趙光義。第三,《東都事略》中有"敢不如太后教"等語,這些内容見於《續資治通鑑長編》而不見於《涑水記聞》。

四爲"杯酒釋兵權"事,源出《涑水記聞》[5]。《五朝名臣言行録》《續資治通鑑長編》皆有引此事[6]。《東都事略》可能參考過《續資治通鑑長編》,例如"數十年間帝王凡易八姓"一語,《東都事略》與《續資治通鑑長編》所記相同,而《涑水記聞》與《五朝名臣言行録》則作"數十年間帝王凡易十姓"。

五、六爲趙普反對符彥卿管軍、趙普補綴奏牘事,皆源出《涑水記聞》[7]。《五朝名臣言行録》《續資治通鑑長編》皆有引此二事[8]。

七爲太祖以幽燕地圖示趙普事,源出《邵氏聞見録》[9]。《五朝名臣言行録》有引此事[10],《續資治通鑑長編》則未引。

八爲太祖雪夜訪趙普事,源出《邵氏聞見録》[11]。《五朝名臣言行録》《續資治通鑑長編》皆有引此事[12]。李燾指出:"邵伯温《見聞録》云已約晉王者,蓋

---

[1] 李燾《續資治通鑑長編》卷一,16頁。
[2] 宋太宗《太師魏國公尚書令真定王趙普神道碑》,杜大珪編《新刊名臣碑傳琬琰之集》上卷一,頁1b。
[3] 李燾《續資治通鑑長編》卷一,27頁。
[4] 李燾《續資治通鑑長編》卷二,46—47頁。
[5] 司馬光《涑水記聞》卷一,11—12頁。
[6] 朱熹《五朝名臣言行録》卷一《中書令韓國趙忠獻王》,《朱子全書》第12册,上海古籍出版社、合肥:安徽教育出版社,2002年,16—17頁;李燾《續資治通鑑長編》卷二,49—50頁。
[7] 司馬光《涑水記聞》卷一,10、20頁。
[8] 朱熹《五朝名臣言行録》卷一《中書令韓國趙忠獻王》,《朱子全書》第12册,18—19頁;李燾《續資治通鑑長編》卷四、卷一四,83—84、306頁。
[9] 邵伯温《邵氏聞見録》卷六,53頁。
[10] 朱熹《五朝名臣言行録》卷一《中書令韓國趙忠獻王》,《朱子全書》第12册,19頁。
[11] 邵伯温《邵氏聞見録》卷一,4頁。
[12] 朱熹《五朝名臣言行録》卷一《中書令韓國趙忠獻王》,《朱子全書》第12册,18頁;李燾《續資治通鑑長編》卷九,205頁。

誤。今改曰吾弟,庶得其實。又云始定下江南之議,此尤誤。若謂荆、湖、西川則可耳。"[1]《東都事略》删去"已約晉王"一句,但仍稱"普薦曹彬、潘美可用。其後太祖征嶺南用潘美,伐江南任曹彬"[2]。

九、十爲錢俶贈趙普海物事、李煜贈趙普白金事,分別源出《涑水記聞》《楊文公談苑》[3]。《五朝名臣言行録》《續資治通鑑長編》皆有引此二事[4]。

十一爲雷德驤攻擊趙普遭太祖怒斥事,源出《涑水記聞》[5]。《五朝名臣言行録》《續資治通鑑長編》皆有引此事[6]。《東都事略》"太祖寵待普如左右手"[7]一語僅見於《涑水記聞》原文及《五朝名臣言行録》,《續資治通鑑長編》未載,《東都事略》此語當是取自《涑水記聞》或《五朝名臣言行録》。不過,《東都事略》應該也參考過《續資治通鑑長編》或《國史·雷德驤傳》。例如,《涑水記聞》稱雷德驤時爲御史中丞,《續資治通鑑長編》則以《國史·雷德驤傳》爲據將"御史中丞"改爲"判大理寺",《東都事略》亦作"判大理寺"。又如《東都事略》中有"雷德驤憤其屬附普,增減刑名"[8]一語,《涑水記聞》未載此語,《宋史·雷德驤傳》以及《續資治通鑑長編》則有類似表述[9]。

十二爲趙普焚中外表奏事:

> 方普之在相位也,嘗於視事閣坐屏後設二大甕,凡中外表奏,普意不欲行者,必投之甕中,滿則束緼焚之,以是人多怨者。[10]

此事或綜合自《隆平集》《邵氏聞見録》[11]。

十三爲趙普密奏金匱之盟、太宗語趙普"人誰無過"事。根據《續資治通鑑

---

[1] 李燾《續資治通鑑長編》卷九,205頁。
[2] 王稱《東都事略》卷二六《趙普傳》,207頁。
[3] 司馬光《涑水記聞》卷三,41頁;楊億口述,黄鑒筆録,宋庠重訂《楊文公談苑》卷四,《全宋筆記》第8編第9册,鄭州:大象出版社,2017年,60—61頁。
[4] 朱熹《五朝名臣言行録》卷一《中書令韓國趙忠獻王》,《朱子全書》第12册,20頁;李燾《續資治通鑑長編》卷一二,272—273頁。
[5] 司馬光《涑水記聞》卷一,9頁。
[6] 朱熹《五朝名臣言行録》卷一《中書令韓國趙忠獻王》,《朱子全書》第12册,17—18頁;李燾《續資治通鑑長編》卷九,210頁。
[7] 王稱《東都事略》卷二六《趙普傳》,207頁。
[8] 王稱《東都事略》卷二六《趙普傳》,207頁。
[9] 《宋史》卷二七八《雷德驤傳》作"其官屬與堂吏附會宰相趙普,擅增刑名"(9453頁)。李燾《續資治通鑑長編》卷九作"其官屬與堂吏附會宰相,擅增減刑名",並稱此段記載"依(雷德驤)本傳,稍取《談苑》及《記聞》删修之"(210頁)。
[10] 王稱《東都事略》卷二六《趙普傳》,207頁。
[11] 曾鞏撰,王瑞來校證《隆平集校證》卷四《趙普傳》:"閣中設大瓦壺,中外章奏不欲行者,擲壺中,既而焚去。"(146頁)邵伯温《邵氏聞見録》卷六:"國初,趙普中令爲相,於廳事坐屏後置二大甕,凡有人投利害文字,皆置甕中,滿即焚於通衢。"(54頁)

長編》李燾注文以及袁桷《修遼金宋史搜訪遺書條列事狀》的説法,《國史》既未提及趙普密奏金匱之盟事,亦未載太宗"盛德要語",詳見前文。《東都事略》所載或是依據《續資治通鑑長編》[1]。

十四爲趙普爲曹彬辨白事,源出《王文正公筆録》[2]。《五朝名臣言行録》《續資治通鑑長編》皆有引此事[3]。

十五爲趙普讀《論語》事。根據顧宏義的研究,此事源出《鐵圍山叢談》[4]。《五朝名臣言行録》《續資治通鑑長編》皆未引此事。

對於《國史》中已有記載的若干記事,《東都事略》也有調整。例如陳橋兵變事,《宋史·趙普傳》的記載較爲簡略,當是襲自《國史》:

> 太祖北征至陳橋,被酒卧帳中,衆軍推戴,普與太宗排闥入告。太祖欠伸徐起,而衆軍攬甲露刃,喧擁麾下。及受禪,以佐命功,授右諫議大夫,充樞密直學士。[5]

《東都事略》所載稍詳於《宋史》:

> 太祖北征,普從行。夜宿陳橋,六軍共議推戴,普論將校曰:"并寇與犬戎相結,點檢奉命征討,爾輩甲兵幾何,便欲扶策天子。點檢一心忠赤,通於神明,若聞此事,必誅爾輩。"列校皆不退。普即戒諸將,勿令縱兵,若都城人心不搖,則四方自然寧謐。黎明入白太祖,時太祖醉卧帳中,欠伸徐起,則萬衆攬甲露刃,喧不可止。或以黄袍加太祖之身,扶太祖上馬,擁逼南行。既而太祖受禪,普以佐命功授右諫議大夫、樞密直學士。[6]

《涑水記聞》《續資治通鑑長編》皆詳載陳橋兵變事,其主體部分當取自《實録》等官史[7]。《東都事略》"若都城人心不搖,則四方自然寧謐"一語見於《續資治通鑑長編》,然"并寇與犬戎相結,點檢奉命征討,爾輩甲兵幾何,便欲扶策天子。

---

[1] 李燾《續資治通鑑長編》卷二二,500—501頁。
[2] 王曾《王文正公筆録》,9頁。
[3] 朱熹《五朝名臣言行録》卷一《中書令韓國趙忠獻王》,《朱子全書》第12册,22頁;李燾《續資治通鑑長編》卷二四,544頁。
[4] 顧宏義《趙普"夜讀〈論語〉"傳説探源》,205—212頁。
[5] 《宋史》卷二五六《趙普傳》,8931頁。
[6] 王稱《東都事略》卷二六《趙普傳》,203—204頁。
[7] 司馬光《涑水記聞》卷一,1頁;李燾《續資治通鑑長編》卷一,1—4頁。

點檢一心忠赤,通於神明,若聞此事,必誅爾輩"等語詳於《續資治通鑑長編》所記[1],或另有文本來源[2]。

又如趙玭攻擊趙普事,《國史》的敘述主要表現了太祖對趙普的不信任。《東都事略》則載:

> 普遣親吏市木,關隴吏私市大木,冒稱普所市以規利。前三司使趙玭以白太祖,詔問太子太師王溥等:"普當何罪?"溥等奏:"趙玭誣罔大臣。"乃出玭爲汝州牙校。[3]

《續資治通鑑長編》對此事的前因後果有詳細記載,或取材自《實錄》等官史:

> 前右監門衛將軍趙玭既勒歸私第,不勝忿恚,一日,伺趙普入朝,馬前斥普短。上聞之,召玭及普於便殿面質其事,玭大言詆普販木規利。先是,官禁私販秦、隴大木,普嘗遣親吏往市屋材,聯巨筏至京師治第,吏因之竊於都下貿易,故玭以爲言。上怒,促閤門集百官,將下制逐普。詔問太子太師王溥等普當得何罪,溥附閤門使奏云:"玭誣罔大臣。"上意頓解,反詰責玭,命武士摑之。御史鞫於殿庭,普力營救,上乃特寬其罰,扶出之。(開寶四年)夏四月丙寅朔,責爲汝州牙校。[4]

《國史》或爲塑造趙普的負面形象而未完整地摘録相關材料,只保留了不利於趙普的敘述,即引文加下劃綫部分。《東都事略》則從相關材料中摘取了有利於趙普的敘述。

綜上所述,《東都事略》新增或做出過調整的記事,取材範圍包括筆記小説、《趙普神道碑》以及《續資治通鑑長編》等。其中源出筆記小説的記事多見於《五朝名臣言行録》,王稱有可能參考過《五朝名臣言行録》。不過對於源出筆記小説的記事,王稱沒有簡單地一抄了之,而是依據《續資治通鑑長編》等材料做了若干改動。此外,王稱對《國史》原有的内容也有删減,如趙普建議以趙保忠復領夏州使、趙元僖上疏推薦趙普等事。不論是從材料的選擇還是從人物形象的

---

[1] 李燾《續資治通鑑長編》卷一作"太尉忠赤,必不汝赦"(2頁)。
[2] 趙普《皇朝龍飛記》作"强敵寇邊,雄師在此,爾等甲兵幾何,便欲扶策天子? 況太尉一心忠赤,通於神明,若聞此事,必誅殺汝輩,不可草草……比以并寇與犬戎結連侵犯封疆,諸公此行,奉命征討"(《新刊國朝二百家名賢文粹》卷一一五,北京圖書館出版社影印中國國家圖書館藏宋慶元三年書隱齋刻本,2005年,頁1b),《東都事略》所載或源出於此。
[3] 王稱《東都事略》卷二六《趙普傳》,207頁。
[4] 李燾《續資治通鑑長編》卷一二,262—263頁。

塑造來看，《東都事略·趙普傳》都稱得上是一篇精心編撰的傳記文本。

四、《東都事略》《宋史》對趙普形象的調整

相較《國史》而言，趙普在《東都事略》中的形象發生了較爲明顯的變化。《東都事略》新增或做出過調整的將近二十條記事，篇幅占全篇傳記的一半以上，除趙普焚中外表奏事以及"廷美廢，多遜南遷，普之力也"一句外，或反映趙普的政治功績，或描寫太祖（以及太宗）對趙普的信任，均屬正面描寫。《國史》中對趙普的一些負面描寫也被王稱刪去，如"普建議以趙保忠復領夏州使……時論歸咎於普"[1]一段。儘管《東都事略》中也有關於趙普專權的敘述（即趙普焚中外表奏事），但將其與雷德驤攻擊趙普事合而觀之，可以發現《東都事略》的敘述與《國史》的敘述實際上有著微妙的區別：

> 太祖寵待普如左右手，判大理寺雷德驤憤其屬附普，增減刑名，因求見太祖，語不遜。太祖怒叱之曰："鼎鐺尚有耳，汝不聞趙普吾之社稷臣乎？"德驤坐貶商州，又貶靈武。盧多遜在翰林，頻召對，攻普之短。會德驤之子有鄰，憤其父流竄，乘隙訟堂吏過，悉抵以罪。而普由是罷爲河陽節度使同平章事。方普之在相位也，嘗於視事閣坐屏後設二大甕，凡中外表奏，普意不欲行者，必投之甕中，滿則束縕焚之，以是人多怨者。[2]

在《東都事略》的敘述中，趙普罷相主要是因爲盧多遜、雷有鄰等同僚的打擊，而非太祖的猜忌。王稱最後在"史臣論"部分稱贊趙普：

> 自古受命之君，必有碩大光明之臣，以左右大業。太祖光宅中夏，普以謀議居中，用能削百年藩鎮之權，剗五季僭偽之國，撥亂世反之正。獨相十年，天下廓廓，日以無事。至太宗寵遇愈隆矣。古之人臣，有非常之功，則人主亦必報之以非常之禮。觀二帝所以待普者，可謂至矣。勳名爛然，與宋無極，盛哉！[3]

可以這麼說，趙普"勳名爛然"的功臣形象主要是通過王稱新增或做出過調整的

---
[1] 楊仲良編《續資治通鑑長編紀事本末》卷一〇《趙普復相》引《國史·趙普傳》，176頁。
[2] 王稱《東都事略》卷二六《趙普傳》，207頁。
[3] 王稱《東都事略》卷二六《史臣論》，211頁。

記事重新構建起來的。

《東都事略》之所以重新構建趙普形象,當與其成書時代密切相關。作爲北宋最重要的開國功臣,趙普生前身後一直享有極高的地位[1],即便《國史》對趙普有所微詞,也難以直接表露出來,只能用春秋筆法明褒暗貶。時過境遷,特別是孝宗即位後宋朝皇位重新回到太祖一系,時人顯然不必回到太宗、真宗的立場來書寫與評價趙普。例如朱熹是這樣評價趙普的:

> 如本朝趙韓王,若論他自身,煞有不是處。只輔佐太祖,區處天下,收許多藩鎮之權,立國家二百年之安,豈不是仁者之功![2]

除了王稱精心編撰的《東都事略・趙普傳》以外,李燾亦撰有《趙普別傳》[3]。李燾似乎未給其他宋人撰寫過單篇傳記[4],顯示了李燾對趙普形象問題的特殊關注。儘管李燾的《趙普別傳》已經亡佚,但可以想象,《趙普別傳》中的趙普形象與《國史》中的趙普形象應該也會有相當的區別。

與《東都事略》類似,《宋史》史官對趙普也頗爲推崇,並且同樣在《國史》的基礎上增加了若干源自筆記小説的記事。除讀《論語》事外,這些記事均見於《五朝名臣言行録》,當是元朝史官據《五朝名臣言行録》增入[5]。不過與《東都事略》相比,《宋史》對趙普形象的調整顯得有些粗糙。一方面,《宋史・趙普傳》增入的記事多爲趙普的生平逸事,字數也不算太多,僅占全篇傳記的十分之一左右,似未充分體現趙普的功業,例如"杯酒釋兵權"一事即未提及。另一方面,《宋史・趙普傳》"史臣論"對趙普的品格以及太祖與趙普的君臣關係給予了高度評價:

> 自古創業之君,其居潛舊臣,定策佐命,樹事建功,一代有一代之才,未嘗乏也。求其始終一心,休戚同體,貴爲國卿,親若家相,若宋太祖之於趙普,可謂難矣……及其當揆,獻可替否,惟義之從,未嘗以勳舊自伐。[6]

---

[1] 張其凡《趙普評傳》,283—289 頁。
[2] 黎靖德編《朱子語類》卷四八,北京:中華書局,1986 年,1193 頁。
[3] 周必大《敷文閣學士李文簡公燾神道碑》,李燾《續資治通鑑長編》卷首,33 頁;《宋史》卷二○三《藝文志二》,5125 頁。
[4] 參見王承略、楊錦先輯考《李燾學行詩文輯考》,上海古籍出版社,2004 年,55—75 頁。
[5] 《宋史・趙普傳》對《宋名臣言行録》的參考恐非個例,例如《宋史・司馬光傳》亦有類似情況,參見邱靖嘉、蒲俊《試析"司馬光擊甕"故事的史源及其產生背景》,《唐宋歷史評論》第 5 輯,北京:社會科學文獻出版社,2018 年,133—138 頁。
[6] 《宋史》卷二五六《史臣論》,8945 頁。

但是《宋史·趙普傳》中仍有保留《國史》中趙普多行不法事並引起太祖猜忌的相關描寫，難免令人有傳論脱節之感。不同於精心編撰的《東都事略·趙普傳》，《宋史·趙普傳》似乎只是《國史》與《五朝名臣言行録》的簡單拼凑。

除了《五朝名臣言行録》以外，《宋史》還以《東都事略》等其他材料爲據增入三事。除遷太子太保事外，其餘二事在"史臣論"部分均被提及，顯示了元朝史官對此二事的特殊關注。首先是讀《論語》事。《宋史·趙普傳》"史臣論"云：

> 家人見其斷國大議，閉門觀書，取決方册，他日竊視，乃《魯論》耳。昔傅説告商高宗曰："學于古訓乃有獲，事不師古，以克永世，匪説攸聞。"普爲謀國元臣，乃能矜式往哲，蓍龜聖模，宋之爲治，氣象醇正，兹豈無助乎。[1]

《宋史》史官在"史臣論"部分專門提起此事，當與理學興起後《論語》地位的上升直接相關[2]。

其次是趙普密奏金匱之盟並打擊趙廷美事。《東都事略》傳記部分雖然也載"廷美廢，多遜南遷，普之力也"，但其"史臣論"部分並未因此批評趙普。元朝史官或因身處異代，已無忌諱，所以在"史臣論"部分直率地批評"晚年廷美、多遜之獄，大爲太宗盛德之累，而普與有力焉"。而元朝史官將趙普參與"廷美、多遜之獄"歸咎於"其學力之有限而猶有患失之心"[3]亦體現了《宋史》鮮明的理學化色彩。

小結

通過以上分析，《國史》《東都事略》《宋史》這三種趙普傳記的文本來源及其所塑造的不同趙普形象已經明晰。在《國史》中，趙普是一位權臣，因爲政頗專、多有不法事而爲太祖所猜忌。《東都事略》通過增入功勛事迹、删改負面描寫等方法重新構建了趙普"勛名爛然"的開國功臣形象，其文本依據包括筆記小説、《續資治通鑑長編》等，是一篇精心編撰的傳記文本。《宋史》雖對趙普的學養及爲人有所批評，但總體上仍對趙普的功業做出了較高的評價。不過，《宋史》雖

---

[1]《宋史》卷二五六《史臣論》，8945頁。
[2] 顧宏義《趙普"夜讀〈論語〉"傳説探源》，210—212頁；陸敏珍《故事與發明故事："半部論語治天下"考》，《學術月刊》2016年第4期，140—141頁。
[3]《宋史》卷二五六《史臣論》，8945頁。

對《五朝名臣言行録》《東都事略》有所參考,但仍然保留了較多襲自《國史》的負面描寫,以致使人産生傳論脱節之感。

實際上,類似《宋史·趙普傳》這樣傳論脱節的情況在整部《宋史》列傳當中並非個案。這一方面固然是《宋史》編修草率之表現,但從另一方面來説,宋修《國史》的歷史書寫也因此被大量保留在《宋史》當中。《東都事略》(以及《宋史》"史臣論"部分)對趙普形象的調整則提示我們,南宋以來形成的北宋政治史叙述體系可能迥異於北宋的本朝史叙述體系。當然,更早形成的歷史書寫絶不意味著更接近"歷史原貌",若干重要的歷史細節也可能會在歷史叙述體系的重新構建中遭到埋没[1]。惟有準確把握不同歷史書寫背後暗含的不同立場,才有可能從中發掘出隱秘的史實。

(附記:本文寫作過程中曾得到吴錚强師的啓發與指導,謹此致謝。)

〔胡潮暉,浙江大學歷史學院博士研究生〕

---

[1] 例如"杯酒釋兵權"事,傳統看法多認爲"釋兵權"針對的對象是石守信等大將,特別是《宋史》史官將此事置於《石守信傳》更容易使人産生這一印象,參見《宋史》卷二五〇《石守信傳》,8810頁。但新近有研究指出,當時被解除兵權者除禁軍諸大將以外還有趙光義,《國史》未載"杯酒釋兵權"事大概與此有關,參見顧宏義《宋初政治研究:以皇位授受爲中心》,163—171頁。

元代家訓中的童蒙教育理念

蔡春娟

家訓是中華傳統文化的重要組成部分,集中體現了一個家庭或家族的道德準則與行爲規範,對家庭和睦的維繫和兒童品格的養成都起到了重要作用。今人研究一般採用廣義的家訓概念,將父祖兄等長輩對子孫弟侄輩口頭或書面的教誡、族譜中之家規、俗訓鄉約等範世文獻以及士人之家書、詩文,只要内容與治家訓子有關者,都視爲家訓。[1]如此,家訓不僅體裁多樣,長短也不一。既有像《鄭氏規範》這種近萬字的專著形式,也有僅八個字的訓子文,如"一貫之旨,忠恕而已"即是袁桷好友孫濟川的家訓。[2]目前所見的元代家訓文獻不多,且以士人家訓爲主。2017年出版的《中國歷代家訓集成》12册(樓含松主編,浙江古籍出版社)是家訓文獻最新最全的整理本,收入的元代家訓只有《鄭氏規範》《鄭氏家儀》《善俗要義》《至正直記》《女範》五種。《善俗要義》是地方官訓諭百姓之文,《至正直記》是孔子後裔孔齊的見聞筆記,將這兩部書納入家訓,是因爲其中包含了持己處家之方和訓諭子弟的内容。這其中,不僅《鄭氏規範》《鄭氏家儀》出自尊崇儒學的士人家族,即使是面向庶民的《善俗要義》,撰著者王結也是一名儒官。另外,元代數量衆多的教子詩文也出自士人之手。因而,目前我們看到的元代家訓主要反映了士人階層的治家教子文化。元代士人將理學的修身觀、倫理觀和禮儀規範引入家訓,從而在家訓教子中也鮮明地體現出理學的教育理念。

由於資料不多,學界關於元代家訓的討論也受到局限。通論古代家訓的著作,如徐少錦、陳延斌《中國家訓史》,王長金《傳統家訓思想通論》,朱明勛《中國

---

[1] 朱明勛《中國家訓史論稿》,成都:巴蜀書社,2008年,1—13頁。
[2] 袁桷《清容居士集》卷五〇《書孫僉事訓子八字説》,《四部叢刊》本。

家訓史論稿》對元代部分著墨不多,書中涉及的主要是《鄭氏規範》。[1]關於元代家訓的研究論文,也以對《鄭氏規範》的探討最多[2]。其他對士人家訓的研究主要有陳延斌《元代士人的家訓》、柏安璇《元代教子詩研究》兩文,陳文談了耶律楚材和許衡兩人的教子,柏安璇從《全元詩》中輯出大量教子詩,分思想道德教育、讀書爲官教育、生産生活教育討論了元代教子詩的内容以及教子方法。[3]該文極大充實了元代家訓的研究。

顏之推《顏氏家訓》奠定了家訓的基本宗旨爲"整齊門内,提撕子孫"[4],即"治家"和"教子"。本文擬在前人研究基礎上,擇選元代家訓中"教子"的内容,探討元代家訓的童蒙教育理念,以見家訓在童蒙教育中所起的作用。

一、讀書修身、志道志聖

理學在元代成爲官方學術,理學家追求天理、追求個人道德的完善。受理學觀念影響,元代士人重視讀書修身,"爲學以道爲志,爲人以聖爲志"[5],並將理學倡導的學習目標和道德目標引入家訓。

讀書明理是修身進德的基礎,所以家訓中經常修身與爲學一起提及。《鄭氏規範》載:"子孫自八歲入小學,十二歲出就外傅,十六歲入大學,聘致明師訓飭。必以孝悌忠信爲主,期底於道。"又,"子孫爲學,須以孝義切切爲務,若一向偏滯詞章,深所不取。此實守家第一事,不可不慎"。[6]當時社會讀書目的可分爲兩個層次,高層次追求經書義理,低層次以詩詞文章追求功名利禄。被封爲義門的鄭氏家族崇尚前者,告誡子弟爲學不可一味追求文章華麗,更重要的是要通曉經書義理,以孝義爲宗旨,並以之指導自己的人生實踐,從而實現孝

---

[1] 徐少錦、陳延斌《中國家訓史》,西安:陝西人民出版社,2003年;王長金《傳統家訓思想通論》,長春:吉林人民出版社,2005年;朱明勛《中國家訓史論稿》,成都:巴蜀書社,2008年。
[2] 如陳延斌《〈鄭氏規範〉的家庭教化及其對後世的影響》,《齊魯學刊》2001年第6期,72—76頁;常建華《元明時期義門鄭氏及其規範的社會影響》,《河北學刊》2011年第2期,61—67頁;董亞薇《試論〈鄭氏規範〉中的女教思想》,《湖州師範學院學報》2015年第7期,67—72頁;施克燦《〈鄭氏規範〉中的家庭倫理及其影響》,《光明日報》2018年07月09日14版等,不一一列舉。
[3] 陳延斌《元代士人的家訓》,《中國紀檢監察報》2017年2月27日;柏安璇《元代教子詩研究》,華東師範大學碩士學位論文,2020年。
[4] 顏之推撰,王利器集解《顏氏家訓集解(增補本)》卷一《治家·序致第一》,北京:中華書局,2011年,1頁。
[5] 程端禮撰,姜漢椿校注《讀書分年日程》卷一,長沙:黄山書社,1992年,40頁。
[6] 鄭强勝注評《鄭氏規範》,鄭州:中州古籍出版社,2016年。以下所引《鄭氏規範》内容均據此書,不另出注。

悌、忠信等儒家價值觀。

《善俗要義》面向對象是地方百姓,在訓諭之餘,更注重教化的實施。作者王結繼承了孟子的性善論,認爲"衆人之生性中皆有仁義禮智,惟學乃能知其理而造其道,賢人君子皆由此致"。[1]既指出了"仁、義、禮、智"品格養成的途徑——學習,也道明了爲學的目標——成爲賢人君子。

士人嚮往三代理想社會,崇尚品德高尚的古人,他們在訓子詩文中常常表達出"師古"的觀念。元初名儒許衡(1209—1291)曰:"大兒願如古人淳,小兒願如古人真。平生乃親多苦辛,願汝苦辛過乃親。身居畎畝思致君,身在朝廷思濟民。但期磊落忠信存,莫圖苟且功名新。"[2]希望兒子們能具有如古人般淳真的品格,心懷致君濟民大志,不貪圖功名富貴。天台人許嗣(1281—1325)作《訓子》詩曰:"吾家詩書胄,天運遭中歇。雖乏兼濟功,尚守清白節。汝今志學餘,經史未明徹。歲月不汝延,努力無暫輟。斯文苟未喪,終當繼先烈。世道多嶮巇,含光養孤潔。非財不可取,勤儉用無竭。非言不可道,處默無禍孽。臨下必簡嚴,事上必柔悦。持心思敬謹,遇事無滅裂。金馬誇豪貴,吾謂非世傑。惟能師古道,方與禽獸别。國章有常典,聖言亦諄切。書此爲庭訓,汝宜踵前哲。"[3]除教導子孫要志學、勤儉、慎言、敬謹外,更重要的是他希望子孫能"師古道",在世風日下的社會堅守清白氣節。

聖人君子是士人修身的終極目標,現實生活中普通百姓的修身觀念更爲質樸。閩中人盧琦幼時,其父教導曰:"汝母早殁,吾教汝兄弟讀書,非圖富貴利達,惟願世先德爲好人、行好事而已。"[4]盧琦謹遵父訓,爲官廉謹,事入《元史·良吏傳》。王結作爲地方官,勸百姓各守本業,善讀書者可習儒,其餘諸人農、工、商賈,各守其業,"如此亦不失爲鄉里善人"。[5]即"爲好人""爲善人",是更爲普世的修身價值觀。

恭謹、謙遜、勤儉等品格是元代家訓中最常見的對子弟的要求。前述許嗣《訓子》中"非財不可取,勤儉用無竭。非言不可道,處默無禍孽。臨下必簡嚴,事上必柔悦。持心思敬謹,遇事無滅裂"等詩句,即提出了勤儉、慎言、敬謹等品格要求。許有壬(1287—1364)告誡子侄輩:"修身誠爲本,顧行言乃宣。治家儉

---

[1] 王結《善俗要義》之"勤學問",楊訥點校《吏學指南(外三種)》,杭州:浙江古籍出版社,1988年,350頁。
[2] 許衡《訓子》,淮建利、陳朝雲點校《許衡集》卷一一,鄭州:中州古籍出版社,2009年,254頁。
[3] 許嗣《訓子》,楊鐮主編《全元詩》31册,北京:中華書局,2013年,105頁。
[4] 吳鑒《故前村居士盧公墓誌銘》,《圭峰集》附録,《景印文淵閣四庫全書》本。
[5] 王結《善俗要義》"訓子弟",352頁。

是主,率下身當先。妄則身自棄,奢則家日朒。"[1]注重誠信、勤儉、謙恭等品格。《善俗要義》引用古語"勤能勝貧,謹能勝禍",告知百姓應具備勤與謹的品格,以及如何做到"勤"與"謹":"務耕桑,修蠶織,葺園圃,栽樹株,利溝渠,理堤堰,通貨財,皆勤力之事也。孝於父母,順於兄長,言行慎密,出入安詳,非善勿友,非義勿取,不學賭博,不作盜賊,不好爭訟,不競貪淫,皆謹身之道也。"[2]

諸葛亮"靜以修身、儉以養德"的思想對後世影響很大[3],儉不僅是一種美德,而且成爲修身進德的途徑。《鄭氏規範》約束子孫不得與人眩奇鬥勝,兩不相下,"彼以其奢,我以吾儉,吾何害哉!"告誡子孫家業成之不易,"當以儉素自繩是准"。孔齊提倡人生從儉,謂"人生好儉,則處鄉里無貪利之害,居官無賄賂之污"[4]。

二、父慈子孝、兄友弟恭

父慈子孝、兄友弟恭是維繫家庭的重要倫理道德。《鄭氏規範》要求子孫讀書"必以孝悌忠信爲主",還將這些道德要求寫進祖訓,每朔望日向家衆宣讀。"凡爲子者必孝其親,爲妻者必敬其夫,爲兄者必愛其弟,爲弟者必恭其兄。毋徇私以妨大義,毋怠惰以荒厥事,毋縱奢侈以干天刑,毋用婦言以間和氣,毋爲橫非以擾門庭,毋耽曲糵以亂厥性。有一於此,既殞爾德,復隳爾胤。眷兹祖訓,實系廢興。言之再三,爾宜深戒。"時時提醒家中子弟遵循行事。此外,還列出數種"以不孝論"的行爲,如:有言質鬻祭田者以不孝論、有沮壞勸懲簿者以不孝論、子孫出仕爲官貪黷不法驕橫者以不孝論、子孫畜養飛鷹獵犬專事佚游者以不孝論、子孫圖脅人財侵凌人產者以不孝論。這些嚴苛的家規,將"孝"的内涵擴大,幾乎所有不利於家族利益和家族形象的言行都被定義爲"不孝"。

孝悌、仁恕還被視爲積善之道與家族興盛的根本。《鄭氏規範》言,"吾家既以孝義表門,所習所行,無非積善之事","人家盛衰,皆系乎積善與積惡而已。何謂積善?居家則孝悌,處事則仁恕,凡所以濟人者皆是也"。故而該家族對同宗、同里患難之家毫不吝嗇出手相助,如撥房屋以居宗族之無所歸者、立義塚展

---

[1] 許有壬《送侄杞回江夏》,《全元詩》34冊,218頁。
[2] 王結《善俗要義》"致勤謹",358頁。
[3] 段熙仲、聞旭初編校《諸葛亮集》卷一《誡子書》,北京:中華書局,2012年,28頁。
[4] 孔齊《至正直記》卷二《美德尚儉》《人生從儉》,上海古籍出版社,1987年,50—51頁。

藥市以助鄉鄰、修治圮橋淖路以便行客。這些行爲背後，隱含的是"積善之家，必有餘慶"的傳統觀念。《至正直記》多處講到要行善積德陰及子孫，如："古人積金以遺子孫，子孫未必能盡守；積書以遺子孫，子孫未必能盡讀；不如積陰德於冥冥之中，以爲子孫無窮之計。"而"積陰德者，必以孝悌爲第一義"。[1]

《善俗要義》作爲訓諭百姓文，列"敦孝悌""隆慈愛""友昆弟"諸款，講明這些品質對保障家庭和睦、社會和諧穩定的重要性。文中明確告知百姓：善事父母曰"孝"、善事兄長曰"悌"，事父兄之道，當勤力代其勞苦，治生供其奉養，和氣柔色，宛轉承順，如此則人倫明、家道正。父母愛其子弟，要做到兩點：一是應當訓以義，自幼令子弟入學誦書，教以事親事長之禮，二是對子弟要慈愛均平。兄弟之間當兄愛其弟，弟敬其兄，臨財相讓，遇事相謀，通有無，共憂樂。[2]《善俗要義》的優點在於其實踐指導性非常强，在理論訓諭之餘，明確告知百姓該如何做。

士人還以詩歌的形式敦勸子弟行孝悌。"夫養父，婦養母，夫婦孝養今稀有。園池花竹娛老境，甘旨杯觴開笑口。夫夫婦婦一家范，子子孫孫百世守。木有根兮水有源，水流無盡木陰繁。白鹿峰頭飛白雲，隱居讀書思古人。"胡助(1278—1355)作此《孝養歌》告誡子孫莫忘"根"與"源"，莫忘父母生養之恩。他又作《勸兄弟》詩十首，告誡世人"父慈子必孝，兄友弟須恭。倘使誠心在，如何不感通"。[3]

三、勉學與用世

自《顔氏家訓》始，"勉學"就是家訓中的重要内容。元代家訓勉學的内容很豐富，立志、惜時、勤讀、科考功名都是勉學的主題，而勉學的指向除了修身成德外，很大程度指向了用世。

元代時童蒙教育已經普及化，無論普通家庭還是大家族都非常重視子弟的教育，爲之提供學習場所和保障。《鄭氏規範》言："爲人之道，舍教其何以先？"故而家族建置義學一所，聘名師執教，凡宗族子弟入學可免交束脩。又廣儲書籍，爲防止散逸，不許外借，每部書首頁均標記"義門書籍，子孫是教；鬻及借人，

---

[1] 孔齊《至正直記》卷二《別業蕃書》、卷一《子孫昌盛》，39頁、15頁。
[2] 王結《善俗要義》，351—354頁。
[3] 胡助《孝養歌示大兒》《勸兄弟十首》，《全元詩》29册，39頁、98頁。

兹爲不孝"字樣。同時,制定懲罰機制以鞭策子弟勤學,如規定子弟十六歲行冠禮時,"須能暗記《四書》《五經》正文、講説大義,方可行之",否則不予行冠禮,"弟若先能,則先冠,以愧之"。《鄭氏規範》中與勉學相關的内容還有很多。[1] 元代的民間社約——《龍祠鄉社義約》中也講到學校和子弟教育問題:"學校之設,見有講室。禮請師儒,教誨各家子弟。矧又購材命工,大建夫子廟堂,以爲書院。"[2] 這份社約是居住於開州濮陽十八郎寨的元代西夏遺民所立的一份互助社約,仿宋代《呂氏鄉約》而立,也具有俗約家訓的性質。

地方官員重視庶民的教化,要求轄内子弟皆讀書習禮。《善俗要義》言"小兒七歲以上便合讀書""凡所在人民,除家道窘迫、資質昏愚者外,其餘稍稍殷實之家,父兄率其子弟,皆當親近師儒,讀理義之書,講人倫五常之道。……始於一身,推於一家,信言謹行,正心修身……人倫既明,風俗自厚"。其社會教化意味非常明顯。王結的勉學指向有二:資質明敏的子弟使之習儒,將來培養成國士、天下士;其他資質一般的四民子弟教以事親事長之禮,又常丁寧訓導,使之謹慎篤實,恭敬遜讓,習熟見聞,漸能成立。年長後各守本業。[3]

元代士人的勉學詩文數量極爲可觀[4],勉學主題也豐富多樣。許衡有感於自身被虛名牽制的人生,勸導兒子爲學要篤實自強,精研朱熹《小學》和《四書》:"《小學》、《四書》,吾敬信如神明,自汝孩提,便令講習,望於此有得,他書雖不治無憾也……我生平長處,在信此數書,其短處,在虛聲牽制,以有今日。今日之勢,可憂而不可恃也。汝當繼我長處,改我短處,汝果能篤實,果能自強,不患學不至。不能篤實自強,我雖貴顯,適足禍汝,萬宜致思。且專讀《孟子》,《孟子》如泰山巖巖,可以起人偷惰無恥之病。"[5] 北方士人王惲(1227—1304)作詩勸導兒子要立志成才:"譬彼青衿子,致養在厥初。必擴心與志,毋適尺寸膚。然有才不才,學焉因爾殊。緬懷孟軻訓,書以示阿奴。"[6] 南方大儒吳澄(1249—1333)作有《勉學吟》四首,"爲師不過發其蒙,十分底藴從人説,百倍工夫自己充"、"從頭莫枉青春日,卯角俄成白髮翁"[7] 等句,勸人惜時勤讀。蘇州人陳謙(1290—1356)作《勉學詩》二十四首,從多個角度勸人讀書。其中"流年

---

[1] 可參見董亞薇《〈鄭氏規範〉主體思想研究》,青島大學碩士學位論文,2016年。
[2] 唐兀崇喜《龍祠鄉社義約》,焦進文、楊富學《元代西夏遺民文獻〈述善集〉校注》,蘭州:甘肅民族出版社,2001年,23—25頁。
[3] 王結《善俗要義》"勤學問""隆慈愛",350—352頁。
[4] 參見柏安璇《元代教子詩研究》,72—80頁。
[5] 許衡《與子師可》,淮建利、陳朝雲點校《許衡集》卷九,226頁。
[6] 王惲《青青兩桐樹示兒子阿孺》,《全元詩》5册,8頁。
[7] 吳澄《勉學吟》,《全元詩》14册,261頁。

急如箭,發白難再鬢;及時不努力,老大成蠢蠢",教誨子弟珍惜光陰;"樹木生有枝,子弟教及時。七年異男女,八歲分尊卑。二五學書計,逢人多禮儀。三五學射禦,四五加冠緌",教人趁時讀書學藝;"欲作高高臺,爲爾寬作基;欲求深深井,爲爾遠爲期",告誡子弟爲學當扎實、持之以恒。[1] 一生以教書爲生的莆田(今屬福建)人洪希文(1282—1366)教子要自幼讀詩學禮:"敬長尊親道,工夫在小兒。綱常千載禮,章句五言詩。講習終成性,周旋自中儀。"[2]

讀書科舉爲官是傳統士大夫的理想入仕途徑。元代雖然舉行科舉的時間不長,仍可見以科考勉勵子弟讀書的詩句。如蒲道源(1260—1336):"苦恨白晝短,忽忽光陰移。冬者歲之餘,爲學當及時。禮樂三千字,它年對丹墀。"[3] 又有劉詵(1268—1350):"學貴資身早,心當與歲新。科名雖外物,未許遜他人。"[4]

讀書的功用除了修身成德外,學以致用、致君澤民是傳統士大夫的政治理想。許衡《訓子》詩句"身居畎畝思致君,身在朝廷思濟民"[5],形象地詮釋了這一理想。耶律楚材一生積極進取,在窩闊台汗時代的汗廷政治中發揮了重要作用,他勸誡兒子:"致主澤民宜務本,讀書學道好窮源。他時輔翼英雄主,珥筆承明策萬言。"[6] 希望他讀書學道,將來有一番大作爲。蘭溪人于石(約1247—?)有一首著名的訓子詩,不少家訓文獻皆著錄,即:"讀書貴有用,豈徒資筆舌。立身一弗謹,萬事皆瓦裂。蔬肉同一飽,自可甘薇蕨。布帛同一暖,何必輕袍褐。貧賤士之常,紛華安足悅。晴窗明幾硯,夜燈耿風雪。汝今其勉旃,經史須涉獵。顧我何足學,當學古賢哲。"[7] 他告誡兒子讀書當經世致用,學習古代賢哲安於貧賤、謹慎自持。金華人葉顒(1300—?)描繪了士人處世的兩種理想狀態,或是身居要職以致君濟民,或是高蹈遠引逍遙自在:"男兒生明世,學禮仍學詩。禮以知揖讓,詩以知盛衰。上輔明主聖,下救斯民愚。坐食萬鐘祿,出駕駟馬車。否則居岩丘,高卧松風廬。談笑理蓑笠,獨釣西江魚。"[8] 危素教導兒子要忠貞報國,垂名千古:"丈夫誓許國,豈爲求斗升。相期在千古,勉勉惟忠貞。"[9]《鄭氏規範》也規勸子孫出仕當以報國爲務,撫恤下民:"子孫倘有出仕

---

[1] 陳謙《勉學詩》,《全元詩》36册,69頁。
[2] 洪希文《教兒子鏞讀禮詩》,《全元詩》31册,146頁。
[3] 蒲道源《次德衡弟韻五首》,《全元詩》19册,234頁。
[4] 劉詵《元日試筆示兒孫》,《全元詩》22册,333頁。
[5] 許衡《訓子》,淮建利、陳朝雲點校《許衡集》卷一一,254頁。
[6] 耶律楚材《愛子金柱索詩》,《全元詩》1册,227頁。
[7] 于石《示衢子》,《全元詩》13册,294頁。
[8] 葉顒《男兒生明世》,《全元詩》42册,34頁。
[9] 危素《贈兒大同甫之龍岩巡檢任》,《全元詩》44册,217頁。

者,當夙夜切切以報國爲務。撫恤下民,實如慈母之保赤子,……又不可一毫妄取於民,若在任衣食不能給者,公堂資而勉之。其或廩禄有餘,亦當納之公堂,不可私於妻孥。"

四、擇友與治生

兒童人生觀、價值觀尚處在形成階段,周圍環境對他們潛移默化的影響很大,故而古代家訓非常看重子弟的交游。元初士人郝經有一篇《友箴》,道明朋友相處應看重"志"與"德":"入門而父兄,出門而朋友。獲於上、説於親者無不在,輔其仁、成其德者無不有。棄挾論世,必召厥真;去益即損,必貽其咎。無比周以相阿,無面諛以背詬。無舍義而即利,無重新而輕舊。無輕怒以相絶,無私惠以相佑。有胥忤者勿較,有忠告者必受。無以昵而相狎,是構離而結鬥;無狥己而絶人,是起穢以自臭。友兮友兮,以有德兮,以有志兮。無志而無德,又奚友之爲?"[1]志向相同的朋友可以相互支持、砥礪前行,品德高尚的朋友促使自己時時反觀自省,不斷進步。《至正直記》"結交勝己"條引用諺語云:"結交須勝己,似我不如無。"又言一旦與不學無術、庸碌無恥之輩往復,"非惟污降志氣,抑且壞亂家規,爲子弟害"。[2]闡明了交友的重要性。《善俗要義》引用古語曰:"與善人居,如入芝蘭之室,久而與之俱化;與不善人居,如入鮑魚之肆,久而不聞其臭。"告誡子弟要與同類交游,"苟不慎擇,爲患非細。所宜親近善良,避遠兇惡。善良接近,則日聞善言,日見善事,久久習慣,則我亦進于善人矣"。[3]

治生作爲生存的根本,在元代各種形式的家訓中都可看到。《鄭氏規範》規定:凡家族子弟都要隨掌門户者去州邑練達世故,以免子弟踏入社會懵暗不諳事機;若子弟讀書無所成就,就令其學習治家理財。可見,以孝義著稱的浦江鄭氏對子弟的要求也並非讀書一途。《至正直記》引用諺語"日進千文,不如一藝防身",道明掌握一門生存技藝對生存的重要性。[4]《善俗要義》面向基層社會庶民百姓發佈,考慮到各行各業子弟的職業選擇。"殖生理"一款論及士、農、工、商四民之業,"城郭之民,類多工商,工作器用,商通貨財,亦人生必

---

[1] 郝經撰,吴廣隆、馬甫平點校《陵川集》卷二一《友箴》,太原:山西古籍出版社,2006年,753頁。
[2] 孔齊《至正直記》卷二《結交勝己》《和睦宗族》,67、75頁。
[3] 王結《善俗要義》"擇交游",359頁。
[4] 孔齊《至正直記》卷三《日進千文》,103頁。

用之事。而民衣食其中,勤謹則家道增長,怠惰則生理荒廢"。建議父兄嚴加訓導子弟,使勤修本業,勿令游蕩。若人人"營治生理,各有常業,能安其分,衣食自充"。[1]王結作爲地方官,對士、農、工、商四業並無偏頗。

傳統士大夫抱有讀書入仕以致君濟民的政治理想與抱負,視士爲崇高的職業,其次是農。寧靜平和的田園耕讀生活有助於升華内在的道德修養,因而得到士大夫的歌頌。如陶安(1315—1371):"教爾諸子孫,切勿慕富貴。方册與田園,功勤有滋味。"[2]元明之際士人鄧雅:"先親有遺訓,家本積慶門。富貴非所慕,以安遺子孫。堆床積編簡,繞宅置田園。世世力耕學,餘事安足論。"[3]都表達了不慕富貴、世代耕讀以求子孫安康的生活理念。隨著商品經濟的發展,傳統的觀念也在逐步發生變化。孔齊曰:"藝之大者,莫如讀書而成才廣識,達則致君澤民,流芳百世;窮則隱學授徒,亦能流芳百世。其次農桑最好,無榮無辱,惟尚勤力耳。其次工,次商,皆可托以養身,爲子孫計。"[4]他雖然奉士爲最優選的職業,但也不排斥工、商,認爲子弟可賴此謀生。

五、元代家訓教子之特點

元代是中國古代家訓發展的重要時期。[5]元朝雖是北方民族建立的政權,但實行尊孔崇儒的文教政策並仿照中原王朝科舉制度取士,傳統家訓賴以生存發展的土壤仍然存在。此時期專著形式的家訓雖然不多,然以《鄭氏規範》爲代表的系統完備、對後世影響深遠之家訓出現,反映了傳統家訓在這一時期的延續與發展。此外,家書、詩文體裁的家訓也延續了宋代的發展勢頭。有學者統計出唐、宋、元、明、清五代的教子詩分別爲332首、2 094首、536首、388首、674首,這些數字雖無法達到精確的地步,但大致可以反映出這五個朝代教子詩歌發展的趨勢。很明顯,宋代是教子詩歌的興盛期,元代536首的數量雖然無法與宋代相比,却比明代多。考慮到元朝統治時間遠遠不及兩宋和明清,故相

---

[1] 王結《善俗要義》"殖生理""禁賭博",348、361頁。
[2] 陶安《示後》,《全元詩》56册,338頁。
[3] 鄧雅《述先訓》,《全元詩》54册,243頁。
[4] 孔齊《至正直記》卷三《日進千文》,103頁。
[5] 施克燦認爲,《鄭氏規範》是中國古代最完備的家族法典之一,在當時和後世都產生了較爲深遠的影響。見《〈鄭氏規範〉中的家庭倫理及其影響》,《光明日報》2018年07月09日14版。常建華認爲,在唐宋時期義門家法、家規與明代嘉靖、萬曆時期族規的出現之間,《鄭氏規範》作爲早期宗族性的規範,起到了承上啓下的作用,開宋以後宗族制定族規進行宗族建設之先河。見《元明時期義門鄭氏及其規範的社會影響》,《河北學刊》2011年第2期,61—67頁。

對而言元代教子詩數量並不少,可見元代繼續了宋代教子詩的發展,至明清才趨於低落。[1]

隨著時代變化,家訓内容和主旨思想也會相應發生改變。浦江鄭氏家族進入明代後,考慮到原有家規"閱世頗久,其中當有隨時變通者"[2],便對之進行損益修訂,就是最好的證明。元代家訓在教子讀書修身、維繫家庭倫理關係、提携子弟治生謀生等方面基本延續了宋代的教育理念,呈現出如下特點。

第一,此時期的家訓尤其注重子弟謙恭、敬謹、勤儉、孝悌、忠信等品格養成[3],這些品格既包括對己的謹嚴與繩束,也包括待人的友善、誠信、仁愛與寬容。傳統家訓重視人格養成和家庭建設。人格養成重在修身,《大學》云:"身修而後家齊,家齊而後國治,國治而後天下平。自天子以至於庶人,壹是皆以修身爲本。"[4]修身不僅是齊家治國平天下的根本,也是良好社會的基礎。在家國同構的傳統社會,父爲子綱、夫爲妻綱的家庭倫理推演爲社會政治倫理,即是君爲臣綱。理學家強調的修身觀、倫理觀滲透到家訓中,體現爲勤謹自持、儉素自繩、父慈子孝、兄友弟恭、夫義妻順、行善積福等品格和倫理道德要求。如鄭氏家族教育子弟讀書要"以孝悌忠信爲本",其祖訓及《男訓》強調的主要是孝悌、和順的家庭倫理與謹言慎行、行善積福等品格和觀念。另外,此時家訓尤重家聲維護。《孟子》曰:"天下之本在國,國之本在家,家之本在身。"[5]修身、齊家作爲家訓的主旨,重視家族中每一個個體對家族名聲的影響。《鄭氏規範》規定:"子孫出仕,有以贓墨聞者,生則於《譜圖》上削去其名,死則不許入祠堂。"生從家譜除名,死不得歸宗,這種嚴苛舉措的背後,隱含的其實是對家族名聲的維護。

第二,《鄭氏規範》的出現,表明隨著累世同居大家族的發展,以規範、制約爲主的家規類家訓適合當時社會需要。這類家訓在勸諭之餘,更重視道德的實踐。《善俗要義》要求子弟"務要踐履所讀之書"[6],將《大學》《論》《孟》的義理落實到生活實踐中。還具體條陳如何做到孝、悌,如何做到勤、謹,這些都有利於道德實踐的展開。《鄭氏規範》大多條文也明確告知家衆該如何做,如"子孫須恂恂孝友,實有義家氣象。見兄長,坐必起,行必以序,應對必以名,毋以爾我"條,告知子孫如何做到恭謹孝悌。這種重視踐履的家訓規條,適合基層社會民

---

[1] 柏安璇《元代教子詩研究》,華東師範大學碩士學位論文,2020年,112頁。
[2] 宋濂《族義編引》,黄靈庚輯校《宋濂全集》卷三〇,北京:人民文學出版社,2014年,636頁。
[3] 金瀅坤有專文探討古代家訓與中國人品格養成的問題,可參閱《論古代家訓與中國人品格的養成》,《廈門大學學報》2018年第2期,25—33頁。
[4] 朱熹《四書章句集注・大學章句》,北京:中華書局,2010年,3頁。
[5] 朱熹《四書章句集注・孟子集注》卷七《離婁章句上》,278頁。
[6] 《善俗要義》"勤學問",351頁。

衆的接受水平,更有利於社會教化。同時也可以看到,此時家訓的適用範圍並非僅僅局限於家庭或家族,隨著家庭倫理的社會化,家訓的社會性愈益明顯。[1] 此外,家訓中以罰輔教的規條,有利於敦促兒童遵守執行。如《鄭氏規範》規定,"小兒五歲者,每朔望参祠講書,及忌日奉祭,可令學禮(入小學者當預四時祭祀)。每日早膳後,亦隨衆到書齋祇揖。須值祠堂者及齋長舉名,否則罰之;其母不容者亦罰之"。

第三,理學統治地位的確立,理學的獨尊使得這一時期的教育偏重經書誦讀、偏重倫理道德修養而忽略其他知識技能的學習。顔之推《顔氏家訓》專列"雜藝"一章,論及書、畫、射、卜筮、算術、醫學、琴、棋、投壺等,認爲這些技藝或可修身,或可怡情,雖不必太精,但需有所瞭解,對這些雜藝並不排斥。而元代家訓將佛道、卜筮及許多技藝列爲禁戒。如《鄭氏規範》規定:"子孫不得目觀非禮之書,其涉戲謔淫褻之語者,即焚毀之,妖幻符咒之屬並同。""子孫毋習吏胥,毋爲僧道,毋狎屠豎,以壞亂心術。""棋枰、雙陸、詞曲、蟲鳥之類,皆足以蠹心惑志,廢事敗家,子孫當一切棄絶之。"鄭氏家族以《文公家禮》爲則,對不符合儒家禮儀規範的事物皆加以禁止,子孫不得讀不符合儒家禮儀的書籍,不得爲吏,不得出家爲僧或道士,甚至棋枰、雙陸等益智技藝也在禁止之列。當時社會習吏從吏成風,由吏入仕也是爲官的主要途徑。但在傳統士人眼中,官與吏終究有著上下尊卑的根本不同,加上當時吏治腐敗,吏在民衆中名聲不佳。鄭氏家族禁止子孫爲吏胥,《善俗要義》提及傳統的士農工商四業,也未及吏,可見士人對吏仍抱有偏見甚至鄙視。《善俗要義》還將蹴踘擊球列爲禁戒事項[2]。這些"排它"家訓,反映出士人階層對技藝的忽視及對理學的尊崇與維護。從童蒙教育的角度看,兒童受學內容受到局限,思想禁錮於一家,對個人的完善並無益處。

元代家訓作爲理學世俗化的載體,將理學倡導的君子德性和倫理道德簡化爲通俗易懂的勸諭之語和規範條文[3],施用於基層社會和家庭成員,使兒童自幼接觸到儒家道德的熏陶與禮的規範。元代家訓在童蒙教育中起了非常重要的作用。

〔蔡春娟,中國社會科學院古代史研究所副研究員〕

---

[1] 陳延斌認爲,鄭氏家族以孝義治家的大家庭模式,經統治階級的倡導,對社會教化起了典範的作用,《鄭氏規範》爲社會提供了可以師法、操作的範本,這都對封建社會後期儒家倫理的社會化、世俗化,起到了推動的作用。見〈鄭氏規範〉的家庭教化及其對後世的影響》,《齊魯學刊》2001年第6期,72—76頁。
[2] 《善俗要義》"戒游惰",364頁。
[3] 王長金認爲,家訓是儒家思想渡向民間的橋梁。詳見《傳統家訓思想通論》,33—40頁。

元武宗擁立集團及其派系變遷[*]

張曉慧

　　元大德十一年(1307),元成宗在大都病殁,後繼無人。在隨後的皇位繼承鬥争中,成宗之侄愛育黎拔力八達獲得勝利。不過出於實力對比的考量,愛育黎拔力八達從漠北迎回手握重兵的兄長海山。海山即位,是爲武宗,並定下兄弟相承之約,册立愛育黎拔力八達爲皇太子,兄弟二人分享了這場政變的勝利果實。[1] 由於《元史》等史料對這場皇位鬥争記述甚簡,以往的研究,側重於分析政變主角愛育黎拔力八達一方,而對海山一方著墨不多。海山得以即位,離不開其在漠北經年培植勢力。本文從人物事迹入手,分析在和林擁立武宗的漠北諸將集團的構成。他們不僅在海山登位一事上立下汗馬功勞,而且在武宗初年的政局中佔據要津。然而武宗朝歷時僅四年,朝局中一些重要政治人物,尤其是蒙古重臣的資料零散,難以勘同、輯考。這一集團包括哪些關鍵人物,他們在武宗即位前後的政局中發揮了何種作用,是本文首先著力解决的問題。其次,政變四年後武宗病重,按照當年的約定,傳位於其弟愛育黎拔力八達,即仁宗。仁宗上臺後,不僅清算武宗舊政、誅殺武宗的尚書省臣,而且背棄叔侄相承之盟,立己子爲太子,遠封武宗子和世㻋爲周王。延祐三年(1316),和世㻋在陝西發動兵變,旋即失敗,史稱"關陝之變"[2]。和世㻋兵變所倚靠的諸臣,一部

---

[*] 本文係國家社科基金青年項目"歷史記憶與族群認同: 蒙古開國史新詮"(項目號: 21CZS021)的階段性成果。

[1] 對這場政變的研究,見邱軼皓《見諸波斯史料的一場元代宫廷政變——以〈瓦薩甫史〉、〈完者都史〉爲中心的考察》,《蒙古帝國的權力結構(13—14 世紀)——漢文、波斯文史料之對讀與研究》,復旦大學博士學位論文,2011 年,第六章附録。

[2] 參見王頲《延祐册立——仁宗承嗣與鐵木迭兒的恣意誣害》,《龍庭崇汗》第十三章,海口: 南方出版社,2002 年,266—287 頁;趙文坦《元武宗改皇儲事件發微》,《中國史研究》2005 年第 2 期;劉曉《"南坡之變"芻議——從"武仁授受"談起》,《元史論叢》第 12 輯;姚大力《元仁宗與中元政治》,《蒙元制度與政治文化》,北京大學出版社,2011 年,366—389 頁;李鳴飛《元武宗尚書省官員小考》,《中國史研究》2011 年第 3 期等。

分就襲自其父衣鉢。在這樣複雜的政治背景下,曾經的武宗擁立集團,又發生了怎樣的變遷和分裂?

一、和林定策之漠北諸將

成宗死後,皇后不魯罕與中書省左丞相阿忽台聯手,欲立忽必烈之子阿難答即位,而右丞相哈剌哈孫則支持愛育黎拔力八達。答己、愛育黎拔力八達母子趕到大都,在右丞相哈剌哈孫、越王禿剌等人的助力下成功發動政變,誅殺阿忽台等政敵。武宗海山順利即位,離不開其母、弟二人先發制人、清除政敵之功。但在武宗的即位詔書裏,我們看到了別樣的歷史叙事:"方諸藩内附,邊事以寧,遽聞宫車晏駕,乃有宗室諸王、貴戚元勛,相與定策於和林,咸以朕爲世祖曾孫之嫡,裕宗正派之傳,以功以賢,宜膺大寶。朕謙讓未遑,至於再三。還至上都,宗親大臣復請於朕。間者,姦臣乘隙,謀爲不軌,賴祖宗之靈,母弟愛育黎拔力八達禀命太后,恭行天罰。"[1]詔書中武宗強調其皇位的合法性來源於宗室諸王、貴戚元勛在和林及上都的兩次推戴,尤其是首先強調"和林定策"的政治合法性和佔據的先機。前人研究重在大都政變,對和林定策少有提及。本文將參與到這場皇位鬥爭中的宗王大臣劃分爲兩大群體:擁立武宗的和林定策集團和擁立愛育黎拔力八達的大都政變集團。參與和林定策的宗室諸王、貴戚元勛包括哪些人,《元史》本紀並没有確切記載,需要結合其他史料進行輯考。

波斯文史料《瓦薩夫史》"海山合罕即位"一節,揭示出若干重要信息。瓦薩夫云:八達太子(即愛育黎拔力八達)遣别不花和禿剌斡兀立之子前來漠北擁立武宗海山之後:

> 海山與月赤察兒太師(Ūjājar Ṭāyshī)、鐵木兒不花丞相(Dimur Būqā Jinksānk)、憨剌合兒平章(Qablaghar Panjān)及其子塔剌海(Ṭarāqāy)一起率領一千兵馬朝都城進發。[2]

---

[1]《元史》卷二二《武宗紀一》,北京:中華書局,1976年,479頁。
[2] Vaṣṣāf al-Ḥażrat, *Tārīkh-i Vaṣṣāf al-Ḥażrat*, Bombay: Muḥammad Mahdī Iṣfahānī, 1853, p.501,以下簡稱"石印本"; *Taḥrīr-i Tārīkh-i Vaṣṣāf*, digested by ʻAbd al-Mohammad Ājatī, Tehrān: Bonyade Farhang-i Iran, 1967, p. 258,以下簡稱"節要本"。人名識讀參考 Shihāb al-Dīn ʻAbd Allāh Sharaf Shīrazī, *Tārīkh-i Vaṣṣāf al-Ḥażrat*, vol. 4, ed. by Alī Riżā Ḥājyān Nijād, Tehran: Intishārāt-i Dānishgāh-i Tihrān, 2009, p. 246,以下簡稱"校勘本"; Waṣṣāf al-Ḥaḍrat, *Geschichte Wassaf's*, Deutch übersetzt von Hammer-Purgstall, herausgegeben von Sibylle Wentker, nach vorarbeiten von Elisabeth und Klaus Wundsam, Wien: Verlag der Österreichischen Akademie der Wissenschaften, 2016, p. 274,以下簡稱"德譯本"。

結合《元史·康里脱脱傳》的記載："武宗親率大軍由西道進,按灰由中道,床兀兒由東道,各以勁卒一萬從"[1],可知和林定策之後,武宗擁立集團兵分三路,分別由武宗海山、按灰和床兀兒率領,而跟隨武宗一路開赴都城的還有月赤察兒、鐵木兒不花、憨剌合兒和塔剌海。這些人應該就是參與和林定策的武將集團。其中,月赤察兒是成吉思汗的四傑之一博爾忽的後裔,長期帶兵駐守漠北。他在和林定策中發揮的作用,用武宗自己的話講是"朕昔入繼大統,公之謀猷又多"。[2]武宗即位之後,月赤察兒及其子塔剌海(瓦薩夫誤記爲憨剌合兒之子)、觚頭、馬剌更因推戴之功在武宗朝把持軍政要職,見前人研究。[3]鐵木兒不花和憨剌合兒二人,史料記載不多,前人未有研究。

先來看鐵木兒不花。元代史料中鐵木兒不花同名者甚多,甄别各鐵木兒不花的履歷,可以大致判斷哪些記載屬於本文要討論的鐵木兒不花。在成宗朝,鐵木兒不花就位列要臣之一,見於伊利汗國宰相拉施特修撰的波斯文史籍《五族譜》。[4]及至武宗朝,《元史》記載武宗即位之初"以平章政事、行和林等處宣慰使都元帥憨剌合兒,通政使、武備卿鐵木兒不花,並知樞密院事"。[5]可見在和林定策中起重要作用的兩位漠北武將——憨剌合兒和鐵木兒不花,都立即被授予知樞密院事這一要職,成爲武宗朝最高軍事長官。鐵木兒不花還繫有"左丞相"銜。[6]瓦薩夫列出的海山在位時期最尊貴的幾位異密之中,有"鐵木兒不花丞相(札撒兀孫丞相),來自札剌亦兒"。[7]查元代文獻中有一"札撒孫帖木尔不花",見《廟學典禮》世祖至元三十年(1293)"三教約會"[8]條,兩者可以勘同。可知鐵木兒不花是由宿衛出身,最初擔任怯薛中的札撒孫,後任通政使、武備卿,掌管驛站、軍器事宜。

其後,鐵木兒不花反對武宗的尚書省新政,進而向仁宗一系靠攏,仁宗即位後立即誅殺以脱虎脱爲首的武宗尚書省臣,鐵木兒不花在這一過程中起到了關

---

[1]《元史》卷一三八《康里脱脱傳》,3322頁。
[2] 元明善《太師淇陽忠武王碑》,《國朝文類》卷二三,《四部叢刊初編》影印上海涵芬樓藏元刊本,上海:商務印書館,1922年。
[3] 這一顯赫家族的基本情況參見蕭啓慶《元代四大蒙古家族》,《內北國而外中國:蒙元史研究》下册,北京:中華書局,2007年,509—578頁。
[4] Shu'ab-i panjgāna, İstanbul: Topkapı-Sarayı Müzesi Kütüphanesi, f.134b 右欄,不見於《史集》。此係北京大學"五族譜讀書班"的共同研讀成果(未發表)。
[5]《元史》卷二二《武宗紀一》,481頁。
[6]《元史》卷二二《武宗紀一》,504頁。
[7]《瓦薩夫史》石印本,502頁。
[8] 此據陳曉偉所揭北京大學圖書館藏清翰林院鈔本《廟學典禮》卷首《廟學典禮應翻譯者》所列改譯條目,見陳曉偉《〈廟學典禮〉四庫底本與四庫館臣改譯問題》,《民族研究》2016年第3期。札撒孫爲元代怯薛之一種,見李鳴飛《蒙元時期的札撒孫》,《西域研究》2013年第2期。

鍵作用。《元史》記載仁宗治脫虎脫等人獄，"命中書右丞相塔思不花、知樞密院事鐵木兒不花等參鞫"。[1]仁宗於至大四年（1311）三月即位後，鐵木兒不花居於諸樞密院同僚之首，此後屢受封賞。[2]從至大四年直至皇慶元年（1312），鐵木兒不花一直任樞密院官，見《經世大典‧站赤》[3]。延祐二年（1315）之後，不再見於史料記載，可能已致仕。

憨剌合兒平章，即前述"平章政事、行和林等處宣慰使都元帥憨剌合兒"，他由漠北的軍事長官與鐵木兒不花一起被武宗任命爲知樞密院事，並加左丞相銜。[4]《元史‧食貨志》"歲賜"部分羅列了從成吉思汗以下諸位蒙古大汗賜予功臣食邑，其中的"憨剌哈兒"[5]，有可能是我們討論的武宗重臣憨剌合兒。

除上述月赤察兒父子、鐵木兒不花和憨剌合兒之外，瓦薩夫還提到八達太子派脫脫平章迎接武宗，[6]這一脫脫平章即康里脫脫，前人在探討武宗即位過程時已論及。[7]可以補充的是，康里脫脫始終與武宗一系保持著密切的私人關係，這一點，不僅從其子鐵木兒塔識事武宗之子明宗于潛邸可以看出，[8]還可以從脫脫在仁宗一朝的政治遭際中得到印證。劉曉已指出康里脫脫在關陝之變時受到牽連。[9]在關陝之變之前，仁宗就著意對以脫脫爲首的康里侍衛親軍進行人事調整。根據《元史》的記載，至大四年正月武宗去世，剛剛掌握權力的仁宗就罷廣武康里衛。[10]依《元典章》，仁宗在即位詔書中重申了脫脫立康里衛的行爲係違法擅招戶計："至大四年三月十八日，欽奉登寶位詔書內一款：諸色人戶，各有定籍。近者脫脫收聚康禮，創立軍衛，濫及各投下並州郡百姓、諸色驅奴人等，多至數萬，已經散遣。今後各投下諸色人等，並遵世祖皇帝以來累朝定制，不得擅招戶計，誘占驅奴，違者治罪。"[11]除此之外，《元典章》還收錄有至大四年《拯治盜賊新例》一則，申明懲治"脫脫收聚來的伯牙兀每"[12]，

---

[1]《元史》卷二四《仁宗紀一》，537頁。
[2]《元史》卷二三《武宗紀二》，523頁；卷二四《仁宗紀一》，541、557頁；卷二五《仁宗紀二》，570頁。
[3]《永樂大典》卷一九四二〇，北京：中華書局影印本，1986年，7228頁。
[4]《元史》卷二二《武宗紀一》，498頁。
[5]《元史》卷九五《食貨志三》，2442頁。
[6]《瓦薩夫史》石印本501頁，節要本258頁，校勘本246頁，德譯本274頁。
[7]姚大力《元仁宗與中元政治》，377—378頁；趙文坦《元武宗改皇儲事件發微》，102—104頁。
[8]黃溍《金華黃先生文集》卷二八《康里氏先塋碑》，《中華再造善本》影印上海圖書館藏元刻本，第十四冊。
[9]劉曉《南坡之變芻議》，54頁。
[10]《元史》卷二四《仁宗紀一》，538頁。
[11]陳高華、張帆、劉曉、党寶海點校《元典章》卷二《聖政一‧重民籍‧至大四年三月詔》，北京、天津：中華書局、天津古籍出版社，2011年，65頁。
[12]《元典章》卷四九《刑部十一‧強竊盜‧拯治盜賊新例》，1631頁。

這裏的伯牙兀，很可能屬康里部，也是康里脱脱所轄部衆。[1]可見早在關陝之變發生之前，脱脱對侍衛親軍的領導權就已受到仁宗的限制。

通過上文的分析，可見和林定策群體的構成，是以漠北武將爲主。武宗即位後，他們皆被委以軍政要職。而在大都政變中發揮關鍵作用的宗王大臣，則在武宗朝有著不同的政治遭際。

二、大都政變之宗室大臣

武宗的即位詔書强調"宗室諸王、貴戚元勛，相與定策于和林"，但現有材料中並没有記載和林定策涉及哪些宗室諸王，反而是大都的若干宗王在誅殺阿忽台一黨的政變中，發揮了重要作用。邱軼皓對政變的過程和關鍵參與者有著深入的分析，指出除越王禿剌、楚王牙忽都等人外，政變的參與者多是答己和愛育黎拔力八達之宿衛親信。[2]在此基礎之上，下文分析若干大都政變之宗親大臣在武宗朝的政治遭際，以補充説明這一政變集團的派系歸屬。

在政變中充當前鋒、手刃阿忽台的是越王禿剌，武宗即位後，他因政變中的平定之功而風光一時，但不久就遭到武宗的清算。禿剌"居常怏怏，有怨望意"，武宗疑其有異志，至大二年賜死。[3]禿剌固然有居功自傲之嫌，[4]但其他政變參與者的事跡，可證禿剌被清算並非孤例。

除越王禿剌之外，活躍在大都政變事件前後的諸王還有寧王闊闊出（忽必烈子）與楚王牙忽都（拖雷庶子拔綽之孫）。據《元史·仁宗紀一》，阿忽台等人被誅之後，"諸王闊闊出、牙忽都等曰：'今罪人斯得，太子實世祖之孫，宜早正天位。'帝曰：'王何爲出此言也！彼惡人潛結宮壼，搆亂我家，故誅之，豈欲作威覬望神器耶！懷寧王吾兄也，正位爲宜。'乃遣使迎武宗於北邊"。[5]可見闊闊出與牙忽都在政變之初，一起表態擁立的是愛育黎拔力八達，而非武宗海山。武宗即位之後，這兩位宗王的命運却差異很大。

---

[1] 關於康里部中的伯牙兀人參見劉迎勝《西北民族與察合台汗國史研究》，南京大學出版社，1994年，66—68頁。
[2] 邱軼皓《見諸波斯史料的一場元代宮廷政變》，192—193、202—203頁。
[3] 《元史》卷一一七《禿剌傳》，2907頁。
[4] 禿剌"寵極心乃異"，離間武宗與哈剌哈孫的關係，見張帆《元代宰相制度研究》，北京大學出版社，1997年，102頁。
[5] 《元史》卷二四《仁宗紀一》，536頁。

寧王闊闊出在至大三年謀反,相關史料見於張岱玉的輯考。[1]除此之外,還有兩條關於他的史料值得探討。張養浩《時政書》云:"近闊闊出太子,賴發覺之早,未嘗變生。"[2]《元典章》提到至大三年"闊闊出的四十個校尉,穿著校尉只孫,搖擾百姓。……你遍行文書,若似這般,諸位投下投入去的,交軍站裏入去者"。[3]元代名叫闊闊出者甚多,但從這件文書的發佈時間和禁止濫投諸王位下的文意上看,這個闊闊出應爲寧王闊闊出。這些材料表明闊闊出並未有嚴重的謀反事實。《元史》云:"有訴寧遠王闊闊出有逆謀者,命誅之。鐵哥知其誣,廷辨之,由是得釋,徙高麗。"[4]表明闊闊出可能與越王禿剌一樣,[5]僅僅是武宗"疑其有異志"。仁宗即位之後,闊闊出被迅速召還,[6]瓦薩夫提到參加普顏篤合罕即位儀式的成吉思汗子孫諸王中就有闊闊出。[7]寧王闊闊出的迅速平反,與仁宗之上臺緊密相聯。從政治派系的角度考察,不難推測闊闊出始終屬仁宗一系,這正是他在武宗、仁宗兩朝黜而復起的原因。

　　在武宗朝懲治寧王闊闊出的行動中,楚王牙忽都作用很大。《元史》記載"寧王闊闊出謀爲不軌,越王禿剌子阿剌納失里許助力,事覺,闊闊出下獄……賞牙忽都金千兩、銀七千五百兩。三寶奴賜號答剌罕,以闊闊出食邑清州賜之,自達魯花赤而下,並聽舉用"。[8]這表明治寧王闊闊出之獄的主要是楚王牙忽都和武宗的親信三寶奴。一年前越王禿剌服誅,武宗就"命楚王牙忽都、丞相脫脫、平章赤因鐵木兒鞫之",[9]就像在闊闊出謀反案中立下功勞一樣,在禿剌謀反案中,牙忽都亦是武宗的得力助手。牙忽都從最初擁立仁宗,到武宗即位後成爲武宗打擊其他諸王的先鋒,政治立場發生很大變化。

　　除寧王闊闊出與楚王牙忽都之外,參與誅殺阿忽台的還有大臣別不花,其生平見陳高華《元朝中書左丞相別不花事迹考》[10]。別不花受武宗之命任江西、江浙、湖廣行省左丞相[11],與政變中起關鍵作用的另一位大臣哈剌哈孫一樣[12],

────────
〔1〕張岱玉《〈元史·諸王表〉補證及部分諸王研究》,内蒙古大學博士學位論文,2008年,50頁。
〔2〕陳得芝、邱樹森、何兆吉輯點《元代奏議集録》下册,杭州:浙江古籍出版社,1998年,196頁。
〔3〕《元典章》卷六〇《工部三·役使·祗侯人·校尉擾民》,2011—2012頁。
〔4〕《元史》卷一二五《鐵哥傳》,3077頁。
〔5〕《元史》卷二三《武宗紀二》:"寧王闊闊出謀爲不軌,越王禿剌子阿剌納失里許助力。"(523頁)
〔6〕闊闊出被召還並受賞,見《高麗史》卷三四《忠宣王世家》(奎章閣本),《元史》卷二四《仁宗紀一》,553頁,此兩條材料已爲張岱玉所揭,見張文50頁。
〔7〕《瓦薩夫史》石印本503頁,校勘本252頁,節要本260頁,德譯本280頁。
〔8〕《元史》卷二三《武宗紀二》,523頁。
〔9〕《元史》卷一一七《禿剌傳》,2907頁。
〔10〕陳高華《元朝中書左丞相別不花事迹考》,《隋唐遼宋金元史論叢》第九輯(2019年)。
〔11〕見前引文。
〔12〕哈剌哈孫之外調源于越王禿剌誣告,見前引張帆《元代宰相制度研究》,102頁。

都遠離了中書省。

總之,和林定策的核心成員月赤察兒父子、鐵木兒不花、憨剌合兒等人,均在武宗即位之後官居軍政要職。而大都政變的重要人物哈剌哈孫與別不花,在武宗即位後相繼調離權力中樞;禿剌與闊闊出先後被懷疑謀反、或死或流;牙忽都則充當了打擊謀反的先鋒。武宗所倚重的,或是其在漠北培植的私人舊部,如憨剌合兒,或是在武宗登位的新形勢下調轉船頭者,如牙忽都。他們(及其後裔)後來成了武宗之子和世㻋争奪皇位的堅定支持者。基於這樣的用人方針,可以推測,大都政變的主要參與者在武宗朝政局上的失意,可能因爲他們與潛邸時期的武宗並未建立牢固而密切的人際關係。

三、關陝之變與派系分野

武宗長期的漠北征戰和四年的君臨天下,留給其子孫豐富的政治資源。基於此,寶德士提出了"海山係軍功貴族"[1]的概念,指出武宗海山培植的私人舊部爲其子孫所繼承。劉曉指出,"武仁授受"帶來了沉重的歷史遺留問題,武宗舊臣與仁宗一系相對立,造成了統治集團的分裂局面。[2] 當年的和林擁立群體,基於各自不同的出身背景和利益訴求,參與或者捲入到派系鬥争的政治漩渦中去。派系撕裂圍繞著武仁授受而展開,矛盾集中爆發在延祐三年的關陝之變。

延祐二年,仁宗封武宗長子和世㻋爲周王,爲立己子爲太子鋪平道路。次年三月令周王出鎮,和世㻋行至陝西發動兵變。《元史》對此次兵變記載頗爲簡略,尤其是捲入事件諸人,除《元史・明宗紀》記載陝西省臣阿思罕、教化等起兵之外,其餘散見元代史料之中。[3] 下文就以上述諸王貴族爲核心,對關陝之變的關涉者進行搜集分析。

首先來看上述宗王大臣中,有哪些繼續堅定地支持武宗之子和世㻋。

上文指出,楚王牙忽都在武宗即位後成爲武宗打擊政敵的先鋒。牙忽都死

---

[1] John W. Dardess, *Conquerors and Confucians: Aspects of Political Change in Late Yüan China*, New York: Columbia University Press, 1973, pp.12–18.

[2] 劉曉《"南坡之變"芻議——從"武仁授受"談起》,49—55頁。

[3] 錢大昕已指出這一點,並據《元典章》所載赦罪詔補《元史》記載之缺,見《十駕齋養新録》卷九"延祐四年正月肆赦詔"條,上海書店出版社,1983年,201頁。党寶海《元朝延祐年間北方邊將脱忽赤叛亂考——讀〈大元贈嶺北行省右丞忠愍公廟碑〉》(《西域研究》2007年第2期)揭示出和世㻋的兵變不僅局限於陝西一地,元廷與察合台汗國作戰的邊將脱忽赤同時在漠北叛亂,堅定地站在了和世㻋一方。

後,其子脫列帖木兒繼楚王位,《元史》記載:"延祐中,明宗西出,脫列帖木兒坐累,徙西番,没入其家貲之半。明宗即位,制曰:'脫列帖木兒何罪,其轉徙籍没,豈不以我故耶。其復故號,人民貲帑悉歸之。'"[1]史料中的明宗即武宗之子和世㻋。所謂"明宗西出,脫列帖木兒坐累",指的是脫列帖木兒參與到關陝之變中,支持和世㻋,因此被仁宗流放。和世㻋在多年後終於獲得帝位,仍然感念脫列帖木兒當年支持自己的情誼。脫列帖木兒的派系選擇,與其父楚王牙忽都一脉相承,可以説楚王父子堅定地站在了武宗父子一方。

除楚王脫列帖木兒外,站在武宗父子一方的還有武宗、仁宗的異母弟魏王阿木哥。元上都遺址有魏王殘碑,僅存碑額,上刻"魏王"二字,可推測阿木哥因推戴之功而受到過武宗的褒獎。[2]到了仁宗時期,阿木哥卷入謀反案,張岱玉揭示了此案的一些情況。[3]可以補充的是,《經世大典·站赤》延祐四年二月(1317)的一段記載有助於理解此案原委:

> 先是,上命斡羅思馳驛拘刷民間馬匹,以給帖里干站。如無,則與系官馬馳,及于阿木哥、掃兀、阿思罕、憨剌哈兒等斷没馳馬數内支給。[4]

阿木哥何以在延祐四年初被籍没家資?與阿木哥同遭斷没之阿思罕,正是在延祐三年的關陝之變中擁立武宗之子和世㻋的中堅力量。[5]亦遭斷没的阿木哥也很有可能捲入關陝之變,並因此與兵變諸臣一起被斷没家資。《經世大典》的這條記載中出現的憨剌哈兒,就是上文所述武宗擁立集團中的憨剌哈兒。可見憨剌合兒作爲武宗舊部,在武宗崩後,繼續堅定地站在武宗之子明宗陣營,成爲關陝之變的核心發動者之一。

楚王脫列帖木兒、魏王阿木哥,以及憨剌合兒等人堅定地支持武宗之子和世㻋。與此相對照的是,武宗擁立集團中的若干關鍵人物,並没有堅持海山系立場。

月赤察兒是在和林擁立武宗的核心人物,在武宗、仁宗兩朝掌握了嶺北行省的軍政大權。馬祖常《建白十一五事》提到仁宗"今近歲連召北邊大將,似涉輕易"。[6]仁宗因心生疑慮而頻召北邊大將的做法,透露出漠北潛在的緊張局

---

[1]《元史》卷一一七《牙忽都傳》,2910頁。
[2] 王大方、張文芳編著《草原金石録》,北京:文物出版社,2013年,63頁。
[3] 張岱玉《元朝魏王家族史事鉤稽》,《内蒙古大學學報(哲學社會科學版)》2011年第5期。
[4]《永樂大典》卷一九四二一,7234頁。
[5]《元史》卷三一《明宗紀》,693頁。
[6] 馬祖常《石田先生文集》卷七《建白一十五事》,《元人文集珍本叢刊》影印明刊黑口本,607頁。

勢。這種緊張局勢在關陝之變時達到頂峰,派系矛盾公開化。月赤察兒麾下禿滿迭兒,曾與和世㻋麾下將領大戰,[1]這體現出月赤察兒系勢力在漠北與和世㻋之間的較量,可以推測月赤察兒家族在這場皇位鬥爭中站在了仁宗一方。嶺北行省的另一大將床兀兒,曾勸武宗"急宜歸定大業,以副天下之望"[2],並率大軍爲武宗南下保駕護航,[3]是武宗擁立集團的核心成員。在支持和世㻋的脱火赤之亂中,床兀兒也站在了仁宗陣營。[4]順帝時權傾朝野的篾兒乞氏伯顔,早年由武宗麾下部將出身,也曾參與到和林擁立之中。[5]伯顔出身於武宗的私人舊部,自然爲武宗之子周王和世㻋所繼承,《元史》記載了周王常侍府常侍名單,伯顔位列其中。伯顔的姻親禿忽魯,[6]出身於元代"四世八丞相"的顯赫家族——克烈部孛魯合家族,曾任知樞密院事、中書右丞相等要職。[7]與伯顔的經歷相似,仁宗即位後罷免禿忽魯,一度欲任命自己的親信高麗王王璋爲相。[8]禿忽魯罷相之後,與伯顔一起成爲武宗之子和世㻋的侍臣,並列於周王常侍府諸常侍之首。[9]但在關陝之變的緊要關頭,伯顔與和世㻋分道揚鑣,因而重獲仁宗諒解。[10]禿忽魯也被仁宗命爲兵變大本營陝西行省的丞相,仕途未受影響。[11]二人一道從兵變的漩渦中全身而退。

結語

本文通過輯考人物生平事迹,分析了武宗擁立集團的構成及派系變遷。武宗海山常年征戰漠北,一大批武將聚集在他的周圍,成爲擁立海山稱帝的軍事

---

[1] 邊將床兀兒和脱火赤之間的矛盾見於《完者都史》校勘本207頁,譯文見劉迎勝《皇慶、至治年間元朝與察合台汗國和戰始末》,《元史論叢》第5輯,33頁。
[2] 《國朝文類》卷二六《句容郡王世績碑》;亦見於虞集《道園學古録》卷二三,《四部叢刊初編》影印明景泰翻元小字本。
[3] 《元史》卷一三八《康里脱脱傳》,3322頁。
[4] 党寶海《元朝延祐年間北方邊將脱忽赤叛亂考——讀〈大元贈嶺北行省右丞忠愍公廟碑〉》,69頁。
[5] 《元史》卷一三八《伯顔傳》,3335頁。
[6] 馬祖常《石田先生文集》卷一四《敕賜太師秦王佐命元勛之碑》,669頁。
[7] 北京大學歷史學系2012年春季學期《元代典志研讀》課程中,毛海明《姚燧〈皇元高昌忠惠王神道碑〉材料》(未發表)廣泛搜集了元代史料中有關禿忽魯的記載,梳理了其人履歷。禿忽魯地位之重要,在波斯文史料中也有所反映。《五族譜》將禿忽魯列入成宗朝核心大臣的名單之中(f. 134b),《瓦薩夫史》將其列入武宗最爲重要的十位臣僚之中(校勘本248頁,石印本502頁)。
[8] 李齊賢《益齋先生文集》卷九上《有元贈敦信明義保節貞亮濟美翊順功臣、太師、開府儀同三司、尚書右丞相、上柱國、忠憲王世家》,《韓國歷代文集叢書》,首爾:景仁文化社,2000年,19頁。
[9] 《元史》卷三一《明宗紀》,693頁。
[10] 劉曉《"南坡之變"芻議》,55頁;John W. Dardess, *Conquerors and Confucians*, p.18。
[11] 《元史》卷二五《仁宗紀二》,575頁。

後盾。根據本文的考察,這些人包括:月赤察兒父子、鐵木兒不花、憨剌合兒、床兀兒、篯兒乞伯顏等。其中,既有像月赤察兒這樣的世家大族,也有像伯顏這樣的軍功親信。他們最爲武宗所倚重,在武宗朝把持了中樞要職。而參與大都政變的諸王大臣,殆非武宗私人,除牙忽都調轉船頭、跟進形勢之外,其他人都遭到排擠甚至清除。武宗在不長的統治時間裏,廣授相銜、王號,[1] 籠絡蒙古重臣和漢人、色目臣僚,給其子和世㻋遺留了豐富的政治資源。這使得一部分宗室諸王和軍功貴族,如魏王阿木哥、楚王脱列帖木兒、武將憨剌合兒等,能夠在和世㻋舉兵之時忠心追隨,同生共死。但是,所謂海山系軍事貴族並不是鐵板一塊的政治集團,武宗擁立群體在武宗、仁宗二朝,隨著風雲變幻的政治形勢,發生了若干次分裂。月赤察兒家族、床兀兒等武將,在嶺北行省的長期內鬥中脱離了武宗一系,後來更是助力仁宗平定關陝之變。伯顏、禿忽魯,由和世㻋的親信侍臣,轉而在他倉促起兵之際全身而退。關陝之變因內鬥而草草收場的結局,也顯示這場兵變先天不足,缺乏有力而廣泛的支持。探尋史料中的蛛絲馬迹,我們發掘出上述派系分裂的複雜過程,至於其原因,似可從以下兩個方面來理解。由出身而論,武宗重臣可以劃分爲兩類,一類是以月赤察兒家族、禿忽魯家族爲代表的"大根脚"蒙古貴族,閥閲就是他們的權力來源;另一類則以軍功起家,依賴於海山的提攜,與君主本人關係的疏密決定了他們的政治前途。對這兩類群體而言,權力的不同來源,左右著他們爲派系選擇而承擔風險的意願。而且我們知道,終元一代,未能建立行之有序的皇位繼承制度,皇權更迭經常伴隨著血雨腥風的廝殺。"武仁授受"的特殊性在於,武宗一上臺就册立其弟爲太子,明確了愛育黎拔力八達的皇位繼承人地位。未來的新君已經明瞭的態勢下,一部分海山舊部選擇與時俯仰,爲確保手中的權勢在新舊朝之間平安過渡,早作準備。可以説武宗擁立集團的分裂,受到了武宗舊部政治背景差異與"武仁授受"特殊性的雙重影響。

附記:本文定稿後,邱軼皓老師惠賜《〈瓦薩甫史〉"海山登基"章譯注》,糾正了本文中脱脱事迹的翻譯、考證錯誤,但本文已來不及改正,敬請讀者參閲邱文。

〔張曉慧,中國社會科學院古代史研究所助理研究員〕

---

[1] 野口周一《元代後半期の王号授与について》,《史學》第五十六卷第二號,53—83頁。

元代六部尚書選拔問題探究
——以刑部尚書爲例

陳佳臻

中統元年,忽必烈稱汗,逐步效行漢法,建立並完善自己的一套統治體系。其中央政府參照金朝例,設中書省"統六官,率百司","佐天子,理萬機"。[1]中書省下,又依唐、宋以來建制例,設吏、户、禮、兵、刑、工六部,協助中書省分掌諸方政務。元朝中央機構這一設置,與傳統漢法之間存在繼承的一面,但也在繼承中有所發展。特別地,元朝建立之前所採用的"蒙古舊法"仍深刻地影響了中央機構的設置。换句話説,儘管表面看起來元朝中央的一省六部制脱胎於漢法,但其實際行政運作、選官用人之中,却無不透出元代自己的特色。本文擬就其中一個方面——六部尚書的選拔問題進行研究,從中管窺選官用人制度中元朝中央機構所具有的與其他朝代迥異的特色,並據此進一步分析這一制度給元朝造成的利弊問題。

元朝國祚雖不及唐、宋、明、清,但前後也有百年左右,先後出任六部尚書者多如牛毛,兼之其中多有失載者,故窮舉六部尚書逐一分析顯然是不現實的。基於此,本文在對六部尚書選拔進行一般性分析之外,主要以刑部尚書的選拔情況爲個案研究。選擇刑部這一機構作爲個案研究,一方面在於有關刑部尚書的資料相對較爲完整齊全,能够較全面、客觀地總覽其整體情況;另一方面,在元代六部之中,刑部既有其他五部的共性,又常憑藉特殊的專業性,取得其他五部所不及的獨立地位,個性較强,以之爲研究對象,利於從共性、個性全面掌握

---

[1] 宋濂《元史》卷八五《百官志一》,北京:中華書局,1976年,2121頁。

六部的相關情況。[1]

一、元代六部尚書的選拔制度和用人原則

與唐、宋、金諸朝一樣,元代六部尚書的品秩亦爲正三品,只有在極個別時期被短暫升拔爲二品。這一品秩雖高,但在元代的官僚體系中並不算十分顯貴,因爲元代一、二品的高階衙門並不在少數。可以說,在高級官員群體中,六部尚書的地位居中偏下,談不上非常顯赫。儘管如此,正三品官畢竟已經步入高級官員序列,因此六部尚書的基本選拔制度較之於四品以下官員,又有其特殊之處。

據《元史・選舉志四》的"考課"部分載,至元六年定擬的隨朝官員考課格規定,"一考升一等,兩考通升二等止。六部侍郎正四品,依舊例通理八十月,升三品"。[2]一考的時限,"定隨朝以三十月爲滿,在外以三周歲爲滿"。[3]這一制度推而廣之,在至元十四年的《循行選法體例》中繼續得到貫徹,《元史》《元典章》都分別記載了其內容,但彼此之間略有缺漏,相互參補,製成表1:

表1　隨朝官員考課格規定

考　　法	升　　等	考　　法	升　　等
從九三考	從八	正九兩考	從八
從八兩考	正八	從八三考	從七
正八兩考[4]	從七	從七三考[5]	正七
正七兩考	從六	從六三考	從五
正六兩考	從五	從五三考	正五
正五兩考+上州尹一任/正五三考[6]	四品	正從四通理八十個月	三品

---

[1] 與唐、宋、金相比,元朝六部的獨立性並不高,常受制於中書宰執。但也有特例,刑部在六部中就較爲獨立,其部門專業性強,宰執難以經常插手其事務,如《元史・謝讓傳》載,刑部尚書謝讓曾以"刑獄非錢谷、銓選之比,寬以歲月,尚慮失實,豈可律以常法乎"爲由,使刑部獨不受稽違限規定約束。又見諸史料,常有刑部官員與宰執爭論用法事宜的記載。張帆《元代宰相制度研究》指出元代中書省宰執或有越權兼領六部事的例子,但仔細甄別可以發現,獨刑部自始不曾爲宰執兼領,故知其在六部中地位的特殊性。
[2] 《元史》卷八四《選舉志四》,2093頁。
[3] 《元史》卷八四《選舉志三》,2065頁。
[4] 《元史》卷八四《選舉志四・考課》作"正八品歷三任,升從七",疑有誤。
[5] 《元史》卷八四《選舉志四・考課》注明"呈省"。
[6] 《元史》卷八四《選舉志四・考課》解釋其原因爲"緣四品闕少"。

根據表 1 記載,一個士人在没有任何背景的情况下,完全按部就班升遷,則最少需要從七升正七 90 個月,正七升從六 60 個月,從六升從五 90 個月,從五升正五 90 個月,正五升四品以三考 90 個月計算,四品升三品通理 80 個月,共計 500 個月,折合年數爲近 42 年。值得注意的是,這一演算法仍基於一種理想的最短升遷法,即任滿即遷,且不按外任官的考法,而以隨朝官的考法計算。因此,按照《元史》記載的選官法升到三品的情况,顯然難以成爲現實中三品官員們常用的升遷辦法。

三品以下的選官遷轉,主要由中書省和吏部負責,其中,"正七以上屬中書""從七以下屬吏部"[1],而"三品以上非有司所與奪,由中書取進止"[2],則當一位官員熬到正三品,成爲六部尚書的人選時,他就不再遵循常規的考課和遷轉規則,而由中書省宰執集議擬定,上報皇帝批准。有時候,皇帝還會親自選任六部尚書,如《姚忠肅公神道碑》就提到至元二十二年忽必烈親選六部尚書,將親信姚天福擢爲刑部尚書的例子。[3] 不過,帝選並非常例,有時候皇帝甚至連六部尚書是誰都不知道。成宗皇帝就曾對六部尚書説:"汝等事多稽誤,朕昔未知其人爲誰。今既閲視,且知姓名,其洗心滌慮,各欽乃職。復蹈前失,罪不汝貸。"[4]

六部尚書的選調雖不拘常格,但用人仍會遵守一定的原則。中書省選任六部尚書時,並非隨意選擇任一三品官員充任,而是結合此人的生平履歷、性格、人際關係等諸多要素綜合考量之後選拔的。以刑部尚書的選拔爲例,至元二年,中書平章政事宋子貞奏:"刑部所掌,事干人命,尚書嚴忠範年少,宜選老於刑名者爲之。"[5]在他看來,刑部尚書對案件,特別是命案有極大的決定權,因此選調刑部尚書的一大標準是不能選過於年輕氣盛之人,而應以年長,精通刑名者爲之。

這一標準在刑部尚書選拔中得到了較好地落實。筆者對于史有載的元代刑部尚書做過詳細統計[6],共輯得曾任刑部(右三部、兵刑部)尚書者 58 名,並對其中履歷較爲完善的刑部尚書的總遷轉次數,刑部尚書爲第幾任次,任職年與去世年等進行統計,製爲表 2:

---

[1]《元史》卷八三《選舉志三》,2064 頁。
[2]《元史》卷八三《選舉志三》,2064 頁。
[3]《姚忠肅公神道碑》:"(至元)廿二年,上選六部尚書,問巴兒思(即姚天福)所在,詔拜尚書。"
[4]《元史》卷二○《成宗紀三》,426 頁。
[5]《元史》卷六《世祖紀三》,109 頁。
[6] 詳細資料請見拙著《元代刑部研究》,北京:中國社會科學出版社,2021 年。

表 2　部分元代刑部尚書之履歷

刑部尚書	任次／總任數	任職年／去世年	刑部尚書	任次／總任數	任職年／去世年
李德輝	8/14	1268/1280	張 昉	7/7	1274/1274
珊竹拔不忽	8/9	＞1281/1308	劉好禮	6/9	1282/1288
馬 紹	6、9/14	1282/1286/1300	崔 彧	3、5/11	1282/1283/1298
杜世昌	15、17/17	1289/1298/1299	姚天福	12/22	1285/1302
不忽木	7/12	1286/1300	立智理威	4/11	1290/1310
尚 文	12/22	1294/1327	徐 毅	15、17/23	1307/1310/1314
高克恭	21/22	＞1304/1310	王伯勝	6/13	1307/1326
馬 煦	16/17	1310/1316	謝 讓	18/19	1310/1317
韓若愚	16/23	1324/1330	納 麟	13/25	1333/1359
崔 敬	20/27	1354/1358	劉宗説	20/22	1331/1336
答里麻	13/19	1331/＞1348	蓋 苗	15/25	1344/1347
陳思謙	14/22	1345/1353	歸 暘	19、20/21	1352/1355/1367
答禮麻識理	16/23	1359/＞1367			

　　從表2可以清晰直觀地看出，大多數官員任刑部尚書時，其任職時間往往在總任職的中後半段，即其仕宦生涯的中晚期。即便有刑部尚書的任職時間在其總任職的前半段，也多因此後遷轉過速導致，這一點可以另從其任刑部尚書的年份與去世年份相對照中調適：幾乎所有刑部尚書的任職年份都在其一生中的最後二十年内。這充分表明了自宋子貞建議之後，元朝刑部尚書的選用一直堅持年長與爲官資歷豐富的標準。

　　另一處記載中也提到了選任刑部尚書的相關標準。據《元史·阿魯圖傳》："一日與僚佐議除刑部尚書，宰執有所舉，或難之曰：'此人柔軟，非刑部所可用。'阿魯圖曰：'廟堂即今選儈子耶？若選儈子須選强壯人。尚書欲其詳讞刑牘耳，若不枉人，不壞法，即是好刑官，何必求强壯人耶。'左右無以答。"[1]在阿魯圖等人看來，刑部尚書的選用標準須是"不枉人、不壞人"，做好公正、權衡之

---

[1]《元史》卷一三九《阿魯圖傳》，3362頁。

責。這就構成了另外對刑部尚書的選任要求,即要求其持法平允,道德良好,不偏不倚。

對軍事才能的考量,是構成元代刑部尚書選拔的特殊標準。從大量的史料中可以發現,元代刑部尚書有時候會從事一些軍事或準軍事活動,如帶兵剿匪、捕盜、撫邊、負責城市治安警務等,這些軍事或準軍事活動實際上要求相關刑部官員有一定的軍事才能,才能勝任這些軍國大事。《元史·方技傳》有"布伯傳",其載布伯爲蒙古軍隊砲手出身,因征宋有功,至元十八年"佩三珠虎符,加鎮國上將軍、回回砲手都元帥"。鎮國上將軍爲元代武資散官正三品,故其於次年轉文職時,爲使職品相對應,"遷刑部尚書"[1]。從軍隊調入刑部,布伯不是個案。據《元史·百官志》記載,元大都設有大都路兵馬都指揮使司,"掌京城盜賊、奸僞、鞫捕之事"。其雖號"兵馬都指揮使司",但實際上並不歸樞密院管轄,而隸屬于大都路總管府,具體則由"刑部尚書一員提調司事"。[2] 仁宗皇帝就"敕刑部尚書舉林柏監大都兵馬司防遏盜賊"[3],《刑部題名第三之記碑》中的金伯顏也由北城兵馬都指揮使遷爲刑部侍郎。[4] 到了元後期,大量刑部官員更是參與到軍事活動中,如至正十二年,"刑部尚書阿魯收捕山東賊"[5],同年,"刑部尚書阿魯討海寧賊"[6];至正十五年,"命刑部尚書董銓等與江西行省平章政事火你赤專任征討之務"[7];至正二十七年皇太子愛猷識理達臘命張庸爲刑部尚書,領房山團結兵[8]等。刑部尚書親自領兵赴前綫打仗,也充分展示了其所應具備的軍事才能。

二、元代六部尚書選拔中的問題

儘管制度如此,元代六部尚書的選拔還是出現了種種問題,這導致其實際選拔過程與記載的典章制度間存在不少差異。縱觀元代六部尚書的履歷可見,幾乎沒有哪一位六部尚書是通過常規選舉制度逐級升遷上來的,絕大多數六部

---

[1] 《元史》卷二〇三《方技傳·布伯傳》,4545頁。
[2] 《元史》卷九〇《百官志六》,2301頁。
[3] 《元史》卷二六《仁宗紀三》,580頁。
[4] 《刑部題名第三之記碑》,北京石刻藝術博物館藏。
[5] 《元史》卷四二《順帝紀五》,894頁。
[6] 《元史》卷四二《順帝紀五》,898頁。
[7] 《元史》卷四四《順帝紀七》,923頁。
[8] 《元史》卷一九六《忠義傳四》,4435頁。

尚書的仕途過程充滿了特別提拔和升遷。筆者選取部分履歷較爲完善，可以進行量化統計的刑部官員，對比其任職官吏時間的長短及遷轉次數，製成下表3：

表3 刑部官員任職官吏時間長短及遷轉次數[1]

姓名	吏年數/遷次	官年數/遷次	姓名	吏年數/遷次	官年數/遷次
王 約	11/3	45/14	馬 紹	14/2	27/12
杜世昌	16/5	23/12	姚天福	≈16/4	27/18
不忽木	≈4/1	22/11	立智理威	≈8/1	28/10
尚 文	≈22/4	45/18	高克恭	11/8	22/13
馬 煦	≈15/2	38/14	納 麟	9/2	50/23
成 遵	8/3	19/17	陳思謙	2/2	25/20
歸 暘	0/0	39/22	李士瞻	3/4	≈17/15
察罕帖木兒	0/0	10/9	答禮麻識理	10/3	12/20

從上述情況看，元代六部尚書的選拔並没有拘泥于成憲，其遷轉速度往往快于尋常官員，表現爲：其一，順帝以前的元朝前中期，六部尚書的任職明顯表現出任吏年限長，遷轉次數少，多數官員需任吏職長達十幾二十年，而其任官年限雖長，但遷轉頻率極高，平均兩年左右即遷官一次，任官呈現極大的不穩定性，與前述遷轉法大爲迥異。其二，蒙古、色目官員任吏職時間要遠遠少於漢人，基本在十年以下，任官時間往往長達四五十年，反映出其初任職年齡小，入官時間早的特點，如不忽木、立智理威、納麟等。其三，順帝以後，這一現象有所改變。順帝朝可見的六部尚書，無論蒙古、色目或漢人，其任吏職時間大大縮短，甚至出現不經吏職直接入官的現象。值得注意的是，這一現象恐怕與科舉取士密不可分，上述順帝朝六位官吏中的四位——成遵、歸暘、李士瞻、察罕帖木兒，均爲進士出身。其四，結合其他史實可知，家世背景對這些官吏的任職期限也產生了一定的影響。如同爲蒙古、色目人，怯薛出身者，如宿衛出身的不忽木、納麟，必闍赤出身的立智理威就比出身一般的高克恭任吏職時間更短，而任官時間更長。漢人之中，取得進士出身的普通人得以與家世較顯赫的人獲得較

---

[1] 因刑部尚書完整資料樣本有限，本表所輯録的刑部官員，實際並不止刑部尚書，還包括曾在刑部任職，後在其他五部出任尚書的部分官員。

同等待遇,如成遵、歸暘、李士瞻俱屬無背景人員,因取得進士身份得以與有家世的陳思謙獲得較同等待遇,進而任吏職時間大大縮短。

儘管常規遷轉之制號稱"秋毫不可越"[1],但通過上文資料可見,這一制度實際上經常不被遵守。出現這種情況,恐怕與以下因素密不可分。

首先,制度本身存在"豁口",允許打破常規遷轉制度。《元史·選舉志》中提到常制外的另一種"權衡"制度,即"前任少,則後任足之,或前任多,則後任累之。一考者及二十七月,兩考者及五十七月,三考者及八十一月以上,遇升則借升,而補以後任"[2]。換句話説,當一考滿二十七月,兩考滿五十七月,三考滿八十一月,即使還未到三十個月、六十個月、九十個月的標準,如果遇到升遷,則允許官員先行升遷,並將剩餘未足月份于後任中補足。元代六部尚書的選拔常採用這種"權衡"制度,先提拔業務能力精幹但品級不足的官員出任,再通過後任補足其資歷。"權衡"制度的存在,顯然給諸多官員不遵循三年一考制度提供了藉口,《通制條格》中載有謝讓從户部尚書調任刑部尚書時的官品,爲少中大夫,實際只有從三品,方齡貴在校注中指出其品職不一致,當屬這種"權衡"的情況。

其次,在權臣秉政時期,六部尚書的選拔會受到權臣的嚴重干擾,往往成爲其培植親信羽翼,打擊政敵的工具。如阿合馬擅權時,"專用酷吏爲刑部官"[3],打擊異己。據《癸辛雜識》載,阿合馬曾將政見不同的周維卿送入刑部獄中,《待制集》也載阿合馬當權時曾將官員宋敬之送入刑部獄中[4],可以想見,被投送獄中的官員會受到怎樣的虐待。又如權相鐵木迭兒,"恃其權寵,乘間肆毒,睚眥之私,無有不報"[5],非常擅長借用法律途徑打擊政敵。在他任內啓用的若干刑部尚書,如不答失里、烏馬兒、答里馬失里等,俱爲其心腹爪牙。在誣陷政敵趙世延的時候,鐵木迭兒便"令伊門下心腹人(刑部)尚書答里馬失里非法鍛煉,勒要招服……淩虐枉禁,前後三年,意逼自裁"[6],在發現趙世延不肯屈從時,又"坐以違詔不敬,令法司窮治,請置極刑"[7]。

這種情況下,六部尚書稍有不服,便容易被權臣排擠,往往一任未滿便被迫

---

[1]《元史》卷八三《選舉志三》,2064頁。
[2]《元史》卷八三《選舉志三》,2064頁。
[3]《元典章》卷四〇《刑部二·禁斷王侍郎繩索》,1352頁。
[4] 事見周密《癸辛雜識·續集卷下·解厄咒》和柳貫《待制集》卷一〇《元贈中議大夫同簽樞密院事騎都尉追封南陽郡伯宋公墓碑銘》。
[5]《元史》卷二〇五《奸臣·鐵木迭兒傳》,4581頁。
[6] 許有壬《辨平章趙世延》,載《至正集》卷七六,《元人文集珍本叢刊》本。
[7]《元史》卷二〇五《奸臣·鐵木迭兒傳》,4580頁。

離開所職。如兵刑部尚書張雄飛,阿合馬"與亦麻都丁有隙",希望羅織其罪,又有秦長卿、劉仲澤"忤阿合馬",欲下獄殺之等事,希望張雄飛能够配合他羅織政敵罪名,"誠能殺此三人,當以參政相處"。[1]張雄飛不允,阿合馬奏出爲澧州安撫使。又如至元二十八年,立智理威任刑部尚書,"度吏李禎誣告漕臣劉獻盗粟,上下視時宰桑哥意,鍛煉成獄"。但是立智理威不爲所動,認爲"廷尉,天下平。箠轂之下,漕臣以冤死,何以示四方乎",並將事情如實上報,最終雖然還了劉獻一個公道,却因觸怒權臣桑哥被貶外地。[2]

復次,中書省、御史台、樞密院諸高階衙門之間的用人之争,也是導致六部尚書遷轉頻繁的原因之一。元朝政府用人,常以吏職作爲起家資歷,由儒歲貢或科舉入仕之人,也難免要經歷爲吏的環節。而元代的中書省、御史台、樞密院等系統之間各自爲政,用人權彼此獨立,常常爲争奪能人而各自向皇帝奏請用人,如杜世昌,於至元十九年一年内連遷三處,從監察系統調到樞密院,再調往中書省,就是三家争奪用人的結果。有時候三家争奪用人態勢劇烈,甚至還會出現反復任命,反復改任的情况,如至大三年左右擔任刑部尚書的徐毅,於至大三年到至大四年仁宗即位短短一年多的時間,就反復在三家中換職,前後歷任"河北河南道廉訪使——刑部尚書——御史台侍御史——僉樞密院事——江南行台侍御史——燕南河北道廉訪使——參議中書省事"[3];蓋苗,於後至元四年便先後任刑部尚書、山東廉訪使、參議中書省事,後至元五年又接連任陝西行台侍御史、陝西行省參知政事,後至元六年則更是接連出任御史台治書侍御史、御史台侍御史、中書省參知政事、江南行台御史中丞、甘肅行省左丞、陝西行台御史中丞,短短三年之内,竟前後在中書省、御史台反復任官11次。這種"搶人才"行爲最終造成前表所反映的,元代刑部官吏遷轉速度快,周期短,經常在多個部門之間相互換任的局面。

三、六部尚書選拔中的"蒙漢二元性"要素

蒙漢二元性,是研究元史諸制度時繞不開的話題,也是一個老生常談的話

---

[1] 事見《元史》卷一六三《張雄飛傳》,3819—3823頁。
[2] 《元史》卷一二〇《立智理威傳》,2958頁。又見虞集《立只理威忠惠公神道碑》。
[3] 事見《故通議大夫刑部尚書贈贊治功臣資善大夫中書左丞上護軍追封長安郡公謚忠肅杜公行狀》,《御史中丞贈資政大夫中書右丞上護軍追封平陽郡公謚文靖徐公神道碑銘》。

題。在元史研究中,特別是在政治史、制度史、法制史的研究中,稍加注意就可以觀察到其蒙漢二元性的特徵。而所謂蒙漢二元性,一般是指在整個元代的政權運作中存在兩種淵源各異的制度——來自蒙古本身的制度以及來自傳統漢地的制度之間的碰撞、交流、鬥爭、融合。六部尚書選拔作爲元朝政權運作的一部分,亦不可避免受此特殊性之影響,其選拔方式雖脫胎於傳統漢式官制,但具體實行中却深深受到蒙古因素的影響。

其一,這種影響表現在充當大汗宿衛的怯薛人員,能够更快得到提拔,成爲六部尚書人選的重要來源。以刑部尚書的出身爲例,由怯薛(或東宫怯薛、潛邸時宿衛)出任刑部尚書者,有不忽木、姚天福、納麟、王結、徹里帖木兒、答里麻等人。這些宿衛在出官任職之後是否仍保有原先的怯薛身份,目前還暫時難以完全弄清,但可以肯定的是,怯薛宿衛(或曾經的)身份爲他們的政務開展提供了不少便利,起碼他們時常可以直接與皇帝進行接觸和交流,得到皇帝信任和支援。上述所舉諸刑部尚書,也往往在其任内有較良好的施政表現,如至元二十三年,不忽木任刑部尚書,因處理貪贓枉法的河東按察使阿合馬,被"阿合馬所善幸臣奏不忽木擅發軍儲"[1],最終忽必烈覺察緣由而免不忽木罪。

其二,蒙古早期的制度實踐,也對尚書人選的選拔途徑造成影響。蒙古早期實施怯薛制,其官制簡樸,不分官、吏,普通人入仕途者大多由基層宿衛做起,漸次升遷。這一實踐被後來的元朝所繼承。元朝政府用人,與此前諸朝均不相同,其官、吏之間不存在嚴格的區分界限,大多數官員均從吏人選拔上來,優秀的吏人借出職制度,也可以候補入官,成爲流内官的一員。姚燧在《牧庵集》中曾經提到:"大凡今仕惟三途:一由宿衛,一由儒,一由吏。由宿衛者,言出中禁,中書奉行,制敕而已,十之一。由儒者,則校官及品者提舉、教授,出中書;未及者則正、録而下,出行省、宣慰,十分一之半。由吏者,省、臺、院、中外庶司、郡縣,十九有半焉"[2],由此可見吏職出身的官員在官員總數中佔據的重要位置。以刑部爲例,筆者統計的58位元尚書中,資料翔實,知其早期以吏員出身者21位,除去金、宋入元之官以及其他因故不見早期仕歷者,這個人數已經超過于史可徵的刑部尚書人數的一半以上。因此,六部尚書多出身于吏職者並非無稽之談。

---

[1] 《元史》卷一三〇《不忽木傳》,3167頁。
[2] 姚燧《送李茂卿序》,查洪德點校《姚燧集·牧庵集》卷二〇,北京:人民文學出版社,2011年,71頁。

其三，元朝政府採取"各依本俗法"的屬人主義原則[1]建立各類規章制度，因此六部尚書亦採取多員制，尚書人選一般在不同民族、族群中各自選拔，不相干涉。

據《元史·百官志》記載，元代六部尚書從設置以來，便一直採取多員制。早在中統年間，忽必烈設置左、右三部尚書時，便以劉肅、賽典赤·贍思丁爲左三部尚書，宋子貞、石抹剛紇答爲右三部尚書，初步奠定了元代六部尚書多員制的格局。[2]此後，六部分分合合，尚書人數亦偶有增減，吏部尚書甚至一度"增置七員"[3]，但大體不脱多員制的框架。胡祇遹曾經指出這一亂象，認爲"即今六部尚書八九員，侍郎、郎中、員外郎及一二宣慰使七八員，同知、副使各一人，正如人二身八首而一足，貽笑千載"[4]，終於促使忽必烈在至元二十三年"定尚書、侍郎、郎中、員外郎以二員爲額"。[5]

多員制的六部尚書選拔並非無迹可尋，同一部門的不同尚書之間有民族、族群成份的考量，一般採取"達達、回回、畏吾兒人、蠻子每，一處相參委付"[6]的原則，與蒙古人一同署理政務。這一原則在元代六部尚書的選拔中應該得到較好地貫徹。以元末所立《刑部第三題名之記碑》[7]爲例，碑上共載有至正二十年到二十七年間的刑部尚書37位，其中名字爲漢名者有劉謙、王茂、楊鶚、楊景元等10人，爲色目名者有曲出、普達明理、桑哥識理等13人，爲蒙古名者有那顏不花、完者帖木兒、月魯帖木兒等12人，另有崔孛羅帖木兒和張章嘉訥兩個蒙、漢、色目混用之名。儘管從姓名出發難以邃然斷定該刑部尚書的民族、族群，因爲在元代中後期民族大融合的背景下，不少人已經不再單純屬於哪一民族或族群，而是各民族交融的結果，其姓名既可能採用蒙式，亦可能採用漢式，但是從上述比例做一簡單判斷，仍不難得知，六部尚書的選拔基本遵循著各民族相參委任的原則。

以上諸表現爲元代六部尚書官制中滲透的蒙古因素，爲原有漢制所無，它們共同構成了六部尚書選拔中的元代特色的一面，且進一步影響了元以後的明、清王朝。

---

[1] 詳見仁井田陞《補訂中國法制史研究·刑法》，第九章"中華思想と屬人法主義および屬地法主義"，第六節"元代の屬人法主義と屬地法主義"，東京大學出版會，1991年，438—442頁。
[2] 事見王惲《中堂事記》。
[3] 《元史》卷八五《百官志一》，2126頁。
[4] 胡祇遹《民間疾苦狀》，魏崇武、周思成點校《胡祇遹集》，長春：吉林文史出版社，2008年，429頁。
[5] 《元史》卷八五《百官志一》，2141頁。
[6] 《元典章》卷八《吏部二·色目漢兒相參勾當》，246頁。
[7] 原碑在北京石刻藝術博物館，拙著《元代刑部研究》已全文進行整理，可參詳。

四、六部尚書選拔制度之利弊

前三節展示了元代六部尚書的選拔制度、用人原則、實際執行過程中出現的問題以及其制度所呈現出的"蒙漢二元性"。這些問題構成了元代六部尚書選拔的主要方面。總的來說,元代六部尚書的選拔有其值得肯定的一面,當然也存在令人遺憾的不足。此間利弊,共同造成元代中央政府政務運作中的某些優勢和不足。

首先,從六部尚書的選拔制度中可以看到,元代打破官、吏界限,爲許多治國理政人才提供了發展機遇,這應視爲一種歷史的進步。歷朝文人,總是有意無意醜化胥吏形象,將之描述成貪鄙、奸惡之徒,如葉適就曾這樣描述胥吏:"簿書期會,一切惟胥吏之聽。而吏人根固窟穴、權勢薰炙、濫恩橫賜、自占優比……輕重予奪,惟意所出。"[1]這實際上是對胥吏的一種嚴重曲解。儘管胥吏當中確有舞文弄墨之輩,但不得不承認,國家行政系統的運作,特別是基層行政系統的運作必須仰賴胥吏維繫。在元代以前,胥吏仕進無望、俸祿微薄,難免容易因緣高下其手,元代胥吏有機會出職爲官,畢竟給這一群體提供了發展的空間。余闕曾稱,"自至元以下,始浸用吏,雖執政大臣亦吏爲之,由是中州小民粗識字,能治文書者,得入台閣共筆劄,累日積月,皆可以致通顯"[2],表達的正是元代這一特殊的仕進之路爲胥吏帶來的希望。這一局面的打開使人們對胥吏的評價有所變化,如時人便有"古者儒皆可吏,吏無非儒。爾其以儒飾吏,庶不俗不迂,以不悖于時"[3],"今之吏,所尚者材也。明法律,銛刀筆,鋭於事而給於言"[4]的評價。而由胥吏晉升而至的六部尚書乃至宰執,較之於純科舉出身不諳基層政務的官員,自然更有貼近實際政務處理的經驗,這在一定程度上也反過來有利於防止奸吏舞弊。

儘管官、吏界限的打破能够爲六部尚書等官職輸送善於治國理政的人才,但它也帶來了另外的問題。其中,吏職時間長,入官以後遷轉頻率過高,速度過快是其中最爲突出的問題。以前述所舉諸刑部尚書的任官年數和遷轉次數爲

---

[1] 葉適《水心別集》卷一四《吏胥》,劉公純等點校《葉適集》,北京:中華書局,1961年,808頁。
[2] 余闕《楊君顯民詩集序》,《青陽先生文集》卷四,《四部叢刊續編》景明本。
[3] 胡炳文《中齋記》,《雲峰集》卷二,《景印文淵閣四庫全書》本。
[4] 徐明善《送別劉正卿序》,《方穀集》卷一,民國《豫章叢書》本。

例,可以發現,尚書們的遷官速度飛快,往往考限未滿即赴他任,與三年一考的規定大異。特別地,隨著官員品級的上升,這種遷轉速度時常表現出愈演愈烈的態勢,如前舉刑部尚書杜世昌、徐毅、蓋苗等人,他們遷轉速度之快正是在其出任六部尚書前後。這樣的遷轉速度,恐怕杜世昌、徐毅、蓋苗本人也只是不停在任官路上疲於奔命,遑論其能在各自職位中有所作爲,做到精通業務。

　　類似情況非止一端。如果尚書們任職時間過短,遷轉過於倉促,其所在官位的業務便難以被有效掌握,尚書本人疲于交結權貴,無心爲政,反而更進一步容易造成工作效率低下。胡祗遹曾批評這種升遷太速的情況,提到"今日得七品,明日望六品、五品;今日除五品,便望升三品、二品",導致"官至三品者連裾接踵,七品、八品者十餘年不得代",最後造成"在官者升遷太速,不十年而至三品、二品,牧民急缺,無人可注"的局面。他由此認爲,這種選拔無序的方式造成了極大的用人弊病,"庸庸碌碌、汩泥揚波者反得升遷,廉慎公幹,不交權貴者沉滯降落"。[1]以刑部而言,最直接地便是造成滯獄和司法審判效率的低下。王惲曾指出:"竊見隨路淹禁罪囚極多,省、部自從以來,遠逾半歲,今追銀者有人,填撫者有官,檢災亡者有使,未聞曾差一官審理罪囚者。古人稱:'遭遇旱災,多緣刑獄淹延所致。'即日已是秋分,乞請選精詳官員曉知刑名者,同按察司官分路前去審錄歸斷一切獄囚,恐亦感召和氣之一端,又使百姓具知省、部不獨於錢谷留意也。"[2]這一奏疏指出了刑部業務沒有開展而導致滯獄的問題。到了元代中後期,更是出現"罪囚在禁淹滯"[3]而不得不臨時派出五府官審決處理的局面。

　　除此之外,權臣對六部尚書的控制,往往又會造成彼此之間貪污腐敗,官官相護。胡祗遹在《民間疾苦狀》中就指出:"或以賄賂,或以請托,不論人材,不遵銓調。昨日一布衣,今日受三品命服。日月不深,資品卑下而遽升二品宰相者。"[4]權臣對六部尚書的控制,本質上是權臣的一種利益訴求,而願意充任其職,與權臣合作的官員,既應答了權臣的利益訴求,本身也從中尋求到了利益。可以說,二者之間構成一種合作關係。利益之物,無非權、錢、色,因此當權臣尋求本職以外的合作時,貪污腐敗就容易從中滋生。前述諸刑部尚書在鐵木迭兒倒臺時,就紛紛被舉報有貪污之事。其中,烏馬兒先是"坐贓杖免",隨後又因

---

[1] 胡祗遹《論遷轉太速》,《胡祗遹集》,402頁。
[2] 王惲《烏臺筆補》,楊亮、鐘彥飛點校《王惲全集匯校》,北京:中華書局,2013年,3741頁。
[3] 蘇天爵著,陳高華、孟繁清點校《建言刑獄五事》,《滋溪文稿》卷二七《章疏》,北京:中華書局,1997年,450頁。
[4] 胡祗遹《民間疾苦狀》,《胡祗遹集》,431頁。

"故丞相鐵木迭兒子將作使鎖住與其弟觀音奴、姊夫太醫使野理牙,坐怨望、造符籙、祭北斗、咒咀,事覺"而受牽連,最後被誅殺。[1] 至於"不答失里",則因鐵木迭兒子班丹"取受李文郁等鈔定"的腐敗案件而受牽連,與"徽政院使哈散兒不花等,俱經斷罷,追奪竄逐。"[2]

以上是對元代六部尚書選拔及其相關問題的一系列探討。從理論設計上看,一個官員需要經過漫長的官、吏道路,才能取得六部尚書的選拔資格,因此現實之中,六部尚書的選拔極少遵循這一遷轉制度。儘管一些必要的用人原則會在選拔過程中體現,但六部尚書的選拔同樣容易受到皇帝和權臣的干預。六部尚書的選拔呈現出官員爲吏時間長,任官時間短,任官期間遷轉頻率高等特點,這些問題既與前述皇帝和權臣干預有關,也與中書省、御史臺、樞密院等高階衙門對人才的爭奪有關。六部尚書的選拔過程同樣呈現出"蒙漢二元性",怯薛入官,官、吏界限打破,尚書多員制等現象是其顯著表現,構成元代六部尚書選拔的特色。總的來說,元代六部尚書選拔各有利弊,其官、吏界限的打破有助於選拔更多擅長治國理政的人才,但任官遷轉速度過快,走馬觀花又反過來影響了六部尚書等高級官僚業務能力的發展,權臣的干預則容易在選拔過程中滋生腐敗問題,從而使六部尚書的選拔結果大打折扣。

〔陳佳臻,中國政法大學法律古籍整理研究所講師〕

---

[1] 《元史》卷三四《文宗紀三》,761頁。
[2] 許有壬《班丹等》,《至正集》卷七六。

皇元獻賦——鄱陽周伯琦家族新考

余 輝

元代鄱陽周伯琦父子爲兩代元帝文學近侍,其家爲南人文士巨族,周伯琦父子在推動元廷上層漢化方面做出了一定的貢獻。周伯琦研究也得到了學界一些關注,如周伯琦家族研究有胡俊酉《元末漢族扈從文人周伯琦研究》[1]、趙錦玲《元代饒州周氏研究》[2]。周伯琦及其著作研究有任文彪《周伯琦書至正錢文考》[3]、王霞《從〈六書正訛〉看周伯琦的文字學思想》[4]、馬元麗《論周伯琦之字原觀》[5]等。以上研究爲我們重新發掘元代周伯琦及其家族歷史做出了一定的貢獻。相對於周伯琦本人研究來説,其家世研究雖有兩篇碩士論文專論,却没取得《全元文》等文獻以外的突破。幸運的是,鄱陽新發現民國《板橋周氏族譜》載周伯琦家族宋元文獻若干,爲我們瞭解周伯琦家世及其家族在南宋入元時的發展,提供了新的材料。

一、周伯琦先世家世介紹

宋元時代饒州鄱陽周氏家族是江西饒州鄱陽縣一帶的大族,自稱發源於著名的汝南周氏。靖康之變後,周氏族人隨周泰南渡,由汝南徙於廬陵(今吉安),後遷至饒州鄱陽縣之板橋里(今鄱陽縣游城鄉板橋村),附近鄉人多稱其爲"鄱

---

[1] 胡俊酉《元末漢族扈從文人周伯琦研究》,大連外國語大學碩士學位論文,2020年,5頁。
[2] 趙錦玲《元代饒州周氏研究》,山東師範大學碩士學位論文,2012年,10—21頁。
[3] 任文彪《周伯琦書至正錢文考》,《中國錢幣》2019年第3期,27—30頁。
[4] 王霞《從〈六書正訛〉看周伯琦的文字學思想》,《語文學刊》2009年第1期,132、137頁。
[5] 馬元麗《論周伯琦之字原觀》,《陝西師範大學學報(哲社版)》2006年第5期,123—126頁。

陽板橋周氏",周氏在此生息繁衍,幾百年未變其居地。現定居鄱陽附近地區的周氏大多自稱發源於板橋周氏。板橋周氏尊稱周泰是鄱陽板橋周氏家族的始遷祖,但其事迹不詳。據明初宋濂爲其家族撰文稱"其先居汝南,宋靖康末,有周泰者,與宗人益國文忠公必大之父從高宗南徙,實公之始遥祖"[1]。我們來看廬陵周氏相關文獻,也透露其家系:"太孺人周氏系出汝南,號爲著姓。在漢時,藹治聲於臨民,振英名於逸駕,以獨行正節顯者,代不乏人。其後,支胄綿遠,譜牒寝疏。有自吾房過江南,徙居吉之廬陵者,實其先也。"[2]可見在宋濂與廬陵周氏的記述中,廬陵周必大家族與周伯琦是源自同一南遷家族,同源出汝南周氏。周伯琦家族於南宋中葉遷居到了饒州鄱陽縣。定居鄱陽後,其家族科舉開始勃興,最後在元朝發揚光大,仕進家族榮光幾乎可以媲美廬陵周必大家族,可謂是周氏家族南渡兩個支派的雙重輝煌。周伯琦的好友王逢《故南臺侍御史周公挽詞》稱"周世饒望族,自宋世德茂"[3]。可見鄱陽周氏家族在宋元時代於饒州的地位。

元儒黃溍受周伯琦委託,詳叙鄱陽板橋周氏定居饒州以來的科舉功業:周君伯琦適自七閩憲府召還,擢居次對。緣僚友之契,以狀屬予銘其從父提舉公之墓,誼不得辭。按狀,公諱應星(周伯琦叔),字辰翁,姓周氏。上世由鄭徙廬陵,又徙饒州鄱陽縣之板橋里,仕宋,以儒起家。曾祖考諱(周)邦采,迪功郎;祖考諱(周)灼,鄉貢進士;考諱(周)塈,宣教郎。宣教公之弟諱(周)壓,入皇朝,贈翰林待制、奉議大夫、驍騎尉,追封鄱陽縣子,公所生父也。……公(周應星)初娶方氏,繼江氏。子男三人:(周)自誠、(周)伯强、(周)伯明。女三人,適張汝揖、朱業、黃文紀。孫男五人,女二人。公二弟:仲曰(周)應奎,早備宿衛,終於饒州路總管府治中。季曰(周)應極,由東宫説書歷翰林、集賢兩院待制,丐外,卒官同知池州路總管府事,累贈翰林直學士、亞中大夫、輕車都尉,追封鄱陽郡侯。(周)伯琦其子也。[4]

另據宋濂爲周伯琦作的墓誌銘:周伯琦有四子,周宗仁、周宗義、周宗禮和周宗智,除周宗仁外,其餘三子均有擔任官職的經歷。周宗仁有子周禎,文才極好,位列元末明初江西十才子,入明後出仕,曾任明朝刑部尚書。

---

[1] 宋濂《元故資政大夫江南諸道行御史室侍御史周府君墓銘》,《宋濂全集》第5册,杭州:浙江古籍出版社,2014年,1731頁。
[2] 高立人編《廬陵古碑録》,《宋故太孺人周氏墓誌銘》,南昌:江西人民出版社,2007年,120頁。
[3] 王逢《故南臺侍御史周公挽詞》,《梧溪集》卷四,《景印文淵閣四庫全書》本,臺北:臺灣商務印書館,1983年,第1218册,683頁。
[4] 黃溍《汴梁稻田提舉周公墓誌銘》,《金華黃先生文集》卷三五,《四部叢刊初編》,14頁。

板橋周氏宋元人物以周垕爲先。周垕,字良載,號"梅山先生",生卒年不詳,是周氏家族由宋入元的代表人物,也是宋亡後堅持不仕元的周氏子弟,隱居以終,後因子周應極、孫周伯琦顯貴,推恩累封鄱陽郡侯。周應極爲東宮太子説書,歷翰林、集賢兩院待制,周伯琦歷任翰林修撰、國史院編修官、宣文閣授經郎、翰林待制、監察御史、崇文監太監兼經筵官、江東肅政廉訪使、浙江肅政廉訪使、江浙行省左丞、浙省參知政事,爲元順帝文學近臣,爲南宋家族入元後最輝煌者。故而虞集言:

> 今觀其嗣子伯温《近光集》,備述至元、至正所以蒙被恩遇之盛,司憲南海,録以爲書。……昔集賢公執帝王遺書,以奉仁皇帝之清燕,不盡其用,以待其子,發明家學,事聖孫彌文熙洽之朝,蓋三十年於兹矣。風雲會合,豈偶然哉?烏乎!世篤忠孝,以承國家之福澤於無疆,此老叟所望於契家人門者也。[1]

虞集所言正是鄱陽周氏中周應極、周伯琦父子兩代爲元朝皇帝近臣,一時間榮寵冠蓋天下,江西士族更是推舉全冠,所以虞集大加以稱讚。

鄱陽縣《(民國)板橋周氏族譜》現存元代周伯琦家族墓誌銘兩篇,爲其他傳世文獻所闕載,爲研究周伯琦家世提供新的材料。順帝後至元元年(1341)周伯琦請翰林學士歐陽玄撰文《大元追封鄱陽縣君周夫人方氏墓道碑誌銘》,由西域文人翰林學士康里巎巎書寫,御史中丞張起巖篆額,是周伯琦爲其曾祖母方氏改葬所製作的墓誌銘。周伯琦曾祖母方氏墓誌相關文獻還有王逢"寄題歐陽文公所撰前侍御史周公伯琦曾妣方氏宋封安人元贈鄱陽縣君墓道碑銘"[2],但是不如《(民國)板橋周氏族譜》記載的完整,缺少後半部分,前半部分基本完全一致,可見族譜中記載的這篇墓誌銘的真實性。《大元追封鄱陽縣君周夫人方氏墓道碑誌銘》記載:周伯琦高祖父名周邦采,封迪功郎,高祖母黄氏;曾祖父名周灼,字仁叔,嘉定時中鄉貢進士,曾祖母方氏出身鄰縣浮梁大族方氏,方氏夙慧女紅而長通書紀,可見出身大族儒家,亦必通文墨。周灼不幸早逝,其父周邦采非常痛心,以高年喪子言"吾能復家事"?方氏操持家務,勤儉艱苦,養育孤兒,奉養舅姑,如是二十餘年,長子周垕早年勵志爲學,淳祐六年(1246)免解進士,咸淳十年(1274)中進士,於是衆人都來到周家慶賀,慶祝周垕母方氏把兒子培

---

[1] 虞集《近光集原序》,載周伯琦《近光集》,《景印文淵閣四庫全書》本,集部153册,507頁。
[2] 王逢《寄題歐陽文公所撰前侍御史周公伯琦曾妣方氏宋封安人元贈鄱陽縣君墓道碑銘》,楊鐮主編《全元詩》第59册,北京:中華書局,2013年,289頁。

養出來。但是第二年鄱陽即遭受兵燹之患,方氏因亂而卒,導致方氏不曾享受兒子中進士的榮光。

> 明年爲德祐乙亥年,天兵圍繞,守臣唐公震、丞相江文忠公萬里守城,縣君母子入郡城相保,俄疾作,卒於郡舍,年五十。城中急不得棺,江丞相與之交厚,有美橫以與之,又致賻焉,哭之如母。權殯舍後治命,無以金玉斂。數日城陷,環城墓皆發,獨縣君殯無恙。……乃自郡城徙殯里之西林末管浮梁之湖田鳳池山,以至元廿三年丙戌歲三月戊寅葬焉。韓山家舍,名"慈雲庵",至是作塚舍鳳池,仍舊名刻丞相江公及宗澤、李公謹思之記於石。歲時展墓攀號,終日如初。喪時,家祭追慕,至老益篤,如生養時,卿間舉以訓後生焉。[1]

我們可從這段歐陽玄記述周伯琦家族的口述的文章瞭解到,德祐元年(1275)蒙古軍隊攻擊鄱陽,周垕携母躲入饒州郡城暫避,方氏隨即逝世,在當時饒州城守原宋宰相江萬里等人贊助下,才得以暫厝殯舍,亦因爲是權宜之計的殯舍,無以金玉斂,所以蒙古軍隊盗發鄱陽附近墓葬,發掘金寶,並沒有騷擾方氏的棺槨。方氏於元世祖至元二十一年(1284)時下葬,周氏家族於墓地附近建韓山家舍,將陽宅取名爲"慈雲庵",其中爲了緬懷江萬里、宗澤、李公,把他們同周氏家族的交往語錄,在塚舍鳳池中展刻成碑,放置於"慈雲庵",可以看出周垕將緬懷故國故人之情感,非常隱晦地融匯於對母親的紀念中,以緬懷在那場宋元鼎革中不幸棄世的母親以及他的故國師友。程鉅夫有題跋鄱陽周氏《慈雲庵記》:

> 右鄱陽周氏《慈雲庵記》一卷。丞相江文忠公,天下號爲能文;李明通亦江左名士,其記嚴且重若此,非良載賢孝,詎致此哉?其子應極事今上春官,由集賢司直翰林待制復爲集賢待制,又能以其父所以事其母者事其母,可謂世濟其美者矣。周氏其益昌乎。程某跋[2]。

我們結合程鉅夫《慈雲庵記》與歐陽玄所撰《大元追封鄱陽縣君周夫人方氏

---

[1]《大元追封鄱陽縣君周夫人方氏墓道碑誌銘》,聶清榮編《雁過見聲——鄱陽墓誌銘裒輯》,107—109頁。

[2] 程鉅夫《跋周氏慈雲庵記後》,《雪樓集》卷二五,《景印文淵閣四庫全書》本,10a頁。關於程鉅夫對於元朝儒學政策與推舉人才的最新研究參看許守泯:《元初程鉅夫的政治參與及其侷限——以儒學政策的推動爲中心》,《臺灣師範大學歷史學報》2021年第64期,1—38頁。

墓道碑誌銘》來看，可以確知，"方氏墓誌銘"所示之李公是李明通。周氏家族不僅勒石爲碑，而且編輯《慈雲庵記》一卷，廣邀名流題詠，收集江萬里與李明通的文章。江萬里是晚宋儒學名臣，吉州廬陵人，朝臣贊之曰：具官江某高邵而懷忠，魁宏而迪哲。其爲人好善，有憂天下之風；將以道覺民，有思匹夫之志。克篤賢人之蘊，簡在聖考之知。貽厥孫謀，訪予落止。尚記衣冠從游之偉，再陪帷幄決勝之籌。爾有嘉謀嘉猷，我其立政立事，上下勤恤，夙夜浚明。[1]可見其在晚宋的地位，特別是在宋度宗咸淳年間到達一個高峰。據《宋元學案》周壁的傳記：周壁，鄱陽人，咸淳進士，與廬陵劉會孟，廣信李明通，同登丞相江萬里之門，有名，入元，授同知廣州事，不赴。[2]可見周壁與李明通都受業於江萬里，所以他才會在母親墳地旁的廬舍"慈雲庵"刻這些師友的語錄，記錄這些舊時故國的往事。據清儒馮雲濠補輯《宋元學案》的按語，李明通爲出身德興縣的儒者。馮雲濠言：謹案，剡源送鉛山王亦詵歸鄉序云，余友李君明通，釋褐太學第一。清修博學，高文章，亦詵之鄉之翹鳳也，可以見李先生之概矣。又案。李先生，廣信人。[3]德興屬於信州路，信州一般統稱"廣信"。新安理學代表性人物，元代婺源明經書院山長，儒者胡炳文回憶李明通於晚宋書院的讀書情況，頗爲讚賞：文一，賦，吳性初又第一。夏德廣第二。葵初之友胡伯静第三，伯静，仁壽之字也。四，李明通，德興人。五，朱斌生，浮田人，餘不能盡錄。[4]可見宋末李明通於書院讀書期間，即非常優秀。關於宗澤，雖然通過現存資料不得盡知周壁爲什麼刻上宗澤等人的語錄，但是宗澤銳意恢復山河志節在宋代也備受推崇。周氏家族籍由推崇前賢宗澤、師長江萬里、同輩學友李明通的因緣，而遍請名家題詠，使得唯一在世的李明通在地方聲望益加尊崇。李明通晚年也得到了鄱陽後學李存的高度讚譽。

夫其志行如此，而鄉邦之老，僅在三二百里間，學博而聞多，不之歸而弗恥，惡在其爲志行也？然而自眩以求乎人之知，宜見絕於有道之士；而思之再至，則又以爲未盡然。夫奧隘之室，户牖不啓，則日月之光弗屆，終亦冥焉而已矣。存之固

---

[1] 宋度宗《江萬里左丞相制》，曾棗莊、劉琳主編《全宋文》卷八三二九，上海辭書出版社，2006年，394頁。

[2] 王梓材、馮雲濠編撰，沈芝盈、梁運華點校《滄洲諸儒學案補遺下·江氏門人·周先生壁》，《宋元學案補遺》卷七〇，北京：中華書局，2012年，4002—4003頁。

[3] 王梓材、馮雲濠編撰，沈芝盈、梁運華點校《深寧學案補遺·剡源講友·太學李先生明通》，《宋元學案補遺》卷八五，5114頁。

[4] 胡炳文《答定宇陳先生櫟》，李修生主編《全元文》卷五四九，南京：鳳凰出版社（原江蘇古籍出版社），1998年，101頁。

陋,奧隘之室也;先生,日月也,餘光豈惜於存者哉!謹獻嘗所著雜文十篇,存之志行往往而在,辱一許而振之,俾無或乎譏非者之口,是所願也,非所敢望也。[1]

可見元初時李明通在饒州已經成爲飽學宿儒,得到後輩學人的敬仰,所以李存才會獻上自撰文章十篇,供這位鄉賢達雅正,以便向前輩學習。

周屆出身於南宋南渡儒學世家,自幼又喪父,且由年邁的祖父與寡母艱難撫養長大,壯年中宋進士,寡母又因鼎革兵禍而亡。他受儒家忠孝思想影響甚大,對於故國感情甚爲真摯,這從他對待蒙元軍隊如饒州的態度便可窺見。宋德祐元年(元世祖至元十二年,1275),蒙古軍隊兵至饒州,這時期守臣江萬里力戰不竭而投水死,蒙元將領以威逼利誘,諭"衆能以城降者,除郡守",饒州軍民群龍無首,皆推江萬里高足周屆署名降表,但周屆痛苦萬分,表示忠於宋室,不願繳這份降表,於是泣辭夜遁[2]。據黄溍言,周屆這次全家出逃饒州,頗經歷一些曲折:至元十二年,國兵南伐,次饒州。饒之守臣執節以死,民無所依。翰林公(周屆)挈家逾城而出以自保,公(周應星)甫七歲,倉猝之際,爲邏兵所得,亟出懷中銀梧賂之。既以自免,又能迹翰林公所在,匍匐就侍,舉家異焉。[3]可見當時周氏全族人丁已經被亂軍沖散,幸好周屆侄子周應星機智,雖年幼也懂得破財免災,全家才得以團聚。元軍統一江南後,授改周屆爲廣州總管,周屆不拜。周屆晚年以明經博學,倜儻尚氣節世,以魯仲連擬之。當地稱曰"梅山先生",明代設梅山先生祠於鄱陽縣學。[4]周屆這種強烈的故國情懷,在當時饒州、信州特爲突出,周屆學友時人安仁(今餘江縣)倪鏜特撰《逆鱗疏》說明當地這種懷念南宋思潮的氣節,表達自己對南宋故國的追思,以及對新朝不興孔教的強烈不滿。

回視孔子爲天地立心,爲生民立命,爲往聖繼絕學,爲萬世開太平,其功天淵矣。臣本舊宋遺民,無意世事,八承信使,六奉詔書,三司臨門,催迫上道,鄉士大夫耆宿人等勸臣一行,冀得少補朝廷,回廕鄉郡也,不意虛拘無補,自同犬豕豢養,有何顏見先師江萬里、湯靜晦於地下!又何面目整冠獵纓拜孔庭之下哉!伏乞英斷追回罷黜孔子中賢之詔令,中外仍舊崇祀,則天下後世稱大聖人之所爲出於尋

---

[1] 李存一《上李明通先生書》,李修生主編《全元文》卷一〇五六,250頁。
[2] 《(同治)饒州府志》卷二四,《人物志七·隱逸》,南京:江蘇古籍出版社,1996年,627頁。
[3] 黄溍《汴梁稻田提舉周公墓誌銘》,《金華黄先生文集》卷三五,《四部叢刊初編》,14頁。
[4] 《(嘉靖)江西通志》卷九,《饒州府》,江西省圖書館藏明嘉靖刊本,83頁。

常萬萬者,豈不快哉[1]。

這封倪鏜爲回絶元廷徵召而作的《逆鱗疏》文,强烈表達對儒家忠君觀念的肯定,對元廷逼迫這些南宋故人出仕而表示厭惡,倪鏜表示願意追隨投水而死的先師江萬里、湯静晦,不會戴著貳臣的面孔去見孔聖,對元廷罷黜孔子中賢地位非常不滿。他的這些言論雖然言出激烈,也可想見同爲江萬里學生的周垕的心情,可參照解釋周垕堅持不在元出仕的原因。

二、周氏家族自周應極出仕元朝的轉變

周垕雖中宋進士,但適逢鼎革之變,在南宋只爲小吏,並未真正仕進,難以發揮自己的才能,只能爲教鄉里。他以其不仕二朝的氣節與本身的文學修養,提升了鄱陽周氏的地方名望。周垕晚年生子周應極,周垕在周應極幼年時已經過世,周應極也由寡母撫養長大,他礪志向學,成爲饒州鄱陽周氏家族元代入仕第一人,得到朝野文士的讚譽。周應極游學京師,其十一歲兒子周伯琦也跟隨前往,極大提振了鄱陽周氏知名度,周伯琦也得以拜見大都諸位名師,爲其以後的朝堂發展奠定了非常好的基礎。周應極的才學在京師受到了認可與賞識,元仁宗特重儒學,周應極得被召見,一時間榮光無二,並趁機獻自撰《皇元頌》。至大元年(1308)周應極被任命爲翰林待制,成爲天子近臣,後歷任集賢司直、池州路同知等職。

周伯琦的父親周應極,是饒州鄱陽周氏家族入元的第二代人物,也是發揚周氏家族的一代佼佼者。我們新發現周伯琦親撰其父周應極《先考集賢周公壙誌》,可見一窺其生平一二:

先考集賢周公壙誌
至治三年(1323)十二月
　　先考諱應極,字南翁,姓周氏,世家鄱陽。曾祖邦采,宋迪功郎;妣黄氏封孺人。祖焯,宋鄉貢進士;姚方氏封安人。考諱垕,宋咸淳十年進士第,贈翰林待制、奉議大夫、驍騎尉、封鄱陽縣子;姚段氏贈鄱陽縣君。母余氏

---

[1]《(同治)安仁縣志》卷三,《藝文·倪鏜》,中國國家圖書館藏清刊本,4b頁。

封鄱陽縣太君。公生至元丙子六月丙戌，幼穎悟督學，性至孝，才略不群。弱冠，授婺源州儒學學正。丁外艱，除服，改稼軒書院山長，不就。大德六年，束書入京師，與諸名公游。十一年，以翰林薦召見，獻頌，大悦。招翰林待制，後歸省母江南。至大二年，奉太君如京師，仁宗賜見幄殿，命爲先皇帝説書，曰：侍講讀於邸，除奉訓大夫、集賢司直，遷提點太府右藏。未上任，改拜集賢待制。於是推恩贈封父母，詔賜碑先塋。秩滿，除外補更養。除奉議大夫、同知池洲路總管府事。莅政甫一載，以方正作御史去職。公朝京師，中書直之。趣還治，以疾醉，而御史者乃以貪墨被黑。至治二年三月，先皇訪公姓名，丞相拜住以公入覲，賜卮酒問勞，呼學士而不名，賜褚幣萬絹，仍命入，待將大用矣。無何痼作，四月壬戌卒於京師寓舍，年四十有七。六月辛巳，公柩至自京師。嗚呼痛哉！所爲詩文有《拙齋集》廿卷。娶同郡上官氏，封鄱陽縣君。子男三人：伯琦，國子上舍生，試補高等；伯璟，國子生；伯瑀。女一人，適新安汪太初。孫：男一人，女一人。不肖孤伯琦謹葡邑之皇甫里神山，於三年十二月辛酉奉柩歸窆，重維先公抱負正學，遭遇名時，百不一展，賫志九京，攀號哀慕，無所逮及。及安方長，痛割心肝，恨不從先公於地下。敢叙世系出處、行業梗概刻志擴中，昊天罔極，嗚呼哀哉！

孤伯琦泣血謹誌。[1]

"周應極墓誌銘"前一部分是對周氏家族的介紹，上文在介紹周伯琦曾祖母方氏墓誌銘時已經涉及了。周應極青年時被授予婺源州儒學學正，後被授予信州稼軒書院山長。婺源、信州都是鄱陽的附近地區，飽學宿儒衆多，可見青年周應極的儒學修養已經嶄露頭角。稼軒書院是信州、饒州頗有名氣的一個書院，據元儒戴表元言：

廣信爲江、閩、二浙往來之交，異時中原賢士大夫南徙多僑居焉。濟南辛侯幼安居址闕地最勝，洪内翰所爲記稼軒者也。當其時，廣信衣冠文獻之聚既名聞四方，而徽國朱文公諸賢實來稼軒，相從游甚厚。於是鵝湖東興，象麓西起，學者隱然視是邦爲洙泗闕里矣。然稼軒之居未久蕪廢，辛氏亦不能有之。辛未歲，太守會稽唐侯震因豪民之訟，閲籍則其址爲官地。明年，乃議創築精舍以居生徒，纔成

---

[1]《先考集賢周公壙誌》，聶清榮編《雁過見聲——鄱陽墓誌銘哀輯》，104—105頁。

夫子燕居及道學儒先祠而唐侯去。其冬，鄱陽李侯雷初至，遂始竟堂寢齋廡門臺，諸役成而扁其額曰廣信書院，甲戌歲春也。書院成之二十五年，是爲大德二年戊戌，官改廣信書院額，還曰稼軒。[1]

戴表元梳理了一下稼軒書院的歷史，稼軒書院所在的信州是江南東路水陸要衝，彙集南來北往很多客居人口，是北方南渡家族的聚居地之一，最有名者當是辛棄疾。稼軒書院前身也是鄱陽洪邁記載辛稼軒居住之所，稼軒書院得名於辛稼軒，也因爲廣信（信州）而名聞四方，朱熹等當代名賢也來論學，學者多以爲這裏是江南東路的"洙泗闕里"。辛稼軒殁後不久就荒蕪了，房產因豪民聚訟而廢，學生多去鵝湖寺從陸象山論學。宋末元初才得以復興，稱"廣信書院"，大德二年（1298），廣信書院改名爲稼軒書院，成爲元代江西行省學術的重鎮。周應極任婺源州儒學學正、稼軒書院山長期間，其堂兄周應星一直在家操持家務，維護周氏族人，據說這是周垕的意思。黃溍説："翰林公（周垕）命爲之後，公（周應星）承其家而修其祀事唯謹。比弱冠，翰林公年已七袠，伯兄又多病，家事皆身任之。翰林公喜賓客，好施與。當江南新附之初，官府征斂繁雜。公（周應星）入奉嚴親，不違其志；出膺門戶，無失其節，人稱爲能。"[2]可見周氏家族以周應極主外發展，而周應星主持內務，周氏家族發展井然有序。程鉅夫對這時期周氏家族的發展有所描述：

> 周之族盛於番，咸淳進士名垕者，其族之賢者也。……今天子以孝理天下，推錫類之仁，使子事其君，得兼養其親，上之賜大矣。而親之樂昊而致也？母豈不曰"吾之子所以致養於我者，上之賜也，可不盡忠乎"？忠以報於上者，母之所以樂也。食焉而怠其事，謂之養且不可，況可致其樂耶？忠之道何？盡心焉耳矣。必事其君，能致其身；必事其親，能竭其力；必恭於兄，友於弟，信於朋友，居上而不驕，爲下而不悖；仰不愧，俯不怍，而後可以言忠。忠之道備，而後可以致其親之樂，樂則孝在其中矣。故孝者必忠，忠者必孝，忠孝之道，非有二也。南翁勉乎哉。不然，《傳》有之："雖日用三牲之養，猶爲不孝也。"以子之賢且材如此，何所不底？吾猶云云爾者，此天子之望其臣，母之望其子，賢者之望其友之意也。南翁勉乎哉。皇慶二年二月日記。[3]

---

[1] 戴表元《稼軒書院興造記》，陳曉冬、黃天美點校《戴表元集》，杭州：浙江古籍出版社，2014年，41頁。
[2] 黃溍《汴梁稻田提舉周公墓誌銘》，《金華黃先生文集》卷三五，《四部叢刊初編》，15頁。
[3] 程鉅夫《致樂堂記》，《雪樓集》卷一三，《景印文淵閣四庫全書》本，10b頁。

程鉅夫雖是應周應極要求而寫，但也忠實反映了周氏家族親親敦睦的情況，周氏家族繼續以儒爲業，保持世代讀書的家族風氣。虞集説周氏家族子弟也從周應極游歷大都，此時碰上元朝重新開科取士，周氏家族科舉又看到了希望。

  番陽周暾，與其弟明之游京師也，其族父集賢司直應極實致之，得爲國子生。時制書始命有司，將以科舉取士，而貴游不治進士業，獨暾兄弟，出篋中所習程文數十篇示人，皆驚喜取讀，或問學焉。未幾，遠方獻異獸曰麒麟，暾作賦千百言上之，中書省丞相大悦，以屬參知政事察罕，使命以官。是以陳策進書，獻歌頌，常數十人無所遇，獨暾見知，時宰人人羡道暾矣。[1]

周應極還曾與張天師一起主持濟源祭祀，周應極談及這次祭祀的過程。

  上御極之初，勵精庶政，事神治人，誠明殫盡，中外大和。皇太后母儀懿恭，思齊内活。惟皇帝嗣大歷服，載稽舊章，乃孟夏壬寅朔，命特進、上卿、玄教大宗師、志道弘教冲玄仁靖大真人張留孫等，建周天大醮於南城長春宫，列位二千四百，領天下羽士餘千人，薦科宣儀，禮於上真，凡七晝夜已。皇帝、皇太后復命集賢司直、奉訓大夫臣周應極，洞玄明德法師、崇真萬壽宫提舉臣陳日新，乘傳封香，奉玉符簡、黄金龍各二，詣濟瀆清源善濟王廟、天壇王母洞投沉致敬焉。應極等以六月乙巳至濟源祠，肅恭苾芬，陳蕆醮禮。翼日丙午昧爽，致命藏龍簡於濟淵，水清可鑒。是夜，天大雷電以風，沛然下雨，田疇枯槁，頓爲霑足。越三日己酉，至天壇紫微宫，如濟禮。明日，登壇扣王母洞投送，禮成而退。時天氣清朗，日呈五色。回未及山麓，而雲起自洞後，雷雨隨至。前一日夜，紫微宫雷雨亦如之。其守土與祀事之臣懷孟路總管府判官郭甫、孟州判官韓樂、濟源縣令王伯翼等，咸請曰："皇帝在昔龍潛，而懷孟實湯沐之邑。今兹飛龍在天，光烈如此，首有事於天壇、濟源，而山川之靈感若是。不有紀勒，何以昭示於後？"勉臣記其事。臣奉命此來，不敢以不敏謝，謹書以授之。至大辛亥夏六月，臣周應極頓首謹記。[2]

周應極以集賢院學士身份，是應元朝仁宗皇帝之命，撰寫濟源投龍簡之文，

---

[1] 虞集《周夫人李氏墓誌銘》，《道園學古録》卷一九，《景印文淵閣四庫全書》本，17頁。
[2] 《投龍簡記（至大四年六月）》，陳垣編纂，陳智超、曾慶英校補《道家金石略》，北京：文物出版社，1988年，894頁。

由當時著名書法家趙孟頫書,虞集做記,刻石濟源,爲一時盛事。[1]集賢院與正一教的關係,《元史·百官志》記載"提調學校""徵求隱逸""召集賢良""國子監""玄門道教""陰陽祭祀""占卜祭遁"皆歸集賢院管轄。元代集賢院在設置過程中,有著不同角色與功用,包括管理宗教界如道教和儒學管理,以及作爲尋訪人才的機構。[2]可見集賢院與正一教之間存在某種程度的管理與合作關係。

集賢院學士周應極與正一教掌教張仁靖共同製作道法盛事的碑文。延祐元年(1314)四月,元仁宗命道士龍虎山天師張留孫等人在長春宮設道場以禳災,列位240人,領天下道士千餘人,薦宣科儀禮,爲時七晝夜。該年六月,仁宗命集賢司直訓大夫周應極、道教法師崇真和萬壽宮提舉陳日新等人,奉王符簡、黃金龍各兩個,先後到濟瀆廟、天壇山王母洞進行投送與祭祀。[3]周應極撰文,趙孟頫書丹,虞集爲之撰記留念這件盛事。此次法會在全真道祖庭長春宮(今北京西便門外白雲觀)舉辦,主持人是龍虎山仁靖天師張留孫,因周應極是鄱陽人,所以仁宗對周應極的欣賞,部分原因應是周應極與張天師的地緣關係。而趙孟頫與仁靖天師關係匪淺,張仁靖天師歿後,趙孟頫應龍虎山天師府邀請爲之撰並書神道碑銘,此碑原在仁靖天師張留孫墓前,現存天師府中,乃是趙孟頫書法名品。[4]可見周應極於朝堂的社交網絡匪淺。這次盛事後,袁桷爲"虞集書送周應極序"做記談及:

書虞伯生送周南翁序後

大德六年,余嘗作《郊祀十議》,上於奉常,周、漢、唐、宋偽雜之說,悉釐正之。十年,朝廷作圜丘,得預議焉。位卑而語輕,越職議禮,若有所不可者,勿議焉耳矣!至大辛亥,集賢司直周君,以方士祠祭,乘驛上天壇,行濟源。雍虞伯生氏叙而餞之,將使之推致其節文,以陳於上,旨哉言矣!復議其禮,與沈瘞相近。噫!其信然矣!禮之祭天,未始與山川同舉也。地爲社主,遺而不言,地獨安所附乎?或曰:祭山縣則地蓋瘞歟?禮莫嚴於博士,博士秩七品,禮官不敢以僚屬待。大典禮封諡,博士用印,專達可否,禮官唯謹惟謹。伯生奉常三年,昔之所蘊,見於周君之

---

[1] 馮軍《元趙孟頫書〈投龍簡記〉碑考釋》,《中原文物》2013年第5期,69—72頁。
[2] 許守泯《元初程鉅夫的政治參與及其侷限——以儒學政策的推動爲中心》,《臺灣師範大學歷史學報》2021年第64期,11頁。藤島建樹《元の集賢院と正一教》,《東方宗教》1971年第38期,38—49頁。櫻井智美《元代集賢院の設立》,《史林》2000年第83期,457—485頁。
[3] 邵文傑總纂,河南省地方史志編纂委員會編纂《河南省志·文物志》,鄭州:河南人民出版社,1993年,467—468頁。
[4] 趙孟頫《大元敕賜開府儀同三司上卿輔成贊化保運玄教大宗師志道弘教沖玄仁靖大真人知集賢院事領諸路道教事張公碑銘》,《趙孟頫集》,杭州:浙江古籍出版社,2016年,470—474頁。

贈言。合方士之説,而復有疑焉者,其必見於因革矣。周君明辨博習,所承於虞君者甚厚,因其説,願得以考焉,其可乎? 會稽袁桷書。[1]

可見當時周應極在元朝上層士人圈的影響,也可見其備受元廷的推崇。周應極不僅與同輩虞集、趙孟頫、袁桷交好,還對晚輩揭傒斯大加讚賞,使之仕途順暢,成爲一時佳話。歐陽玄爲揭傒斯作墓誌銘曰:周待制應極薦之,皆馳騁清途。[2] 周氏家族在元朝的出仕與家族繁盛,可參見歐陽玄爲周伯琦曾祖母方氏所作墓誌銘的附録,這是能找到的鄱陽周氏在元朝最詳細的名單,彌足珍貴。

> 男女之成立見於今可數者十七有三人,女適宜化令段夢説之。子某,及其孫曾以下女適有外孫男女者又無算。翰林公,號梅山,今南北士稱江東梅山先生者,其人也。宋末,嘗辟爲江東提刑司幹官,以能聞當時,皇元混一初薦,授南劍路治中同知廣州路事,皆不赴。享壽七十有七。後十八年當延祐丙辰,以季子集賢公貴,有今官勛封爵。生子四人女一人:應更,宋登仕郎、漕貢進士;應星,汴梁等處稻田提舉;應奎,起家成宗宿衛院(?)、饒州路治中;應極,由仁、英兩朝説書,歷集賢司直、翰林集賢兩院待制,卒官同知池州路總管府事。於縣君爲孫:瑞州路平准行用庫副使曰希文、曰同祖、曰光祖;韶州路總管府照曰德賢;涿州學正曰伯華;國子上舍,累遷國史院編修官,官翰林修撰、宣文閣授經郎曰伯琦;國子生曰伯瑊、曰伯瑀。曰自誠、曰自強、曰自明,於縣君爲曾孫。其伯琦即伯溫也。曾孫女九人,元孫男二十人,元孫女十八人,來孫六人,來孫女二人。[3]

除却周屋(梅山先生)不出仕元朝外,這麼多周氏族人出仕元朝,一反周屋主持家政時期對元朝的敵視,鄱陽周氏族人既有周應極、周伯琦父子爲元朝天子近臣的榮耀,也有許多地方小官僚,還有一些爲了家族的繁衍,操持家務。從這段記載可知,他們的姻親大都也在鄱陽及其周圍地方,這樣一來周氏家族直到元末明初,是鄱陽乃至元朝江西行省首屈一指的大族。這一切都是源於周應極出仕所帶來的改變,故而元末鄱陽大儒李存爲其做挽詞曰:

---

[1] 袁桷《書虞伯生送周南翁序後》,楊亮校注《袁桷集校注》卷第四九,北京:中華書局,2012年,2153—2154頁。
[2] 歐陽玄《元翰林侍講學士中奉大夫知制誥同修國史同知經筵事豫章揭公墓誌銘》,陳書良、劉娟點校《歐陽玄集》卷一〇,長沙:岳麓書社,2010年,161頁。
[3] 《大元追封鄱陽縣君周夫人方氏墓道碑誌銘》,聶清榮編《雁過見聲——鄱陽墓誌銘哀輯》,108—109頁。

> 早由稽古獻春容,遂曆深嚴副所蒙。頌德久刊王屋上,政聲新滿九華東。
> 君恩亹亹方求舊,交誼森森遽托終。何者可寬慈母念,眼明雙鳳起秋風。[1]

這篇詩作可謂是對周應極出仕元朝後提振家族最好的詮釋。

三、周氏家族的轉變與元朝的儒治、修史

靖康之變後,周氏家族從汝南故地遷來廬陵,南宋中葉又遷往饒州鄱陽,在南宋晚期曾經因爲人丁早夭,科舉不興而暫時中衰。晚宋周壼中進士,加之如丞相江萬里門下,交往都是饒州、信州等地一時俊彥,其後因國仇家恨又決意不出仕新朝,獲得饒州、信州甚至江西行省等地士人的敬重。其子周應極出仕元朝,携子侄出游大都,被元仁宗接見,獻上《皇元賦》,成爲天子文學近臣,其孫周伯琦是元順帝扈從漠北的近臣中的少數南人之一。這是一種家族發展非常大的轉變,也代表了一部分江西家族逐漸由懷念南宋轉爲了支持新朝。

已故蕭啓慶先生言:元朝立足中原已久,而且在江南的統治已穩,宋朝復興基本無望,但原南宋故地家族仍需繼續向前發展,面對權勢的誘惑、利益的趨使甚至是生活的壓力,許多江南宋之遺民及其後代抛棄不仕新朝的想法,開始在新朝積極尋求入仕之路。[2] 第二,元朝自仁宗皇帝後,皇室及皇帝漢化程度提高,開始重視儒學統治中華的功效,也開始著手恢復科舉等儒家社會具有代表性的儒治與仁政。第三,元朝混一宇内,統一自中唐以來華夏疆域,而且把版圖擴展到唐朝都難以企及的廣度,這爲多族士人交游提供了廣闊的空間。蕭啓慶先生説:元代中期以後,一個日益壯大的蒙古、色目士人群體業已出現,而且蒙古、色目士人與漢族士人交往密切,形成一個多族士人圈,文化素養相當,各族士人乃能形成同鄉、姻親、師生、座主門生與同年及同僚等關係,而這些關係更進一步成爲各族士人間密切交融的一個網路。[3] 這爲元朝原南宋故地士人進一步拋棄國仇家恨,融入新朝,提供了深厚的土壤與時代因緣。

周氏家族儘管在元朝擁有極高的聲望,但是他們依然沒有忘却故國南宋的

---

[1] 李存《挽待制周南翁》,《俟庵集》卷八,《景印文淵閣四庫全書》本,639頁。
[2] 蕭啓慶《宋元之際的遺民與貳臣》,《内北國而外中國:蒙元史研究》上册,北京:中華書局,2007年,144—157頁。
[3] 蕭啓慶《九州四海風雅同:元代多族士人圈的形成與發展》第三章"社會網絡",臺北:聯經出版事業公司,2012年,121—178頁。

因緣。周伯琦於陳桱《通鑑續編》序言中寫道："近世浙東大儒金仁山（履祥）氏，由周威烈王而溯其年代，始於陶唐，名曰前編。四明陳君桱予經，甫世其史學，尊承先志（其父泌爲元校官）嘗續《歷代紀統》，世傳著史之業，纂輯前聞，凡方册所載，若盤古至高辛，考其紀年事爲第一卷，以冠金氏之所述。又摭拾契丹遼氏建國之始，並於五代爲第二卷，迄宋有國三百二十年爲二十二卷。其建號也，繫於甲子，逮於太平興國四年混一中原，始大書其年代爲正統，至國亡而遼金之事附見之，一以《通鑑綱目》爲法。蓋地有偏全，而統無偏全，勢有強衰而分無強弱，總之爲卷二十有四，名之曰：《通鑑續編》，實有繼宋宗之志，爲萬世之計。至正二十一年鄱陽周伯琦序。"謝國楨先生認爲《通鑑續編》"蓋其書雖續朱熹《通鑑綱目》之作，抱有正旨，然因統之五代擾攘之際，蒙古貴族建立元朝，蹂躪中土之時，著者目睹時艱，編爲是書，實負有愛國之思想，未可以其意見迂腐忽之"。[1] 劉迎勝先生認爲周伯琦序言反映其與陳桱都隱含尊宋爲正統的史學思想，且排斥遼、金與宋並列的修史方針。[2] 周伯琦還有言曰："有志於史學者，誠能以朱子《綱目》爲主，取金氏之《前編》，暨陳氏之《外紀》合而觀之，則自開闢以來，歷三王、五帝、夏、商、周、秦、漢、晉、隋、唐、宋至於今，上下數千年，治亂興廢之迹，洞徹無間。如岷江之流達於東海，崑崙之氣貫於五嶽。"[3] 周伯琦絲毫不避諱其以宋爲正統的歷史觀念，非常推崇宋儒的《通鑑》修史之學，他曾説"夫經籍邃奥，史册浩夥，簡撮精密，莫若《通鑑》，離析明切，莫若《總類》。習《通鑑》，以識體要"[4]。周伯琦也參與了順帝早期修遼、金、宋三史的籌備工作，但是他因爲與史局同仁意見不合，遂早早退出。他曾回憶説道："曩予爲太史時，詔修宋、遼、金三史，與待制王理輩首議統紀不合，私於避忌者從而和之，如出一口。予遂移疾，力辭不就。"[5] 可見作爲周氏家族於蒙元統治時期官途最輝煌者，周伯琦依舊有非常濃厚的宋室正統情節，且一直堅持，由此可知周氏家族出仕元朝爲官，不代表其不再認同南宋。正如我們前文叙及周伯琦在請歐陽玄爲其曾祖母方氏作墓誌銘時，一定要把方氏於蒙古軍隊圍饒州府城時受驚嚇而亡的慘痛經歷寫入墓誌銘中，這已經説明周伯琦對家族歷史的態度，不再避諱元朝對其家族的暴行。這可看出周應極、周伯琦父子對待家族以及個人發

---

[1] 謝國楨《江浙訪書記》，北京：生活·讀書·新知三聯書店，2007年，22—23頁。
[2] 劉迎勝《陳桱〈通鑑續編〉引文與早期蒙古史史料系譜》，載劉迎勝，姚大力主編《清華元史》第4輯，北京：商務印書館，2018年，3—5頁。
[3] 周伯琦《通鑑外紀序》，載清順治十八年刊《重修奉化縣志》卷八。
[4] 李紅英編《寒雲藏書題跋輯釋》，《蒙叟揮淚兩〈漢書〉（史部藏書題跋）·元至正刻本〈通鑑總類〉》，北京：中華書局，2016年，212頁。
[5] 周伯琦引文見邱靖嘉《〈金史〉纂修考》，北京：中華書局，2017年，146頁。

展均採取務實態度,逐漸對元朝採取不反對、不回避的態度,甚至積極主動融入新朝的士人圈,但是一旦觸及修史、家傳等萬載大事,周伯琦的原則比史臣危素等人還要堅決,即只認同兩宋爲 10—13 世紀中華世界唯一正統,這一點元末很多原南宋故地的士大夫都難以做到,亦可見周氏家族於宋末元初家難歷史記憶的深刻,這一點是我們研究周氏家族出仕元朝不得不加以考慮,爲以往所忽視者,所以周氏家族出仕元朝,有其代表性,也有其獨特性。

〔余輝,杭州師範大學人文學院歷史系講師〕

佞佛與威遠：元順帝統治前期奇皇后在高麗修繕佛寺史事鈎沉

金世光　烏雲高娃

　　元朝與高麗，文化交流淵源頗深，佛教方面尤甚。有元一代，雙方不論是僧人往來、"經書外交"抑或是寺僧管理，與前代相比都呈現出高度繁榮的狀態，關於這一點，前賢時彥亦多有精到論述，在此不贅言。但需要引起注意的是，雖則元麗佛教交往頻繁，甚至達到了一定意義上的"歷史之最"[1]，但却是以高麗僧人來華爲主要交流途徑，尤其在元世祖忽必烈時期，以高麗忠烈王派抄經僧入元活動爲主。[2]雖然高麗種種僧人群體的來華目的不盡相同，但這種情況一直持續，終元一代也未曾改變，却是不可否認的。然而，元順帝時期，這種情形出現了一定程度上的"反向"，即通過奇皇后及其勢力集團等多方面影響，元廷出資爲高麗修繕佛寺的行爲大大增多，成爲了需引起注意的特殊現象。這一特殊現象的出現，與在元的高麗宦官集團、在高麗的奇氏一黨在政治、經濟、文化層面的對順帝與奇皇后的支持有著千絲萬縷的關係。尤其是元順帝統治前期派使臣到高麗金剛山修繕佛寺、奇皇后出資修繕金剛山長安寺等問題值得深入研究。本文擬針對如何將修繕佛寺這一行爲置於順帝統治前期元麗關係的發展脉絡中進行探討。

　　關於元順帝朝與高麗的政治關係，國內外學者如李嶺、魯大維等已有論述，但對奇皇后的相關研究，則所見不多。在國內尚未出現研究奇皇后的學術專著，不過前輩學者的相關研究，爲本問題的探討提供了有益的借鑒。喜蕾《元代

---

[1] 張言夢《元代來華高麗僧人考述》，《內蒙古社會科學（漢文版）》1999年第4期。
[2] 陳高華、張帆、劉曉《元代文化史》，廣州：廣東教育出版社，2009年，397頁。

高麗貢女制度研究》[1]一書,主要從民族學、文化學等角度考察高麗貢女制度,且敏鋭地指出了入元高麗女子與宦官相互倚靠的關係。此書雖然用一節篇幅對奇皇后作了得中的論述,但只是將奇皇后作爲元朝宫廷中高麗后妃的一員,進行史事梳理,未詳加考辨,也並未注意到高麗方面的更多材料。李梅花《試論奇皇后對元末元麗政治關係的影響》[2]以及肖遥《論奇皇后及其對元麗關係的影響》[3]都以奇皇后爲中心,闡述了其入元後對元麗關係所産生的影響,其中也零星引用了《長安寺重興碑》等材料,但於奇皇后及其相關群體與元順帝前期爲高麗修繕佛寺之事的關聯性並未涉及過多。關於元末元麗佛教交往的情况,舒健在《多視角觀察:元朝與高麗宗教交流的新變化》[4]一文中,指出了以往學者的研究,雖然也注意到在元高麗群體對佛教的支持,但皆以高麗僧人入元爲主綫,似尚未有闡發元末助高麗修繕佛寺的專門性文章。需要重點説明的是,元末元麗間的佛教交往中,在元的高麗籍宦官高龍普所起到的作用不容忽視,張金俊《高麗入元宦者關聯問題研究》[5]及喜蕾《元代高麗貢宦制度與高麗宦官勢力》[6]諸文,都將高龍普作爲個案加以説明,但對高龍普個人的論述略顯不足。值得一提的是,由于高龍普在史籍中所使用的姓名不盡相同,對此作出考辨也是必要工作之一,舒曉峰《高麗僧人與元代穀積山靈岩寺》[7]一文,將靈岩寺作爲個案討論入元高麗僧人問題,同時,也對高龍普的佛教傾向進行了一定的探索,厘清了"高龍普"與"高龍卜"實係一人的史實,對本文參考意義較大。

韓國學者對奇皇后、高龍普的研究相對而言較爲充分,李龍範《奇皇后의册立과元代의資政院》[8]一文,深入剖析了奇皇后對元及高麗財政的控制程度,引用多種文獻論述高龍普等高麗籍宦官與奇皇后之關係,成就較高。此外有金佳賢《元末奇皇后의政治的位置와 그影響》[9]、鄭求先《高麗末奇皇后一族의得勢와没落》[10]等文都分别從元廷和高麗等角度入手,細緻分析了奇皇后及其家

---

[1] 喜蕾《元代高麗貢女制度研究》,北京:民族出版社,2003年。
[2] 李梅花《試論奇皇后對元末元麗政治關係的影響》,《内蒙古大學學報(哲學社會科學版)》2008年第3期。
[3] 肖遥《論奇皇后及其對元麗關係的影響》,延邊大學碩士學位論文,2016年。
[4] 舒健《多視角觀察:元朝與高麗宗教交流的新變化》,《中國史研究動態》2020年2期。
[5] 張金俊《高麗入元宦者關聯問題研究》,陝西師範大學碩士學位論文,2015年。
[6] 喜蕾《元代高麗貢宦制度與高麗宦官勢力》,《内蒙古社會科學(漢文版)》2002年3期。
[7] 舒曉峰《高麗僧人與元代穀積山靈岩寺》,《史苑擷萃:紀念北京史研究會成立三十周年文集》,2011年。
[8] 李龍範《奇皇后의册立과元代의資政院》,《歷史學報》卷17,1962年。
[9] 金佳賢《元末奇皇后의政治的位置와 그影響》,水原大學校碩士學位論文,2008年。
[10] 鄭求先《高麗末奇皇后一族의得勢와没落》,《東國史學》卷40,2004年。

族對元末元麗關係的影響。關於高龍普其人,則有權龍哲《高麗人宦官高龍普와大元帝國투멘데르(禿滿迭兒)의 관계에 대한小考》[1],權氏引用多種史料,論證了高龍普與禿滿迭(歹)兒實非同人,對於筆者在材料徵引與史事論證方面參考價值很大。但無論國內抑或國外,對於奇皇后和高龍普的個案和專門研究,都在不同程度上對宗教方面的材料有所忽略,因而對於其佞佛傾向以及此傾向對元末元麗關係的影響,則尚未有質量較高的研究出現。本文希望盡可能爬梳前人未能多加利用的史料,對元順帝前期幫助高麗修繕佛寺這一事件進行補足性認知。

一、金剛山長安寺形制及其修繕背景

如前所述,順帝朝前期以奇皇后爲主導的在高麗修繕寺廟的活動較多,現將此時期經由政府主導在高麗所修繕之佛寺,具列如下:[2]

寺　名	寺　址	時　間	見　載
普賢庵	淮陽金剛山	後至元二年(1336)	李穀《金剛山普賢庵法會記》
神光寺	海州	後至元三年(1337) 至正元年(1341)[3]	危素《敕賜神光寺碑》
普光寺	全州萬德山	後至元六年(1340)	李穀《重興大華嚴普光寺記》
長安寺	淮陽金剛山	至正三年(1343)	李穀《長安寺重興碑》
演福寺(鐘)	淮陽金剛山	至正六年(1346)	李穀《演福寺新鑄鐘銘》
地藏寺	寶蓋山	至正二十一年(1361)	李穡《寶蓋山地藏寺重修記》

其中最爲著名的即爲金剛山長安寺。自該寺修建動因以至于寺廟整體形制,可考者甚多,而令人惋惜的是國內學者並未措意于此。關于長安寺最爲詳細的描述,當推高麗文人李穀《稼亭集》中的《長安寺重興碑》,現將其文列出:

---

[1] 權龍哲《高麗人宦官高龍普와大元帝國투멘데르(禿滿迭兒)의 관계에 대한小考》,《史學研究》第177期,2015年。
[2] 本表資料析自《韓國文集叢刊》,首爾:景仁文化社,1996年。《明別集叢刊》,合肥:黃山書社,2013年。
[3] 凡多次修繕者,將時間具載出。

聖天子龍飛之七年,皇后奇氏以元妃生皇子。既而備壼儀,居於興聖之宫。顧謂内侍曰:"予以宿因,蒙恩至此,今欲爲皇帝太子,祈天永命,非托佛乘,其何以哉?"凡其所謂福利者,靡所不舉,及聞金剛山長安寺最爲殊勝,祝釐報上,莫兹地若也。越至正三年,出内帑楮幣一千錠,俾資重興,永爲常住用,明年又如之,又明年如之。集其徒五百,施衣缽作法會,以落其成。乃命宦官資政院使臣龍鳳,載本末於石,以詔方來,遂命臣穀爲之文。謹按金剛山,在高麗東,距王京五百里。兹山之勝,非獨名天下,實載之佛書,其華嚴所説東北海中,有金剛山,曇無竭菩薩與一萬二千菩薩常説般若者是已。昔東方人未之始知,而指爲仙山。爰自新羅,增飾塔廟,於是禪龕逼於崖谷,而長安寺居其麓,爲一山之都會也。蓋創於新羅法興王,而重興於高麗之成王。噫! 後法興四百餘年,而成王能新之,自成王至今,亦將四百年矣,而未有能興復者。比丘宏辨,見其頹廢,與其同志誓於所謂曇無竭曰:"所不新兹寺者,有如此山。"即分幹其事,廣集衆緣,取材於山,鳩食於人,儉面雇夫,礱石陶瓦,先新佛宇,賓館僧房,以次粗完,而費猶不給。則又嘆曰:"世尊作祇園,孤獨側金,念豈無人? 顧不遇耳。遂西游京師,事聞中官,而高資政主之又力,故其成就如是。竊惟幹竺之教,與時興替,昔我世祖皇帝,是崇是信,列聖相承而光大之。今上皇帝繼志述事,尤致意焉。蓋聖人好生之德,佛者不殺之戒,同一仁愛,同一慈悲也。中宫之觀感,有所自矣。且古之施德於天下者,莫如五帝三王,垂教於後世者,莫如孔子。以今觀之。帝王之廟食者幾希,孔子雖有廟而限於禮制,籩豆薦奠,皆有常數,其徒之食,僅取足焉,惟浮屠氏其宫在夷夏者,碁布星列。殿陛之嚴,金碧之飾,視王者之居;香火服食之奉,視封邑之入。是其感動於人者,實深以廣。兹寺之興宜也,凡爲屋以間計之,一百二十有奇。佛殿、經藏、鐘樓三門,僧寮、客位,至於庖、湢之微,皆極其輪奐。像設則有毗盧遮那,左右盧舍那,釋迦文巍然當中。萬五千佛,五十三佛,周匝圍繞,居正殿焉。觀音大士千手千眼,與文殊、普賢、彌勒、地藏居禪室焉。阿彌陁五十三佛,法起菩薩,翊盧舍那,居海藏之宫,皆極其莊嚴。藏經凡四部,其一銀書者,即皇后所賜也。華嚴三本,法華八卷,皆金書,亦極其賁飾。至若舊有之田,依國法以結計之,千有五十。其在成悦、仁義縣者,各二百。扶寧、幸州、白州各百五十。平州、安山各一百,即成王所舍也。塩盆在通州林道縣者一所,京邸在開城府者一區,其在市廛爲肆僦人者三十門。凡其錢、穀、什器之數,有司之者不載。自泰定間重興檀越,如中政使李忽篤帖木兒諸家,列其名氏於碑陰。銘曰:

有山露骨,嶄岩突兀。名金剛兮,貝書所著。菩薩住處,亞清涼兮。吹嘘煙雲,輪囷絪緼。發神光兮,鳥獸其馴。蟲蛇其仁,草木香兮。釋子卓庵,梯空架岩。遥相望兮,長安精舍。居山之下,大道場兮。肇基羅代,屢其成壞。時不常兮,天啓聖神。世祖之孫,君萬方兮。德洽好生,煦濡含靈。慕空王兮,於惟睿后。體坤之厚,承乾剛兮。歸心身毒,取彼妙福。奉我皇兮,惟此福地。仙佛奧秘,紛產祥兮。一人有慶,天其申命。壽無疆兮,明兩作離。永固鴻基,與天長兮。后謂內臣,惟彼法身。其化彰兮,既新其宮。宜紀其庸,俾無忘兮。有石峩峩,於山之阿,勒銘章兮。〔1〕

案碑文中所言,奇后於聖天子龍飛七年,也即後至元五年(1339)誕下皇子愛猷識理答臘,由是得寵,而奇后亦頗有佞佛色彩,則其發願爲皇帝、太子祈福修寺則事出常理,然而奇后出身高麗,自身又於佛理有所瞭解,金剛山既爲海東殊勝之地,距其發願至動工竟逾四年之久,這一點是不得不引起關注的。在修寺之時,奇后出內帑一千錠以資助,所謂楮幣者,案元代鈔法,此時至正新幣未行,所施者蓋以至元交鈔爲准,而一千錠至元鈔,數目未可小覷,索元末資料可見,至正十三年(1353),濟寧路重修文廟時"用至正新幣二百錠,准錢繩千"〔2〕,至正新幣二百錠准錢千貫,也即錢鈔比爲1∶1,而在此之前的至元交鈔,考《元史》可知,與至正新幣比爲2∶1〔3〕。簡言之,順帝間所修繕廟觀的正常費用應在鈔四百錠上下,又《朴通事諺解》:"共有二百兩銀子,典一個大宅子",下注:"今觀所典之物只得七十兩,而云二百兩銀者,蓋舊本云有二百錠鈔,今本改鈔爲銀,仍存鈔之舊數而不改也"〔4〕,亦可見此道理。由是觀之,奇后動輒出資千錠,且連續三年"如之",則雖不可知所出具體幾何,但用作一間廟宇的修繕可謂不吝其資,在此不僅可以得知奇皇后對於祈禳佛教的熱忱,或許也可以作爲後至元六年爲之所設資政院爲其提供龐大財力支撐的旁證。

金剛山諸寺屢遭火焚,所謂"金剛諸刹,火災偏激"〔5〕是也,長安寺亦不例外,今日所能見者,係在朝鮮仁宗元年(1545)重修的基礎上不斷擴建而來,而奇皇后所出資修繕之長安寺,在朝鮮成宗八年(1477)被毀,由此則欲觀其形制,可參之材料甚少。除上引李穀文外,筆者所見僅有朝鮮王朝文人南孝溫所作《游金剛山記》可供參考:"寺乃新羅法興王所創,元朝順帝與奇皇后重創。門外有天王二軀,法堂有大佛三軀,中佛二軀,佛前有金額曰:'皇帝萬萬世'。堂之四面,有小佛一萬五千軀,皆元帝所作。其東側有無盡燈,燈內四面皆銅鏡,中置一燭,傍立眾僧形,及燃燭則眾僧皆如執燭然,亦元帝所作。五王佛之上,又有

---

〔1〕 李穀《稼亭集》,《韓國文集叢刊》(三),137頁。
〔2〕 孔克堅《濟寧路重修文廟碑》,《遼金元石刻文獻全編》(二),北京圖書館出版社,2003年,735頁。
〔3〕 《元史》卷九七《食貨志五》,2484頁。
〔4〕 《朴通事諺解》,汪維輝編《朝鮮時代漢語教科叢刊》,北京:中華書局,2005年,225頁。
〔5〕 蔡之洪《鳳巖集》,《韓國文集叢刊》(二〇五),440頁。

五中佛,福城正所作也。堂之西堂,有達摩真。東北隅,有羅漢殿。堂坐,有金佛五軀,左右,有土羅漢十六軀。羅漢之傍,各有侍奉僧二軀,技極精巧。羅漢殿之南,有一室,室内有大藏經函,刻木成三層,屋中有鐵臼,置鐵柱其上,上屬屋樑,置函其中,執屋一隅而摇之,則三層自回可玩,亦元帝所作。"[1]結合觀之,可以看出長安寺規模較大,内部設有佛殿、經藏、鐘樓、三門、天王殿、僧寮等,雖然所謂宋元以降佛寺佈局的"伽藍七堂"制度在近年學者的研究中産生了質疑傾向[2],但至少可以確定的是,這種中軸綫的建築模式與藏傳佛教寺院迥異,且據李穀文,監修者應爲高龍普等,高龍普的華嚴信仰明於後文,金剛山又係《華嚴經》所志聖山,因此筆者認爲,長安寺縱有元廷藏傳佛教的影響,但其主流風格應該保留了元及高麗其時的漢傳(海東)佛教風貌。

在寺内佛教造像上,也同樣可見這一特點。長安寺内部法堂[3]供有三尊主佛:毗盧遮那、盧舍那以及釋迦文(釋迦牟尼),也即三身佛説中的法、報、化三身,但由於華嚴宗所認爲的"盧舍那者,古來譯或云三業滿、或云浄滿、或云廣博嚴浄,今更勘梵本,具言毗盧遮那"[4],也即毗盧遮那與盧舍那爲一佛,因此並不能直接説明這一三身佛塑像顯示著華嚴宗特徵。但寺内金書所藏經卷除華嚴外尚有法華八卷,《法華經》言:"法身如來名毗盧遮那,此翻遍一切處;報身如來名盧舍那,此翻浄滿;應身如來名釋迦文,此翻度沃焦。是三如來若單取者則不可也"[5],由此或可説明三身佛造像出現在長安寺的緣由。但同時,華嚴宗也並非完全否定以毗盧遮那、盧舍那及釋迦文分別代表的三身佛説,諸多華嚴寺廟内同樣存在著三身佛的畫像或法身造像,另如賴鵬舉在其文章中所引用的,被其論證爲華嚴宗咒法的敦煌經卷便明確提及了三身佛名。[6]此外,在海東佛教中,三身佛造像雖然爲天台宗首創,但似乎並不被華嚴宗所排斥,且存在逐漸接納的趨勢。[7]因此筆者認爲,長安寺造像在很大程度上保留了海東華嚴宗的風貌。需要注意的一個問題是,在李穀碑記中,僅僅提到了三身佛的造像,而南孝温游記中却提及了除此大佛三軀外,尚有中佛二軀,若筆者上述

---

[1] 南孝温《秋江集》,《韓國文集叢刊》(十六),97 頁。
[2] 如袁牧《中國當代漢地佛教建築研究》,清華大學博士學位論文,2008 年;戴儉《禪與禪宗寺院建築佈局研究》,《中國宗教建築》1996 年 03 期。
[3] 案法堂應作講法用,而此處似代替寺廟中應有的"大殿"功能。
[4] 《華嚴經探玄記》,2021 年 9 月 30 日,146 頁,https://cbetaonline.dila.edu.tw/zh/T35n1733_p0146c10,2022 年 3 月 6 日。
[5] 《妙法蓮華經文句》,2021 年 6 月 22 日,128 頁,https://cbetaonline.dila.edu.tw/zh/T34n1718_p0128a17,2022 年 3 月 6 日。
[6] 賴鵬舉:《中唐榆林 25 窟密法"毗盧遮那"與佛頂尊勝系統造像的形成》,《中國藏學》2007 年第 4 期,2—23 頁。
[7] 黃圭性:《朝鮮時代三身佛會圖에 관한研究》,東國大學校碩士學位論文,2001 年。

論證成立,則據華嚴宗說法中"佛表果法,舉果爲因,大悲行成根本智,果體自成,故無言不說也。以大悲行從無作根本智起故,文殊普賢表因位可說,說佛果法示悟衆生"[1],又"此之三人始終不相離故,以明如來是文殊普賢二人之果"[2]等可推斷,中佛乃係伴毗盧遮那佛左右的文殊與普賢二菩薩,也即"華嚴三聖"。

據南孝温的記述,長安寺大殿内有"五王佛"及"五中佛",后者可作"五座中等形制佛像"解,但"五王佛"說法較爲罕見,並非佛教通用法名。印順法師考證:"金剛化的普賢,代表當時的佛陀觀——大日如來。而帝釋在中心,四大天王四方坐的集會形式,也演化爲五方五佛。"[3]可知密宗及藏傳佛教中以毗盧遮那爲首的五方佛起源自帝釋天居中的五方明王,由此若推測南孝温游記中"五王佛"實爲"五方佛"也不爲武斷。而華嚴宗中也不乏相關記載:"且如總持教中,亦説三十七尊,皆是遮那一佛所現。謂毗盧遮那如來,内心證自受用,成於五智,從四智流四方如來,謂大圓鏡智流出東方阿閦如來、平等性智流出南方寶生如來、妙觀察智流出西方無量壽如來、成所作智流出北方不空成就如來,法界清净智即自當毗盧遮那如來。"[4]這可視爲與五方佛種子曼陀羅相聯繫的華嚴理論,而五方佛造像之上,又有五座中佛,也恰可與華嚴宗發展出的十方住地,多佛並存理論[5]相印證。因此,筆者認爲,麗末鮮初的長安寺内造像形制今日已不可見,其或許摻雜了蒙古宮廷所推崇的藏傳佛教要素,但總體而言,應定性爲海東華嚴宗寺廟。

此外,南孝温游記中所謂"元帝所作"藏經之物,似與轉輪藏相類。僧祐有載:"自尊經神運,秀出俗典,由漢届梁,世歷明哲。雖複緇服素飾,並異迹同歸。至於講議贊析,代代彌精,注述陶練,人人兢密。所以記論之富,盈閣以牣房;書序之繁,充車而被軫矣。"[6]大量佛經翻譯、撰述,在南朝梁武帝時達到了鼎盛,其時諸多佛教寺院的藏書達到了一個可觀的數目,遂出現專門存放佛經的場所與書櫥。經書存放的基本形式是沿壁立櫃藏經,稱爲"壁藏",但是由於經書數

---

[1]《新華嚴經論》,2021年9月25日,725頁,https://cbetaonline.dila.edu.tw/zh/T36n1739_p0725c07,2022年3月10日。
[2]《新華嚴經論》,2021年9月25日,738頁,https://cbetaonline.dila.edu.tw/zh/T36n1739_p0738c27,2022年3月10日。
[3]《佛教史地考論》,2021年7月21日,238頁,https://cbetaonline.dila.edu.tw/zh/Y22n0022_p0238a13,2022年3月10日。
[4]《大方廣佛華嚴經》,2021年9月25日,698頁,https://cbetaonline.dila.edu.tw/zh/T36n1736_p0698c24,2022年3月10日。
[5] 魏道儒:《中國華嚴宗通史》,南京:鳳凰出版社,2008年,283頁。
[6]《出三藏記集》,2021年6月25日,82頁,https://cbetaonline.dila.edu.tw/zh/T55n2145_p0082c10,2022年3月10日。

目衆多,一般人不可以遍讀,於是傅翕在雙林寺經樓中建立了一種大型旋轉書架,内置經書,旋轉即可檢出所需之書,也即"初梁朝善慧大士,愍諸世人雖於此道頗知信向,然於贖命法寶,或有男女,生來不識字者,或識字而爲他緣逼迫不暇披閱者。大士爲是之故,特設便方,創成轉輪之藏"[1]。這種藏書方式也成爲了后世經藏的一種形式。而傅大士同時也對其形制進行了簡單描述:"(傅大士)乃就山中建大層龕一柱八面。實以諸經。運行不礙。謂之輪藏。"[2]這樣一種經藏形制越唐逾宋,更爲普遍,《營造法式》中更有對此的專門規定:"轉輪經藏,一坐,八瓣……平坐上施天宫樓閣。"[3]又"轉輪,高八尺,徑九尺;用立軸長一丈八尺;徑一尺五寸"[4]。雖然南孝温所記較爲簡略,但從"刻木三層""置鐵柱其上,上屬屋樑""執屋一隅而摇之,則三層自回可玩"以及爲藏經所用等語句中仍不難窺探出其大體形制,這與保存至今日之河北正定隆興寺轉輪藏或可作一比對,該轉輪藏徑約7米,下簷爲八角形,上簷爲一圓形亭子,外觀看似一重簷八角形亭子。中設一立軸,轉輪藏之整體繞中軸回轉,屬整體轉動式。整體可分藏座、藏身、藏頂三部分,整座輪藏的重量由軸下部的藏針承載。[5]則所謂三層刻木,或也即藏座、藏身、藏頂三部分的功用。但其時高麗佛教當已接觸轉輪藏之制,有宋一代,與高麗佛教交往頻繁,最負盛名者即元豐間高麗王子義天入宋與杭州慧因寺故事,今日慧因寺輪藏殿仍存,故而南孝温未提及轉輪之名而只言"元帝所作",恐緣其個人對于藏經規制不甚熟悉,幾乎與其同時代的朝鮮文人成倪便以長安寺爲題著詩云:"轉輪藏動開深殿,無盡燈明照大千。"[6]也恰可印證筆者上述觀點。但也由此恰可見高麗在此時轉輪藏實物應不多見,若此輪藏得以保存,當可作爲元、麗間佛教交流的重要成果。

二、奇皇后所主修寺活動的力量支撑

奇皇后出"内帑"派使臣在金剛山修繕佛寺,一方面與其在元朝的專寵有

---

[1]《釋門正統》,2021年9月12日,396頁,https://cbetaonline.dila.edu.tw/zh/X75n1513_p0298b21,2022年3月10日。
[2]《善慧大士語録》,2020年7月12日,6頁,https://cbetaonline.dila.edu.tw/zh/X69n1335_p0109c09,2022年3月10日。
[3] 李誡撰,梁思成注釋《〈營造法式〉注釋》,北京:生活・讀書・新知三聯書店,2013年,399頁。
[4]《〈營造法式〉注釋》,402頁。
[5] 黄美燕《經藏與轉輪藏的創始及其發展源流辨析》,《東方博物》2006年第2期,69頁。
[6] 成倪《虚白堂集》,《韓國文集叢刊》(十四),255頁。

關,另一方面與奇氏一黨在高麗斂財,以進貢的方式爲奇皇后提供政治、經濟方面的支持不無聯系。奇皇后在高麗修寺活動的力量支撐來自奇氏家族、以高龍普爲首的在元高麗宦官。奇皇后出"内帑"派使臣在金剛山修繕佛寺的經濟來源有可能與高麗爲皇后誕日進獻賀禮、高龍普在資政院爲其斂財等有一定的關聯性。

(一) 奇氏家族

關於奇氏家族,《高麗史》言:"高祖允肅,性侈靡,事豪俠,附崔忠獻。驟拜上將軍,歷踐兩省,嘗以黄衣喝道,往來倡家,行路指笑,官至門下侍郎平章事,諡康靖。父子敖,蔭補散員,累遷總部散郎,出守宣州,年六十三卒。娶典書李行儉女,生軾、轍、轅、輈、輪,軾早死,季女選入元順帝後宮,封二皇后,生皇太子愛猷識理達臘。"[1]這段記載首先表明,奇皇后高祖奇允肅曾附高麗明宗至高宗時期的權臣崔忠獻,且歷任上將軍、門下侍郎平章事等要職,可見當爲蒙麗交涉初期高麗武人幹政的參與者之一。但奇允肅於高麗高宗四十四年(1257)去世,很快,三别抄發動兵變,"丙子大司成柳璥,别將金仁俊等誅崔竩,復政於王"[2]。這場政變之後,高麗是否真正實現了復政於王有待他考,但崔氏政權的倒塌則是無爭的事實,或許也因此,奇氏家族隨之一蹶不振,甚至奇皇后寵渥優隆,家族受封之際也難以找出曾祖與祖父名姓。至於奇子敖時,只得蔭補爲散員,外放宣州,做從九品之微末官員。雖則迎娶了典書李行儉的女兒,但似乎對奇氏家族補益不多,否則《元史》不會載奇皇后"家微,用后貴"[3]。總之,奇氏家族身上究竟存留著多大程度的武人色彩難以詳考,但言其家族本係寒門是毋庸置疑的。當然,這兩種身份並不矛盾,雖然高麗太祖在建國之初就著力打破以血統分貴賤的新羅"骨品制",但文臣與武臣間的政治不對等卻也逐漸加劇[4],換言之,其並未解決政治意義上的世家專政問題,只不過由"聖骨"與"奴隸"變成了"豪族"與"寒門",這無疑會使得"武人"與"寒人"這兩個概念產生貼合趨勢,而終王氏高麗一朝,似乎都未能解決這一問題。如爲對抗紅巾軍,恭愍

---

[1]《高麗史》卷一一三《奇轍傳》,14頁b。
[2]《高麗史》卷二四《高宗世家三》,32頁b。
[3]《元史》卷一一四《完者忽都傳》,2880頁。
[4] 王東成《論武臣統治時期的麗蒙關係》,延邊大學碩士學位論文,2014年,6頁。

王拜鄭世雲爲將時,鄭氏推辭理由仍是"吾甚寒微,如吾爲相,國家宜亂"[1]。也即至於恭愍王時期,寒人依然不可掌機要。因此可以説,奇氏家族的崛起,是高麗史上的一次"逆潮"。

奇氏家族的真正煊赫,應自奇氏產皇子後始。而且,奇氏產皇子正是奇皇后出"内帑",派使臣在金剛山修繕佛寺的最大動機。爲皇子祈禱,奇氏很有可能從這一時刻想著日後其所生皇子能即元朝之大統。其政治野心從其後來在順帝在位時,密謀讓其禪位可見一斑。忠惠王後三年"己未,元遣高龍普、帖木兒不花等來迎奇皇后母李氏,王迎龍普等於郊"[2]。明年又"遣資政院使高龍普,太監朴帖木兒不花賜王衣酒,又贈皇后父子敖爲榮安莊獻王,母李氏,爲榮安王大夫人"[3]。而奇氏幾位兄長亦"倚后勢縱恣,其親黨亦緣驕橫。轅嘗會宗族,宴其母器皿珍羞,窮極侈,麗見者以爲東韓以來罕有也"[4]。甚至忠惠王後五年(1344),奇轍如元賀正時,王"餞於迎賓館"[5],而迎賓館在此之前僅用於接待元廷使節,這不得不説是此時的忠惠王已然敬奇轍如上國使臣。

當然,將與奇皇后所涉在高麗之政治集團概稱爲"奇氏家族"並不允當。凡與奇氏家族因種種原因相聚攏的人群,因奇氏家族在這一時段的特殊性,均不可避免地與元麗政治相牽連。但同時考察高麗史册,其中可確鑿定爲奇氏一黨者,實應分爲兩類。一類以左政承盧頙、判三司事權謙爲代表,他們的出身未必高貴,但皆與元廷聯姻,也因此得到了在高麗的平穩仕途,取得顯要官職,正是奇轍謀逆過程中"以親戚腹心布列權要,陰樹黨援"[6]的部分。如盧頙早年寒微,但"娶平陽公昡女慶寧翁主,以故驟貴"[7],而後"以女納於元帝,拜集賢殿學士"[8]。換言之,盧氏、權氏抑或奇氏,其最終的政治靠山都是元廷,而紐帶具爲聯姻,從這種情況衍生出來的"親元"傾向,正是將他們聚合在一起的首要推動力。第二類人則應以洪彬、曹益清、李芸、廉敦紹等爲代表,他們在這一時期並不佔據政治高位,有些人與奇氏家族間也並無明確的共同利益需求,甚至並非所謂奸臣,但在順帝統治前期,也即恭愍王執政前的時間段裏,因不同目的而與奇氏站在同一立場之上。如曹益清,在辛禑二年甚至配享恭愍王廟,但因

---

[1]《高麗史》卷一一三《鄭世雲傳》,15頁a。
[2]《高麗史》卷三六《忠惠王世家》,23頁b。
[3]《高麗史節要》卷二五《忠惠王世家》,首爾:東國文化社,1960年,589頁上。
[4]《高麗史》卷一三一《奇轍傳》,15頁a。
[5]《高麗史》卷三七《忠穆王世家》,6頁b。
[6]《高麗史》卷一三一《奇轍傳》,18頁a。
[7]《高麗史》卷一三一《盧頙傳》,21頁b。
[8]《高麗史》卷一三一《盧頙傳》,22頁a。

其憎惡"惡少習氣",在奇轍入元言忠惠王無道時也與之觀點持同。又如李芸,在其與奇轍等人在元言建省事條下,便有其兄與忠惠王有隙之載:"初芸兄儼與僧波哥景有隙,波哥景譖王曰:'儼常叱臣以爲汝王何等人,吾不畏也。'王怒,命囚儼奴,儼見於王,欲自明,王毆之,儼厲聲曰:'王何辱我? 王之初立,伊誰之功? 王雖激怒於波哥景,實惡芸也。'"[1]則由此很難認爲李芸與奇轍此時的同一立場與此事無關。然而無論如何,可以説在奇氏得寵於順帝之後,奇氏家族及其黨羽在高麗政治力量的培養是較爲成功的。

除政治因素外,奇氏集團或也對在元之奇皇后有經濟方面的支持作用。奇氏集團在高麗橫徵暴斂,翻檢史籍則不難發現,爲整治都監所斬之奇三萬罪名便係奪人田土,這一點從上引宴奇氏母之材料中也可見之,以至於奇氏一黨伏誅後,"后問兄轍禍敗所由,公遂曰:'貪財聚怨鮮有免者,勢激而然,非王之心也。'宦官朴不花密告后曰:'公遂但爲其主,豈念其親。'"[2]朴不花所説也可佐證公遂乃直言,而盧頙作爲奇氏黨人,亦"性貪,好奪人臧獲"[3],由此可見無論奇氏抑或其黨人,皆聚財成風,而在高麗所橫徵暴斂之財富,也經由貢賜部分流向了奇皇后。恭愍王時,曾"遣密直使李也先帖木兒、鷹揚軍上護軍安祐如元貢方物。仍獻皇后誕日禮物,皇后誕日之賀始此"[4]。這條材料雖提到皇后誕日獻禮始於此時,但從"仍獻"則可知,此時的"皇后誕日之賀"乃成爲定制之始,而非獻禮之始。因此,雖不可確知屬國在皇后誕日獻方物之俗始於何時,但此前應已有多次,同時,若考李也先帖木兒,則《奇轍傳》言奇氏伏誅後:"流其黨金寧君、金普、密直副使李也先帖木兒……"[5]則可證李也先帖木兒恰係奇氏黨人,由此命其爲使,賀皇后誕日之時,其所貢方物,則很大程度上可能包含了奇氏在高麗所聚斂財物,以此方式輸送至奇皇后"内帑"。

(二) 高龍普

高龍普是奇皇后出"内帑"派使臣在金剛山修繕佛寺活動的重要參與者和支持集團之一。關於高龍普,史料記載中較爲散亂,加之其名姓有高龍普、高龍

------

[1] 《高麗史》卷三六《忠惠王世家》,28頁。
[2] 《高麗史》卷一一二《李公遂傳》,3頁b—4頁a。
[3] 《高麗史》卷一三一《盧頙傳》,22頁a。
[4] 《高麗史》卷三八《恭愍王世家一》,16頁b。
[5] 《高麗史》一三一《奇轍傳》,20頁a。

卜、高龍鳳等多種,對其進行考辨是不得不做的工作之一。前述權龍哲氏文,借助李穀《韓國公鄭公祠堂記》等材料,已將高龍普斯人與引介奇皇后入宫的徽政院使"秃滿達兒"做出區分,而"龍普""龍鳳""龍卜"諸名,雖類且易聯想爲同人異名,但仍需憑材料加以説明。見諸史籍者,考《中原音韻》可知,"普""卜"二字同係"魚模"韻下,唯"普"係上聲而"卜"居"入聲作上聲"條[1],則可知二字字音絕類。同時期之高麗語言較爲難考,但《老乞大》《朴通事》二書之諺解,係李朝采《洪武正韻》爲之,而《洪武正韻》與元代音韻所差甚微,尤"鳳"字,于《古今韻會舉要》與《洪武正韻》中均表記爲"馮貢切,送韻去聲"[2],則可據李朝諺解考三字高麗發音之異同。"普"於《朴通事諺解》中可見,諺文表記爲"푸(pu)"[3],"卜"字則爲"부(bu)"[4],"鳳"字雖不見於同時期漢語教科書中,但與之聲韻皆同之"風"字却可供一參,在其中表記爲"붕(bung)"[5],由是可知三字在其時半島言語中雖有些許差别,但半島語言既未發生唇音分化,又無音調差别,因此發音仍可稱較爲類似,"鳳"字雖在元代漢語中發音與另二字不同,但"高龍鳳"一名正多見于高麗方面史料,元代關於高龍普的資料中尚未發現有此名姓的出現,是故我們或可推斷,高龍普因其出身卑微,或其名本無準確的漢字表記,故而在元及高麗活動期間,以發音類似故,在史料中被記載爲了三種名字。通過這一考證,則關于高龍普其人可參之材料便已有所增加。

但尤是如此,有關高龍普之記述,於史籍中可考者仍不甚多,然前人研究實難稱寡,因而筆者於此唯考其與奇皇后修繕高麗佛寺事之關聯。韓國學者李龍範在其《奇皇后의册立과元代의資政院》一文中,已經圍繞資政院這一機構對高龍普於奇皇后出"内帑"修佛寺事之財政支撑作用進行了相當程度的討論,因此本文在經濟方面不贅,而希望更多從高龍普身上所見佛教信仰這一角度進行考量。

李穀所作《重興大華嚴普光寺記》[6]中載主要出資者爲"資政使高公龍鳳",自爲高龍普,他對於出資修繕普光寺的首肯,在順帝元統二年(1334),此時奇皇后是否入宫尚待考證,則更無論得寵,則龍普此舉,當與自身之佞佛傾向相關。觀李穀作記可知,高龍普自係全州人,這當然也是促使他出資的動因之一,

---

[1] 周德清撰,張玉來、耿軍校《中原音韻校本》,北京:中華書局,2013年,25頁。
[2] 黄公紹、熊忠撰,甯忌浮整理《古今韻會舉要》卷一七,北京:中華書局,2000年,300頁;樂韶鳳《洪武正韻》卷一〇,《景印文淵閣四庫全書》本,1頁a。
[3] 《朴通事諺解》,汪維輝編《朝鮮時代漢語教科叢刊》,895頁。
[4] 《朴通事諺解》,汪維輝編《朝鮮時代漢語教科叢刊》,1479頁。
[5] 《重刊老乞大諺解》,汪維輝編《朝鮮時代漢語教科叢刊》,597頁。
[6] 李穀《稼亭集》,《韓國文集叢刊》(三),116頁。

但更爲重要的是，全州自後三國時代以來，即爲海東華嚴宗興盛之地，乃後百濟時華嚴宗宗師惠觀曾爲甄萱立福田於此，此地也由是衍生出了華嚴宗南嶽派。[1]但無論北嶽南嶽，其同奉《華嚴經》爲圭臬當無疑義，《續高僧傳》載："太和初年，代京閹官自慨刑餘，不逮人族，奏乞入山修道，有敕許之。乃齋一部《華嚴》，晝夜讀誦，禮悔不息，夏首歸山，至六月末，髭鬢盡生，復丈夫相。"[2]又有："所將内侍劉謙之，於此寺中七日行道，祈請文殊，既遇聖者，奄復丈夫，曉悟《花嚴經》義，乃造《花言論》六百卷。"[3]對此故事《古清涼傳》《華嚴經傳記》《大方廣佛華嚴經感應記》中亦有繁簡程度不同的記載，此處不再論述。《大藏經》在高麗的刊刻與流傳研究，可參者甚多[4]，是故其中靈驗故事至少在如全州之地廣爲人知，這種情況應該可以說促進了宦者群體對佛教的精神歸附[5]，而普光寺碑記中也提到，此寺亦"演華嚴法"，由此，若言高龍普本人由華嚴法而生出對佛教的熱忱，許無差池。高龍普的佛教色彩究竟如何作用於奇皇后現已不可確考，但以理度之，高龍普無論在財政抑或信仰方面都應對奇皇后出資修繕高麗佛寺這一事件產生了不小影響。

　　除高龍普外，考諸史書不難發現，圍繞在奇皇后周邊的高麗籍宦官，尚有朴不花、姜金剛等諸人，他們有無清晰的佛教傾向已然不可考，但奇皇后一黨在高麗的活動多由他們經辦却是無可置疑的。朴不花助奇皇后在元行水陸法會等事一如前述，同時作爲與奇皇后頗具曖昧關係的同鄉以及高龍普的繼任者，在此時期元廷派往高麗的使節中，他常與高龍普一併出現。關於姜金剛，則《高麗史》載："忠惠王以宦者姜金剛入元，有負紈之勞，陞其鄉……"[6]可見其亦爲入元之高麗宦官，演福寺所鑄鐘，便係姜金剛監造[7]，此外，即使奇氏已然敗亡，姜金剛仍"奉養李氏"[8]，可見姜氏與奇皇后一黨關係之緊密。誠然奇皇后所憑之在元高麗宦官勢力中並不僅僅包含此二人，如李家奴帖木兒、安伯顏不花類，雖從名姓觀之絕類高麗，也確與皇后有涉，但無確鑿文獻足徵，故此筆者不贅言。但綜上仍可看出，如高龍普、朴不花等出身高麗的宦官群體，由於其熟悉高麗情況，則無論奇皇后抑或元順帝，在加強對高麗影響的過程中，此群體都應

---

[1] 何勁松《韓國佛教史》，北京：社會科學文獻出版社，2008年，299頁。
[2] 道宣《魏泰嶽人頭山衘草寺釋志湛傳》，《續高僧傳》卷二九，北京：中華書局，2014年，1171頁。
[3] 道宣《唐代州五臺山釋明隱傳》，《續高僧傳》卷二五，1075頁。
[4] 崔光弼、李春《〈高麗大藏經〉與東亞地區文化交流》，《圖書館理論與實踐》2013年第9期。
[5] 劉淑芬《中古的佛教與社會》，上海古籍出版社，2008年，47—53頁。
[6] 《高麗史》卷五七《地理志二》，28頁b。
[7] 李穀《稼亭集》，《韓國文集叢刊》(三)，147頁上。
[8] 《高麗史》卷一三一《奇轍傳》，21頁a。

是絕佳任用人選,也正是這些人的在元,爲順帝、后在高麗的一系列活動起到了情報與人望的前提作用。

三、順帝前期元麗政局掇瑣及其與修寺史勾連

如所周知,順帝一朝,權臣、黨爭不絕於史籍,成爲這一時期政治特點之一。[1] 順帝即位之前,便受燕鐵木兒之禍,先放高麗,復徙廣西,燕鐵木兒去世後方得即位。此後唐其勢、伯顔、脱脱、哈麻等繼爲權臣,爲順帝的統治增添了極大的不穩定因素。但時常被人所忽略的是,在紛繁複雜的黨爭之外,順帝也未嘗不用心於與高麗的外交,而在這其中佔據重要地位的,則是在雙方均布列勢力的奇皇后一黨。雖然奇皇后與後期的太子黨勢力所涉頗深,甚至有學者認爲奇皇后與元順帝關係的破裂更在此之前[2],這一觀點尚有商榷的餘地,但在順帝統治前期,也即高麗忠肅王末至忠惠王被廢期間,種種迹象均可表明順帝意圖加強對高麗的控制,廢黜忠惠王則是這一意圖最爲顯著的結果,而觀照此時期以帝、后名義在高麗所修繕之佛寺這一事件,則可更好地證實這一觀點。

順帝朝首次以帝、后名義爲高麗修築佛寺發生在後至元三年。事見危素所撰《敕賜神光寺碑》:"至元三年,上出令内帑遣寺臣金帖木兒建僧房廊廡各若干楹。"[3] 彼時太子未降,奇氏受寵並不甚深,爲高麗神光寺修築僧房或與順帝對奇氏寵愛不無關係,但不可否認的是元順帝本身的佛教信仰在此時應占主流。順帝早年曾流放於高麗之大青島[4],但根據權五重氏研究,元朝流配至大青島的宫廷人員,可以因爲應邀參加宴會而自由離開流配的地點[5],這一點在《高麗史》中不爲鮮見。且順帝在高麗時,有人曾諫言:"遼陽與高麗謀欲奉妥歡太子叛"[6],由此可見,則所謂"不與人接"恐怕也不過是場面言語。在高麗雖只一歲的時間,但爲順帝提供接觸高麗佛教的機會應已足夠,且考諸史籍,有元一代似有將罪囚放至佛教興盛之地的流俗,如高麗王璋,"(忠肅王七年)十二月戊申,帝(元英宗)以學佛經爲名,流上王於吐蕃撒思結之地"[7]。"撒思結"爲"薩

---

[1] 韓儒林《元朝史》,北京:人民出版社,2008年,435—442頁。
[2] 朴延華《高麗忠穆王代整治都監改革與元廷關係》,《朝鮮・韓國歷史研究》2013年第1期。
[3] 危素《危學士全集》卷一一,《明别集叢刊(第一輯)》(三),153頁。
[4] 《元史》卷三八《順帝紀一》,北京:中華書局,1976年,815頁。
[5] 權五重《大青島與元朝之流配人》,《歷史研究》2009年第4期,186頁。
[6] 鄭麟趾《高麗史》卷三六《忠惠王世家》,太白山史庫本,10頁b。
[7] 《高麗史》卷三五《忠肅王世家二》,3頁b。

迦"異譯,正是帝師八思巴所主薩迦派源出之地。又順帝時"放院使高龍普於金剛山"[1]。案金剛山,李穀記曰:"其華嚴所説東北海中,有金剛山。曇無竭菩薩與一萬二千菩薩常説般若者是已。昔東方人未之始知,而指爲仙山。"[2]這一説法或典出《華嚴經》:"海中有處,名:金剛山,從昔已來,諸菩薩衆於中止住;現有菩薩,名曰:法起,與其眷屬、諸菩薩衆千二百人俱,常在其中而演説法。"[3]佛經與高麗文獻中的金剛山是否爲一,尚有探討的空間,但高麗時人將金剛山認作佛教聖地當無疑義。由是可知危素爲神光寺所撰碑記中所提及之順帝與神光寺結緣事理非空穴來風。而如果我們將神光寺在內的多所寺廟的修繕,置於此時期的元麗關係中,則或有發現。

後至元三年夏四月癸酉,順帝敕曰:"禁漢人、南人、高麗人不得執持軍器,凡有馬者拘入官。"[4]這條敕文同樣録於《高麗史》,只後加曰:"於是百官皆不視事"[5],且數日後"征東省據世祖皇帝不改土風之詔奏聞於帝,請令百官騎馬"[6]。也即高麗以世祖詔對順帝所敕提出異議,需要指出的是,這一時期順帝本人對於行政權力的掌控似乎不足,伯顔擅權是不爭的事實。邱樹森在其專著中提到,伯顔有著明顯的不喜"漢人""南人"的傾向[7],因此這條命令很有可能出自伯顔之手。但這種行政上的高壓管理,在之前的元麗交往中多有,如至元三年(1266),中書省移文:"禁(高麗)國人貿易上國兵器及馬。"[8]又元副達魯花赤焦天翼曾下令:"兵器不可蓄於私家,收國人攻珍島兵仗,悉輸於鹽州屯所。"[9]然而高麗如此鮮明地提出反對,尚屬首次。且值得一提的是,騎馬或並非高麗"土風",雖則有元一代,濟州島經常成爲重要的馬匹供應地,但高麗作爲經濟較爲發達的農業國,射獵並不是其傳統的娛樂項目[10],只有與蒙元關係較爲密切的如忠烈王、忠惠王等積極接受蒙古文化,而如恭愍王便曾兩次"微行習馳馬"[11]。且自忠烈王以降,忠宣王等都在不同程度上基于不同目的存在著反

---

[1]《高麗史》卷三七《忠穆王世家》,11頁a。
[2] 李穀《稼亭集》,《韓國文集叢刊》(三),147頁上。
[3]《大方廣佛華嚴經》,2021年11月24日,585頁,https://cbetaonline.dila.edu.tw/zh/T10n0279_p0241b23,2022年1月10日。
[4]《元史》卷三九《順帝紀二》,839頁。
[5]《高麗史》卷三五《忠肅王世家二》,34頁b。
[6]《高麗史》卷三五《忠肅王世家二》,34頁b。
[7] 邱樹森:《妥懽帖木兒傳》,長春:吉林教育出版社,1991年,62—63頁。
[8]《高麗史》卷二七《元宗世家三》,9頁a。
[9]《高麗史》卷二七《元宗世家三》,23頁b。
[10] 孫紅梅《元朝與高麗"甥舅之好"關係下的文化交流》,《渤海大學學報(哲學社會科學版)》2008年第2期,103頁。
[11]《高麗史》卷四〇《恭愍王世家三》,12頁b。

元傾向[1],因此,雖然不可否認此時期騎馬、射獵應在高麗較爲流行,但恐怕也只局限於個人好惡的範疇,不足以稱爲"土風"。是故,此時高麗以並不十分成立的理由對元廷管制提出抗議,似乎在一定程度上表明了高麗或係忠肅王本人與元的疏離態度[2]。但也須承認,此次"禁馬之爭"雖然開啓了元、麗間關係的裂隙,但可能與順帝本人並無牽涉,因此順帝對神光寺的增修更多應出於佞佛傾向,換言之,順帝與奇皇后借助佛教增強在高麗影響之行爲當始自忠惠王復位。

忠惠王本人雖"父母皆高麗",却表現出了較強的親元因素。除上引胡服謁忠肅王事外,甚喜游獵,如後二年(1342)獵於東郊,"王日以游獵爲事,從者苦之"。又後三年(1343)出畋,己亥亦如之,自是日以游獵爲事,出入無度"[3]。可見忠惠王在自身習氣上頗類蒙古,而在對待元使上也未有如忠肅王般怠慢者。但誠然如此,他的驕奢淫逸也達到了元廷難以忍受的程度。忠惠王本人"性游俠,好酒色,耽於游畋,荒淫無度。聞人妻妾之美,無親疏貴賤,皆納之後宮幾百餘"[4]。忠肅王去世後,厭惡王禎的伯顏業已失勢,但其仍不能順利即位,也正有此原因。[5] 不論忠惠王身上的蒙古色彩有多麽濃厚,其暴虐行徑却著實觸了順帝眉頭,給順帝以廢王口實的同時,也強化了其對麗加強控制的念頭。

在出資二次增修神光寺的前一年,奇皇后爲順帝誕下皇子愛猷識理達臘,反對奇氏立后的代表伯顏罷相,奇氏也由此顯貴。越明年,高麗又"以宦者高龍普爲三重大匡完山君"[6],與奇皇后關係密切的高麗宦者高龍普的晉封,作爲奇氏在元得寵的旁證,也喻示著奇皇后集團在高麗影響的擴大。至少可以説明的一點是,對佛教的熱忱、對高麗國王的不滿以及對奇氏的寵倖等因素,共同使得高麗在順帝眼中的地位變得愈加重要。

奇皇后姓名史無詳載,關於其出身及入元經過,前賢研究頗豐,雖有贅餘之言,但仍置諸後文,在此節,需要探討的是奇皇后作爲高麗女及元皇后的兩面性,也即奇皇后入元之後受到順帝佛教信仰影響,其在高麗所處環境及其家庭,更應是她的佞佛傾向的重要來源。

---

[1] 鄭錫元《高麗對蒙古文化的"受容"與排斥》,《貴州民族學院學報(哲學社會科學版)》2011年第3期,54—55頁。
[2] 關於忠肅王待元,可見《高麗史》:"上王(忠肅王)將如元,至黃州,(忠惠)王道上胡跪迎謁。上王曰:'汝之父母皆高麗也,何見我行胡禮?且衣冠太侈何以示人,可速更衣。'訓戒嚴厲,王涕泣而出。"
[3] 《高麗史》卷三六《忠惠王世家》,21頁a。
[4] 《高麗史》卷三六《忠惠王世家》,32頁b。
[5] 烏雲高娃《元朝與高麗關係研究》,蘭州大學出版社,2012年,160頁。
[6] 《高麗史》卷三六《忠惠王世家》,18頁a。

奇皇后自身的佛教信仰,已不需筆者過多論述,唯徵引前人所未發之史料加以旁證。高麗文人李穡在《西天提納薄陁尊者浮屠銘并序》[1]中提到天竺高僧指空在元時"至正皇后、皇太子迎入延華閣[2]問法……"一事,其中至正皇后即指奇皇后,皇太子即奇皇后所出之愛猷識理達臘,可見除元順帝及太子頗崇佛教外,奇皇后也不可謂無佛教傾向。如果觀照奇皇后的周圍,則亦可見佛教氛圍。元順帝及太子的佛教信仰不必贅言;半島的佛教在進入高麗時期後則邁入了祈禳佛教的階段,雖然這種"祈禳"對於高麗佛教本身發展的效果尚有待商榷,但高麗一朝所作佛事之多應稱世所罕有[3],而奇皇后在京師大饑之後出資命朴不花作水陸大會[4],恐怕也蘊含著一定程度上的高麗祈禳佛教影響[5];又觀《金剛山普賢庵法會記》[6]可知,時任奎章閣大學士沙剌班,與奇氏聯姻,素善佛教;又奇皇后族子有名"三寶奴"者[7],足證奇氏族中有信仰佛教的支脉。綜上所述,皇后奇氏生活在佛教信仰濃厚的環境中,又與僧人及佛事關係較深,若言其有一定程度的佛教信仰,當無疑義。

由上考可知,高麗諸寺的修建在宗教信仰方面有其所自,而財政支持也有其所源,但不可忽視的是,其中亦不缺乏政治動因。關於這一點,朝鮮文人申景浚論道:"或曰:定方雖崇佛,欲置願刹,而何必於海外異國乎?曰元順帝嘗謫居於長淵之大青島,建神光寺於海州,奇皇后建長安寺於淮陽,若此類蓋托緣名山,以誇耀遠人者也。"[8]將順帝、后在高麗修繕寺廟的舉動與唐征高麗時蘇定方置願刹於百濟等而視之,稱其目的均爲"誇耀遠人",這其中當然有朝鮮王朝文人自別中國的成見所在,但也未必可否認順帝時此舉與其政治目的的關聯性。

同時,反觀李穀碑文,不難發現此爲"受命之文",而"傳命"者,應正爲高龍普。換言之,當我們重新審視這篇碑文時,不應只將其作爲某寺重修碑記看待,此中也同樣蘊含著爲奇皇后乃至元順帝歌功頌德的目的。文中記載,長安寺爲

---

[1] 李穡《牧隱稿》,《韓國文集叢刊》(五),116頁。
[2] 延華閣,《元史》卷二九《泰定帝紀一》:"己亥,命西僧作燒壇佛事於延華閣。"655頁。可知應爲元廷內開展佛教活動之所。
[3] 金煐泰撰,柳雪峰譯《韓國佛教史概説》,北京:社會科學文獻出版社,1993年,115頁。
[4] 《元史》卷一一四《完者忽都傳》,2880頁。《元史》卷二〇四《宦者》中"朴不花"條也有提及,但言作水陸大會乃朴不花主張,然而朴不花高麗人也,與奇皇后關係又可謂千絲萬縷,且出資者爲奇皇后,因此不論主張者爲誰,並不影響事件性質。
[5] 關於此,可以參見張冰冰《元代宫廷崇佛史事考》,中央民族大學碩士學位論文,2010年。文中借元代宫廷所作法會推定對元皇室產生最大影響的主要是藏傳佛教薩迦派,而至於元廷主動開展"水陸大會""無遮法會"等漢傳法會,在奇氏之前尚屬稀見。
[6] 李穀《稼亭集》,《韓國文集叢刊》(三),113頁。
[7] 《元史》卷一一四《完者忽都傳》,2881頁。
[8] 申景浚《旅庵遺稿》,《韓國文集叢刊》(二三一),65頁上。

新羅法興王首創,而高麗成王復興之,其間歷約四百年,自成王至當時,又已經四百載,而寺廟殘破,特待聖人興之,這種"歷數年而有聖人"的語句,無論在讖緯或佛典中屢見不鮮,不勝枚舉,此文言下之意,正是將大元帝、后作爲聖人視之,其修寺之舉亦爲聖舉,又加世祖皇帝崇佛非淺,則當今天子更是"繼志述事"的明君,奇皇后與高龍普一幹人等,自然是明主之亮輔良弼。如果我們將鑄演福寺鐘時的記述結合而看,鑄鐘時"旁山諸郡饑。其民爭趨工。得食以活"[1],當這些文章傳諸高麗時,其地臣民對元廷態度的好轉是可想而知的。另外,在南孝温的記述中,也可見佛頂所刻"皇帝萬萬世"之記載。在這種邏輯下,我們也便很難將元廷爲高麗修繕諸寺這一事件簡單視作佞佛舉動了。與修繕長安寺時間基本相吻合,在高麗發生了元廷主導下的忠惠王被廢事。見《高麗史》忠惠王後四年(1340)十一月:"甲申,托以告郊頒赦,遣大卿朶赤、郎中別失哥等六人來,王欲托疾不迎,龍普曰:'帝常謂王不敬,若不出迎帝疑滋甚。'王率百官朝服郊迎,聽詔於征東省,朶赤、乃住等蹴王縛之,王急呼高院使,龍普叱之,使者皆拔刃執侍從群小,百官皆走匿。左右司郎中金永煦、萬户姜好禮、密直副使崔安祐、鷹揚軍金善莊等中櫐持平,盧俊卿及勇士二人被殺,中刀櫐者甚多。辛裔伏兵禦外以助之,朶赤等即掖王載一馬馳去,王請小留,朶赤等拔刃脅之。"[2]在此廢王事中,可以清晰看到高龍普等一衆奇氏黨人所居主導地位,而敢謀借傳詔縛王者,除元順帝、后外,也無他人。由是,結合前文所述,不難想見的是,自忠肅以至忠惠二王復位後,在順帝統治前期,皆以亂行種種與元交惡,加以奇氏家族在元及高麗的"建省"鼓動,共同促使順帝思借廢王以加強對高麗的控制,當然,從廢王之後的奇氏家族走向也可看出,順帝在接下來一段時期内所欲借助的,正是奇皇后一黨在高麗的政治力量,此力量的暗中培植,或許也在一定程度上促進了順帝的廢王。而自海光寺始至長安寺、演福寺等的修繕,將其放諸順帝統治前期的元麗關係整個時間綫内,恰是作爲順帝廢王,爲帝、后在高麗積攢人望的重要環節,則復觀申氏"誇耀遠人"之論,豈爲空穴來風?

四、餘論

經由本文的探討,我們基本可以得知的是,元順帝朝與高麗的佛教往來頗

---

[1] 李穀《演福寺新鑄鐘銘》,《韓國文集叢刊》(三),147頁。
[2] 《高麗史》卷三六《忠惠王世家》,30頁a-b。

多,所遺留之文物今日雖多或不存,但通過文獻的考察與勾連,盡可能復原更多其時兩國交往情況也未可稱非。筆者上述對此所作出的探討,正可作爲進一步研究元、麗間佛教往來邏輯的基石。此外,這種往來似乎未可輕視其爲單純的宗教活動或文化行爲,而應是一次反響不劇的對高麗的"徐圖"。換言之,終元順帝一朝,史籍所呈現出的黨爭不已的情況無可爭議,但在此之外,順帝也在外交上不無用心,而這種"用心"也無疑是多種力量的集合。同時,奇皇后作爲如元高麗女子得位最高者,通過其周遭環繞的家族、宦官及其他高麗入元女子等諸力量,爲元末的元麗關係注入了新的不穩定因素,而其時的元朝政局與奇氏家族的複雜性,使得太子誕後的元麗政局體現爲更加撲朔的面貌。在這一點上,如果我們能够借助前人未能善用的材料,在細節上多加剖析,則可於此段史事的厘清與研究大有裨益。

〔金世光,中國社會科學院大學歷史學院碩士研究生;
　烏雲高娃,中國社會科學院古代史研究所研究員〕

無錫蕩口華氏家族元末明初的文化轉型

文新宇　李鳴飛

　　無錫華氏從明初開始不斷發展,成爲江南極具影響力的文化世家,其中最爲繁盛的分支,是以華悰韡爲始的無錫蕩口華氏。學界關於無錫華氏的研究浩如煙海,研究角度也層出不窮,總體而言,其文學、文化底藴和基於文化的社會交流與影響是研究熱點,如對華氏家族的收藏、書法、文學成果、家族文獻資料,對《華氏琵琶譜》、"錫山四友"之一的華察及其詩歌、華悰韡之父華幼武及其《黄楊集》,[1]對無錫華氏的家族文化、家訓家風、華氏義莊、銅活字印刷業等研究,均有不少成果。[2]關於江南文人望族、科舉文化的研究亦多涉及無錫華氏。[3]

---

[1] 參見王照宇《奕世尚古——明中葉無錫華氏家族古書畫鑒藏研究》,中央美術學院博士學位論文,2019年;蔡衛東《無錫博物院新徵集華氏家族文物綜述》,《書法》2013年第5期,81—85頁;盛詩瀾《華氏家族文化與明代書法》,杭州:浙江人民美術出版社,2016年;查清華《無錫華氏家族與嘉靖文壇》,《文學遺産》2015年第2期,56—67頁。何科培《明代無錫華氏家族文學研究》,江南大學碩士學位論文,2015年;程雨雨《〈華氏琵琶譜〉的稱謂、版本及題辭》,《音樂生活》2018年第6期,70—71頁;程雨雨《有關〈華氏琵琶譜〉的幾個問題》,《黄河之聲》2021年第11期,138—141頁;謝建平《華氏〈琵琶譜〉若干問題探討》,《音樂藝術》2000年第3期,2、11—13頁等。黎豔《"錫山四友"詩歌研究》,南京師範大學碩士學位論文,2019年;王洪《華察研究》,上海師範大學碩士學位論文,2012年等。趙承中《〈黄楊集〉版本考述》,《無錫文博論叢》第二輯,西安:陝西人民美術出版社,2017年,53—60頁;王照宇《〈黄楊集〉册明代跋文研究》,《中國書法》2019年第4期,167—182頁;王友良《〈黄楊集〉手録本識跋及花卉詩卷的書學意義簡析》,《書法賞評》2020年第2期,53—55頁等。

[2] 參見高俠《論蕩口華氏家族文化的德義内涵》,黄勝平主編《中華德文化研究》,蘇州:古吴軒出版社,2018年,105—110頁;王日根《蕩口華氏的厚德懿行家風》,《文史天地》2021年第3期,17—20頁;周春蘭《無錫華氏家風内涵探析》,《江南論壇》2015年第1期,56—58頁;蔣明宏《近代無錫榮氏與華氏蒙學課程》,《檔案與建設》2018年第9期,50—51頁;徐群征《尚德樂善——無錫華氏家風文化》,《中國民族博覽》2020年第22期,101—103頁等。袁燦興《無錫華氏義莊:中國傳統慈善事業的個案研究》,合肥:合肥工業大學出版社,2017年;梁耀建《明清時期蘇南義莊建築研究》,江南大學碩士學位論文,2021年等。陸亞萍《論明代無錫華氏的銅活字印刷業》,《印刷雜誌》1998年第1期,40、41—42頁。

[3] 參見任翌《社會轉型時期的江南士族》,北京:光明日報出版社,2017年;徐新《二十世紀無錫地區望族的權力實踐》,上海大學博士學位論文,2005年;參見劉廷幹:《江蘇明代作家研究》,上海師範大學博士學位論文,2008年;徐亞《明代無錫作家研究》,上海師範大學碩士學位論文,2015年等;陳時龍《明代無錫的科舉與〈尚書〉經》,《明清論叢》2016年第1期,52—83頁。

學者一般認爲，華悰韡奠定了無錫蕩口華氏繁榮發展的基礎，由於華悰韡開始編家訓、修家譜，傳之子孫，形成華氏重視教育、孝義並舉的家風。[1] 華悰韡作爲家族核心人物，起到了組織家族文化、培育家族文化的重要作用。[2] 華悰韡被奉爲"華氏三祖"之一，華氏後人所修建的三祠，其中第三座祠堂就是爲其所修。[3] 他也被繪入清代的《華氏三祖像圖》中，對蕩口華氏的重要性不言而喻。[4] 但是，仔細梳理蕩口華氏的譜系及相關史料可知，華悰韡的父親華幼武和祖母陳氏對蕩口華氏的轉型和發展起到了重要的推動作用。尤其是至正二年二月陳氏被元廷旌表以及隨之而來的一系列反應讓蕩口華氏的發展有了新的臺階，逐步邁向了從地主家庭到文化世家的家族文化轉型。本文將就這一點展開探討。

一、蕩口華氏元末事迹

　　《無錫華氏族譜序》以南齊孝子華寶爲華氏始祖[5]，華寶爲晉陵無錫人，因其父遠行未歸，年至七十不婚冠，以此孝行載入《南史・孝義傳》。[6] 從這一記載來看，華寶並無子嗣，不太可能是華氏祖先，華氏族譜將其追認爲祖先，顯然與提倡孝義的家風家訓有關。

　　關於蕩口華氏家族早期情況的記載，比較可靠的是黃溍應華幼武之請，爲其祖父華璞所寫的《華府君碑》，和爲其父華鉉所寫的《都功德使司都事華君墓誌銘》。[7] 根據這兩篇碑銘，華氏先祖從汴梁避兵南遷，定居無錫隆亭之梅里鄉。現有記載中，最早留下姓名的祖先是南宋華智，其子華詮曾任南宋低級官員，仕至將仕郎。華詮第三子華友聞入元，任無錫州提領稅務，將自己這一支從隆亭遷居到堠陽。華友聞生子華璞，華璞生子華鉉，[8] 華鉉於大德十一年

---

[1] 袁燦興《無錫華氏義莊：中國傳統慈善事業的個案研究》，43—44 頁。
[2] 任翌《社會轉型時期的江南士族》，243 頁。
[3] 華渚《華氏三祠事述》，華允誼《華氏傳芳集》卷八。
[4] 王照宇《奕世尚古——明中葉無錫華氏家族古書畫鑒藏研究》，25 頁。
[5] 羅玘《無錫華氏族譜序》，上海圖書館編，陳建華、王鶴鳴主編，丁鳳麟整理《中國家譜資料選編 2 序跋卷》上，上海古籍出版社，2013 年，171 頁。
[6] 李延壽《南史》卷七三《孝義上》，北京：中華書局，1958 年，1820 頁。
[7] 黃溍《華府君碑》，《金華黃先生文集》卷二九，第八冊；《都功德使司都事華君墓誌銘》，《金華黃先生文集》卷三七，第十一冊，《四部叢刊》初編本。
[8] 黃溍《華府君碑》，《金華黃先生文集》卷二九。華允誼《華氏傳芳集》卷一葉十三載華詮"由納粟授將仕郎，主無錫縣簿"，中國國家圖書館藏明刻本。

(1307)十月六日,得子華幼武。[1]華鉉樂於仕進,取蒙古名埜仙,於元武宗時期被人舉薦,成爲宿衛,後出職任都功德使司都事,但在皇慶元年(1312)就"告病南歸",回到埭陽,"居五閱月而病再作",卒於當年九月八日,年僅二十六歲。[2]

華鉉妻陳明淑,生於至元二十二年(1285)。[3]華鉉突然病逝給時年二十八歲的陳氏帶來極大的負擔,其時長子華幼武僅六歲,兩個女兒更是稚幼。在這種情況下,陳氏發誓不再改嫁,操持家庭,撫養子女,"屏膏沐,躬饋祀。其事舅姑,盡敬養之孝。其待姻族,盡惇睦之愛。其治家業,盡艱難之勞"[4]。按照干文傳《貞節堂記》的記載,此後二十餘年,陳氏"始終一節",鄉里稱之,將其事迹報告州府,又上呈江浙行省,經肅政廉訪司核查是實,推舉給朝廷,於是在至正二年(1342),陳氏五十八歲時,政府下旨表彰陳氏,肯定陳氏的節行,"置其門曰'貞節華婦陳氏之門',里曰'旌節里'"。[5]

雖然陳氏節行感人,但需要注意到,元代規定,受旌表的節婦之家可以免除勞役,[6]這應是華家向官府申請旌表陳氏的重要原因。實際上,爲了逃避勞役,元代前期申請旌表節婦的家庭泛濫,成宗大德八年(1304)八月中書省的一份文書中提到:"義夫、節婦,旌表門閭,本爲激勵薄俗,以敦風化。今各處所舉,往往指稱夫亡守志,不見卓然異行,多係富強之家,規避門役,廉訪司亦不從公覈實,以致泛濫。"因此規定"今後舉節婦者,若參拾已前,夫亡守志,至伍拾以後,執節不易,貞正著明者,聽各處隣佑、社長,明具實迹,重甘保結,申覆本縣,牒委文資正官,體覆得實,移文附近不干礙官司,再行體覆,結罪回報,憑准體覆牒文,重甘保結,申覆本管上司,更爲覈實保結,申呈省部,以憑旌表。仍從監察御史、廉訪司體察;如是富強之家,別無實迹,慕向虛名,營求保舉,規避門役,及所保謬濫不實,即將隣佑、社長並元保體覆官吏,取招治罪"[7]。由於陳氏二十八歲時,華鉉病故,發誓守節,符合"參拾已前,夫亡守志"的條件,因此在陳氏五

---

[1] 俞貞木《栖碧處士壙誌銘》,趙承中點校《黃楊集·附錄》,蘇州大學出版社,2012年,436頁。
[2] 黄溍《都功德使司都事華君墓誌銘》,《金華黄先生文集》卷三七。
[3] 俞貞木《旌表華節婦陳氏墓誌銘》,華允誼《華氏傳芳集》卷二,葉三。
[4] 張翥《春草軒記》,趙承中點校《黃楊集·附錄》,513頁。
[5] 干文傳《貞節堂記》,朱存理集錄,韓進、朱春峰校證《鐵網珊瑚校證》,揚州:廣陵書社,2012年,494頁。
[6] 方齡貴校注《通制條格校注》卷一七《賦役》"孝子義夫節婦",北京:中華書局,2001年,516頁。《至正條格·條格》卷二七《賦役》亦收入此條,名爲"孝子節婦免役",由此可知這一條在元代作爲通例執行,首爾:韓國學中央研究院,2007年,86頁。陳高華等點校《元典章》卷三三《禮部六·孝節》"魏阿張養姑免役"內容更全,應據原始文書,天津古籍出版社、中華書局,2011年,1144—1145頁。
[7] 方齡貴校注《通制條格校注》卷一七《賦役·孝子義父節婦》,517—518頁。《元典章》卷三三《禮部六·孝節》"旌表孝義等事"條略同,1147—1148頁。

十之後,達到了"至伍拾以後,執節不易,貞正著明"的規定,大約華家從此時已經開始準備申請旌表的一系列手續。由於旌表節婦需要有鄰佑、社長作爲保人,由縣級長官核查,又有其他地方政府機構證明屬實,州府等上級單位也經過核實,再報到行省,之後又要經過監察御史、廉訪司查實,才能最終進行旌表,所以朝廷之命頒布時已到至正二年(1342),陳氏五十八歲了。

旌表命下,表華家門楣爲"貞節華婦陳氏之門",因此華幼武將陳氏居所命名爲貞節堂,以彰顯陳氏的節行。又以春草軒爲自居及侍奉母親之所,"春草"二字取自孟郊《游子吟》中的詩句"誰言寸草心,報得三春暉",則是爲了強調華幼武的孝行。[1] 元代對於如何表彰孝子,没有如節婦一般"三十以前夫亡、守制至五十以後"的技術性規定,只是要求"節義行實有可嘉尚,必合表異,爲宗族鄉黨稱道者",可以申請旌表。[2] 然而什麼樣的孝行算是"有可嘉尚,必合表異",並不好判斷,只有"爲宗族鄉黨稱道"一條似乎尚有文章可做。或許爲了在這方面營造聲勢,華幼武於至正七年(1347)爲母做壽,請多位名人文士吟詩作賦,又請張渚作《春草軒記》,陳謙作《春草軒詩序》,這些詩文編成了一部《春草軒詩集》,[3] 以坐實"爲宗族鄉黨稱道"的旌表條件。與此同時,他還請黄溍寫作《貞節堂銘》,又於至正九年請干文傳作《貞節堂記》,徐無黨作《貞節堂後記》,至正十一年,再請李祁作《華氏貞節堂詩序》,應當又編了一部《貞節堂詩集》。這些詩作文字最終結集爲《無錫華氏貞節春草二卷》,主要内容收入《華氏傳芳集》和《鐵網珊瑚》中。[4]

華幼武營建孝子身份的進程很快被元末戰爭打斷。至正十三年(1353),泰州張士誠兵起。[5] 這一年華氏家宅遭遇大火,雖然並非由戰亂引起,但房屋均被燒毁,似乎預示著動盪即將到來。次年,華幼武重建貞節堂和春草軒,此時母親已七十高齡,《靖孝處士栖碧府君》載府君"力可以娱親者,無不爲之",[6] 但戰爭很快波及到無錫。至正十六年,張士誠軍攻陷常州路,無錫隨之淪陷。[7] 華幼武帶著母親浮家泛宅,四處逃難,家財都毁於兵火之下。至正十八年

---

[1] 張翥《春草軒記》言"乃構堂曰'貞節',軒曰'春草',堂則夫人居之,軒則幼武奉親之所周旋也",《黄楊集·附錄》,514頁。華渚《靖孝處士栖碧府君》載"乃構貞節堂居母,構春草軒自居",又載"貞節堂則其奉母之居也,春草軒則其依親之舍也",《黄楊集》,441、447頁。
[2] 方齡貴校注《通制條格校注》卷一七《賦役·孝子義父節婦》,518頁。《元典章》卷三三《禮部六·孝節》"表孝義等事"條略同,1148頁。
[3] 華渚《靖孝處士栖碧府君》,《黄楊集·附錄》,441頁。
[4] 參見華允誼《華氏傳芳集》卷二,朱存理集錄,韓進、朱春峰校證《鐵網珊瑚校證》,494—506頁。
[5] 《元史》卷四三《順帝紀六》,北京:中華書局,1976年,909頁。
[6] 華渚《靖孝處士栖碧府君》中提到失火的原因是"家不戒於火",趙承中點校《黄楊集·附錄》,443、447頁。俞貞木《黄楊集後序》,趙承中點校《黄楊集·附錄》,461頁。
[7] 《元史》卷四四《順帝紀七》,930頁。

(1358),陳氏病故於舟中,[1]可知此時仍在漂泊之中。從華幼武的詩作來看,至正二十年庚子他仍在舟上,至正二十三年曾回到過無錫隆亭梅里鄉,[2]直到至正二十六年(1366),華幼武帶領族人逃到常熟海虞,才暫時安定下來,當地文人能詩者衆,華幼武很快融入了這一群體,並獲得較高的聲譽。到洪武元年(1368),他前往吴縣長洲(今蘇州),臨行之前,從知州以下,常熟當地文人二十六人爲他寫詩送行,他又與之唱和,這些詩文很可能也被結集成册,後來收入《華氏宗譜》中,華幼武的應答之作則收入其詩文集《黄楊集》中。[3] 此後他又寓居吴江之金涇、長洲之周莊等地,晚年回到無錫。徐達曾征辟他,但他並未出仕。[4]

明洪武八年(1375)正月十八日,華幼武逝世,享年六十九歲,有鄧氏和顧氏兩任妻子,共生男七人,女五人,華悰韡即幼武次子。[5] 在爲訓示子孫而寫作的家訓《慮得集》中,華悰韡自述從"丙午、丁未間,户役之擾,房貲罄盡"。丙午、丁未爲至正二十六至二十七年(1366—1367),此時正值朱元璋與張士誠作戰的最後時刻,元朝旌表的節婦之門早已没有免役之效,自然要應付各方面的横征暴斂。幸而和平時代很快到來,入明之後,華悰韡"謀築居之所"。華幼武建議:"無錫故鄉,墳墓所在,宗祀屬汝,宜還延祥而居,以圖活計",於是在洪武三年,華悰韡"徑造無錫,適例報籍",定居在蕩口,成爲了無錫蕩口華氏的始祖。[6]

二、華氏家族文化轉型

雖然現在的研究成果往往聚焦於無錫華氏的文學文化、家風家訓、收藏創作等方面,但從早期史料來看,無錫華氏在宋元時期並非文化世家,而是文化水平不高,對文化也並無强烈追求的地主家庭。南宋時期的華詮"資産坏封,爲常

---

[1] 俞貞木《旌表華節婦陳氏墓誌銘》,《華氏傳芳集》卷二葉四。
[2] 華幼武《至正庚子二月十日舟中作》,《黄楊集》卷一,33頁;《癸卯歸梅里草堂中秋對月追和前韻二首》,《黄楊集》卷一,41頁。
[3] 參見華幼武《黄楊集》卷一、卷五所録相關詩作。
[4] 華渚《靖孝處士栖碧府君》,趙承中點校《黄楊集·附録》,445頁。《華幼武譜傳》,趙承中點校《黄楊集·附録》,449頁。
[5] 俞貞木《栖碧處士壙誌銘》,趙承中點校《黄楊集·附録》,436—437頁。
[6] 華悰韡《慮得集》,樓含松《中國歷代家訓集成》,杭州:浙江古籍出版社,2017年,1342頁。

郡鉅族之冠,由納粟授將仕郎,主無錫縣簿"。[1]其子華友聞入元後,先在浙西財賦府服役,由於征收賦税有功,顯示出他在處理財務方面的才能。當時無錫州課額無法完成,他被任命爲無錫州税提領,任期結束時,課額超額完成。然而他無心仕途,僅一任而還,致力於家庭財富的積累,也獲得了巨大成功,在天曆二年(1329)浙西大饑中,曾捐出三千斛粟用於救災。[2]華璞継承了庞大的家产,更是無意仕途,他曾入粟千石有奇,"當補官,辭不受。尋用薦者特授進義校尉,晉寧、冀寧等處打捕屯田都總管府總管,又辭不拜"。[3]因此黄溍爲華鉉所作的墓誌銘中寫道:"華氏故大家宗族,鄉黨率務以貨相長雄,君獨不肯苟徇世好,而有志以功名自奮,出與達官貴人相酬酢,未嘗以少且賤自處有所退縮。"[4]很明顯,在華鉉這一代,無錫華氏還是重財富不重文化的地主家庭。當地的達官貴人對華鉉並不看重,華鉉與之交往,"未嘗以少且賤自處有所退縮",正説明與官員和世家子弟相比,他的地位相對低賤。

華鉉在無錫努力交游,希望走入仕途,但似乎並不順利,因此他的伯父勸他前往大都求仕。他起蒙古名埜仙,很可能是爲了冒充蒙古人的身份,圖謀進入怯薛隊伍。這種情況在元代屢禁不止,相當常見。[5]武宗朝,華鉉成功"得被宿衛",又得到大司徒輦真吃剌思的賞識,任都功德使司都事,可惜英年早逝,留下寡妻陳氏、年幼的華幼武和大量家族産業。[6]華幼武也終身未仕,"朋游或有援之仕者,力辭不就",《栖碧處士壙誌銘》記載了華幼武不當官的兩個原因,一是華幼武作爲獨生子,要承擔延續家族血脉的責任;二是陳氏因丈夫外出做官而患病早逝,不喜遠游。[7]華惊韡在《慮得集》中也談到"祖母守節,殊不喜言仕也,考故布衣終身,不慕榮達也"。元末明初,社會動亂使得華氏財産盡失。華惊韡定居無錫之後,仍依靠經營農業來維持家庭,洪武三年秋"構茅屋兩間,墾田數畝",洪武五年"墾田頗加",洪武七年冬"收頗豐,生計粗立",僅僅數年,華氏家業漸成,到洪武十五年,已有餘力"營祠堂及修葺所居之茅屋"。[8]值得關注的是,從始祖華惊韡往下,蕩口華氏的文化氣息越來越濃,出現了如文物收

---

[1] 華允誼《萬十一府君宗譜傳》,《華氏傳芳集》卷一葉十三。
[2] 揭傒斯《監税華公墓碣銘》,華允誼《華氏傳芳集》卷一葉十五。據陳高華等點校《元典章》卷七《吏部一·職品》"内外文武職品"條,無錫州税提領爲正八品諸職,217頁。
[3] 黄溍《華府君碑》《都功德使司都事華君墓誌銘》,見《金華黄先生文集》卷二九、卷三七。
[4] 黄溍《都功德使司都事華君墓誌銘》,《金華黄先生文集》卷三七。
[5] 參見鄭介夫《上奏一綱二十目·怯薛》,《元代奏議集録》,杭州:浙江古籍出版社,1998年,107—109頁。
[6] 黄溍《都功德使司都事華君墓誌銘》,《金華黄先生文集》卷三七。
[7] 俞貞木《栖碧處士壙誌銘》,趙承中點校《黄楊集·附録》,436頁。
[8] 華惊韡《慮得集》,樓含松《中國歷代家訓集成》,1342—1343頁。

藏家華夏,撰有《華子嘉詩稿册》的華慶遠,集成《澄觀樓法帖》的華瑞清,清代數學家華蘅芳等知名文士。[1]關於此種轉變的源頭,筆者認爲有必要提及旌表陳氏的影響和華幼武的貢獻。

　　華幼武,字彥清,取李白《山中問答》詩"問余何意栖碧山,笑而不答心自閒"中"栖碧"二字自稱栖碧山人,後學私謚爲"靖孝"。[2]華幼武特別喜歡讀書和作詩,"雅好吟詠,自壯至老而不衰,寒暑憂樂不廢","侍講黄文獻公晉卿、承旨張潞仲舉、尚書干公壽道、翰林段公吉父、李公一初、著作李公季和、遂昌鄭明德、京口陳子貞、吴郡陳子平、方外張伯雨"等"皆忘年折節與交"[3]。華幼武所交往的大都是當時江南地區的高官名士,侍講黄文獻公晉卿是"儒林四傑"之一的黄溍,延祐二年(1315)進士,歷任翰林應奉文字、江浙等地儒學提舉等職,是浙東金華學派的代表之一。承旨張潞仲舉是元代詩詞大家張翥,曾隨江東大儒李存、詩家仇遠學,以詩文之名一時,後至元末以隱逸得薦,累官至翰林學士承旨,封潞國公。尚書干公壽道是干文傳,延祐二年進士,曾在昌國、長洲、烏程、婺源、吴江等地任職,後以嘉議大夫、禮部尚書致仕。[4]翰林段公吉父是段天祐,泰定元年(1324)進士,由静海縣丞累遷至翰林應奉文字,後官至江浙儒學提舉。[5]李一初名李祁,爲元統元年(1333)科舉左榜一甲第二,實爲南人第一,釋褐應奉翰林文字,後以母老就養江南,改婺源州同知,遷江浙儒學副提舉。[6]鄭明德即遂昌鄭元祐,是吴中學派的代表人物,有《僑吴集》。[7]著作李公季和即李孝光,"隱居雁蕩山五峰下,四方之士,遠來受學,名譽日聞……南行臺監察御史闔辭屢薦居館閣"。[8]京口陳子貞名陳方,亦爲吴中名士,"如鄭明德、張伯雨、倪元鎮皆與之游,晚主華彥清家塾",這些人中只有他較早就與華幼武關係密切。[9]吴郡陳子平名陳謙,黄溍、張翥等人曾薦其"宜在著廷"。[10]方外張伯雨爲道士張雨,也與吴中名士交游甚密。華幼武居住在海虞的時候,也受到

---

[1] 王照宇《奕世尚古——明中葉無錫華氏家族古書畫鑒藏研究》,32—39頁。
[2] 華渚《靖孝處士栖碧府君》,趙承中點校《黄楊集·附録》,438、442頁。
[3] 俞貞木《栖碧處士壙誌銘》,趙承中點校《黄楊集·附録》,435—436頁。
[4] 《元史》卷一八一《黄溍傳》,4187—4189頁;卷一八五《干文傳傳》,4253—4255頁;卷一八六《張翥傳》,4284—4285頁。
[5] 凌迪知《萬姓統譜》卷一〇一,《景印文淵閣四庫全書》本,臺北:臺灣商務印書館,第957册,442頁。
[6] 李東陽《族高祖希蘧先生墓表》,周寅賓、錢振民校點《李東陽集》卷二四,長沙:岳麓書社,2009年,718—719頁。
[7] 鄭元祐《僑吴集》,《元代珍本文集彙刊》,臺北:"國立中央"圖書館編印,1970年。
[8] 《元史》卷一九〇《李孝光傳》,4348—4349頁。
[9] 張昶《吴中人物志》卷一〇《流寓》,《四庫全書存目叢書·史部》第97册,濟南:齊魯書社,1996年,755頁。
[10] 陳基《陳隱君墓誌銘》,《夷白齋稿》卷三三,《四部叢刊三編》本。

當地高官文士的禮敬,如前所述,他前往長洲前,自知州以下爲他寫詩送別者有二十六人。[1]

華鉉時期,華氏家族尚無法融入無錫地區的文人圈。華鉉爲了走入仕途與高官世家交游,還需要鼓起勇氣,不要爲自己地位低下而自慚自賤。爲什麼到他的兒子華幼武時期,就得到了高級官員和地方文人的接受與敬重呢?這大概與陳氏在至正二年被元廷旌表爲節婦之事有關。

蒙元時期,收繼婚俗有著強烈的存在感,蒙漢婚姻和財産觀念的衝突,加上道學影響不斷擴大,法律與社會觀念完成了犧牲婦女財産權和人身自由的轉變,婦女守節的社會風氣愈加濃厚。[2]讚頌陳氏的節行,與元廷"旌表門閭"的本意"敦民俗而厚風化"相契合。[3]可以想象,當華氏家族出現一位守貞二十餘年的節婦,並符合國家要求的申報節婦條件,意圖請求朝廷旌表,這件事勢必引起當地官員名士的注意。由於申報的過程複雜繁瑣,需要經過縣、州、路總管府、行省多級機構核查情況,又要相鄰不相干機構、肅正廉訪司復審擔保,在申請旌表的過程中,華氏家族自然與多級政府官員建立了聯繫。在申報成功之後,朝廷正式旌表華氏門楣,又改其里名爲"旌節里",這勢必成爲聞名四方,享譽一時的盛事。此後,華幼武又進一步在其母爲節婦的基礎上,營造其自身的孝子形象,建築貞節堂和春草軒,並廣請名士前來參加宴會,爲春草軒和貞節堂寫作詩詞銘文。根據華渚的記載,"《春草軒詩集》有段天祐、胡助、楊維禎、陳基、潘純、張世昌、高明、王逢[4]、楊鑄、宇文諒、貢師泰、周伯琦、乃賢、陳遠、塗貞、謝理、韓文璵、王餘慶、黄師憲、金玉、范成諸作",在這里,華渚特別强調"府君不借譽於群公,而群公相爲引重",[5]實際上,華幼武所交往的這些官員文士,大部分身份地位遠高於他,他的碑傳中不斷提到這些人的名字,以"與某某游"來抬高自己的地位,但這些名士的碑傳中,却幾乎不會提及華幼武彦清之名。所謂"府君不借譽於群公,而群公相爲引重",如果不是自我陶醉的話,就是因爲旌表陳氏之事引起極佳反響,群公引以爲重的,與其説是華幼武其人,倒不如認爲是陳氏的貞節佳話。正如李祁在《華氏貞節堂詩序》中所言:"朝廷下有司表其門曰貞節,幼武於是思有以昭寵光而怡慈顔,爰作堂以事夫人,而以其所

---

[1] 俞貞木《栖碧處士壙誌銘》,趙承中點校《黄楊集·附録》,443—444頁。
[2] 柏清韻著,劉曉、薛京玉譯《宋元時代中國的婦女、財産及儒學應對》,北京:中國社會科學出版社,2020年,1—3、13—132、218頁。
[3] 方齡貴校注《通制條格校注》卷一七《賦役·孝子義父節婦》,517頁。
[4] 王逢,據《鐵網珊瑚校證·無錫華氏貞節春草二卷》疑爲"王逢",504頁。
[5] 華渚《靖孝處士栖碧府君》,趙承中點校《黄楊集·附録》,441頁。

以表其門者名之。朝之名公卿與四方之賢士咸謂華氏有賢母子,乃作爲《貞節堂詩》以稱道其事。"[1]

《鐵網珊瑚》所録《無錫華氏貞節春草二卷》是目前關於《貞節堂詩集》和《春草軒詩集》收録最全的文獻,其中保留了寫作時間等比較原始的信息。[2]此外,其中一些作品收入《華氏傳芳集》和《黄楊集·附録》,但略有删改,如去掉了部分詩文的寫作時間。[3]據陳謙至正七年(1347)三月廿一日所撰《春草軒詩序》,華幼武爲母親陳氏舉辦壽宴,廣邀縉紳,酒半,請衆人作詩歌詠,因此"晉申先生咸爲永歌其所謂春草軒者",結集爲《春草軒詩集》,而陳謙爲之作序。[4]其中段天祐的《春草軒詩》寫於至正七年三月一日延陵驛舟;張雨的《奉題彦清壽母之春草軒》寫於至正七年十二月梁溪道館,陳謙甚至還有一首詩作寫於"作序後三年",即至正十年,可知詩作並非全部寫作於壽宴當日,而是華幼武陸續收集起來的。[5]《貞節堂詩》編成應晚於《春草軒詩集》,因爲李祁的《貞節堂詩序》寫於至正十一年秋七月。[6]從前引華渚《靖孝處士栖碧府君》所載《春草軒詩集》作者的情況來看,[7]《無錫華氏貞節春草二卷》中收入的作品也並不完全,如下表所示:

表1 《鐵網珊瑚·無錫華氏貞節春草二卷》所收作品對比表

作 者	作品名	寫作時間	華允誼《華氏傳芳集》所收	華渚《靖孝處士栖碧府君》所載
干文傳	貞節堂記	至正九年	收入	
危 素	無錫華節婦讚			
貢師泰	貞節堂詩			
黄 溍	貞節堂銘并序	守貞三十五年	收入	
徐無黨	貞節堂後記	至正九年		
李 祁	華氏貞節堂詩序	至正十一年		
曾 堅	貞節篇		作《貞節堂詩》	

---

[1] 李祁《華氏貞節堂詩序》,朱存理集録,韓進、朱春峰校證《鐵網珊瑚校證》,497頁。
[2] 《無錫華氏貞節春草二卷》,朱存理集録,韓進、朱春峰校證《鐵網珊瑚校證》,494—506頁。
[3] 華允誼《華氏傳芳集》卷二,趙承中點校《黄楊集·附録》。
[4] 陳謙《春草軒詩序》,朱存理集録,韓進、朱春峰校證《鐵網珊瑚校證》,501頁。
[5] 朱存理集録,韓進、朱春峰校證《鐵網珊瑚校證》,503—504頁。
[6] 李祁《華氏貞節堂詩序》,朱存理集録,韓進、朱春峰校證《鐵網珊瑚校證》,498頁。
[7] 華渚《靖孝處士栖碧府君》,趙承中點校《黄楊集·附録》,441頁。

(續表)

作　者	作品名	寫作時間	華允誼《華氏傳芳集》所收	華渚《靖孝處士栖碧府君》所載
涂　貞				
楊　鑄				
鄭元忠			作"鄭以忠"	
吴壽仁				
趙　質				
張　翥	春草軒記	至正七年	收入	
陳　謙	春草軒詩序	至正七年		
鄭元祐	春暉美華孝子也			
胡　助	春草曲			胡助
楊維禎	同胡太常賦春草軒辭		收入	楊維禎
陳　基	春草辭爲華君彦清作			陳基
張　雨	奉題彦清壽母之春草軒	至正七年		
段天祐	春草軒詩	至正七年	收入	段天祐
李孝光				
陳　謙		作序後三年		
高　明			收入	高明
王　逢				王逢
楊　鑄				楊鑄
乃　賢				乃賢
陳　遠			收入	陳遠
宇文諒			收入	宇文諒
貢師泰				貢師泰
涂　貞				涂貞
謝　理				謝理
韓文瑛				韓文瑛
王餘慶				王餘慶

（續表）

作者	作品名	寫作時間	華允誼《華氏傳芳集》所收	華渚《靖孝處士栖碧府君》所載
黃師憲				黃師憲
閻相如			收入	
				潘純、張世昌、周伯琦、金玉、范成

可以看出，元廷旌表陳氏之後，華幼武努力營建華氏節婦孝子的形象，邀請官員名士寫作詩文，進行宣傳，影響不斷擴大。據《金華黃先生文集》所收《都功德使司都事華君墓誌銘》，華鉉交游求仕、遠赴京師是爲了"以功名自奮"。他力圖跨越階層，努力與達官貴人交游，可惜壯志未酬，患病早逝。[1] 雖然華幼武沒有當官，但華鉉未盡的願望一定程度上經由華幼武而實現了。[2] 上述歌頌陳氏節行和華幼武孝行的詩文，如張翥的"孝子潔白如雅之《白華》"等語，[3] 讓華幼武"名聲籍籍諸公間，宗鄉咸推仰之"。[4] 這也使華氏先祖的事迹得以記載流傳。華幼武的祖父華璞寂寂無聞，其父華鉉死後三十五年都沒有人爲他寫作墓誌銘，至正七年，華幼武先請陳謙爲華璞和華鉉書寫行狀，然後請求黃溍爲此二人作碑銘，與陳謙作《春草軒詩序》和黃溍作《貞節堂銘》同時，這也是無錫華氏最早留下的碑傳資料。[5] 可以說華幼武以旌表陳氏爲契機，以編集《春草軒詩集》爲起點，成功躋身江南名士圈中。在元末戰亂中，華幼武及其家人四處漂泊，與各地文士交往，又留下諸多詩作。他離開海虞前往長洲時與當地名士唱酬，很可能留下了《送華彥清還長洲詩集》。[6] 元末明初，華幼武被周伯琦、徐達征召而不赴，成爲隱逸名士，其《黃楊集》也收入《明史·藝文志》。[7]

至正七年，華幼武爲陳氏舉辦壽宴時已有四子，長子完韡十八歲，悰韡爲次子，據趙友同所撰《貞固華處士傳》推算，此時年方七歲。[8] 華悰韡對童年時代經歷的這一系列文化活動，一定留下了深刻印象。經歷元末動蕩，入明後重回

---

[1] 黃溍《都功德使司都事華君墓誌銘》，《金華黃先生文集》卷三七。
[2] 黃溍《都功德使司都事華君墓誌銘》，《金華黃先生文集》卷三七。
[3] 張翥《春草軒記》，朱存理集錄，韓進、朱春峰校證《鐵網珊瑚校證》，500頁。
[4] 俞貞木《栖碧處士壙誌銘》，趙承中《黃楊集·附錄》，435頁。
[5] 黃溍《金華黃先生文集》卷二九《華府君碑》，卷三七《都功德使司都事華君墓誌銘》。陳謙《春草軒詩序》，黃溍《貞節堂銘并序》，朱存理集錄，韓進、朱春峰校證《鐵網珊瑚校注》，496、500—501頁。
[6] 華允誼《華氏傳芳集》卷一收入《送華彥清還長洲詩》四首。趙承中點校《黃楊集·附錄》中收入《送華彥清還長洲詩序》，518頁。
[7] 《明史》卷九九《藝文志四》，2460頁。
[8] 趙友同《貞固華處士傳》，華允誼《華氏傳芳集》卷三。

無錫，白手起家，回想至正初年的情境，定覺恍如隔世，又分外懷念。元代的旌表勢必不能再提，家財也已經散盡，華悰韡唯一能够繼承和流傳的就是詩禮之家的名聲和傳統。《貞固華處士傳》中記載他曾自述："使吾而享爵禄、儲貨財、紹繼先業，如往時之盛，非吾所敢知。使吾周旋詩書，以禮義之習維持宗族，俾子孫躬耕食力，毋玷忝辱先，此則吾所當勉勉不忘者也。"編撰家訓，就是華悰韡"以禮義之習維持宗族"的方式，於是他"斟酌古禮，以冠婚喪祭之儀可以通行於士庶者纂若干條，附以古人嘉言善行，總爲一帙，名曰《慮得集》，示其子孫"。現代學者認爲，華悰韡編寫《慮得集》，奠定了無錫蕩口華氏詩禮傳家的基礎，然而華悰韡編寫家訓，則是受到祖母陳氏和父親華幼武的影響。華悰韡在洪武年間定居無錫蕩口之後，重建春草軒奉養母親，明人劉衢寫有詩《題貞固春草第二軒》，[1]顯示出華悰韡追念其父，傳承孝道的意圖。嘉靖年間，華幼武八世孫華鍔重構春草軒，[2]禮儀孝道也這樣傳承下去。從陳氏旌表，到貞節、春草詩集，再到華悰韡所編寫的家訓《慮得集》和族譜等家族文獻，華氏後代子孫產生了家族榮譽感，推崇"德"和"學"，力求不墜先業。在教導女兒和媳婦時，華悰韡的妻子錢淑汝會强調，華氏"世爲名家"，陳氏"操守節義，當時嘗旌表其門"，希望晚輩能够"修身慎行"，不要辱没先祖。[3]這一點尤其體現在華悰韡對子孫的教導中。《慮得集》是華悰韡爲了訓示子孫而撰寫的家訓，"慮得"取自千慮一得之義。[4]在《慮得集》中，華悰韡回憶少時父親對他的諄諄教誨，感慨"財不足爲後世計，德則可致後世綿軟也"，强調"忠孝之道，吾家歷代循守"，勉勵後世子孫勤習經書以學習孝悌、忠信、禮義、道德，"使後世稱爲良善之家子孫"。[5]華悰韡曾手抄其父詩集《黄楊集》和《先代遺文册》三十九篇，收録名人文士爲貞節堂和春草軒寫的銘、述、記、序等留給後世子孫學習，對其殷切期望可見一斑。[6]

據何科培統計，明清時期蕩口華氏的進士人數爲37人。[7]高攀龍感慨道："吾邑惟華氏族最大，他族不得望矣。自趙宋來，古墓之存，子孫能世守者，惟華氏；世有素封，科第相望不絶者，惟華氏。"[8]從宋元時期的地主家庭到明清的

---

[1] 無錫市太湖文史編纂中心編著《梅里志 泰伯梅里志》，北京：中國文史出版社，2005年，397頁。
[2] 周道振、張月尊《文徵明年譜》，上海：百家出版社，1998年，456—457、519—520頁。
[3] 王進《華母錢氏墓碣名》，見明代華守方《(嘉靖)華氏傳芳集》，轉引自《無錫文庫》第三輯，南京：鳳凰出版社，2012年，84頁。
[4] 高攀龍《慮得集序》，華允誼《華氏傳芳集》卷二；華悰韡《慮得集》，576頁。
[5] 華悰韡《慮得集》，樓含松《中國歷代家訓集成》，1344—1347頁。
[6] 王照宇《奕世尚古——明中葉無錫華氏家族古書畫鑒藏研究》，35頁。
[7] 何科培《明代無錫華氏家族文學研究》，15頁。
[8] 高攀龍《華氏重修族譜序》，上海圖書館編，陳建華、王鶴鳴主編，丁鳳麟整理《中國家譜資料選編 2 序跋卷》上，304頁。

文化世家,旌表陳氏這一事件的推動作用值得關注。華氏子孫以陳氏的節行和華幼武的孝心爲榜樣,重視家庭教育和文化傳承,並圍繞貞節堂、春草軒進行一系列文化活動,推崇"德"和"學",力求不墜先業,讓家族内部的文化氣息不斷攀升,助力了文化世家的形成。

三、結論

中國古代社會中,厚風俗一直是政府所極力推行的政策之一。元代雖然是北方少數民族建立的國家,接受儒家文化較爲緩慢,有一個長期過程,但亦多次強調厚風俗、旌孝節的國家政策。《元典章·聖政》中即録有"厚風俗""旌孝節"之詔書節文,在多位皇帝即位詔書中都有相關條畫。[1] 元大德七年(1303),鄭介夫上奏《一綱二十目》,提出二十一條建議,其中爲元廷所採納的就有"厚風俗"一條,[2] 可見元廷對於正人倫、厚風俗、旌孝節非常重視。

國家政府有懲惡揚善的職能,然而在國家逐漸法制化的過程中,政府職能中懲惡的部分通常更受重視,而揚善的職能則相對弱化。從元代旌表陳氏演化至華氏的文化轉型,則充分表現出國家的文化政策對社會文化發展的推動作用,是政府揚善職能發揮作用的典型事例之一。

〔文新宇,中國社會科學院大學歷史學院碩士研究生;
李鳴飛,中國社會科學院古代史研究所副研究員〕

---

[1] 陳高華等點校《元典章》卷二《聖政》,67—68頁。
[2] 陳高華等點校《元典章》卷四五《刑部七·諸奸·縱奸》"通奸許諸人首捉"條。

【海外擷英】

落日餘暉
——花剌子模沙與蒙古夾擊下的哈剌契丹(下)*

彭曉燕(Michal Biran)著　王蕊　曹流譯

東疆之亂

然而摩訶末並非唯一試圖擺脱哈剌契丹控制之人。1204 年左右,葛兒罕大軍平定了于闐(Khotan)與喀什噶爾(Kashgar)的叛亂[1]。葛兒罕俘虜了喀什噶爾汗之子,將之作爲人質押回八剌沙袞。他還利用這場衝突除掉了另一潛在的反叛者、來自海押立(Qayaliq)的葛邏禄(Qarluq)阿爾斯蘭汗(Arslan Khan)。阿爾斯蘭汗被命携軍助葛兒罕平叛,後來他爲换取兒子繼位被迫自殺[2]。然而在 1310 年代的後半段裹,葛兒罕控禦東部藩屬的能力大爲下降。這不僅是因爲來自西部摩訶末的威脅,還是由蒙古高原一股新勢力的崛起所致。1206 年,

---

* 本文係彭曉燕(Michal Biran)《歐亞歷史中的哈剌契丹》(*The Empire of the Qara Khitai in Eurasian History*)一書第三章"The fall: between the Khwārazm Shāh and the Mongols"譯文下半部分,上半部分已刊於《隋唐宋遼金元史論叢》第 11 輯(上海古籍出版社,2021 年),故人名、地名、出版信息已標注者,不再重出。本文題目爲譯者所加。此文亦係 2019 年國家社科基金專項"宣威、平衡與寬容: 12 至 13 世紀西遼對西域及中亞地區的統治"階段性成果。承蒙郭筠、唐均、陳春曉、麥什一、劉春豔、凡秋莉、唐倩若、郭偉超、董衡、姚江、姜可人、王子涵等師友賜教,在此謹致謝忱!

[1] 志費尼《世界征服者史》,1:48、56 頁,波義耳譯《世界征服者史》,65、74 頁;喀爾施(Qarshī),《蘇拉赫詞典補編》(*Mulḥaqāt al-ṣuraḥ*)載於巴爾德,《蒙古入侵時期的突厥斯坦原文史料選輯》,p. 132;巴爾德《蒙古入侵時期的突厥斯坦》,363 頁;普里查克(Pritsak),《喀喇汗王朝》("Die Karachaniden"),《伊斯蘭教》(*Der Islam*)31,1953 – 1954,p. 44。

[2] 志費尼《世界征服者史》卷一,48、57 頁,波義耳譯《世界征服者史》,65、74 頁。

鐵木真獲得"成吉思汗"尊號,結束了幾世紀的紛爭,統一了大部分的蒙古部落。之後,成吉思汗繼續在蒙古西部諸部、黠戛斯(Qyrghyz)、蔑兒乞(Merkid)以及乃蠻(Naiman)中樹立自己的權威。許多從蒙古征服戰中逃出的難民設法前往哈剌契丹境内,不僅造成了哈剌契丹境内動蕩不安,還散布了有關這一新勢力的謠言[1]。

　　成吉思汗於1208年戰勝蔑兒乞與乃蠻,所以1209年春,回鶻人決意不再容忍哈剌契丹少監的無度索求和頤指氣使。在哈剌火者城(Qara Khojo),回鶻民衆圍捕哈剌契丹委任的少監。他被迫躲進一座高樓避難,之後被就地處死[2]。儘管回鶻統治者亦都護巴而术阿而忒的斤(Idi-qut Barchuq Art Tegin)的一些朝臣已經開始背棄哈剌契丹改投蒙古,但他仍遣使將此事稟報西遼,也許此時他也不知自己何去何從[3]。然而,不久當成吉思汗的使者抵達回鶻王廷時,亦都護對他們表示了極大的敬意。他向蒙古大汗稟報自己已與哈剌契丹決裂,並將宗主權轉交給大汗,請求成爲其第五子[4]。成吉思汗同意將女兒嫁與他,以此認其爲子,但要求亦都護携大量貢物親自入朝。當一些蔑兒乞難民逃至回鶻境内時,亦都護很快便有了向新主子表忠的機會。大約在1209年底或1210年初,亦都護痛擊他們,成功將之驅走。他隨即借納貢之機向成吉思汗呈報上述效忠之舉。然而,亦都護與成吉思汗僅於1211年在克魯倫河(Kerulen river)上有過一次會面,此事發生在成吉思汗出征黨項班師後,且正值葛兒罕的頹勢大現之際[5]。

　　同年,1211年,葛兒罕的另一屬臣葛邏禄阿爾斯蘭汗向成吉思汗投降,也以殺死令其恨之入骨的哈剌契丹監護官來表明與哈剌契丹決裂[6]。阿爾斯蘭汗

---

　　[1]　關於成吉思汗的崛起與事業,參見拉契内夫斯基《成吉思汗:他的生平和事業》,42—144頁;愛爾森《蒙古帝國的崛起及其在中國北方的統治》,333—365頁。
　　[2]　歐陽玄《圭齋文集》卷一一,《四部叢刊》本,頁5a;《聖武親征録》,頁59a;拉施特/阿里扎德('Alīzādah)編,《史集》(Jāmi'al-tawārīkh), Moscow, 1953, p. 338;志費尼《世界征服者史》,1:32頁,波義耳譯《世界征服者史》,45頁;《元史》卷一二二《巴而术阿而忒的斤傳》、卷一二四《哈剌亦哈赤北魯傳》,3000、3046頁。
　　[3]　《元史》卷一二四《哈剌亦哈赤北魯傳》,3046頁。
　　[4]　拉施特/阿里扎德編《史集》,339頁;志費尼《世界征服者史》,1:33頁,波義耳譯《世界征服者史》,45頁;《聖武親征録》,頁59a-b;歐陽玄《圭齋文集》卷一一,頁5a;《元史》卷一《太祖紀一》,14頁;柯立甫譯《蒙古秘史》卷二三八,172頁;柯劭忞《新元史》卷三,北京,1979年,19頁。
　　[5]　柯立甫譯《蒙古秘史》卷二三八,172—173頁;《聖武親征録》,頁60a-61a[譯文見布埃爾(Buell),《蒙古早期對西西伯利亞與突厥斯坦的擴張(1207—1219):重現歷史》("Early Mongol Expansion in Western Siberia and Turkestan (1207 - 1219)-a Reconstruction"),《中亞研究》(CAJ)36, 1992, pp. 10-12];《元史》卷一二二《巴而术阿而忒的斤傳》,3000頁;志費尼《世界征服者史》,1:33頁,波義耳譯《世界征服者史》,45頁;拉施特/阿里扎德編《史集》,338頁;愛爾森《蒙古帝國的興起及其在中國北部的統治》,350頁。關於回鶻與蒙古的特殊關係,參見愛爾森《十三世紀的元朝與吐魯番的畏兀兒》(The Yuan Dynasty and the Uighurs of "Turfan" in the 13th Century),收入羅沙比編,《中國棋逢對手:10—14世紀中國與鄰國的關係》,pp. 243-280。
　　[6]　志費尼《世界征服者史》,1:57頁,波義耳譯《世界征服者史》,75頁;《聖武親征録》,頁61a;《元史》卷一《太祖紀一》,15頁;柯劭忞《新元史》卷三,20頁。

雖然的確受够了逼其父自殺的葛兒罕,但也只是在政治領域試著與哈剌契丹的直魯古叫板[1]。直至成吉思汗的信使忽必烈-那顏(Qubilai Noyan)率蒙軍兵臨城下,他才投降,至此徹底抛棄了葛兒罕這個宗主[2]。阿爾斯蘭汗携貢物,包括他的一個女兒去覲見成吉思汗,這些貢物被欣然接受,他甚至娶了一位年輕的蒙古公主爲妻,儘管他的尊號從阿爾斯蘭汗被降爲阿爾斯蘭撒兒塔黑台[Arslan Sartaqtai,意爲大食(Tajik),即穆斯林][3]。

葛兒罕對這些挑釁無力反制,因爲此時成吉思汗在蒙古高原的行動不僅影響到哈剌契丹的藩屬,也波及到其内廷。大約在1208年末,葛兒罕收留了成吉思汗的勁敵、乃蠻部的塔陽汗(Tayang Khan)之子屈出律。1204年成吉思汗殺死其父後,屈出律投奔叔叔不亦魯黑汗(Buyirugh Khan)。1208年,不亦魯黑亦在額爾齊斯河(Irtish)爲蒙古所敗,屈出律遂西逃。他穿過別失八里(Besh Baliq)到達苦叉(Kucha),在食不果腹的情況下誤打誤撞翻越天山,在那里他失去了一些當初的追隨者,最終他穿過葛邏禄領地抵達八剌沙衮[4]。屈出律率一小撮人抵達葛兒罕汗廷——有説他們是被葛兒罕軍隊俘虜來的,有説他們是自願來的[5]。葛兒罕對屈出律表示歡迎,將乃蠻王子視爲潛在盟友,認爲他可以招來軍事援助。因爲面對藩屬倒戈以及成吉思汗實力日增帶來的威脅,這恰是哈剌契丹迫切所需的。基於先前哈剌契丹與乃蠻的關係,才可能有這次熱情的款待[6]。屈出律留在八剌沙衮侍奉葛兒罕,甚至迎娶了葛兒罕之女[7]。然而,他逐漸意識到葛兒罕在西部的地位岌岌可危且東部叛亂迭起,在其獲得葛兒罕手下將領鼎力支持後[8],屈出律請求葛兒罕批准他前去招納乃蠻部衆。他解釋説成吉思汗忙於中國之事(即與黨項之戰),不會干涉他的行動,而此時

---

[1] 奈塞維《蘇丹扎蘭丁·曼古貝爾蒂傳》,43—44頁。

[2] 柯立甫譯《蒙古秘史》卷二三五,171頁;阿布·加兹《蒙古和韃靼的歷史》,38頁。

[3] 同上;拉施特/阿里扎德編《史集》,350頁;拉施特《史集·蒙古史》(Jami 'u' t-tawarikhi Compendium of Chronicles: A History of the Mongols), Cambridge, MA, 1998 – 1999,薩克斯頓(W. M. Thackston)譯,1: 78 n.1。

[4] 拉施特/卡利米編《史集》,1: 334頁;志費尼《世界征服者史》,1: 46頁,波義耳譯《世界征服者史》,62頁;《元史》卷一二一《抄思傳》,2993頁;柯立甫譯《蒙古秘史》卷一三三,198頁。

[5] 志費尼《世界征服者史》,1: 46頁,波義耳譯《世界征服者史》,62頁説了這兩種可能。據拉施特記載(波義耳本,62頁n.5亦引該記載),屈出律是自願前來。

[6] 至少乃蠻在1175年向金投降前一直是哈剌契丹的臣屬(《金史》卷一二一《粘割韓奴傳》,2637頁;並見ch. 2),之後雙方關係可能得以緩和,因爲《遼史》卷六九《部族表》,1123頁所列西遼屬族中,乃蠻赫然在列。

[7] 拉施特/阿里扎德編《史集》,553頁;拉施特/卡利米編《史集》,1: 334頁;波義耳譯本,62頁n.5引述拉施特記載;米爾洪德《純潔之園:記載先知、君王與哈里發生平之書》,5: 71頁;阿布·加兹《蒙古和韃靼的歷史》,92頁;艾哈邁德·拉齊(Aḥmad Rāzī),《七大區域》(Haft Iqlīm),選取自納爾沙希《布哈拉史》,270頁;志費尼或是認爲屈出律的妻子只是哈剌契丹的一個少女(志費尼《世界征服者史》,1: 48頁,波義耳《世界征服者史》,64頁),或是認爲他娶了葛兒罕的大將或財政大臣之女(志費尼《世界征服者史》,2: 93頁,波義耳《世界征服者史》,361頁)。

[8] 志費尼《世界征服者史》,1: 46頁,2: 91頁,波義耳《世界征服者史》,63、359頁;米爾洪德《純潔之園:記載先知、君王與哈里發生平之書》,5: 71 – 72頁;拉施特/卡利米編《史集》,1: 335頁。

他的乃蠻部衆正在葉密立(Emil)、別失八里與海押立間游蕩,任人欺辱,這些人可以作爲葛兒罕軍隊的重要補充[1]。直魯古准許了他的請求,封其爲可汗,甚至賜予禮物與榮袍[2]。利用屈出律獲取軍援無疑是葛兒罕善待乃蠻王子的主要動機之一,將其派往東部可能也是希望恢復葛兒罕對回鶻叛臣的權威。屈出律大約在 1209 年夏秋之際離去。他召集部衆及其他蒙古高原的難民,並獲得了"哈剌契丹軍隊中跟他有些關係的人"的效忠[3]。這些人可能即指哈剌契丹軍隊中某一族裔。但屈出律對哈剌契丹士兵的吸引力並不完全在於其族屬(ethnic origin),而是他允許這些人在哈剌契丹的土地上燒殺搶掠,這與葛兒罕的政策背道而馳。侵襲諸地所獲的衆多俘虜也擴充了屈出律的軍隊[4]。屈出律很可能已與蘇丹摩訶末建立聯繫,1210 年春夏之際,他趁哈剌契丹出兵河中地區,糾集軍隊洗劫了哈剌契丹在烏茲幹(Uzgand)的金庫,繼而向八剌沙袞進發[5]。

與塔陽古之戰

　　葛兒罕將重心重新置於河中地區使之無法立即對屈出律進行反制。屈出律離去不久,直魯古就召見包括撒馬爾罕烏思蠻在內的藩屬。烏思蠻拒不前來,反心已現,葛兒罕親率 30 000 精兵前往撒馬爾罕。哈剌契丹再度攻下撒馬爾罕,但並未燒殺搶掠。然而,當有關屈出律進軍的流言傳來時,哈剌契丹大軍隨即從撒馬爾罕撤退,轉而應對後者的威脅[6]。花剌子模沙得知此事後侵入撒馬爾罕。他在那正式接受了蘇丹烏思蠻的投降,於是從 606/ 1209—1210 年開始,摩訶末的名字便出現在了烏思蠻的錢幣上[7]。花剌子模沙携蘇丹烏思

---

　　[1] 拉施特／卡利米編《史集》,1:335—336 頁;志費尼《世界征服者史》,1:46—47 頁,2:90—91 頁,波義耳譯《世界征服者史》,63、359 頁。
　　[2] 志費尼《世界征服者史》,2:91 頁,波義耳譯《世界征服者史》,359 頁。
　　[3] 志費尼《世界征服者史》,1:47 頁,波義耳譯《世界征服者史》,63 頁。
　　[4] 志費尼《世界征服者史》,1:47 頁,2:91 頁,波義耳譯《世界征服者史》,63、359 頁;拉施特／卡利米編《史集》,1:335—336 頁。譯者按,此處譯文係引志費尼著、何高濟譯《世界征服者史》,北京:商務印書館,2004 年,66 頁。
　　[5] 志費尼《世界征服者史》,1:48 頁,波義耳譯《世界征服者史》,64 頁。
　　[6] 志費尼《世界征服者史》,2:91 頁,波義耳譯《世界征服者史》,359 頁。
　　[7] 志費尼《世界征服者史》,2:91 頁,波義耳譯《世界征服者史》,359 頁;闊奇涅夫《從錢幣資料看喀喇汗人與布哈拉薩德爾的關係》,33 頁;費多羅夫(M. N. Fedorov)《12 世紀初喀喇汗政治史》("Politicheskaia istoriia Karakhanidov v XII-nachale XII v."),《錢幣學與銘文學》(*Numizmatika i Epigrafika*)14,1984,p. 113;卡拉耶夫《喀喇汗王朝史》,187—188 頁。志費尼《世界征服者史》,2:76 頁,波義耳譯《世界征服者史》,342—343 頁雖將撒馬爾罕的投降繫於摩訶末首次入侵河中後,即花剌子模—哈剌契丹衝突的初期,但 605/ 1208—1209 年以降的喀喇汗錢幣上仍只有烏思蠻一人之名(見上引闊奇涅夫、費多羅夫、卡拉耶夫三文)。

蠻及其他喀喇汗的王公一同東進[1]。哈剌契丹在怛羅斯的大將塔陽古攜"重兵"迎戰。此戰發生在1210年8—9月,一説發生在錫爾河(Jaxartes)附近安集延(Andijān)北部的伊拉米什(Ilamish)草原上[2],一説離怛羅斯更近[3]。就戰況而言,雙方未能一決雌雄:兩軍數度交鋒,雙方左翼均擊退了對方右翼,然後各自引退[4]。但是由於大將塔陽古被擒至花剌子模,其軍倉惶東撤,哈剌契丹的士氣遭到重創。無論蘇丹摩訶末是善待塔陽古[5],還是將之處死並沉屍阿母河[6],他確實極力借此攫取了巨大威望,從此便享有了"第二個亞歷山大""蘇丹桑賈爾"和"天神在大地上的影子"的尊號[7]。更爲現實的是,蘇丹烏思蠻也被帶回花剌子模,並在那迎娶了一位花剌子模的公主,由此滯留在花剌子模近一年[8]。雖然志費尼强調喀喇汗統治者在古爾幹只享有崇高的威望,但錢幣上的銘文證據却表明其封號被不斷下調[9]。烏思蠻不在喀喇汗時,摩訶末突襲了該地,占領了從河中到費爾幹納的整個地區,後又分別於607/1210—1211年和608/1211—1212年占據了訛答剌與烏兹幹,並以自己人取代了哈剌契丹的總督[10]。這些行動至少在訛答剌和亦格納黑(Ighnaq)引起了激烈的反抗[11],這表明摩訶末雖已爲自己宣傳造勢,但當地的一些統治者仍堅信哈剌契丹有能力向花剌子模復仇。

---

〔1〕 志費尼《世界征服者史》,2:91頁,波義耳譯《世界征服者史》,359—360頁;朱兹賈尼/哈比卜編《衛教者列傳》,1:307—308頁。
〔2〕 志費尼《世界征服者史》,1:77頁,波義耳譯《世界征服者史》,344頁。
〔3〕 志費尼《世界征服者史》,2:91頁,波義耳譯《世界征服者史》,360頁;奥菲《心靈之純潔》,101頁。
〔4〕 志費尼《世界征服者史》,2:91頁,波義耳譯《世界征服者史》,360頁;參較伊本・阿西兒《全史》,12:268頁。
〔5〕 朱兹賈尼/哈比卜編《衛教者列傳》,1:308頁;伊本・阿西兒《全史》,12:268頁。
〔6〕 志費尼《世界征服者史》,2:81頁,波義耳譯《世界征服者史》,349頁。
〔7〕 志費尼《世界征服者史》,2:78—80頁,波義耳譯《世界征服者史》,346、349頁。關於這些尊號參見奥菲《心靈之純潔》,43—44、483—484頁。
〔8〕 志費尼《世界征服者史》,2:124頁,波義耳譯《世界征服者史》,394頁;伊本・阿西兒《全史》,12:267—268頁。
〔9〕 闊奇涅夫《從錢幣資料看喀喇汗人與布哈拉薩德爾的關係》,33—34頁;烏思蠻在605/1208—1209年向花剌子模投降之前,他在錢幣上的名銜爲兀魯合・蘇丹・速拉丁(Ulūgh Sulṭān al-Salāṭīn,蘇丹中的偉大蘇丹);606/1209—1210年,他被稱爲蘇丹・阿扎木(al-Sulṭān al-Aʻzam,最尊貴的蘇丹),607/1210—1211年被稱作蘇丹・穆阿扎木(al-Sulṭān al-Muʻazzam,崇高的蘇丹)。
〔10〕 伊本・阿西兒《全史》,12:268—269頁;志費尼《世界征服者史》,2:81頁,波義耳譯《世界征服者史》,348—349頁;闊奇涅夫《從錢幣資料看喀喇汗人與布哈拉薩德爾的關係》,34頁。
〔11〕 志費尼《世界征服者史》,2:80、83頁,波義耳譯《世界征服者史》,348、350頁。關於訛答剌,參較奈塞維《蘇丹扎蘭丁・曼古貝爾蒂傳》,66頁:據其記載,訛答剌的畢勒哥汗(Bilge Khan)是哈剌契丹臣屬中第一個加入摩訶末陣營的,儘管後來他又反叛摩訶末。亦格納黑(或阿格納黑,Aghnāq)是突厥斯坦的一座市鎮,是費納客式(Fanākit)的屬邑(亞庫特《地名辭典》,1:225頁;志費尼《世界征服者史》,波義耳譯《世界征服者史》,350頁,n.1),巴托爾德提議將其考訂爲撒馬爾罕的一個村子玉幹克(Yughank)(巴托爾德《蒙古入侵時期的突厥斯坦》,133、356頁,n.7)。

在摩訶末與屈出律之間

　　雖在戰場上略有小勝,但摩訶末能夠完成以上諸事,還是因爲回撤的哈剌契丹軍隊忙於和屈出律交戰,再也未能重返河中地區。而且,摩訶末的一些行動,例如征服烏茲幹,可能就發生在 1211 年秋屈出律俘獲葛兒罕之後。雖然摩訶末的確充分利用了屈出律的軍事行動,但在與塔陽古之戰後花剌子模沙向哈剌契丹投入多少軍力,以及他與屈出律的合作如何,尚不明晰。在塔陽古之戰前後,屈出律主動與摩訶末建立了聯繫[1]。據志費尼記載,摩訶末與屈出律決定聯手東西夾擊葛兒罕,並且雙方約定若屈出律先戰勝葛兒罕,將獲得整個哈剌契丹至費納客忒[Fanākit(即河中地區除外)]之地;反之,若摩訶末先勝,那麼整個葛兒罕的國土至于闐和喀什噶爾之地,或者遠至阿力麻里(Almaliq)之地,便歸其所有,而準噶爾(Jungaria)和乃蠻的領地則留給屈出律[2]。我認同巴托爾德所言,此協議過於簡略,伊本·阿西兒的記載則較爲可信[3]。據其所言,當屈出律準備進攻葛兒罕時,雙方皆向摩訶末乞援,作爲回報雙方也都認可他對之前從哈剌契丹手中奪取的土地享有統治權[4]。葛兒罕還將女兒許配給他並附贈諸多奇珍異寶[5]。摩訶末同時允諾雙方予以支援,實則伺成敗而選邊站[6]。摩訶末前往戰場時途經撒馬爾罕,發現該城騷亂不止,決定召回在花剌子模尚未待滿一年的蘇丹烏思蠻[7]。因此,以上諸事可暫繫於 1211 年春。即便摩訶末後來的確介入了屈出律與葛兒罕之戰,但仍無法弄清的是,他在其中扮演了什麼樣的角色。

　　據志費尼記述,葛兒罕的軍隊離開撒馬爾罕回到八剌沙衮周邊,在真兀赤(*Chīnūch,拼寫存疑)附近與屈出律對戰。葛兒罕的大軍擊敗屈出律,俘虜軍士大半,重新奪回了相當大一部分葛兒罕國庫中被洗劫的財物,不過這些財物

---

[1] 志費尼《世界征服者史》,1:46 頁,2:83 頁,波義耳譯《世界征服者史》,63、351 頁;阿布·加茲《蒙古和韃靼的歷史》,99 頁;並見志費尼《世界征服者史》,2:125—126 頁,波義耳譯《世界征服者史》,396 頁;伊本·阿西兒《全史》,12:270 頁;參較拉施特/卡利米編《史集》,1:335 頁;米爾洪德《純潔之園:記載先知、君王與哈里發生平之書》,5:72 頁。

[2] 志費尼《世界征服者史》,1:47 頁,2:83、125—126 頁,波義耳譯《世界征服者史》,64、351、396 頁;《宗譜彙編》,230 頁。

[3] 巴托爾德《蒙古入侵時期的突厥斯坦》,363 頁。但是據伊本·阿西兒《全史》,12:271 頁,摩訶末也認爲他與屈出律才應瓜分哈剌契丹的領土。

[4] 據伊本·阿西兒《全史》,12:270 頁。

[5] 奈塞維《蘇丹扎蘭丁·曼古貝爾蒂傳》,44 頁。

[6] 伊本·阿西兒《全史》,12:270 頁。

[7] 志費尼《世界征服者史》,2:124 頁,波義耳譯《世界征服者史》,394 頁。

又被其手下將領瓜分。在哈剌契丹的追擊下,屈出律向原先乃蠻的領地東撤,在那里他著手重整軍隊[1]。很可能就在此時,蘇丹烏思蠻背棄摩訶末,與葛兒罕聯絡,表示願重新稱臣。在此前後不久,他雖已迎娶哈剌契丹的公主,但在其與花剌子模再度交鋒時,葛兒罕未能真正施以援手[2]。與此同時,塔陽古殘部撤向葛兒罕所在地,他們軍紀渙散,違反葛兒罕先前的命令,在自己的土地上燒殺搶掠[3]。當他們到達八剌沙衮時,民衆認爲蘇丹摩訶末隨時會來解救自己,便緊閉城門,將塔陽古殘部拒之城外。葛兒罕的維齊爾馬哈茂德·太前來締和,八剌沙衮民衆不顧他的勸告,與哈剌契丹苦戰16日。此時,葛兒罕的軍隊與塔陽古殘部合流。聯合起來的哈剌契丹軍隊利用在安德胡德之戰中所獲大象,摧毁了八剌沙衮的城門。進入八剌沙衮後,他們搶掠財物無數,據説屠殺百姓47 000余衆。這時,馬哈茂德·太擔心哈剌契丹國庫已空,甚至更爲擔心自己個人的財産,便上言將軍士從屈出律那里奪回的財富再收繳上來。此令不得人心,故從未實行,但這足以使哈剌契丹廣大軍士與其君主離心離德[4]。

　　如果我們相信確如《遼史》所記,那麽直魯古則認爲此時宜於出獵,而他本人對國之將傾根本無動於衷[5]。然而,屈出律並未讓其享受畋獵之趣。1211年秋,他引8 000伏兵在喀什噶爾附近擒獲了毫無戒備的直魯古。屈出律十分明白,是葛兒罕的衆叛親離才使自己抓住了戰機[6]。毫無疑問,"摩訶末的勝利"也對其獲勝功不可没,不過很難確定"摩訶末的勝利"指的是與塔陽古之戰[7],還是後來與哈剌契丹的交戰:只有朱兹賈尼一人肯定,摩訶末在屈出律俘虜葛兒罕時,也即在第三次與哈剌契丹交戰中取得了決定性的勝利,據稱在40萬大軍的協助下,他俘虜了"所有契丹人"[8]。據伊本·阿西兒記載,摩訶末抵達戰場,發現屈出律已居上風,遂加入其陣營,對哈剌契丹人大開殺戒、肆意

---

　　[1]　志費尼《世界征服者史》,1:48頁,2:124頁,波義耳譯《世界征服者史》,64、360頁;拉施特/卡利米編《史集》,1:336頁。
　　[2]　志費尼《世界征服者史》,2:124頁,波義耳譯《世界征服者史》,395頁;伊本·阿西兒《全史》,12:267頁;巴托爾德《蒙古入侵時期的突厥斯坦》,365頁。
　　[3]　志費尼《世界征服者史》,2:92頁,波義耳譯《世界征服者史》,360頁;伊本·阿西兒《全史》,12:269頁。
　　[4]　志費尼《世界征服者史》,2:124頁,波義耳譯《世界征服者史》,360頁。
　　[5]　《遼史》卷三〇《天祚皇帝四》,358頁。
　　[6]　同上;志費尼《世界征服者史》,1:48頁,2:93頁,波義耳譯《世界征服者史》,64、361頁;拉施特/卡利米編《史集》,1:336頁;奈塞維《蘇丹扎闌丁·曼古貝爾蒂傳》,44頁;朱兹賈尼/哈比卜編《衛教者列傳》,2:96—97頁。
　　[7]　因此在拉施特/卡利米編《史集》,1:336頁中,將此役繫於屈出律在八剌沙衮戰敗後。志費尼《世界征服者史》,1:48頁,波義耳譯《世界征服者史》,64頁及奈塞維《蘇丹扎闌丁·曼古貝爾蒂傳》,44頁僅大致提及摩訶末的勝利。
　　[8]　朱兹賈尼/哈比卜編《衛教者列傳》,1:307—308頁,2:96頁。

劫掠、擒獲甚衆,與此同時部分哈剌契丹軍隊也臨陣倒戈[1]。然而,不管摩訶末在屈出律的勝利中充當了什麽角色,屈出律才是那個俘虜葛兒罕之人。此舉的實際意義與象徵意義已在志費尼所記摩訶末與屈出律(瓜分哈剌契丹)交易的細節上體現得淋漓盡致,不管該交易是否發生過[2]。

屈出律統治時期

最近塞諾(Sinor)提出這樣一個問題,即屈出律擒獲直魯古是要消滅哈剌契丹還是僅想篡位[3]。我同意其觀點,即屈出律並不打算摧毀哈剌契丹的統治。相反,他希望借助葛兒罕的餘威,將實權控制在手[4],因此繼任爲哈剌契丹帝國新一任的領袖。屈出律的行爲則印證了這一點:他沿襲了哈剌契丹的服飾、宗教與習俗。他采用直魯古的尊號,尊直魯古及其妻爲"太上皇"與皇太后,並如孝子般一直侍奉到1213年直魯古去世。他甚至表面上讓直魯古享有某些特定的威儀[5]。屈出律獲取政治合法性的另一表現是,讓其子迎娶一位哈剌契丹公主[6]。但至少從長時段來看,屈出律的努力確屬徒勞。《遼史》明言:"直魯古死,遼絶。"[7]志費尼以及目前有關哈剌契丹記載最爲宏富的穆斯林文獻、加上諸多其他穆斯林與中國史家也都持此觀點[8]。因而,史家認

---

[1] 伊本·阿西兒《全史》,12:270頁。
[2] 參見n.150;拉施特/花剌子模,fol. 166b。
[3] 塞諾(Sinor),《西方的契丹史料及其相關問題》("Western Information on the Kitans and Some Related Questions"),《美國東方協會雜誌》(*Journal of the American Oriental Society*)115,1995,p. 262;塞諾,《契丹與哈剌契丹》("The Khitan and the Kara Kitay"),《中亞文明史》(*HCCA*)4,p. 241。
[4] 奈塞維《蘇丹扎闌丁·曼古貝爾蒂傳》,43—44頁。
[5] 《遼史》卷三〇《天祚皇帝四》,358頁;志費尼《世界征服者史》,2:93頁,波義耳譯《世界征服者史》,361頁;拉施特/卡利米編《史集》,1:337頁;奈塞維《蘇丹扎闌丁·曼古貝爾蒂傳》,43—44頁。
[6] 黃溍《金華黃先生文集》卷二八,《四部叢刊》本,頁12a—13a;魏特夫、馮家昇,654頁。
[7] 《遼史》卷三〇《天祚皇帝四》,358頁。
[8] 志費尼《世界征服者史》,2:93頁,波義耳譯《世界征服者史》,361頁;朱茲賈尼/哈比卜編《衛教者列傳》,2:96、108頁;賈法里(Ghaffari)《美辭集》(*Nusakh jahān arā*),Tehran, 1963, p. 167;納坦茲《木因歷史選》,fol. 175a;奈塞維《蘇丹扎闌丁·曼古貝爾蒂傳》,48頁[蘇丹摩訶末在此明顯將葛兒罕、屈出律與蒙古人區分爲三個(而非兩個)不同的實體]。儘管屈出律奪取了直魯古之位,這或許意味著他獲得了皇帝或葛兒罕的尊號,但我所見到的史料中均未將之稱爲皇帝或葛兒罕;海答兒/舍費爾編《中亞蒙兀兒史——拉失德史》,240頁;艾布·斐達《人類簡史》,3:110頁;李志常《長春真人西游記》(*Travels of an Alchemist*),London, 1931, p. 89;拉施特/阿里扎德編《史集》,553頁。但是伊本·阿西兒却清楚地知道屈出律爲輝靼王子,並認其對抗葛兒罕之戰是"消滅契丹"之戰,這些均記載在其關於哈剌契丹帝國覆滅(12:270-1)至蒙古人消滅屈出律期間的諸事中。參較《宗譜彙編》,230頁,該書認爲哈剌契丹覆滅與屈出律被蒙古人俘虜兩者是一回事。《元史》將成吉思汗征討屈出律看作是對西遼用兵(《元史》卷一五三《劉敏傳》,3609頁);哈剌契丹餘衆(《元史》卷一四九《郭寶玉傳》,3522頁);屈出律情況(《元史》卷一二〇《鎮海傳》,2964頁)以及乃蠻部結局(《元史》卷一二〇《曷思麥里傳》,2969頁)。

爲是屈出律滅亡了哈剌契丹王朝。這一論斷表明：(1)屈出律並非契丹苗裔；(2)其内政與葛兒罕迥異；(3)其被蒙古人迅速所滅也導致了哈剌契丹帝國的徹底覆亡。

然而，在蒙古人進攻他之前，屈出律試圖恢復哈剌契丹帝國往昔的榮光。幸運的是，成吉思汗從1211年秋便忙於征伐大金[1]，而花剌子模沙摩訶末至少在1212—1213年之前都在忙於平定撒馬爾罕的叛亂[2]。因而，屈出律可以將注意力轉向哈剌契丹的東部藩屬。但與哈剌契丹人不同，屈出律無視那些定居臣屬的需求與福祉[3]，因而極不受歡迎。屈出律首先試圖恢復對阿力麻里的統治。彼時，阿力麻里在斡匝爾[Ozar，或布匝爾(Bozar)]的統治下，斡匝爾出身響馬，係來自忽牙思(Quyas)的葛邏禄人。在哈剌契丹帝國動蕩以及葛邏禄阿爾斯蘭汗已於1211年逃奔成吉思汗之際，斡匝爾趁機奪取了阿力麻里及周邊地區。他將當地暴徒聚集在側，自命斡匝爾汗。屈出律多次進攻未果，但這些攻擊却促使斡匝爾汗轉投蒙古人，且備受禮遇。即使在阿爾斯蘭汗返回阿力麻里殺死斡匝爾之後，屈出律仍未能占領該城[4]。

屈出律在加強對塔里木盆地的控制方面則較爲成功。甚至在俘虜葛兒罕之前，屈出律便已釋放自1204年喀什噶爾叛亂後被囚在八剌沙袞的東喀喇汗首領。然而，東喀喇汗王朝的最後一任君主玉素甫(Yūsuf)之子摩訶末從未統治過喀什噶爾。城內的貴族背叛了他，1211年夏他們不是在城門處就是在皇宮内將之殺害。屈出律異常憤怒，試圖征服喀什噶爾，而城中居民拒不投降，他便派兵掠走莊稼，將之焚燒殆盡。遭受數年如此懲治，喀什噶爾很可能因饑餓所迫，最終在1214年前後投降。之後，屈出律屠殺當地許多貴族，駐軍城中，爲供給士兵生活所需，向當地每户派駐一兵[5]。即使沒有後來屈出律制定的宗教政策，這種强迫喀什噶爾穆斯林民衆與非穆斯林軍隊接觸的方式也必然會造成雙方關係的緊張。再者，與哈剌契丹的寬容態度形成鮮明對比，之前爲基督教徒的屈出律後來被其哈剌契丹妻子説服皈依了佛教，他强制推行了一項反伊斯蘭教的特殊政策。其臣民必須做一個相當奇怪的選擇，要麽

---

[1] 關於成吉思汗征討大金，見於愛爾森《蒙古帝國的興起及其在中國北部的統治》，357—360頁；拉契内夫斯基《成吉思汗：他的生平和事業》，105—118頁；朱耀廷《成吉思汗全傳》，276—326頁。

[2] 志費尼《世界征服者史》，1：22—26頁，波義耳譯《世界征服者史》，392—396頁；伊本·阿西兒《全史》，12：267—268頁。

[3] 拉施特/卡利米編《史集》，1：337頁，並見下文描述。

[4] 志費尼《世界征服者史》，1：48、57頁，波義耳譯《世界征服者史》，65、75—76頁；喀爾施《蘇拉赫詞典補編》，135頁。*譯者按，據志費尼《世界征服者史》所言，斡匝兒爲屈出律所殺，非阿爾斯蘭汗所爲。

[5] 志費尼《世界征服者史》，1：48—49頁，波義耳譯《世界征服者史》，65頁；拉施特/卡利米編《史集》，1：337頁；喀爾施《蘇拉赫詞典補編》，133頁[他將摩訶末去世繫於回曆607年(1211年6月結束)]。

信奉基督教或佛教,要麽穿上契丹服飾,並禁止公開傳播一切伊斯蘭教義。在屈出律短暫的統治期内最有名的便是這一宗教政策,但我們對此仍持保留意見[1]。

史料中雖對屈出律治下穆斯林的命運頗感不濟,但也無法掩蓋這樣一個事實:他不僅征服了塔里木盆地,還可能征服了其他疆域。通過觀察蘇丹摩訶末的舉動(奇怪的是,他並不知道屈出律的宗教政策)可以肯定屈出律正日益强大。屈出律俘虜直魯古後,摩訶末遣使向屈出律索要助其獲勝的回報。他要求屈出律將葛兒罕以及允諾嫁於他的那位公主,連同葛兒罕的主要財產一併給他送去,否則便攻打屈出律[2]。摩訶末的要求以及屈出律的拒絶則證明,屈出律已借征服葛兒罕聲望鵲起。不管葛兒罕爲免最後蒙羞乞求不被送至摩訶末那里是否打動了屈出律[3]——即便確有其事——實際上葛兒罕未被流放至外,則是因爲他在屈出律獲取政權合法性的過程中仍扮演著極爲重要的角色。屈出律不想與摩訶末產生嫌隙,先給予厚禮,造成要將葛兒罕流放給他的假象。但却遲遲不予交付,直至摩訶末醒悟他實際上已拒絶自己的請求(或者是一直拖到葛兒罕去世)[4]。隨後,摩訶末語氣更爲咄咄逼人,威脅要摧毁屈出律的軍隊。當他發現後者的真正實力時,被迫采取了突襲的方式,而且至少突襲到了喀什噶爾[5]。據説,屈出律對此提出抗議,聲稱這是雞鳴狗盜所爲而非君主磊落之舉,並要求直接對戰以絶恩怨。正面對决的想法使摩訶末内心極度恐懼,以至於他采取了極端措施:疏散了錫爾河上游的居民,拆除了那里的居所,包括赫時(Shāsh)、伊斯菲賈卜(Isfijāb)、柯散(Kāsān)等諸多城鎮。費爾幹納的喀喇汗王朝的覆滅(1212—1213)可能也是這場戰役的一部分[6]。由於無法從屈出律手中獲得這片區域[7],摩訶末想在自己的帝國與屈出律的帝國間建立一個緩衝區。但並未成功,因爲在1217—1218年左右,屈出律至少已將柯散納入治下[8]。在蒙古人俘虜屈出律前夕,屈出律戰事上的這一推進可能已促使

---

[1] 志費尼《世界征服者史》,1:49、53頁,波義耳譯《世界征服者史》,65、70頁;拉施特/卡利米編《史集》,1:338頁;有關詳細討論見pp. 194-196。

[2] 奈塞維《蘇丹扎蘭丁·曼古貝爾蒂傳》,44頁;伊本·阿西兒《全史》,12:271頁。

[3] 奈塞維《蘇丹扎蘭丁·曼古貝爾蒂傳》,44頁。

[4] 同上。也可見伊本·阿西兒《全史》,12:271頁;達哈比《賢人名士事略》,22:226頁。

[5] 奈塞維《蘇丹扎蘭丁·曼古貝爾蒂傳》,44頁;伊本·阿西兒《全史》,12:271頁;志費尼《世界征服者史》,2:125頁,波義耳譯《世界征服者史》,396頁(*譯者按,實爲369頁)。

[6] 闊奇涅夫《從錢幣學的角度看喀喇汗王朝的紀年與世系》("La chronologie et la généalogie des Karakhanides du point de vue de la numismatique"),《中亞錢幣》(Cahiers d'Asia Centrale)9, 2001, p. 66。

[7] 伊本·阿西兒《全史》,12:271頁;可疾維尼《紀念真主之僕人的遺迹和歷史》,537、558頁。

[8] 《元史》卷一二四《哈剌亦哈赤北魯傳》,3046頁。

摩訶末準備全面征討他[1]。穆斯林很可能已向成吉思汗求援[2]，阿力麻里的葛邏禄人也必然向其宗主控訴了屈出律的暴行[3]。其實，成吉思汗自己也有攻打屈出律的理由，屈出律不僅將蒙古人的敵人糾集在側，而且集葛兒罕的威望在身，這已威脅到成吉思汗在蒙古人中的領導權[4]。因此，1216 年，成吉思汗結束伐金之戰不久，便派名將哲伯（Jebe）追捕屈出律[5]。在回鶻軍隊的扈從下，蒙古大軍首先前往阿力麻里的葛邏禄盟友那裏[6]。由此繼續進軍八剌沙衮，並在此附近擊敗了一支 30 000 人的哈剌契丹軍隊[7]。大約在此時，蒙古人還接受了哈剌契丹在柯散的八思哈（basqaq，鎮守官）曷思麥里（Ismāʻīl 或 Yisimaili）的投降，附近一衆酋長也隨其皆降。曷思麥里被任命爲哲伯一部的先鋒[8]，帶領蒙古人前往喀什噶爾。屈出律正在此地，當聽聞蒙古大軍逼近時，慌忙南逃[9]。據穆斯林文獻記載，一進入喀什噶爾，哲伯就宣布信仰自由，由此獲得民衆擁戴。隨後喀什噶爾人便與駐扎在他們家中的屈出律士兵反目，並將之殺害，爲哲伯掃清障礙[10]。蒙古人没有蹂躪喀什噶爾以及其他任何一寸哈剌契丹的領土，而是繼續追剿屈出律。他向西南方向逃竄，直至 1218 年在巴達哈傷（Badakhshān）地區迷路後才被俘獲。此地靠近撒里黑綽般（Sarigh Chopan）谷地，大概地處巴達哈傷與瓦罕走廊（Wakhan）交界處，成吉思汗在此

---

　　[1]　奈塞維《蘇丹扎蘭丁·曼古貝爾蒂傳》，46 頁；志費尼《世界征服者史》，2：101 頁，波義耳譯《世界征服者史》，369 頁。
　　[2]　志費尼《世界征服者史》，1：49—50、55 頁，波義耳譯《世界征服者史》，66、73 頁；拉施特／卡利米編《史集》，1：338 頁。
　　[3]　喀爾施《蘇拉赫詞典補編》，135 頁。
　　[4]　阿布·加兹《蒙古和韃靼的歷史》，99、102 頁；奈塞維《蘇丹扎蘭丁·曼古貝爾蒂傳》，46 頁；拉契内夫斯基《成吉思汗：他的生平和事業》，119 頁。
　　[5]　拉施特／卡利米編《史集》，1：338 頁；奈塞維《蘇丹扎蘭丁·曼古貝爾蒂傳》，46 頁；屠寄《蒙兀兒史記》卷二九，頁 5a，參較拉契内夫斯基《成吉思汗：他的生平和事業》，119 頁；志費尼《世界征服者史》，2：100 頁，波義耳譯《世界征服者史》，368 頁及朱兹賈尼／哈比卜編《衛教者列傳》，2：108—109 頁將成吉思汗征討屈出律和他與摩訶末的衝突聯繫在了一起，因而將此事的時間稍向後推了點。
　　[6]　喀爾施《蘇拉赫詞典補編》，135 頁。
　　[7]　《元史》卷一四九〈郭寶玉傳〉，3521 頁（譯者按，《元史》作"三十余萬"，作者誤作三萬）。阿布·加兹《蒙古和韃靼的歷史》，102 頁及柏朗·嘉賓（Plano Carpini）［收入道森編（C. Dawson）《出使蒙古記》（The Mongol Mission），New York，1955，p. 60］也記述了蒙古大軍與乃蠻和哈剌契丹軍隊之戰。
　　[8]　《元史》卷一二〇〈曷思麥里傳〉，2969 頁，譯文見伊莉莎白·安迪考特—韋斯特（E. Endicott-West）《蒙古在中國的統治：元代地方行政》（Mongolian Rule in China: Local Administration in the Yuan Dynasty），Cambridge，MA，1989，p. 35。
　　[9]　喀爾施《蘇拉赫詞典補編》，135 頁；志費尼《世界征服者史》，1：50 頁，波義耳譯《世界征服者史》，66 頁；拉施特／卡利米編《史集》，1：338 頁。僅據阿布·加兹《蒙古和韃靼的歷史》102 頁所載，屈出律確與哲伯交戰失敗後才出逃，且妻兒皆被俘。
　　[10]　志費尼《世界征服者史》，1：50 頁，波義耳譯《世界征服者史》，67—68 頁；拉施特／卡利米編《史集》，1：338 頁。參見 pp. 194 - 196。

將屈出律殺死[1]。然據《元史》載,在屈出律被梟首示衆後,塔里木盆地諸城[可失哈兒(即喀什噶爾)、斡端(即于闐)、押兒牽(Yarkand)]才紛紛投降[2]。不管怎樣,1218年屈出律的疆域落入蒙古人之手。蒙古人在1219—1220年占領河中地區與呼羅珊之後,完成了對原哈剌契丹帝國所有疆域的征服。

直魯古在位時,哈剌契丹的頹勢已漸趨明顯。這清楚地表明,新葛兒罕並未找到合適之法解決登基時面臨的問題。屈出律篡位就是葛兒罕面對朝臣處於弱勢地位的最好例證,甚至在屈出律之前,我們就發現某些權臣在操控葛兒罕——比如沙木兒·塔陽古(Shamur Tayangu),他於1204年左右便試圖在海押立保留葛邏祿皇室,此舉違背了葛兒罕與馬哈茂德·太的初衷[3],後者爲保個人財產導致將士們與葛兒罕漸行漸遠,至此葛兒罕的命運之門被封死[4]。

哈剌契丹中央政府的軟弱體現在其權威遭到嚴重打擊却未及時予以反制上,比如1177年以前,特克什殺死哈剌契丹的索貢使臣;1198年,古爾奪取巴里黑;以及13世紀初,摩訶末接管巴里黑與布哈拉。哈剌契丹雖對以上諸事均有所回應,但却未能竭力捍衛自己的利益,從而將自己的不堪一擊暴露在外[5]。

造成直魯古失敗的另一方面則是其地方長官。他們的傲慢無禮、索求無度在整個帝國隨處可見,這與哈剌契丹立國之初獲得的公平美譽形成了鮮明對比[6]。這自然促使其藩屬另尋新主。而且,至少在布哈拉與高昌當地的哈剌契丹官員聚斂了巨額財富[7],這有力地證明了他們實際並未將本該交付葛兒罕國庫的財富悉數上交。

中央與地方官員聚斂無數,則意味著葛兒罕必定會面臨某些財政問題。這些極易變成致命的問題,因爲葛兒罕的軍隊需要發餉[8]。葛兒罕充實府庫並使軍隊有事可做的方式之一,便是將軍隊借予藩屬換取錢財和戰利品:1172年

---

[1] 同上;柯立甫譯《蒙古秘史》卷二三七,172頁。關於屈出律被俘處,參見志費尼《世界征服者史》,波義耳譯《世界征服者史》,67—68頁,n.18;海答兒(Haydar Dughlat),《中亞蒙兀兒史——拉失德史》(*Ta'rikh-i Rashīdī: Historiy of the Moghuls in Central Asia*),Cambridge, MA, 1996, 2: 186, n.1;姚大力《屈出律敗亡地點考》,《元史及北方民族史研究集刊》5,1981年,70—78頁;羅依果譯注《蒙古秘史》卷二,844—845頁;參較朱茲賈尼/哈比卜編《衛教者列傳》,2: 108頁。

[2] 《元史》卷一二〇《曷思麥里傳》,2969頁。

[3] 志費尼《世界征服者史》,1: 56—57頁,波義耳譯《世界征服者史》,74—75頁。

[4] 志費尼《世界征服者史》,2: 92頁,波義耳譯《世界征服者史》,360頁。

[5] 關於特克什的舉動,參見ch. 2。關於其他事件見上文。

[6] 朱茲賈尼/哈比卜編《衛教者列傳》,2: 96頁;志費尼《世界征服者史》,2: 90頁,波義耳譯《世界征服者史》,358頁;内扎米(Nizāmī)《四類英才》(*Chahār maqāla*),Tehran, 1954, p. 22。

[7] 《聖武親征錄》,頁60a;奈塞維《蘇丹扎蘭丁·曼古貝爾蒂傳》,68—69頁;伊本·阿西兒《全史》,12: 257—258頁。

[8] 伊本·阿西兒《全史》,11: 86頁;志費尼《世界征服者史》,2: 92頁,波義耳譯《世界征服者史》,360頁。參見pp. 148-149。

特克什因在與其弟爭雄中掏空國庫換取哈剌契丹支持而備受指責。在他登基後,便以巨額貢賦附送哈剌契丹軍隊返回[1]。蘇丹沙與特克什發生衝突後,已不再向支持特克什的哈剌契丹進貢,而當蘇丹沙在呼羅珊向哈剌契丹乞援時,就又保證給予他們滿意的補償[2]。13 世紀初,闊立思之子在古爾反叛花剌子模時,試圖尋求葛兒罕的幫助以對付摩訶末,大概最開始就是通過掠奪他父親的財寶才得以支付哈剌契丹酬勞的[3]。可能鑒於此,葛兒罕才要求特克什對在 1198 年與古爾交戰中犧牲的哈剌契丹士兵作出補償[4]。財政上的考慮很可能也決定了哈剌契丹在這一時期軍事介入的主要方向,即主要在西部疆域,因爲在呼羅珊、花剌子模以及河中等富庶之地作戰要比介入蒙古高原諸部互相攻伐更爲有利可圖。

受權勢衰弱與金錢困乏掣肘,哈剌契丹在蒙古高原統一進程中並沒有發揮實際作用。對於日薄西天的哈剌契丹帝國來説,聯手蒙古諸部抗金是一項過於艱巨的任務。因此,當哈剌契丹人還在爲"復遼疆宇"猶豫不決時,日益强大的蒙古人已一舉實現了這一願望。而且,哈剌契丹雖然在軍事上可以應付花剌子模沙,但蒙古人帶來的威脅對他們來説的確過大。甚至在蒙古人成爲直接威脅以前,成吉思汗的活動所及就已嚴重傷及西遼帝國。西遼不僅失去了一些轉投蒙古人的藩屬,而且大批游牧民衆涌入境內也打破了哈剌契丹帝國游牧民族與定居人口之間的微妙平衡。在這種新的情勢下,葛兒罕發現很難維護自己在軍中的威望,並且自己正處在一種與百年前相似的局面中,必須要爲哈剌契丹的崛起披荆斬棘[5]。

儘管如此,哈剌契丹帝國即便是在最後的歲月,仍然在蒙古人、突厥人、穆斯林以及非穆斯林中享有一定的威望:屈出律必然清楚葛兒罕在其突厥臣屬中享有特殊地位[6]。摩訶末渴望將葛兒罕納入被其征服的人質之列[7],並且摩訶末與烏思蠻都想與哈剌契丹公主成婚[8]。此外,當哲伯殺死屈出律盡占其地時,成吉思汗擔心這位忠誠驍將會借此次征服擁兵自重、抗命犯上[9]。最令人印象深刻的是,哈剌契丹的威望體現在穆斯林文獻將之形容爲一座堅固的高

---

[1] 伊本·阿西兒《全史》,11: 303 頁;奧菲《心靈之純潔》,51 頁;《宗譜彙編》,137 頁。
[2] 伊本·阿西兒《全史》,11: 380 頁;達哈比《歷史大事記》,4: 268 頁。參見上文 p. 61。
[3] 志費尼《世界征服者史》,2: 72 頁,波義耳譯《世界征服者史》,339 頁。
[4] 伊本·阿西兒《全史》,12: 135—137 頁。
[5] 關於哈剌契丹治下的游牧人群與定居民衆關係的廣泛討論,見於 pp. 139-143。
[6] 奈塞維《蘇丹扎蘭丁·曼古貝爾蒂傳》,43 頁。
[7] 奈塞維《蘇丹扎蘭丁·曼古貝爾蒂傳》,44 頁。
[8] 同上;志費尼《世界征服者史》,2: 122—123 頁,波義耳譯《世界征服者史》,393 頁。
[9] 拉施特/卡利米編《史集》,1: 157—158 頁;巴托爾德《蒙古入侵時期的突厥斯坦》,403 頁。

牆或大壩上,它將蒙古人牢牢地阻擋在穆斯林地域之外,直至蘇丹烏思蠻才一不小心將之撞破[1]。

屈出律治下羸弱的哈剌契丹帝國無力抵擋蒙古人。但是哈剌契丹相對溫和的統治(至少在直魯古統治以前),對比蒙古人在河中地區造成的巨大破壞,至少在一定程度上促使了穆斯林文獻將哈剌契丹塑造爲相對正面的形象。其實,葛兒罕與屈出律的政策也是天壤之別。作爲一個純正的游牧者,屈出律深諳衣飾與尊號對於構建其政權的合法性意義重大,但却完全漠視定居民衆的需求,而且在自己境内燒殺搶掠。其行爲已移動了哈剌契丹帝國治下游牧民衆與定居人口之間的天平,使之更向游牧民衆一邊傾斜。這爲其贏得了一些軍事勝利,但却讓帝國財政問題更加惡化,使定居民衆與之漸行漸遠。借鑒遼朝原先的雜居模式,哈剌契丹人已將游牧軍事力量與定居民衆的福祉有機地結合在了一起。在大石這樣强有力的領導者統治下,這種兼顧雙方的態度成就了一個强大的帝國。到了直魯古統治時期,由於外受東西兩邊夾擊以及内患重重,必然已無力應付蒙古人。

尾聲:哈剌契丹的結局如何?

捲入蒙古高原的動蕩後,哈剌契丹經歷了一個與其他草原民族一樣常見的過程:他們被驅散,失去了作爲一個族群的身份認同,並且在後蒙古時期歐亞大陸新組建的集合體中,規模已降至氏族或部落[2]。在以下幾頁中,我將初步展現出哈剌契丹帝國解體後的命運走向。

哈剌契丹的瓦解始於1210年花剌子模沙摩訶末征服河中地區。許多哈剌契丹人在此役中被殺,致使一些穆斯林史家將這一日期作爲哈剌契丹消失之始[3]。1210年戰爭之後,或許在更早些時候,一些被俘的哈剌契丹人已被當作

---

[1] 志費尼《世界征服者史》,2:79—80、89頁,波義耳譯《世界征服者史》,347、358頁;拉施特/卡利米編《史集》,1:335頁;朱茲賈尼/哈比卜編《衛教者列傳》,1:302頁;《宗譜彙編》,139、230頁;達哈比《伊斯蘭史》,62:330頁;米爾洪德《純潔之園:記載先知、君王與哈里發生平之書》,5:71頁;伊本·艾比·哈迪德(Ibn Abī Ḥadīd)《修辭學》(Sharḥ nahj al-balāgha),Paris,1995,p. 23。

[2] 愛爾森《親密的碰撞:蒙古帝國的民衆遷置與文化挪用》(Ever Closer "Encounters": The Appropriation of Culture and the Apportionment of Peoples in the Mongol Empire),《近代史雜誌》(Journal of Early Modern History) 1,1997,pp. 16-18;高登(Golden),《突厥史入門》(An Introduction to the History of the Turkic People),Wiesbaden,1992,pp. 304-306、317-318;高登《"我將民衆交予汝手":成吉思汗對突厥世界的征服及其影響》("'I will give the people Unto Thee': The Chinggisid Conquests and their Aftermath in the Turkic World"),《英國皇家亞洲學會學刊》(JRAS) 3,10(2000),pp. 34-35。

[3] 艾布·斐達《人類簡史》,3:110頁;伊本·阿西兒《全史》,12:270頁。

馬穆魯克售賣。甚至在德里蘇丹國(Delhi sultanate)也出現了其中一些馬穆魯克的蹤跡,他們在那裏勝任要職[1]。然而大多數幸存者,約有70 000人,被納入花剌子模軍隊,建制仍依其舊[2]。當花剌子模軍隊於1218年抵達伊拉克時,阿拔斯('Abbāsid)王朝的哈里發試圖與花剌子模軍中的哈剌契丹人結盟。他給這些人送去馬匹和金錢,表示若他們殺死摩訶末,就承認他們對花剌子模部分領土的主權。花剌子模沙截獲了哈里發給哈剌契丹人的信劄與禮品,這也是促使其決意從伊拉克撤退的原因之一[3]。然而,他並未懲處哈剌契丹人,可能是因爲需要借助他們對抗蒙古人。

後來哈剌契丹人試圖暗殺花剌子模沙,似乎與蒙古人的到來關係更大,而與哈里發的提議關係不大。雖然哈剌契丹曾在布哈拉與蒙古人交鋒[4],但在蒙古人通過征服河中與花剌子模沙證明其勢不可擋後,哈剌契丹人不願再爲花剌子模沙與之交戰。1220年,花剌子模沙在巴里黑,其大軍主力由成建制的哈剌契丹部隊構成,這些人本該與蒙古人勢不兩立。但這些哈剌契丹部隊爲獲自由,打算擒獲花剌子模沙,將其首級獻於成吉思汗。然而,其中一名哈剌契丹人及時提醒摩訶末使其成功逃脱[5]。即使未能函首以獻,花剌子模軍中的哈剌契丹人依然轉投蒙古人,並被納於麾下[6],當然很難確定此事發生在蒙古入侵的哪個階段。

仍在屈出律麾下的哈剌契丹人有著同樣的命運,也都被納入了蒙古人的軍隊。甚至在屈出律被俘前,部分哈剌契丹軍隊及其屬軍就已與蒙古人一同攻打屈出律[7]。與花剌子模沙一樣,屈出律也不願與蒙古人正面對峙,轉而西逃,

---

[1] 朱茲賈尼/哈比卜編《衛教者列傳》,2: 9、13、19、22、28頁。
[2] 希伯特·本·賈茲《歷史名人鏡鑒》,8/2,593頁;以下諸書皆承此説:艾布·沙瑪《12—13世紀名人傳記》,109—110頁;達哈比《伊斯蘭史》,62: 14、19頁;達哈比《賢人名士事略》,22: 231頁;伊本·達瓦達里(Ibn al-Dawādārī)《珍寶集》(*Kanz al-durar wa-jāmi' al-ghurar*),Cairo,1961,7: 189;伊本·阿拉卜沙(Ibn 'Arabshāh)《名人軼聞》(*Fākihat al-khulafā' wa-mufākahat al-zurafā*),Bonn,1832,p. 237;也見於朱茲賈尼/哈比卜編《衛教者列傳》,1: 275頁。
[3] 希伯特·本·賈茲《歷史名人鏡鑒》,8/2,599—600頁;達哈比《伊斯蘭史》,62: 327—328、334—335頁。
[4] 可疾維尼《選史》,520頁;志費尼《世界征服者史》,1: 80頁,2: 211頁,波義耳譯《世界征服者史》,103、476頁。
[5] 朱茲賈尼/哈比卜編《衛教者列傳》,2: 275頁;參較希伯特·本·賈茲《歷史名人鏡鑒》,8/2,599—600頁;達哈比《伊斯蘭史》,62: 327—328、334—335頁。據《歷史名人鏡鑒》,哈剌契丹人最終來到花剌子模沙的陵寢,將之掘墓斬首。
[6] 希伯特·本·賈茲《歷史名人鏡鑒》,8/2,609頁;達哈比《伊斯蘭史》,62: 326、335頁。
[7]《元史》卷一二〇《曷思麥里傳》,2969頁。此指除了回鶻軍隊以外,其他加入蒙古軍隊的哈剌契丹屬軍。《元史》卷一二二《巴而朮阿而忒的斤傳》,3000頁;虞集《道園學古錄》卷二四,北京:商務印書館,1937年,403頁。

且作爲其軍中主力的乃蠻人與哈剌契丹人似已順利納入蒙古軍隊麾下[1]。這些部隊中至少有一部分，與大部分先前哈剌契丹東部藩屬（回鶻、葛邏祿以及東喀喇汗殘部）的軍隊，共同構成了1220年進擊花剌子模沙的蒙古軍隊的一份子[2]。

另一部分在其他情況下成爲蒙古藩臣的哈剌契丹人，則是起兒漫王朝（Kirmān，1222/3—1306）治下的哈剌契丹人。該王朝是由葛兒罕家族後裔八剌黑·哈只不（Baraq Ḥājib，1235年卒）建立的。13世紀初或更早，八剌黑與其弟哈迷的·不兒（Ḥamīd Pur）最先被派至花剌子模徵税。他們或是從那時起便被花剌子模沙扣留，或更可能是在1210年塔陽古之戰時被俘的[3]。由於他們的才能給花剌子模沙留下了深刻印象，1210年之後，花剌子模沙對兄弟二人委以重任：哈迷的·不兒被任命爲花剌子模軍隊的大將（後在抗擊蒙古人時戰殁），八剌黑爲侍從長[4]。八剌黑後來追隨統領波斯伊拉克的摩訶末之子加蘇丁，作爲亦思法杭（Iṣfahān）總督爲之效勞。後來加蘇丁或是將其任命爲起兒漫省總督[5]，或是在八剌黑與加蘇丁的維齊爾爆發衝突後，批准他前往德里蘇丹國[6]。八剌黑途經起兒漫時，遭該地長官襲擊，他不僅將之擊敗而且取而代之，此後他便打消了前往印度的想法[7]。摩訶末的繼任者扎闌丁（Jalāl al-Dīn）於1224年正式任命八剌黑爲起兒漫總督。兩年後，扎闌丁來平定八剌黑的叛亂，但未與之正面衝突便離去[8]。1228年加蘇丁在與其兄交戰後，來到起兒漫避難。八剌黑對其百般羞辱，最終將之處死。八剌黑入主起兒漫不久便皈依了伊斯蘭教，與花剌子模分道揚鑣，遂向哈里發提請冊封，哈里發授予其忽都魯蘇丹（Qutlugh Sultan）尊號[9]。因此，起兒漫王朝的合法性來自於穆斯林和波斯，

---

[1] 有關蒙古軍隊中的乃蠻與哈剌契丹人的職任，參見卡德巴耶夫《中世紀回鶻史綱》，110頁；拉施特《成吉思汗的繼承者》（The Successors of Genghis Khan），London，1971，p. 315。

[2]《元史》卷一二〇《葛思麥里傳》，2969—2670頁；志費尼《世界征服者史》，1：63頁，波義耳譯《世界征服者史》，82頁。

[3] 對八剌黑與其弟的早期歷史有一些不同的記述，比如，克爾曼尼（Kirmānī）《至尊者的高貴珠鏈》（Simṭ al-ʻulā liʼl haḍra al-ʻulyā），Tehran，1949，p. 22；奈塞維《蘇丹扎闌丁·曼古貝爾蒂傳》，174頁；《宗譜彙編》，195頁；可疾維尼《選史》，518—520頁；志費尼《世界征服者史》，2：211 ff.，波義耳《世界征服者史》，476 ff.。

[4] 志費尼《世界征服者史》，2：211頁，波義耳《世界征服者史》，476頁；參較奈塞維《蘇丹扎闌丁·曼古貝爾蒂傳》，174頁。

[5] 奈塞維《蘇丹扎闌丁·曼古貝爾蒂傳》，72頁。

[6] 志費尼《世界征服者史》，2：211頁，波義耳譯《世界征服者史》，476頁；克爾曼尼《至尊者的高貴珠鏈》，22頁。

[7] 同上。

[8] 志費尼《世界征服者史》，2：213—214頁，波義耳譯《世界征服者史》，478—479頁。

[9] 志費尼《世界征服者史》，2：214頁，波義耳譯《世界征服者史》，479頁。

與八剌黑有關的稱號胡斯蘭伊[Khusrānī,與胡斯老類似(Khusraw-like)]以及用波斯文來記述該王朝的歷史均可證明這一點[1]。然而,在整個起兒漫王朝統治時期,該政權仍被外界稱作哈剌契丹,這可能是由於該名稱在東部伊斯蘭世界以及起兒漫新宗主——蒙古人中仍享有威望。

八剌黑或是在被阿拔斯封授後不久,或是在 1232 年蒙古將領抵達昔思田(Sīstān)之後向蒙古人投降的,他將其子送質蒙廷[2]。成吉思汗(1227 年卒)或其繼任者窩闊台(Ögödei,1229—1241 年在位)封八剌黑爲忽都魯汗(Qutlugh Khan),並可世代承襲[3](也有證據表明是加蘇丁最早授予他該稱號的)[4]。在蒙古大汗以及後來的伊兒汗國(Ilkhans)統治結束前,起兒漫的哈剌契丹人一直是其藩屬。起兒漫與伊兒汗國、察合台蒙古(Chaghadaid Mongols)以及鄰近的亞茲德(Yazd)、羅耳思丹(Luristān)和法爾斯(Fāris)三個王朝均建立了姻親關係[5]。起兒漫王朝的一個顯著特點是女性在政治上具有突出地位,九位統治者中有兩位女王,其中就包括著名的忽都魯禿兒罕(Qutlugh Terken,1257—1282 年在位)[6]。1306 年,最後一任起兒漫的哈剌契丹君主忘記向蒙古國庫輸貢,伊兒汗完者都(Öljeitü)將之廢黜,隨即任命一位總督接管該地。最後一任忽都魯汗忽忒卜丁二世(Quṭb al-Dīn II,1306—1307 年在位)逃向泄剌失(Shīrāz),投奔他父親的妻子。1328 年,其女忽都魯汗成爲穆扎法爾王朝(Muzaffarid,1314—1393)建立者穆巴里茲丁·摩訶末(Mubārriz al-Dīn Muḥammad)的妻子。1340 年,當穆巴里茲丁接管起兒漫時,其史官將此事描述爲對哈剌契丹朝廷的重建[7],甚而遲至 1375 年,穆巴里茲·阿爾丁還借其哈剌契丹的妻子與亞茲德阿塔伯克(Atabegs)之間的親緣關係,將其對盧里斯坦的征服合法化[8]。然而,在穆扎法爾王朝史中,個體被看作哈剌契丹人則極爲罕見,後來成爲穆扎法爾王朝統治者忽都魯汗的子孫們也從未被認爲是哈剌契丹人。因

---

[1] 克爾曼尼《至尊者的高貴珠鏈》,22 頁。胡斯老(Khusraw)是薩珊(Sassanid)王朝著名的國王,她的名字已成爲波斯穆斯林統治者的象徵。

[2] 志費尼《世界征服者史》,2:214 頁,波義耳譯《世界征服者史》,479 頁;納坦茲《木因歷史選》(Muntakhab al-tawārīkh-i Muʿīnī),Tehran,1957,p. 22.

[3] 納坦茲《木因歷史選》,22 頁。

[4] 志費尼《世界征服者史》,2:211 頁,波義耳譯《世界征服者史》,476 頁。

[5] 米諾斯基(V. Minorsky)《忽都魯蘇丹》("Kutlugh Khānids"),《伊斯蘭百科全書 2》(EI2)5,1986,p. 554;《宗譜彙編》,195 ff.;納坦茲《木因歷史選》,22 頁;蘭普頓(A. K. S. Lambton)《中世紀波斯的延續與變遷:11—14 世紀政治、經濟與社會諸面相》(Continuity and Change in Medieval Persia: Aspects of Administrative, Economic and Social History, 11th–14th Century),London,1988,pp. 276-287.

[6] 見 p. 167。

[7] 庫圖比(Kutubī)《穆扎法爾史》(Taʾrīkh-i āl-i Muzaffar),Tehran,1968,p. 42.

[8] 庫圖比《穆扎法爾史》,72 頁。

此,隨著完者都將起兒漫王朝解體,哈剌契丹已不再作爲一個政治體而存在。[1]

此外,在14世紀,無論是在起兒漫還是其他地方,哈剌契丹人(以及廣義上的契丹人)已開始喪失他們的族性(ethnic identity)。當然,在蒙古人治下的13與14世紀,仍有可能找到某些單個的哈剌契丹人,但各色文獻將契丹與哈剌契丹二者名稱相混則讓這項任務變得極爲複雜[2];然而,從長時段來看,哈剌契丹人顯然已融入突厥人、伊朗人與蒙古人中。拉施特(Rashīd al-Dīn)惟妙惟肖地記述了這一過程的開端,他說:"現在(大概是14世紀初),契丹、女真、南家思(Nankiyas,即中國南方人)、畏兀兒、欽察、突厥蠻(Turkmen)、哈剌魯、哈剌赤(Qalaj)等民族,一切被俘的民族,以及在蒙古人中間長大的大食族(Tajik)也都被稱爲蒙古人。所有這些群體都以自稱蒙古人爲榮。"[3]甚至在蒙古征服及取得空前軍事勝利以前,隨著哈剌契丹帝國政治框架的解體,被蒙古人同化的趨勢已不斷攀升。而且中原政權遭遇蒙古人時的分崩離析,很可能導致了哈剌契丹人傾向於強調自身的游牧屬性,進而強調他們與游牧民族突厥和蒙古之間的親緣關係。

哈剌契丹被同化的一個更爲實際的原因是蒙古人的政策,他們將藩屬之軍分置蒙軍各部,並分遣至歐亞各地作戰[4]。地名和氏族名中出現"契丹"(Khitai或Khatai)一名,就已表明哈剌契丹人和契丹人廣泛分布於歐亞大陸各地。14世紀靠近里海(Caspian sea)的頓河(Don)下游地區、16世紀西西伯利亞的鄂畢(Ob)地區,以及現今烏拉爾(Ural)山脉兩側的巴什基爾(Bashkiria)的地名中均出現了"契丹"一名;並且先前欽察部族居住的摩爾達維亞(Moldavia)南部大草原,甚至有一個地方就叫哈剌契丹(Qara Khitai)[5]。今天塔吉克斯坦兩個分別叫"Khitoi"與"Khitoi reza"的村莊,就被認爲始於哈剌契丹時期[6]。以哈剌契丹、契丹(Khitai或Khatai)爲氏族名或部族名不僅出現在17世紀的阿富汗人(據說其祖先來自契丹與于闐地區)中[7],還出現在巴什基爾人(Bashkirs)、

---

[1] 米諾斯基《哈剌契丹》,554頁;亦可參見王治來《關於"後西遼"》,《新疆社會科學》1983年第1期,91—92頁。
[2] 有關例證及其存在爭議的特徵,參見pp. 143-146。
[3] 拉施特/阿里扎德編《史集》,163—164頁;拉施特《史集・蒙古史》,1: 44頁。契丹可能也指哈剌契丹。
[4] 愛爾森《親密的碰撞:蒙古帝國的民衆遷置與文化挪用》,16—18頁。
[5] 塞諾《西方的契丹史料及其相關問題》,264—267頁。
[6] 布希科夫(B. I. Bushkov)《塔吉克斯坦北部民族現狀的形成》("Formirovanie sovremennoj etnicheskoj situatsii v severnom Tadzhikistane"),《蘇聯民族志》(*Sovietskaya Etnografiia*)2, 1990, p. 34。
[7] 尼馬塔拉・哈拉維(Ni'matallāh Harawī)《賈汗可汗史》(*Ta'rīkh khān jahān*), Dacca, 1962, 2: 649—650.

克里米亞韃靼人(Crimean Tatars)、哈剌派克人(Qara Qalpaqs)、白諾蓋人(Nogais)、哈薩克人(Qazaqs)、烏茲別克人(Uzbeks),以及現今居住在哈剌契丹核心地區的吉爾吉斯人中[1]。

哈剌契丹這一名稱至少到 16 世紀仍與哈剌契丹的核心領地聯繫在一起[2],甚至尚有證據表明 1811 年伊犁人仍被稱作哈剌契丹[3]。與哈剌契丹帝國有關的傳統至少一直傳承至 16、17 世紀,因爲在彼時的《編年史集》(Majmūʻ al-tawārīkh)與《海答兒史》(Taʼrīkh Ḥaydarī)中就發現了有關這些傳統的表述[4]。然而尚不清楚的是,現今以"契丹"爲名的部族在多大程度上保留了哈剌契丹的歷史記憶。當然,哈剌契丹沒有皈依伊斯蘭,加之它與中國的內在聯繫,使得他們作爲身份認同的焦點在中亞自成一體的穆斯林國度和以穆斯林爲主的新疆,已不那麼有吸引力了。

〔彭曉燕,以色列希伯來大學教授;譯者王蕊,北京市第六十五中學;
譯者曹流,中央民族大學歷史文化學院講師〕

---

〔1〕《西契丹》,112—113 頁;塞諾《西方的契丹史料及其相關問題》,264—267 頁。
〔2〕海達爾·杜格拉特(Haydar Dughlāt)《中亞蒙兀兒史——拉失德史》,2: 188 頁。
〔3〕《西契丹》,112 頁。
〔4〕阿赫西甘地(Akhsīkandī)《編年史集》("Majmūʻ al-tawārīkh"), MS SPb B667, fol. 28b ff.;海答兒/舍弗爾《中亞蒙兀兒史——拉失德史》,242 ff.。

【書 評】

李豔玲《田作畜牧——公元前 2 世紀至公元 7 世紀前期西域緑洲農業研究》

裴成國

　　《田作畜牧——公元前 2 世紀至公元 7 世紀前期西域緑洲農業研究》是李豔玲博士的博士學位論文，2014 年作爲《歐亞歷史文化文庫》的一種由蘭州大學出版社出版。

　　如標題所示，該書是研究公元前 2 世紀至公元 7 世紀前期的西域緑洲農業，涵蓋兩漢魏晉南北朝，但時間斷限又不是嚴格以朝代劃分，之所以到 7 世紀前期，是以公元 640 年高昌國的滅亡作爲下限。與 2007 年殷晴先生出版的《絲綢之路與西域經濟》不同，該書也不是全面研究緑洲經濟，而是聚焦農業，手工業則不涉及。在該書的緒論中作者特別說明，本書討論的農業是指廣義的農業，包括種植業和畜牧業，所以使用了"田作畜牧"作爲主標題，作者在緒論中説"與中原地區以種植業爲主的農業生產體系不同，古代西域緑洲的經濟生產中，畜牧業佔據重要地位，而不是一種附帶性的存在"(11 頁)。至於該書涉及的地域範圍，作者也明確説明是指塔里木盆地、吐魯番盆地和哈密盆地的緑洲，不包含天山北麓以畜牧業爲主的地區。

　　該書的内容除緒論之外，分爲五章。緒論部分主要介紹了相關的前人研究成果，説明該書將從四個層面論述西域緑洲農業，一是農業資源，二是農業經營管理，三是農業生產技術，四是農產品貿易。第一章是"西域緑洲農業生產的自然地理環境"，依次介紹了地文、氣候、水文，交待了西域緑洲農業發展的客觀條件。第二章"公元前 2 世紀以前西域緑洲農業生產概況"，分爲公元前 2000 年至公元前1000年前後和公元前1000年前後至公元前2世紀末期,下限是漢朝勢力進入西域之前,實際上是西域的史前時期,史籍没有記載,研究依據的是考古資料。可以看出當時的西域綠洲主要依賴畜牧業經濟,種植業仍處於相對次要地位。第三章"公元前2世紀至公元1世紀初西域的綠洲農業",涉及的實際上是漢朝勢力進入之後到西漢結束的時期。除最後的小結外有四節内容,分别是"綠洲的人口資源及農業品種""城郭田畜——綠洲國的農業生産""通利溝渠,以時益種五穀——西漢在西域綠洲的屯田""'仰穀''積穀'''贖食''貢獻'——綠洲的農産品貿易",本章主要使用傳世史料,引用了部分相關的漢簡和年代晚一些的佉盧文文書。第四章"公元1世紀初至5世紀前期西域的綠洲農業",涉及的是東漢至十六國時期。除最後的小結外有五節内容,分别是"人口資源的整合及農業新品種的引進""新綠洲農業區的興起及其生産""綠洲國的種植業——以佉盧文資料反映的鄯善王國爲中心""綠洲國的畜牧業——以佉盧文資料反映的鄯善王國爲中心""綠洲農産品貿易的發展"。其中第二節所謂的新綠洲農業區主要是指東漢以後屯田的伊吾、高昌和樓蘭諸地,使用的史料主要是樓蘭的漢晉簡牘和吐魯番出土的十六國時期的文書,第三、四兩節從標題即知是利用佉盧文文書研究鄯善國的種植業和畜牧業。在第三節討論種植業時分别考察了綠洲國發展種植業的措施、種植業的經營和管理方式、綠洲國種植業的生産技術等三個具體問題,第四節討論畜牧業時具體考察了畜牧業的經營方式、畜牧業管理措施及政策法規、畜牧業生産技術等三個具體問題。第五章"公元5世紀中期至7世紀前期西域的綠洲農業",涉及的時段是南北朝至唐初。除最後的小結之外有四節内容,分别是"人口資源的變動及農業經營品種的增加""吐魯番盆地:綠洲農業經濟的發達區""塔里木盆地的綠洲農業""綠洲農産品貿易概觀"。作爲重點的第二節篇幅也最大,主要利用吐魯番出土高昌國時期的文書詳細考察了官府對農業的管理與經營、私營農業的生産經營、農業生産技術的進步三個具體問題。由以上内容介紹可以看出,作爲該書主體部分的第三、四、五章討論不同時期的農業情况時始終圍繞緒論中交代的四個方面,内容嚴整,可以清晰看出八百年綠洲農業發展的軌迹。

在時段劃分上,本書打破了以往以中原王朝進行分期的傳統做法,"以西域自身社會歷史的發展特徵爲劃分依據",將西漢置於第三章,將東漢和十六國置於第四章。東漢屯田的地點伊吾、車師和樓蘭,也被魏晉所繼承,進而使得綠洲新農業區興起,可以説具有内在的連續性。5世紀中葉以後鄯善衰落,吐魯番盆地的高昌國崛起並一直存在到640年,所以第五章將5世紀中期至7世紀前期置於一個時段,也有其合理性。可以説作者的這種分期是一種積極的嘗試和創新。就西域綠洲經濟發展水準而言,漢晉時期的于闐、龜兹也都是大國,農業發展水準在西域綠洲應當也處於先進地位,但限於史料,很難進行深入細緻的研究。就本書篇幅而言,全書240頁,後兩章164頁,占三分之二,之所以如此,一方面是因爲魏晉南北朝西域綠洲農業發展迅速,成效顯著;另一方面也是佉盧文文書和吐魯番文書爲傳世史籍記載較少的西域綠洲農業研究提供了大量新資料。

其實就西域綠洲經濟而言,此前研究成果已經很多,該書作者充分挖掘出土文獻中的信息,深入細緻地對綠洲農業的基本因素如農業資源、農業經營管理、農業生產技術等方面進行歷時性的考察,得出了一些引人注目的重要觀點。根據考古資料的分析作者認爲史前時期的西域綠洲"普遍主要依賴於畜牧業經濟,種植業經濟仍處於相對次要地位"(39頁),這是關係到西域綠洲農業的起源問題的一個重要認識。西漢時期"自然生產條件較好的北部綠洲的人口明顯多於南部,南部相對於北部,在農業勞動力資源方面明顯處於劣勢"(42頁)。匈奴向包括各綠洲國在內的西域政權徵收的主要是畜產品,"這在一定程度上説明西域綠洲國在種植業經濟佔有重要地位的情況下,總體上仍是以畜牧業經濟爲主導"(47頁)。與西漢以吐魯番盆地及羅布泊地區爲重心、其他地區爲輔助,屯田地點廣布的格局不同,東漢以下內地政權的屯田生產主要集中在高昌與樓蘭地區。在此基礎上,兩地逐漸成爲新的綠洲農業經濟區(88頁)。官府屯田的開展與漢地移民的大量湧入,無疑促進了東北部及東部地區的漢化。這使西域綠洲的農業生產在一定程度上呈現東、西部分異的特點(91頁)。這種東、西部農業發展的分異,使西域綠洲農業經濟的地域不平衡性更趨明顯(165頁)。鄯善國的農業生產經營單位大體分爲家庭與莊園、領地兩種,種植業的經營與管理方式呈現出多樣化的特點(112頁)。田主設置管家管理生產,管家人員的設置具有不同層次性,相應地負責種植業生產全過程的各個環節(124頁)。推測公元1—5世紀前期西域綠洲國雖已應用鐵犁、牛耕技術,但生產工具仍以木制爲主(126頁)。以精絶州所在的尼雅河流域爲例,流域內的灌溉系統分不同層級,主、幹、支、毛渠相配套,各層級有斗門調節用水(128頁)。民衆放牧皇家牲畜,不是無償勞役,官府與牧養者構成雇傭關係。因而,皇家畜牧業中存在雇工經營方式(138頁)。鄯善王國民衆積累了豐富的生產經驗,掌握的畜牧業的生產技術包括:分群飼養,同一畜種的牲畜又按牡、牝分群牧養;嚴格的飼料搭配及供給標準;注意牲畜品種的改良及培育;閹割馬匹技術在鄯善國普遍應用

(147—152頁)。這一時期綠洲國的種植業生產在總體上仍然屬於粗放經營,與新農業區相對的精耕細作仍存在明顯差距(164頁)。6世紀中後期時高昌王國城鎮數量增加頗多,人口亦當有所增長;龜兹、于闐仍爲北、南道人口大國,而焉耆人口資源較高昌國已處於劣勢,鄯善仍是這幾個政權中人口最少者(169頁)。這一時期塔里木盆地的綠洲已廣泛種植水稻(172頁)。麴氏高昌國時期當時人均土地額較低,突顯了該地區人多地少的矛盾(192頁)。糜粟是6世紀前期吐魯番盆地種植的主要糧食作物,麥類居次。日益突顯的人多地少的矛盾無疑使吐魯番盆地存在糧食需求壓力。但擴大耕地面積一途,在地域狹小的吐魯番盆地會受到限制。依靠精耕細作,實行集約經營,提高土地利用率與生產率成爲生產者的主要選擇,復種又是提高土地利用率的最佳方法(201頁)。高昌國時期土地的用水權隨土地使用權的變化而變化,不同於鄯善王國水資源使用權與土地使用權相分離的情況(211頁)。高昌的畜牧業生產中採用分群留種技術,有較成熟的選種及牛畜閹割技術,還根據健康狀況分群飼養,在牲畜飼料供給方面,已有較嚴格的配給標準(214頁)。5—7世紀前期,吐魯番盆地承襲高昌郡時期的特點,即以種植業爲主,畜牧業佔據相對次要的地位(206頁)。5—7世紀前期于闐、疏勒普遍栽植棉花。塔里木盆地綠洲畜牧業在農業生產中的比重當大於吐魯番盆地。5至7世紀前期塔里木盆地東南部綠洲農業經濟逐漸衰敗而落後於其他綠洲(219頁)。

由以上摘錄的重要觀點可以看出,作者緊緊圍繞農業資源、農業經營管理、農業生產技術等方面進行研究,從這些方面揭示了西域綠洲農業發展的歷程。作者也揭示了區域發展的不平衡性,如人口的增減變化,早期自然條件好的北部綠洲人口明顯多於南部,後來鄯善綠洲的人口鋭減;東部新綠洲農業經濟區的崛起並逐漸發展到精耕細作的水準,與西部的相比優勢更加明顯;生產門類中,早期畜牧業佔據主導到後來畜牧業佔據相對次要的地位。這些重要的結論無疑深化了我們對西域綠洲農業的認識。

本書作者没有對西域綠洲經濟進行面面俱到的研究,比如手工業、園藝業等與綠洲經濟關係也非常密切的門類書中就基本未涉及,這一方面是因爲如書名明確聲明研究的是西域綠洲的"田作畜牧",另一方面也是因爲此前2007年出版的《絲綢之路與西域經濟》論述已詳,應該避免重複。儘管作者討論的重點是種植業,不過對前人論述已詳的內容給出注釋便不再贅述,如鄯善國的農作物種類和種植業生產結構等問題(112頁),雖然是基本問題,也没有重複涉及。從這個角度來説,作者能够略人所詳,詳人所略,有非常明確的創新意識,作者聚焦西域綠洲的種植業和畜牧業深入探究，確實也推進了西域綠洲經濟的研究。

作者對相關文書中的有用信息細緻深入的挖掘是本書採用的重要研究方法。如作者根據佉盧文文書中描述駱駝的詞彙最爲繁複，有關羊的稱謂也較多，馬和牛的稱謂略顯簡單，涉及騾等其他畜產的詞彙極少這個詞彙分佈上的不均衡性指出"這在一定程度上反映了鄯善王國的畜產結構，即：以駱駝和羊爲主，馬、牛次之，其他畜產更次之"(133頁)。實際上要從嚴格意義上分析鄯善國的畜產結構需要很多的相關資料，這在以出土文獻爲主的史料背景下難度比較大，作者從詞彙分佈的特點出發得出的推論巧妙地解決了這一難題，無疑是非常具有啓發性的。另外還可再舉一例。作者根據斯坦因所獲180號佉盧文文書中兩處提到畜群時都是9峰牝駝和1峰牡駝，推測這應是當時鄯善王國飼養的駱駝繁殖群中通行的牡、牝比例。如果論述僅止於此，不免給人以證據不足的印象，在同類資料缺乏的情況下，作者援引了新中國成立之初蒙古族牧民飼養的駝群中種駝與牝駝的比例最低爲1∶7～8，由此就使得説服力大增。作者没有止於此，又進一步作了評論，"鄯善王國時期與之大體相同，可見分群牧養中牡、牝畜搭配比例方面的生產技術應用之早"(149頁)。由此就讓讀者對鄯善國時期畜牧業生產技術的發展水準有了清晰的認識。能夠得出這一重要的結論首先歸功於作者對文獻中數字信息的敏感性，當然也與作者的問題意識和提前涉獵了相關專業知識密不可分。

作者此書除了鮮明的創新意識之外，還下大力氣搜集了前人研究成果，不管是中文，還是日文和英文，都搜羅很全，注釋也很詳盡。這儘管是基本的學術規範，但在目前的學術環境下不去認真貫徹者也絶不在少數。作者在第四、五兩章重點分析的佉盧文書和吐魯番文書不僅國內研究成果多，外國學界也有許多成果。比如北海道教育大學的山本光郎教授在《北海道教育大學紀要》上曾經發表過一批斯坦因所獲佉盧文文書的研究論文，一般都是一篇論文詳細分析一件佉盧文文書，非常值得關注。大概因爲國內不易找到，所以國內利用佉盧文簡牘研究鄯善社會經濟的學者少有人引用，但本書的作者就吸收了山本光郎的研究成果(146頁)。對前人研究成果的重視當然也爲作者研究取得新突破提供了保障。

作者在本書中研究的綠洲經濟的四個層面中最後一個是關於農產品貿易。主體部分的第三、四、五章都有專門的一節討論這個問題。漢代絲綢之路全綫貫通之後西域地區的交通路綫得以維繫完全依賴沙漠中綠洲的存在，正是一個個綠洲串聯起來才形成西域地區絲路的基本走向。作爲商貿通道的絲綢之路與西域綠洲經濟之間有怎樣的關係,這是一個容易想到的基本問題。目前學界對這一問題的討論可以細分爲兩個層面,第一,絲路商貿販賣的商品類型與綠洲的消費市場之間的關係;第二,西域綠洲的農牧產品如何參與絲綢之路貿易。關於第一個層面的問題,因爲日本學者榎一雄曾經對絲路貿易的商品特點進行過歸納,即體積小價值大的奢侈品,所以容易讓人想到西域綠洲的平民沒有能力消費,不論絲路商貿多麽發達都與西域綠洲關係不大,美國學者韓森即堅持這一觀點。這一觀點的不足筆者曾進行過批評[1],此處不贅。李豔玲博士在本書中探討的是綠洲農牧產品的交易,既包括本地市場的内部交易,也涉及與絲路貿易間的關係。

在第三章討論西漢時期的綠洲農產品貿易時,作者歸納出了四種貿易形式即"仰穀""積穀""贖食"和"貢獻"。其中"仰穀"一詞出自《漢書·西域傳》中的"寄田仰穀"一詞,是指一些以畜牧業爲主的政權因本國缺少耕地,爲滿足自身穀物需要,借耕臨近綠洲國土地進行穀物生產,從鄰國購買穀物的經濟活動(47頁引述山本光郎觀點)。"寄田仰穀"應當是西漢時期西域綠洲國家農業欠發達,一些以畜牧業爲主的國家解決糧食來源的一種辦法,到東漢之後西域綠洲種植業發展之後典型的"寄田仰穀"應該就消失了。作者引用了3、4世紀的佉盧文文書材料證明當時仍然存在周邊以畜牧業爲主的山地政權向鄯善購買糧食的貿易活動。"積穀"是指西漢的屯田區向周邊政權購買儲積穀物。所以"仰穀"和"積穀"都是指糧食貿易,只是購買糧食的主體不同。第三種"贖食"是指外來客使從途經的綠洲區購買農產品。"贖食"的概念不是來自傳世史籍,而是出自懸泉漢簡中的《永光五年康居使者訴訟文案》。這件文案反映了康居使者向漢朝朝貢的許多細節,受到學界的高度關注。其中使者陳述之前朝貢的情況時說到"前數爲王奉獻橐駝,入敦煌關、縣,次贖食。至酒泉,昆歸官",接著陳述此次的情形"入關行,直不得食"[2]。從前後兩次對比的反差中可知上一次來朝貢受到了供食的優待,這次則受到冷遇,沒有供食。其中的"贖"是"續"的意思[3],"贖食"應是免費供應之意,所

---

[1] 裴成國《絲綢之路與高昌經濟——以高昌國的銀錢使用與流通爲中心》,朱玉麒主編《西域文史》第10輯,北京:科學出版社,2015年,127—169頁。英文版 The Silk Road and the Economy of Gaochang: Evidence on the Circulation of Silver Coins, Daniel C. Waugh ed. *The Silk Road*, Vol.15, 2017, pp. 39-58。

[2] 李豔玲書中引用的簡文是依據胡平生、張德芳《敦煌懸泉漢簡釋粹》(上海古籍出版社,2001年)。筆者此處引用的錄文句讀依據王素《懸泉漢簡所見康居史料考釋》,榮新江、李孝聰主編《中外關係史:新史料與新問題》,北京:科學出版社,2004年,155頁。

[3] 這是王素先生的意見,參見上引文。

以作者理解的"贖食"概念恐怕不確。實際上正如《漢書》中所述"敦煌、酒泉小郡及南道八國,給使者往來人馬驢橐駝食,皆苦之"[1],沿途緑洲小國都是免費供應,敦煌關縣正常情況下亦應如是。作者在書中多處使用的"贖食"貿易的概念恐怕需要重新斟酌。外來客使從途經的緑洲區購買農產品的情況當然存在,但在西域緑洲國家與兩漢維繫朝貢體制的背景下外來客使的主要供應應係免費,到漢代之後中原王朝衰落的背景下購買方才成爲主導方式。最後一種"貢獻"貿易則是緑洲政權向漢朝貢送畜產品爲主的方物的活動,因爲會有漢朝的回賜,所以有貿易的性質。第四章討論東漢至十六國時期的緑洲農產品貿易時,作者分"新農業區的農產品貿易"和"緑洲國的農產品貿易"兩類。第一類主要涉及樓蘭和高昌郡的情況,將高昌郡的民間借貸和官方借貸也視爲貿易,似乎欠妥。第二類討論的是鄯善國的情況,既提及跨緑洲的農產品貿易活動(糧食和駱駝),也提到了外來的粟特商人在緑洲購買農產品(駱駝)的情形,還有緑洲內部存在的穀物借貸、牲畜租借活動。第五章討論5世紀中期至7世紀前期的緑洲農產品貿易時,因資料所限討論的就是高昌國的情況。作者依據吳震先生的研究梳理了《高昌乙酉、丙戌歲某寺條列月用斛斗帳歷》的信息,推算該寺有占48.68%的糧食用於出售,反映該寺糧食產品具有較高的商品率;又以該寺的經濟水準推測5—7世紀前期,西域緑洲國內糧食作物的商品性生產水準整體並不高(225頁),前後的表述似乎有矛盾之處,這種"商品性生產水準整體並不高"的估計不知道是參照什麼標準得出的。實際上該寺的這件帳歷是研究緑洲經濟商品化生產非常難得的材料,專門研究這件文書的吳震先生即由此推算當時的高昌寺院生產的糧食除供本寺院僧俗食用之外,還可供應4 680人,約占高昌總人口17%的人口的食糧,這些商品糧對絲路暢通具有積極的意義,做出了相當的貢獻[2]。作者又考察了高昌時期糧食借貸情況,限於資料較少也簡要提及了向中原的貢獻貿易和粟特商隊在緑洲購買生活資料和牲畜飼草料,最後認爲7世紀前期以前,與對外貿易相比,緑洲國內的農產品貿易對當地農業經濟影響更大(232頁)。作者同意韓森之前提出的觀點,即不管絲綢之路貿易規模如何,它對絲路沿綫居民的影響極小。最後總結到公元5—7世紀前期西域緑洲中,商業經濟雖然佔有重要地位,但可能農業經濟的主導地位没有改變

---

[1]《漢書》卷九六上《西域傳》,北京:中華書局,1962年,3893頁。
[2] 吳震《寺院經濟在高昌社會中的地位》,《新疆文物》1990年第4期;收入作者《吳震敦煌吐魯番文書研究論集》,上海古籍出版社,2009年,564—566頁。

（234頁）。

由以上梳理可以看出，有關農產品貿易部分的論述中，第三章討論西漢時期的情況使用的史料以傳世史料爲主，第四章以佉盧文文書爲主，第五章以吐魯番文書爲主。傳世史料是官方編纂，從官方立場出發，第四、五兩章利用的雖然是出土文獻，大多仍然是諭令、帳簿、與民衆生活關係密切的契約等，直接涉及絲路貿易以及胡商的其實非常少。總體而言，有關絲路商貿與綠洲經濟間關係的史料是不豐富的，我們面對的史料的局限性是不言而喻的，這在相當程度上會影響我們的判斷。

公元前2世紀至公元7世紀西域綠洲農業的發展變遷，誠然如作者所説是自然環境以及其他多方面因素綜合作用的結果，並且不同時期主導性的因素也不同。從作者的分析中可以看出作者重視人口資源的變化、屯田的影響以及先進農業生產技術的發展，總體上都屬於生產力的範疇，不涉及生產關係層面，雖然討論了農產品貿易，但對綠洲農業的商品化程度估計不高。作者認爲吐魯番綠洲5世紀中期至7世紀中葉的高昌國是整個西域綠洲農業經濟發達區，代表了作者討論的八百年西域綠洲經濟的最高水準。如果要揭示高昌經濟崛起的原因，僅從生產力的角度是不够的。

我們容易想到一些基本事實：大批以粟特人爲代表的商隊在絲綢之路西域段的活躍，5世紀以吐魯番盆地爲代表的蓬勃發展的蠶桑絲織業，高昌國6世紀中葉之後長期以薩珊波斯銀幣作爲日常通貨，高昌國每年接待的大量客使和商胡。我們可以肯定的是西域綠洲也爲絲路商貿提供貨源，如蠶絲、葡萄酒等；作者分析的《高昌乙酉、丙戌歲某寺條列月用斛斗帳歷》中該寺院出售大量糧食換回銀錢，那麽那些潛在的糧食消費群體是什麽人？實際上綠洲的農產品大量用於供應客使和商胡，大量的傳供帳文書可以揭示這個史實。正是這種市場導向最大限度地激發和釋放了吐魯番綠洲的農業生產力，推動了綠洲農業經濟的發展。前文談及分析絲綢之路商貿與西域綠洲經濟之間關係的兩個層面實際上是很難截然分開的，另外應該充分重視西域綠洲供應商胡客使的模式，這無疑對綠洲經濟有著深刻的影響。

這本著作對八百年西域綠洲種植業和畜牧業的研究扎實而細緻，尤其是在充分吸收中外前人研究成果的基礎上努力開拓，將這一問題的研究推進到了新的學術高度。作者學風嚴謹，突出體現在兩個方面。一是勇於對前人的論斷提出質疑，尤其是證據不足的觀點，啓發讀者考慮其他的可能性；二是對限於史料不足無法探究的問題總是坦然承認，絶不强作解人。

要更加深刻全面地認識西域綠洲經濟的發展歷程,與種植業和畜牧業關係密切的園藝業和手工業如紡織業、釀造業等實際上也無法撇開不論。提出以上想法並非求全責備,而只是提示其他可能的研究方向和設想,也就教于作者和讀者。

〔裴成國,西北大學歷史學院副教授〕

從太學的制度史到太學的政治史：朱銘堅《政治漩渦中的教育：北宋太學研究》讀後

王文豪

有宋一朝科舉文教的興盛已爲學界所熟知，太學更因其國家儲才之地的特殊地位爲時人所關注。宋代太學早自 20 世紀 20 年代始便成爲學者關心的議題[1]。此後近一個世紀，受到不同學術領域的視角和方法的影響，太學研究在不同時期亦有相關的代表性著作問世。本文所要評介的朱銘堅新著 *The Politics of Higher Education: The Imperial University in Northern Song China*（《政治漩渦中的教育：北宋太學研究》）是目前宋代太學研究的最新成果[2]，一定程度上也反映了過去二十年來宋代太學研究的一個趨向，值得向學界介紹[3]。

在評介朱銘堅新著之前，仍有必要對宋代太學研究的學術史做一梳理[4]，如此方可明了朱著的價值和未來可能拓展的方向。

如前所述，兩宋太學研究發軔於 20 世紀 20 年代。彼時西方式的現代大學在中國建立，學者們受此影響，遂比照現代大學制度，梳理包括校址校舍、教授課程、學生、學官、學規、經費來源、太學獄、太學與科舉、學術思潮和書院的關係在内的相關史實。這一取徑無形中將宋代太學視爲現代大學的前身，學者在行文論述和

---

[1] 就筆者所見，盛朗西於 1926 年發表的《宋代之大學教育》是最早有關宋代太學的研究。具體請參看盛朗西《宋代之大學教育》，《民鐸雜誌》1926 年第 7 卷第 2、3、4、5 號，1—30、1—22、1—29、1—19 頁。
[2] Chu Ming-Kin, *The Politics of Higher Education: The Imperial University in Northern Song China*, Hong Kong: Hong Kong University Press, 2020.
[3] 英語學界目前僅見 Linda Walton（萬安玲）對此書有所評論。具體請參看 Linda Walton（萬安玲），書評，《中國文化研究所學報》2021 年 1 月第 72 期，231—236 頁。
[4] 筆者對此話題已有較爲詳細的梳理，因此本文對太學研究的學術史僅做簡單介紹，具體内容請參看拙文《選士、政爭與政治文化——兩宋太學研究述評與反思》，《宋史研究論叢》待刊。

撰作標題時都自覺地"以今大學比宋太學",將宋代太學視作"國立大學"[1]。上述研究陸續見刊於20世紀20至70年代[2],可視作宋代太學研究的奠基期,其中尤以王建秋於1965年出版的《宋代太學與太學生》一書所涉最爲全面,堪爲代表。

80年代以降,受到美國學界在五六十年代開啓的科舉與社會流動話題的影響,太學作爲科舉選士的補充甚至替代方案再次引起學者的關注,包括三舍法、八行取士和待補法等考選辦法因此成爲學者研究的對象。此一階段不妨稱之爲科舉選士視角下的太學研究。

領風氣之先者當屬李弘祺。李氏自70年代中後期至80年代先後發表的多篇有關宋代教育的研究便是在此關懷下展開[3],並在《宋代官學教育與科舉》一書中進一步將官學教育與科舉並而論之,認爲宋代太學已成爲科舉考試中的一環,逐漸向平民開放[4]。此後學者的研究多是從此視角出發,以科舉爲中心論述太學發展及其與科舉的關係[5]。科舉選士視角的宋代太學研究,學者雖然對各種考選辦法的成效褒貶不一,但關心的重點主要是從養士與取士兩個角度分析評價太學改革的成敗。

21世紀以來,隨著"活的制度史"與"動態的政治分析"的學術方法逐漸爲宋史學者所熟知[6],研究者們遂將此方法移用於太學研究。與選士視角下梳理靜態的太學制度條文並與科舉做比較不同,受到"活的制度史"觀念影響的學者

---

[1] 張遼青《北宋太學考略》,《河南大學學報》1934年第1卷第1期,1頁;張其昀《南宋杭州之國立大學》,《史地雜誌·創刊號》1937年5月,73頁。

[2] 除了前注提及的張遼青與張其昀二人外,就筆者管見所及,50年代以後的臺灣學者在此話題上用力較多,包括趙鐵寒、朱重聖和王建秋都有相關研究。如趙鐵寒《宋代的太學》,《大陸雜誌》1953年第7卷第4、5、6期,115—118頁、150—155頁、184—189頁;朱重聖《宋代太學發展的五個階段》,《中國歷史學會史學集刊》1974年第6期,91—118頁;王建秋《宋代太學與太學生》,臺北:中國學術著作獎助委員會,1965年。

[3] 李弘祺《宋朝教育及科舉散論——兼評三本有關宋代教育及科舉的書》,《思與言》1975年第13卷第1期,15—27頁;李弘祺《宋代教育與科舉的幾個問題》,《中國文化研究所學報》1979年第10卷上册,105—128頁。

[4] Thomas H. C. Lee, *Government Education and the Examinations in Sung China*, 960 - 1279, London: Palgrave Macmillan, 1985. 中譯本可參看李弘祺《宋代官學教育與科舉》,臺北:聯經出版事業股份有限公司,1994年。

[5] 張希清《北宋的科舉取士與學校選士》,收入漆俠主編《宋史研究論文集——國際宋史研討會暨中國宋史研究會第九屆年會編刊》,保定:河北大學出版社,2002年,183—203頁;林巖《北宋科舉與文學研究》第五章"北宋徽宗朝(1101—1125)的科舉與學校政策",上海古籍出版社,2006年,187—229頁;近藤一成《宋代中國科舉社會の研究》,東京:汲古書院,2009年;江小濤《從三次興學看北宋官學教育與科舉選士的相互關係》,中國社會科學院歷史所隋唐宋遼金元史研究室編《隋唐宋遼金元史論叢》第6輯,上海古籍出版社,2016年,259—277頁。

[6] 鄧小南《走向"活"的制度史——以宋代官僚政治制度史研究爲例的點滴思考》,包偉民主編《宋代制度史研究百年》,北京:商務印書館,2004年,10—19頁;平田茂樹著,林松濤、朱剛等譯《宋代政治結構研究》,上海古籍出版社,2010年。

們轉而關注太學制度演進過程中的動態變化及其背後的權力博弈。因此可以稱之爲權力互動視角下的太學研究。

張曉宇和朱銘堅等學者都從此視角出發做了有益的探索[1]，其中尤以朱銘堅用力最深。朱氏先後對北宋熙寧時期的蘇嘉案、元豐時期的虞蕃案、哲宗朝的太學人事以及徽宗朝的國子學和八行取士做了專門研究[2]。權力互動視角下的太學研究，學者多以個案凝聚議題，試圖呈現太學更爲複雜的面相。

上述對太學研究的學術史回顧可知，太學研究自 20 世紀 20 年代至今經歷了三個階段，在不同階段受到史學內外的影響，逐漸凝聚出科舉選士與權力互動兩種視角。其中，權力互動視角下的太學研究是過去二十年較爲突出的發展方向。不過，受限於歷史材料的記載，類似虞蕃和黃隱之類的個案頗不易尋，因此這一取徑下的研究仍有待後續。

如前所述，朱銘堅將權力互動視角引入太學研究，深耕有年。其新著 *The Politics of Higher Education: The Imperial University in Northern Song China*（《政治漩渦中的教育：北宋太學研究》）便是在其此前研究的基礎上通貫論述北宋太學發展變化的專著。朱氏延續了此前發表的多篇論文的視角，從多方政治群體的政治互動考察北宋太學的變化過程。

是書除緒論和結論外，共分六章。緒論直陳此書的核心問題是"皇帝、宰執、太學官和太學生這些群體在不同議題間的競爭互動如何形塑北宋太學"[3]。面對這一涉及人事、政策和制度等多維議題的討論，朱著以"活的制度史"爲牽引，試圖將靜態的制度、事件和人物重新放置在政治史的語境中加以討論，在學界已有的對三次興學的研究基礎上，按時間順序更爲細緻地呈現太學在北宋持續變化的過程[4]。

第一章主要論述宋初三朝國子監在制度和人事上的轉變。朱著指出，爲了滿足中下層士人讀書應舉的需求，同時也爲了消減中高層官僚對官學教育的不

---

[1] 張曉宇《從黃隱事件再論元祐初期政局與黨爭》，《中國文化研究所學報》2018 年第 66 期，1—20 頁。

[2] 具體請參看朱銘堅《北宋太學蘇嘉案考釋》，《中國文化研究所學報》2013 年第 56 期，143—167 頁；朱銘堅《黨爭漩渦中的太學——以北宋哲宗朝太學的人事變動爲中心》，《新史學》2018 年第 29 卷第 2 期，63—118 頁；朱銘堅《北宋中後期國子學的發展及其政治意義》，《臺大歷史學報》2014 年第 54 期，1—45 頁。Chu Ming-kin, "Official Recruitment, Imperial Authority, and Bureaucratic Power: Political Intrigue in the case of Yu Fan," *Journal of Song-Yuan Studies* 45 (2015), pp. 207 – 238. Chu Ming-kin, "Pursuing Moral Governance: The Political and Social Implications of the Baxing (Eight Virtues) Scheme in Late Northern Song (960 – 1127) China," *Monumenta Serica* (2018), 66: 1, pp. 33 – 70.

[3] Chu Ming-kin, *The Politics of Higher Education: The Imperial University in Northern Song China*, p. 3.

[4] Chu Ming-kin, *The Politics of Higher Education: The Imperial University in Northern Song China*, pp. 4 – 5.

滿,宋廷一方面放低士人入讀國子監的門檻,另一方面大致從孫奭判國子監始,逐步選任文學之士爲國子監直講以吸引中高層官僚子弟入學,滿足其應舉需求,這一轉變至石介任直講時達到頂峰。第二章則以胡瑗、孫復和歐陽修爲例說明仁宗朝時期的太學在學官和執政的共同影響下,學術風氣不斷變化,與科舉的聯繫也更爲緊密。這一過渡期的轉變模式爲此後的王安石所繼承。

第三章則著重討論熙寧興學中的太學改革。朱著認爲,這一時期的改革,不管是三舍法進一步整合太學養士與取士的功能,還是擢選學官以致"一道德,同風俗",皆非王安石獨創,而是熙寧士大夫們的共識。此一階段的改革重點落在了對學官人事的爭奪上。朱著以蘇嘉案和虞蕃案爲例分析了太學改革中士大夫内部與士大夫和神宗之間的矛盾。前者意在說明,王安石爲了推廣新政和新學,不惜借蘇嘉案黜落半數現任學官,而以新黨人士代之,可見士大夫内部對太學人事權爭奪之激烈。後者則表明,包括三舍法在内的一系列變革都是在以神宗能夠獨掌大權的前提下展開的。一旦皇帝意識到自己有被架空的可能,甚至不惜親自下場干預。面對虞蕃案中被誇大的學官和太學生之間的私相授受所導致的選拔不公,神宗將之視爲對自己獨佔選士權的挑戰,最終不但嚴肅處理涉案官員,藉機削弱王安石在朝廷的影響力,而且在元豐時期推出更爲嚴格的學規,進一步加強自己對學官的任命和掌控。换言之,熙豐時期的太學改革是新舊兩黨與皇帝三方博弈之下的產物。

第四章繼續沿用多方視角探討後神宗時代的太學更革。元祐時期的太學不管在學官人選、課程教學和考試内容上都因爲舊黨得勢而有所反彈。不過,朱著也指出,舊黨在變革太學的問題上既有共識亦有博弈。例如在三舍法的去取問題上,儘管程度有别,但以程頤爲代表的洛黨和以劉摯、王巖叟爲代表的朔黨都對新法時期三舍法合養士與取士功能爲一有所不滿。對於元豐學規的苛密和皇權對太學的過渡干涉,元祐黨人也傾向於將仁宗後期對太學的放任塑造成理想形象以教育哲宗。在具體的太學學官的人選和考試内容上,洛、蜀、朔三黨則互有博弈。不管是吕大臨、張耒和劉安世等人得任學官,還是此前被王安石認爲是"斷爛朝報"的《春秋》和詩賦重新進入太學,背後都是三方勢力互相妥協的結果。隨著哲宗親政,出於紹述神宗和加強皇權的需要,哲宗重新任用新黨士人,將元祐時期舊黨的太學變革全部推翻,太學因此重新回到熙豐時期的狀態。

第五、六兩章則著眼於北宋晚期的太學發展情況。第五章以天下三舍法的行廢爲中心,指出徽宗在蔡京的幫助下,延續並擴大了神宗時期的太學三舍法,將其推廣至郡縣,形成更具理想色彩的天下三舍法。然而,在天下三舍法推行的過程中,蔡京藉機培養自己的政治勢力,這無疑觸犯到了徽宗的權威。徽宗不斷以御筆詔書的方式干預太學的教學與選拔,甚至最終罷廢天下三舍法,都是皇權與相權在太學這一場域鬥争的結果。第六章進一步考察徽宗時期天下三舍法的實際效果。朱著認爲,儘管蔡京任命新黨學官並恢復苟密的太學學規,試圖以此壓制學生議政,統一思想,加强政治控制,但因爲印刷術的發達,太學生仍有機會接觸新學以外的學術思想,其政治意識也在太學中被逐漸培養起來,最終在靖康之變中以太學生運動的方式爆發。因此,蔡京的這一努力並不完全奏效。但與此同時,太學生的愛國行爲也部分説明宋廷通過三舍法培養選拔道德之士的努力並非完全破産。結論中除了再次總結全書内容外,朱著以兩宋太學生運動爲例,指出精英行動主義並不必然導致地方主義的轉向,南宋精英士大夫並未從此遠離中央。這不啻是對宋史學界頗有影響的"南宋精英地方化"理論的某種反思與回應[1]。

正如 Charles Hartman(蔡涵墨)和 Richard Davis(戴仁柱)的評論,朱著對於一手和二手資料的掌握可謂詳盡,故此在前人研究的基礎上更爲細緻完整地呈現了北宋太學發展演變的過程[2]。相較於此前太學研究僅以范仲淹、胡瑗、王安石等重要人物爲中心,朱著竭澤而漁,搜羅二百餘位太學學官的資料以爲準備[3],並在此書中以百餘位學官的生平活動説明了太學官這一中低層官僚與北宋政治的互動關係。與此前北宋政治史研究更多關注上層政治不同,朱著對於太學學官這一中下層官僚的細描有助於我們對北宋黨争政治有一更完整的認識。

得益於對史料的全面掌握和細緻梳理,此書在很多方面都對舊説提出了修正或是完善。例如朱著通過對宋初學官的統計分析,認爲以孫奭判國子監爲界,太學中的文學之士漸次充盈,更清晰地呈現了慶曆興學以前的太學情况。對於學界研究較爲成熟的熙豐時期的太學,朱著通過虞蕃、蘇嘉的個案更清晰地分析了太學變革背後皇權相權和新舊黨争之間的關係。又如對北宋晚期的太學情况,學界往往重視蔡京而忽視徽宗的存在,朱著的研究進一步廓清了在太學場域中皇權與相權的争奪。

---

[1] 作者在此提出的精英行動主義與地方主義的概念,應是對魏希德《義旨之争:南宋科舉規範之折衝》一書結論的回應。相關書評可參看胡永光《當科舉成爲場域——評魏希德〈義旨之争——南宋科舉規範之折衝〉》,《歷史文獻研究》2016 年第 2 期,409—415 頁。

[2] Chu Ming-Kin, *The Politics of Higher Education: The Imperial University in Northern Song China*, cover.

[3] 朱銘堅《北宋中晚期中央官學學官年表——兼論"中國歷代人物傳記資料庫(CBDB)"中的數據》,"10 至 13 世紀中國史國際學術研討會暨中國宋史研究會第十七届年會",中山大學,2016 年 8 月。

從權力互動視角出發探討北宋太學以朱氏用力最深，此書更是將其貫徹始終，成爲一部通貫的北宋太學史研究。此外，朱氏對宋史學界動態的熟習也使此書並不局限於太學本身，而是以太學作爲研究對象，將宋史研究中的諸多話題與方法，如"唐宋變革論""活的制度史""動態的政治分析""社會流動""南宋精英地方化"等熔於一爐，因此較之前人研究更顯綜合。

　　從以往對太學制度的靜態描摹到進一步深入制度變化背後的政治權勢與動態博弈，朱銘堅將太學在北宋的發展變化置於當時的政治形勢下加以論述，對於理解北宋太學實有相當助益。不過，筆者在興奮之餘，仍有一些困惑之處，因此不揣鄙陋在此提出，以求方家解惑。

　　首先是朱著解釋北宋太學發展變化所採用的政治史框架。朱著標題中既有"政治漩渦中的教育"，亦參考了大量北宋政治史研究的成果。筆者管見，其所謂"政治漩渦"大體可以分爲三個層次：首先是君權與相權的爭奪，例如三舍法在北宋中後期的行廢，關鍵仍是神宗與徽宗的最高旨意，神宗對虞蕃案的從重處罰和徽宗罷廢三舍法都是至高無上的皇權對相權膨脹的敲打；其次是新舊兩黨之間的政治鬥爭，主要圍繞學官人事權和太學教育内容的爭奪展開；最後則是舊黨内部的博弈。

　　不難發現，朱著的分析框架主要是北宋政治史研究經典的君相政治和黨爭政治。這固然有助於我們理解北宋太學的形成和學官這一中下層官僚的政治生態，但這一解釋框架有時却因其過分寬泛的解釋力反而使得研究對象的性質略顯模糊。在此框架下，包括三省和臺諫等其他權力部門亦可作如是觀。太學作爲一個兼具學術與政治的場域，其自身有别於其他權力部門的獨特性何在？在朱著的論述中，太學似乎有從科舉附屬走向政争附屬的嫌疑。

　　從政治史的角度來說，過去十餘年北宋政治史研究努力開拓如何在新舊黨爭和皇權相權之爭外更廣闊和深層地理解北宋政治，"政治體制"與"政治文化"等概念爲我們提供了新的視角[1]。那麼在太學研究中是否也有可能從此角度出發做出探索？

　　筆者曾指出，太學官作爲宋代士大夫清望仕宦的起點往往有著不同尋常的意義，而曾於太學就讀的太學生們則更容易成爲學官，從而在仕途上獲得優勢以至某種仕宦"團體"的隱現。這些慣例並無明確的制度條文規定，而是在經年累月的政治實踐中形成的一種政治默契[2]。這一默契始自何時仍有待探究，

---

[1] 方誠峰《北宋晚期的政治體制與政治文化》，北京大學出版社，2016年。
[2] 拙文《選士、政爭與政治文化——兩宋太學研究述評與反思》，《宋史研究論叢》待刊。

不過北宋時期已有諸多迹象。正如朱氏所論,元祐末年至紹聖、元符時期任太學官的新黨士人在徽宗時多有官至宰執者,以至時人程振稱"同官學省者,皆元豐之傑,其後登用至宰相、執政者,凡六七人"[1]。不難想象,這些引人注目的政治現象對於時人對太學的觀感以及太學自身性格的形成當有特別的意義。此外,太學生在太學就讀往往需要很長的時間才有機會出仕爲官,這無形中也爲他們瞭解彼此品性提供了契機。因此,在同年、同鄉和同族之外,"同學"也是考察所謂人際網絡的重要一環,太學作爲形成這一網絡的重要樞紐在北宋政治變化中起到多大作用以及對此後南宋政治影響幾何仍是值得關注的問題[2]。

由此引出第二點疑問,我們該如何理解北宋太學的改革。北宋太學最重要的變化當在王安石變法時期,諸如三舍法等太學升等制度便是在此期間創設,新法的後繼者蔡京賡續其制並一直延續至南宋。這些制度在北宋黨爭中時興時廢,儘管學者們對此評價不一,但共同點皆是以北宋史而非兩宋史的視野做評價。如果我們將北宋太學改革的成效和影響,不局限於制度本身在北宋的行廢,而是把包括由此形成的仕宦路徑以及太學生群體的政治影響力也納入考量範圍,那麼以往就北宋論北宋的趨向便略顯不足。因爲不管是太學生的政治行動還是由此形成的政治認同和仕宦群體,這些都萌芽於北宋而大盛於南宋。王安石之後,蔡京、史彌遠和賈似道等權相對太學生的籠絡在史籍中屢有提及[3],而太學生與朝廷士大夫合力反對宰執的某一決定亦時有發生[4]。包括前述提及的"同學"關係,太學在北宋的創設,其初衷是爲了彌補科舉考試無法一日考察士人德行的弊端,因此要求學生在太學學習一段時間。此後的三舍法則延續此一邏輯展開,對學生在德行和藝業兩方面進行經年累月的考核。倘若只就三舍法在北宋的實行效果來看,北宋反復的黨爭,加之皇權的干涉,其效果未見理想。但如果將視野拓展至南宋便可發現,南宋不少士人正是因爲曾長期在太學就讀,人品學問爲同舍所知,因此一旦學舍中有人佔據要津,同舍其他德才兼備者便有可能得到舉薦並任用[5]。這在某種程度上實現了北宋太學改革

---

[1] 朱銘堅《黨爭漩渦中的太學——以北宋哲宗朝太學的人事變動爲中心》,105頁。
[2] 至少在北宋晚期已有兼具同鄉和同學雙重人際網絡的仕宦群體出現。如樓鑰便曾回憶其鄉四明地區"舊有五老會,宗正少卿王公珩、朝議蔣公璿、郎中顧公文、衡州薛公朋龜、太府少卿汪公思溫……皆太學舊人,宦游略相上下,歸老於鄉,俱七十年餘,最爲盛事"(樓鑰《跋蔣亢宗所藏錢松窻詩帖》,顧大朋點校《樓鑰集》卷七三,杭州:浙江古籍出版社,2010年,1312—1313頁)。
[3] 如"(賈似道)又加太學餐錢,寬科場恩例,以小利啗之",見脱脱等《宋史》卷四七四《賈似道傳》,北京:中華書局,1985年,13784頁。
[4] 如小林晃便注意到,反對史彌遠與金朝和議的太學生領袖黄自然和家本仲興持相同政見的真德秀、李道傳和黄榦等士大夫過從甚密。具體可參看小林晃《南宋後期史彌遠專權內情及其嬗變》,《國際社會科學雜誌(中文版)》2020年第3期,61頁。
[5] 樓鑰《承議郎謝君墓誌銘》,顧大朋點校《樓鑰集》卷一一五,1998頁。

的初衷,或許由此亦可從太學的角度觀察王安石變法在南宋的餘響。

上述兩點是筆者在閱讀朱銘堅新著時引起的一些思考。當然,對於一本北宋太學的研究專著來說,要求其聯繫南宋相關史實並做出整體式的論斷實已超出此書範圍。不過,可喜的是,朱氏在書末已提及其將要進行的南宋太學的後續研究,屆時我們對宋代太學的具體情況或許會有更清晰的認識。

勘誤：

第28頁"Yin Shu"應作"Yin Zhu"(尹洙);

第40頁"Liu Zhongyuan"應作"Liu Zongyuan"(柳宗元);

第46頁"Sha'anxi"應作"Shanxi"(陝西);

第117、134頁"Su Che"應作"Su Zhe"(蘇轍);

第200頁"Zhong"應作"Chong"(种師道);

第201頁"Zhu Hongzhi"應作"Zhu Gongzhi"(朱拱之);

第204頁"Yu Juewen"應作"Yu Juemin"(余覺民)。

〔王文豪,香港理工大學中國文化學系博士候選人〕

【研究生園地】

唐代進馬考

陳虹池

"進馬"一詞在唐代的語境中,主要有兩種含義:一種是向朝廷進貢馬匹[1],另一種就是進馬官職。對進馬官職的研究,尚未見到專篇論著。目前涉及唐代進馬的研究如愛宕元《唐代的官蔭入仕——以衛官之路爲中心》、楊西雲《唐代門蔭制》和孫俊《隋唐門蔭制度研究》,將進馬放在唐代門蔭研究的視角下,篇幅較小,許多層面也未涉及。愛宕元認爲,進馬限於殿中省和太子僕寺,其任務是駕御儀仗隊伍的馬車,但其遺漏了太僕寺進馬。且其所舉例子中有誤把太子洗馬當做太子進馬的情況[2]。事實上,進馬只負責在特定場合管理立仗馬,儀仗隊伍的馬車另有職官管理。楊西雲認爲,進馬負責管理內外閑廐馬匹事宜[3]。她將由閑廐提供馬匹誤認爲管理閑廐馬匹。孫俊的文章同樣没提到太僕寺進馬,而且依據其隸屬關系否定進馬是衛官[4]。本文認爲判斷進馬是否是衛官需要從多方面綜合判斷,不能單憑隸屬關係。借助新出墓誌,本文試著對這一群體的性質、源流與發展、職能變化以及官品員額等方面進行考述。

---

[1] 如《舊唐書》卷一六《穆宗本紀》載:"(長慶元年)三月,劉總進馬一萬五千匹。"見《舊唐書》,北京:中華書局,1975年,486頁。馬俊民、王世平所著《唐代馬政》對廐閑的馬源進行研究時,也指出地方進馬是廐、閑的馬源之一。見《唐代馬政》,西安:西北大學出版社,1995年,55頁。
[2] 愛宕元《唐代における官蔭入仕について——衛官コースを中心として》,《東洋史研究》第三十五卷第二號,1976年,此據中譯本,見劉俊文主編《日本中青年學者論中國史(六朝隋唐卷)》,上海古籍出版社,1995年,251頁。
[3] 楊西雲《唐代門蔭制》,《大連大學學報》1997年第1期,31頁。
[4] 孫俊《隋唐門蔭制度研究》,大連:遼寧師范大學出版社,2015年,65頁。如《新唐書·百官二》記載龍朔二年(662)殿中省下還有左右仗千牛各十人(此處原書標點有誤),故不能僅依據殿中省的性質而否定其下曾存在一定數量衛官。見《新唐書》,北京:中華書局,1975年,1218頁。

一、傳世文獻所見唐代進馬

關於進馬出身、考第和簡試，《唐六典》卷五"兵部郎中員外郎"條載："凡殿中省進馬取左、右衛三衛高蔭，簡儀容可觀者補充，分爲三番上下，考第、簡試同千牛例；僕寺進馬亦如之。"[1]此處將殿中省進馬和僕寺進馬置於"宿衛官"之下加以叙述，而且是從三衛之中的左右衛的高蔭中選拔。所謂高蔭，應該是指"擇其資蔭高者爲親衛"，即左右衛的親衛，其選拔標準是"取三品已上子、二品已上孫"[2]，進馬則從中二次節選，可見其出身資格之高。值得注意的是考第、簡試同千牛。千牛本是衛官[3]。《唐六典》卷二五"左右千牛衛"條："凡千牛備身·備身左右考課賜會及禄秩之升降，同京職事官之制。"[4]千牛備身和備身左右的特殊之處在於在考課、俸禄、官秩等問題上同京職事官，因此不難理解他們具有官品、領有俸禄，是一種特殊的衛官。而進馬考課、簡試同千牛，可知他們也是同京職事官的[5]。類比千牛，進馬也是特殊衛官[6]。

關於殿中省和僕寺進馬的員額、品階與職能，《舊唐書·職官三》"尚乘局"條載：進馬六人。（原注：七品下。……初尚乘局掌六閑馬，後置内外閑廄使，專掌御馬。開元初，以尚乘局隸閑廄使，乃省尚乘，其左右六閑及局官，並隸閑廄使領之也。進馬舊儀，每日尚乘以廄馬八匹，分爲左右廂，立於正殿側宫門外，候仗下即散。若大陳設，即馬在樂懸之北，與大象次。進馬二人，戎服執鞭，侍立於馬之左，隨馬進退。雖名管殿中，其實武職，用資蔭簡擇，一如千牛備身。）[7]説明進馬的員額爲六人，品級爲七品下，職責是引導儀仗中所用的馬匹。《新唐書·百官二》"殿中省"條所載進馬人數較《舊唐書》的記載少一人，品級由七品下升到正七品上[8]。如何理解上列史料中有關進馬人數、品級記載

---

[1] 李林甫等撰，陳仲夫點校《唐六典》卷五"兵部郎中員外郎"條，北京：中華書局，1992年，154頁。
[2] 《唐六典》卷五"兵部郎中員外郎"條，154頁。
[3] 《舊唐書》卷四二《職官一》，1796頁。另王溥撰《唐會要》卷七一"十二衛"條："開元十一年三月二十八日，准令，千牛二中上考，始進一階。既是衛官，又須簡試，全依職事，頗亦傷淹滯。"見《唐會要》，上海古籍出版社，2006年，1522、1523頁。
[4] 《唐六典》卷二五"左右千牛衛"條，641頁。
[5] 《新唐書》卷五五《食貨五》記載了會昌後千牛、備身、進馬等的俸禄，見1404頁。
[6] 另外史料中多千牛進馬對舉。如歐陽詹《與鄭伯義書》："又令公侯子孫、卿大夫子弟能力役供給者，曰千牛進馬、三衛齋郎，限以年月，終亦試之。"見《文苑英華》卷六八九《薦舉上》，北京：中華書局，1966年，3550下。不一一列舉。
[7] 《舊唐書》卷四四《職官三》，1865、1866頁。
[8] 《新唐書》卷四七《百官二》，1218頁。

的差異,以及如何確定記載内容是什麽時代的制度?

按,太和八年(834)正月,朝廷對諸色入仕人員進行了一輪裁減,兵部、吏部、禮部都提出了各自部門負責選拔的諸色入仕人員的削減方案,其中兵部上奏:"應管左右仗千牛,僕寺、殿中省進馬,左右金吾仗長上,共一百六十一員,今三色共請減六十七員。"[1]同年三月,殿中省對本部門管理的諸色入仕情況進行了上奏,並提出了減員的具體名額分配。《唐會要》載:"大和八年三月,殿中省奏:'千牛元額四十八員,左右仗各二十四員,准敕,每仗各減一十四員訖。又進馬元額一十八員,當司(殿中省)六員,今准敕減一員。僕寺准減一員。'敕旨:'宜依。'"[2]即太和八年三月之後,進馬一共十六員:殿中省五員,僕寺十一員。上文所引《新唐書·百官二》載:"(殿中省)進馬五人。"由此可知,《新唐書》記載的人數是太和八年三月之後的情況。而《舊唐書》所提到的進馬六人無疑是太和八年之前的情況。《唐六典》所載進馬六人,更可以追溯到開元二十六年(738)前[3]。説明至少就殿中省尚乘局的進馬而言,在這將近一百年的時間内,進馬雖然被廢除過,但一旦恢復就是原來的編制。進馬員額被削減,從唐代選官制度發展大趨勢上看,門蔭入仕呈現衰落的趨勢,其表現之一就是門蔭入仕的途徑和數量不斷被整頓和縮減[4]。唐代進馬作爲門蔭途徑的一種,自然不能例外。

對《舊唐書》記載的"進馬舊儀"實行時間的判斷,仗馬的來源是一個很好的斷代依據。這裏對仗馬和進馬職能的描述,其中提到"尚乘"在提供馬匹中的作用。根據上下文叙述,《舊唐書·職官三》認爲開元初就減省了尚乘局,而《新唐書·百官二》認爲"尚乘局名存而已"[5],即不認爲被裁撤。《唐六典》卷一一"尚乘局"條在注中提到"奉御……開元二十三年(735)減置二人"[6],説明至開元末尚乘局依然存在,《舊唐書》的説法不確。從《唐會要》卷六五"殿中省尚乘局"條"開元二年(714),初以尚乘局隸閑廏使"[7]可知,變化出現在開元二年。即使尚乘局依然存在,也不負責出馬了,那麽這個"舊儀",應該就是開元二年之前的制度。上文提到,《新唐書·百官二》所記殿中省進馬員額是太和八年確立的,同時特别標明"飛龍廏日以八馬列官門之外"[8],以與《舊唐書》所標示的"尚乘"相區分,符合此一

---

[1] 王欽若等編纂《册府元龜》卷六三一《銓選部·條制三》,北京:中華書局,1960年,7571頁。
[2] 《唐會要》卷六五"進馬"條,1333頁。
[3] 《唐六典》卷一一"殿中省",322頁。
[4] 寧欣《唐代選官研究》,臺北:文津出版社,1995年,147頁。
[5] 《新唐書》卷四七《百官二》,1218頁。
[6] 《唐六典》卷五"尚乘局"條,330頁。
[7] 《唐會要》卷六五"殿中省尚乘局"條,1331頁。
[8] 《新唐書》卷四七《百官二》,1220頁。

時期立仗馬出馬機構的情況(詳見下文),所以可以認爲《新唐書》此條記載描述的是太和八年後的進馬職掌。與《舊唐書》所載的"進馬舊儀"相同,說明從開元到太和,進馬的職掌未發生大的變化,即負責引導儀仗中的馬。

關於太子進馬,《新唐書·百官四》"太子僕寺"條下注:龍朔二年(662),(太子僕寺)改曰馭僕寺,僕曰大夫。有進馬十一人,録事一人,府三人,史五人,亭長三人,掌固三人[1]。由此可知,太子僕寺下也曾經存在進馬,但却不載於其他文獻[2]。葉煒在《南北朝隋唐官吏分途研究》中曾經對新舊《唐書》和《唐六典》所記的東宮官屬進行過研究,他認爲"近百年中(從永徽二年到開元二十七年)東宮這部分官署置吏情況相當穩定,前後變化甚微"。所以他認爲《舊唐書》對東宮的胥吏的大量未記,至少從吏名來説,可以視爲漏記[3]。不僅《舊唐書》,包括《唐六典》在内的多種文獻未記太子進馬,也存在漏記的可能。但如果是漏記的話,那就說明太子進馬這一官職被放在了和吏同等的地位,或許就是流外的吏職,承擔具體的勞務,微不足道。事實上,《新唐書》也常常將吏職放入注中[4]。從墓誌材料來看,高宗時期皇太子進馬却是熾手可熱的職位。如證聖元年(695)的《鄭智墓誌》所載:"唐永徽(應爲顯慶,656)初,孝敬皇帝之昇儲兩也,高宗大帝乃下敕曰:宜簡家門閥閱,景行六人,令事太子。京師勛戚,海内衣冠,希後乘仰前星,長鳴撫翼而不得進。公時結廬于墓,抱終身之哀。朝廷以公孝友天才,官婚人望,爲士流第一。元良萬國,文學必召於應徐;閣竪三朝,侍從宜徵其曾閔。起家别敕拜太子進馬。"[5]可見高宗時期太子進馬受歡迎的程度。所以,或許太子進馬有一個地位逐漸卑微的過程,但至少在高宗時期可能和殿中省、太僕寺進馬同樣是衛官。太子僕寺進馬如何淪落到吏的地位,現有材料無法證明。

即使存在包括《舊唐書》《唐六典》《通典》等在内的文獻對太子進馬漏記的可能,但實際上,太子進馬在唐後期應該是被廢除了。如大曆十二年(777)四月

---

[1] 《新唐書》卷四九上《百官四上》,1299頁。
[2] 值得一提的是,敦煌所出鈐有"涼州都督府"官印的《永徽令》卷六《東宮諸府職員》殘卷,是我們瞭解唐初東宮職員的重要依據。但遺憾的是,文書在家令寺的掌故和廐牧署之間缺失約二十一行,可以確定的是其中包含太子僕寺的職員記載,或許其中涉及了太子進馬。文書的殘缺使這一嘗試變得不可能。録文見劉俊文《敦煌吐魯番唐代法制文書考釋》,北京:中華書局,1989年,184頁。又見李錦繡《唐代制度史略論稿》,北京:中國政法大學出版社,1998年,157頁。復原唐令見仁井田陞著,池田温補編《唐令拾遺補》,東京大學出版社,1997年,344頁。
[3] 葉煒《南北朝隋唐官吏分途研究》,北京大學出版社,2009年,96頁。
[4] 有關《舊唐書》和《唐六典》未提到太子進馬的原因,孫俊也認爲"大概是脱漏之故",並指出太子僕寺進馬"很有可能是吏職"。孫俊《隋唐門蔭制度研究》,65頁。
[5] 《唐故鄆州司倉鄭公墓誌銘并序》,毛陽光、余扶危主編《洛陽流散唐代墓誌彙編》,北京:國家圖書館出版社,2013年,97頁。按,孝敬皇帝爲李弘,顯慶元年(656)取代李忠爲太子。所以墓誌提到的永徽初應是顯慶初。

二十八日,度支奏加給京百司文武官及京兆府縣官每月料錢等一事,只提到殿中省進馬和僕寺進馬[1]。上文所引太和八年兵部奏也只提到僕寺、殿中省進馬。未知僕寺進馬是否包含太子僕寺進馬。但似乎對太子僕寺進馬的指稱,一般爲"太子進馬"或"東宫進馬",直接提到"僕寺進馬",更多是太僕寺的進馬,所以此處的進馬應該是太僕寺進馬。後唐同光二年(924)五月二十五日兵部所奏的《重制置收補千牛進馬事》,提到"進馬准舊例八員:殿中省進馬四員,太僕寺進馬四員"[2],後唐的所謂"舊例",應該是唐朝的情況。這裏表明,或許晚唐進馬的員額較上引太和八年定下的員額進一步縮減,而且這裏明言,八員進馬包括殿中省的四員和太僕寺的四員,完全不含太子進馬,可以確定至遲至晚唐,太子進馬已經被廢。墓誌中也很少發現開元以後明確標明太子進馬或東宫進馬的情況,其被廢除的時間或許早於晚唐。這或許與唐代對於諸王、公主的管理制度變化有關。《舊唐書·玄宗諸子傳》:"太子不居於東宫,但居於乘輿所幸之別院。太子亦分院而居,婚嫁則同親王、公主,在於崇仁之禮院。"[3]隨著唐玄宗時代諸王、公主出閣制度的重大轉變,太子也無法居住在東宫。因此一些官署機構的虛設就不可避免,太子僕寺進馬或在玄宗時期走向卑微乃至被廢。

綜上所述,從傳世文獻可知,唐代的進馬共分爲殿中省進馬、僕寺進馬和太子進馬三類。傳世文獻中所記載的殿中省進馬和太僕寺進馬是一種特殊的衛官,其員額逐漸削減,但其品第却在悄然上升;進馬的職掌是負責引導儀仗中的仗馬,這一職掌的形成早於開元時期,上限未明,但延續到了太和時期。太子進馬的記載見於高宗時期,早期地位較高,其後地位不顯,晚唐時已經被廢除,具體時間不詳,經歷了性質變化與逐漸衰亡的過程。接下來的問題是,早期進馬的起源和職能,進馬興廢的原因與影響因素是什麽?

二、墓誌所見早期進馬的職能演變及相關問題

進馬作爲一個官職始於何時,史無明文。傳世文獻中未見對於早期進馬的起源和職能的描述。檢索出土墓誌,較早可以被視作一種官職的進馬,或許可

---

[1]《唐會要》卷九一"内外官料錢上"條,1967頁。
[2] 王溥撰《五代會要》卷一五"兵部"條,上海古籍出版社,2006年,252頁。
[3]《舊唐書》卷一〇七《玄宗諸子傳》,3272頁。相關研究參見謝元魯《唐代諸王和公主出閣制度考辨》,《唐史論叢》第十二輯,西安:三秦出版社,2010年,29—39頁。

從貞觀四年(630)的《毛祐墓誌》中發現。墓誌提到毛祐之祖毛貴和,是羌泉鎮主,入贅中臺,授内直進馬;其父毛寳成,帥都督。下文提到了毛寳成跟隨宇文泰創業的事迹[1],可知毛貴和是西魏時期人,其擔任内直進馬的時間也是在北魏晚期。進馬或許在北魏時即存在,但未明言其事例及職能。隋代也有進馬,如儀鳳元年(676)的《劉行敏墓誌》中提到,其父劉都,"隨起家進馬"[2];咸亨元年(670)的《斛斯政則墓誌》則提到,斛斯政則因受到隋文帝的賞識,被擢授皇太子進馬。由於這篇墓誌的誌主本人擔任進馬,所以對於其起家的情況和官職遷轉有詳細的描述,從中可看到隋至唐初進馬的職能和選拔情況。首先,斛斯政則是由於自己的武才,獲得了推薦而成爲進馬,説明進馬這一職務在隋代是武職。其次,他成爲皇太子進馬之後,"侍龍鑣於渦水,承鶴蓋於伊川。肅影銅扉,流慈玉裕",職能是在皇太子身邊當直。隋亡後,"太宗長驅七萃,迥出三秦。公即驟拔危城,遠投聖德。……蒙拜護軍府校尉,仍知進馬供奉。……武德九年,除殿中省尚乘直長。貞觀元年,加授輕車都尉,尋遷員外散騎侍郎、行尚乘直長"[3],他投奔了李世民,從"仍知"一詞來看,其在隋代擔任的皇太子進馬與此時進馬供奉這一事項具有直接聯繫。在武德九年(626)之後,還成爲殿中省尚乘局的副長官。顯慶二年(657),"又轉右監門將軍,尋奉敕别檢校騰驥廄,兼知隴右左十四監等牧馬事"。[4] 由在皇帝身邊管理馬匹到管理國家馬場。同年閏正月十四日,因高宗的御馬蹶,當時任進馬官監門將軍的斛斯政則還遭到了彈劾[5]。可見,他擔任的監門將軍一定程度上已經階官化,其實際職事就是管理國家馬場。斛斯政則的經歷表明,其飼養、馴服馬匹的才華被隋唐帝王充分挖掘,其任職經歷都是圍繞馬匹展開。總之,隋唐之際的進馬之職以武將出身,管理皇帝、太子的馬匹,具有與皇帝、太子關係較近等特徵,且具有較强的職業化傾向。

但在進馬作爲官職出現的初期,似乎其作爲一種職官的特徵不顯,更像是"隱形使職"[6]。其官職名稱似乎並不固定,而且以他官擔任此職。斛斯政則

---

[1] 周紹良編《唐代墓誌彙編》貞觀〇一五,上海古籍出版社,1992年,19頁。
[2] 《大唐故使持節夔州都督劉府君(行敏)墓誌銘并序》,陝西考古研究院編《陝西省考古研究院新入藏墓誌》,上海古籍出版社,2019年,248頁。
[3] 《大唐故右監門衛大將軍上柱國贈涼州都督清河恭公斛斯府君之墓誌銘并序》,張沛編著《昭陵碑石》,西安:三秦出版社,1993年,176頁。
[4] 《大唐故右監門衛大將軍上柱國贈涼州都督清河恭公斛斯府君之墓誌銘并序》,張沛編著《昭陵碑石》,177頁。
[5] 《唐會要》卷二七"行幸"條,600頁。
[6] 在此借用賴瑞和"隱形使職"的概念。另外他曾經給使職下過一個定義:"舉凡常以他官去充任,没有官品的實際官位,都是使職。"我認爲唐初進馬的特徵符合使職的特點。賴瑞和《唐代高層文官》,北京:中華書局,2017年,44、47頁。"進馬"一詞的本義除了上文提到的進奉馬匹外,還有驅趕馬匹的意思。見《新唐書》卷二〇四《方技傳》:"去鞭,吾無以進馬。"《新唐書》,5809頁。進馬使職應該最初源於第二個意思。

知進馬供奉時的本官是護軍府校尉。按,護軍府是秦王李世民和齊王李元吉在府官之外另置的機構,掌"侍衛陪從"[1],護軍府校尉爲衛官,表明其是以衛官身份充任進馬[2]。或許斛斯政則的責任就是在跟隨李世民征戰過程中供應李世民所用的馬匹。這樣一種親近的關係也和他擔任隋煬帝的皇太子進馬時的經歷一致。同時也説明,早期的進馬並不限於服侍皇帝和太子,在特定的歷史時期其服務對象有所擴大,斛斯政則擔任李世民的知進馬供奉時,李世民還是秦王[3]。斛斯政則以衛官的身份擔任進馬的經歷表明,進馬早期作爲一個職事,大於特定的職官的特徵。

至遲至高宗中後期,進馬的官名已經固定,其職能由負責皇帝和太子的乘用馬匹,轉向殿庭侍奉。比如證聖元年(695)的《鄭智墓誌》寫到顯慶初他擔任太子進馬時的情形:"元良萬國,文學必召於應徐;閣竪三朝,侍從宜徵其曾閔"[4],具有皇帝、太子身邊侍奉人員的特點,且其"文"的特質有所突出。而當時高宗徵召他所下發的敕也要求"宜簡家門閥閱,景行六人,令事太子","景行"就是陪同在太子身邊。大曆十年(775)的《張延暉墓誌》寫到他於長安三年(703)成爲進馬時的情形:"暉映丹陛,間望青冥。何期附龍麟而志未騁,封馬鬣而兆先啓"[5],即在殿庭服務,但遺憾早死。在皇帝和太子身邊侍奉,無疑與進馬逐漸隸屬於殿中省這一侍奉機構有關。安史之亂後,進馬職能未發生變化。元和四年(809)的《張佐元墓誌》載:"貞元五年(789),授殿中省進馬,拖綉衣於龍亭,明玉珂於輦路"[6],與皇帝的關係甚至更加親密。晚唐時期,進馬成爲藩

---

[1] 《舊唐書》卷四二《職官一》,1810頁。

[2] 護軍府校尉是衛官的一種。事實上護軍府是唐初和親事府、仗內府性質相同的負責親王安全的機構。賴亮郡在《唐代衛官試論》中認爲,衛官分爲兩大系統,一類是以三衛爲主的預備武官系統;另一類是與蔭任無關,且任職內外軍府的中下級統兵官(主帥),這裏就包括校尉。而劉琴麗在《唐代武官選任制度初探》中將衛官分爲五類,其中就有王府類,包括親王府校尉。因此,護軍府作爲保衛機構,護軍府校尉就應該是衛官。前文見高明士主編《唐代身份法制研究:以唐律名例律爲中心》,臺北:五南圖書出版股份有限公司,2003年,279、280頁。後者見劉琴麗《唐代武官選任制度初探》,北京:社會科學文獻出版社,2006年,80、81頁。

[3] 拜根興在對《王贇墓誌》進行研究的過程中,注意到他曾擔任隋秦孝王楊俊的進馬,認爲"隋代進馬亦曾供職王府,其與唐代供職殿中省似有所不同"。他意識到了隋唐不同時代進馬的差別,但未對這個現象及其原因做進一步探討。見氏著《一人兩誌:隋代將領王贇墓誌考釋——兼論王贇之子初唐名將王文度》,《史學集刊》2020年第6期,47頁。對於爲什麽隋唐之際的王府會存在進馬,而唐代只存在於皇帝和太子相關機構,或許唐長孺的觀點可以有所啓發。唐長孺認爲:"像西晉那樣用宗室,如《晉書·八王傳》序所説的'或出擁旄節,蒞嶽牧之榮;入踐臺階,居端揆之重'的情況,既不見於秦漢,也不見於唐以後,但却在不同程度上通行於南北朝,甚至延續到唐初。"他接著從權力結構的角度分析從西晉至唐初宗室權力擴張的原因(見氏著《西晉分封與宗王出鎮》,收入《魏晉南北朝史論拾遺》,北京:中華書局,1983年,139、140頁)。或許隋唐之際進馬在王府的出現正是宗室權力擴張引起的。

[4] 《唐故鄆州司倉鄭公墓誌銘并序》,毛陽光、余扶危主編《洛陽流散唐代墓誌彙編》,97頁。

[5] 薛稷《唐故進馬南陽張公誌銘并序》,胡戟、榮新江主編《大唐西市博物館藏墓誌》,北京大學出版社,2012年,633頁。

[6] 《唐故澠池縣主簿張府君墓誌銘并序》,趙文成、趙君平編《秦晉豫新出墓誌蒐佚續編》,北京:國家圖書館出版社,2015年,1031頁。

鎮高級官員子孫入仕的熱門通道,但出現托言年小不赴任的情況,爲此中書門下於大中三年(849)三月,對諸道方鎮子孫通過選授或者奏授得官,未赴任的事情進行了再次聲明:"合請諸道方鎮子孫,應選授及奏授官,一切勒歸本任,不得輒有奏留",要求方鎮子孫,尤其是擔任千牛、進馬的方鎮子孫赴任[1]。可知,至晚唐千牛、進馬在皇帝身邊依然有實際職掌,需要服役,而不能僅僅是諸道官員用作子孫門蔭入仕的出身而已。

職能的轉變會帶來出身以及選拔方式的變化,即使不是同步進行的。早期的進馬,其出身的方式不一,《范懷立墓誌》中記述其父范寶,"隨江陵郡丞。……武德年,詔東宮進馬終焉"[2],在擔任東宮進馬之前曾經擔任過江陵郡丞,説明此時擔任進馬一職也不由門蔭之途。從前引《斛斯政則墓誌》《鄭智墓誌》來看,進馬是通過舉薦、徵召等途徑擔任的,不同於上文所記載的制度成熟時期,進馬是通過門蔭選補的方式獲得出身。

從墓誌中可見,大約從高宗中期後,進馬已成爲門蔭入仕的途徑之一。但由於墓誌中所記載進馬本人父祖的官品多是至死時的最後官職,很難體現其完整歷官經過,即使歷官經過記載詳明,也很難確定其子孫究竟是在父祖哪一任官上使用門蔭特權成爲進馬,因此也就無法判斷墓誌中所載進馬在門蔭群體中的等級,以與《唐六典》的記載相比較。典型的例子是崔紓。咸通十四年(873)的《崔紓墓誌》記載,其曾祖是德宗時的宰相崔祐甫,其祖是穆宗時的宰相崔植,父親是河南府陸渾縣令崔柔。墓誌中提到:"府君乃元嗣也。……幼失怙恃……旋補進馬"[3],可知他是在其父崔柔去世後蔭補爲進馬的,而且他還是元嗣,所以他很有可能借助祖父的官品蔭補。但其祖父崔植,墓誌裏只提到他是華州刺史。《舊唐書·崔植傳》記載,崔植是在長慶初因處理幽州事不當,導致河朔復叛而"罷知政事,守刑部尚書,出爲華州刺史"的[4]。所以,崔柔有可能是在崔植任宰相時蔭補爲進馬,若是僅統計墓誌中的信息,大概不會得到關於進馬蔭補的準確結論。

但是從僅有的幾個明確記載誌主蔭補爲進馬時其父祖的官職的例子來看,選補爲進馬的要求並不低。比如宋應。天寶十四載(755)的《宋應墓誌》記載:"曾祖敬,皇博平郡堂邑縣尉,祖珣,皇臨淮郡太守;皆人譽也。父昱,朝議大夫、

---

[1]《唐會要》卷七九"諸使下"條,1716、1717頁。
[2]《唐故處士范君(懷立)墓誌銘并序》,吴鋼主編《全唐文補遺》(千唐誌齋新藏專輯),西安:三秦出版社,2006年,33頁。
[3] 周紹良主編《唐代墓誌彙編》咸通一〇四,2458、2459頁。
[4]《舊唐書》卷一一九《崔祐甫附子植傳》,3443頁。

中書舍人,去載以父掌綸掖垣,天恩特拜進馬。"[1]從墓誌中可知,宋應獲得進馬的官職,應該是在天寶十三載(754),與其父宋昱擔任中書舍人有關。但是,宋昱作爲中書舍人却不能利用自己的門蔭權,讓自己的兒子成爲進馬,宋應成爲進馬是"天恩特拜"的結果。事實上,宋昱是楊國忠的黨羽,或許因此獲得了唐玄宗的青睞。《新唐書·楊國忠傳》稱,天寶十五載(756)六月國忠既誅,"其黨翰林學士張漸、竇華,中書舍人宋昱,吏部郎中鄭昂,俱走山谷,民争其貨,富埒國忠。昱戀貲産,竊入都,爲亂兵所殺"[2]。宋昱使自己的兒子成爲進馬,不符合當時的常規,或許有楊國忠的提拔。中書舍人爲正五品上階,所以天寶時期的進馬蔭補標準,大概是父親的官品高於正五品上[3]。再如咸通六年(865)的《張佐元及夫人盧氏墓誌》裏寫到"皇祖均,刑部尚(書),襲燕國公。皇考濛,禮部侍郎。……府君幼以三品補進馬出身"[4]。另一篇元和四年(809)的《張佐元墓誌》表明,他授殿中省進馬的時間是貞元五年(789)[5]。墓誌裏明確提到了他蔭補進馬依靠的是父祖三品的官職。之後對進馬出身的要求有所調整。貞元七年(791)十二月五日,兵部上奏,對千牛、進馬的選拔標準進行了重新規定[6]。與《唐六典》卷五"兵部郎中員外郎"條所載對千牛進馬用蔭的要求相比,這次調整對千牛、進馬的用蔭條件進行了放寬,增加了原本不在千牛用蔭範圍之内的諸司卿監、左右丞等,而且特別提出進馬的用蔭還包括任御史中丞、給事中、中書舍人之子。這或許與唐後期御史中丞、給事中和中書舍人在各自部門的實際作用和地位變化有關[7]。值得注意的是,前引《唐六典》關於進馬從左、右衛三衛高蔭中選拔的規定,修改成了進馬所用蔭同千牛,即不僅考第、簡試同千牛,選拔上也向千牛看齊。這是進馬選拔上的一個新的變化。反映到墓

---

[1] 周紹良、趙超主編《唐代墓誌彙編續集》天寶一〇四,上海古籍出版社,2001年,658頁。
[2] 《新唐書》卷二〇六《外戚傳》,5852頁。
[3] 《張延暉墓誌》記載曾祖、祖父的官職不顯,但缺少父親信息;《裴宜墓誌》也記載父祖官品不顯,但其叔或伯是曾任宰相的裴遵慶。擔任進馬的時間和墓誌出處詳見附表。
[4] 張孟《大唐河南府澠池縣主簿府君及夫人盧氏墓誌并序》,趙文成、趙君平編《秦晉豫新出墓誌蒐佚續編》,1256頁。
[5] 《唐故澠池縣主簿張府君墓誌銘并序》,趙文成、趙君平編《秦晉豫新出墓誌蒐佚續編》,1031頁。
[6] 《唐會要》卷六五"殿中省進馬"條,1333頁;卷七一"千牛"條,1523頁。這兩條記載的兵部上奏時間都是貞元七年十二月五日,由千牛條後接進馬條可知,這是《唐會要》的編者將一個章奏分成兩條分別放在千牛和進馬詞條下的結果。
[7] 胡滄澤認爲唐代御史臺在德宗貞元二年以後,没有御史大夫在任,而在多數年份裏有中丞在任。在德宗貞元年間,御史大夫"官不常置",而"實際上以中丞爲憲臺之長"。見氏著《唐代御史制度研究》,福州:福建教育出版社,2000年,27頁。劉後濱認爲,中書門下體制下,中書省向以中書舍人爲長官的專門撰寫制敕的機構過渡;而給事中逐漸承擔起門下省的事務,門下省向以給事中爲長官的獨立機構過渡。見氏著《唐代中書門下體制研究:公文形態·政務運作與制度變遷》,濟南:齊魯書社,2004年,231—233頁。或許御史中丞、中書舍人和給事中成爲各自部門的長官,其地位和權力的提升會帶來待遇的提升,包括門蔭特權。

誌中,可以見到在父祖擔任諸司侍郎、京兆尹等任上用蔭成爲進馬的例子。如崔鍔在元和時期,"年十五,用昭考尹京蔭,詔補僕寺進馬"[1]。在其父崔元略擔任京兆尹時用蔭成爲僕寺進馬。韓愈之子韓佶在長慶二年、三年(822、823)時正擔任殿中省進馬。而韓愈在長慶二年(822)前後相繼擔任兵部侍郎、吏部侍郎等。所以其子大概也是在韓愈擔任侍郎之時用蔭成爲進馬[2]。表明進馬的選拔標準依然較高。

但有一點可以確定,按照《唐六典》的說法,貞元七年之前的進馬是從三衛當中選拔,但在所搜集到的二十餘方碑誌中,很難見到從三衛中選拔成爲進馬的例子。所以《唐六典》的說法有待更多的實例證明。

當進馬成爲門蔭的途徑之一時,由於其作爲一種特殊的衛官,借用孫正軍對衛官性質的界定,他們是一種介於官民之間的任官資格[3]。對其釋褐官的揭示,也可以看到進馬在唐朝各種入仕途徑中的級別。綜合分析已知二十餘方進馬墓誌,明確記載其釋褐官的有(按成爲進馬時間排列,詳見附表):

證聖元年(695)《鄭智墓誌》:起家別敕拜太子進馬。秩滿,補左戎衛鎧曹參軍(正六品下),從常調也[4]。

神功二年(698)《獨孤思貞墓誌》:解褐以門調補太子進馬,俄遷左監門兵曹(正八品下)[5]。

開元十一年(723)《王泰墓誌》:上元初(674),解巾授東官進馬,轉英王府典簽(從八品下)[6]。

大曆十年(775)《裴宜墓誌》:弱冠,補進馬,轉左衛兵曹參軍(正八品下)[7]。

咸通六年(865)《張佐元及夫人盧氏墓誌》:府君幼以三品補進馬出身,轉汝州

---

[1] 崔顗《唐故僕寺進馬博陵崔府君(鍔)墓誌銘并序》,吴鋼主編《全唐文補遺》第八輯,西安:三秦出版社,2005年,146頁。崔鍔長慶初年去世,死時十九歲,而崔元略分別在元和時期和敬宗在位時期擔任京兆尹,所以崔鍔應該是在元和時期補僕寺進馬。參見張榮芳《唐代京兆尹研究》,臺北:臺灣學生書局,1987年,198—200頁。

[2] 韓愈《祭侯主簿文》,馬其昶校注,馬茂元整理《韓昌黎文集校注》卷五,上海古籍出版社,2014年,366,367頁。

[3] 孫正軍《官還是民:唐代三衛補吏稱"釋褐"小考》,《復旦學報(社會科學版)》2013年第4期,35頁。

[4] 《唐故鄆州司倉鄭公墓誌銘并序》,毛陽光、余扶危主編《洛陽流散唐代墓誌彙編》,97頁。按《舊唐書》卷四二《職官一》:"龍朔二年(662),左右領軍衛爲左右戎衛",1787頁;"垂拱元年(685)二月,諸衛鎧曹改爲冑曹",1789頁。可知,左戎衛鎧曹參軍即左領軍衛冑曹參軍。《舊唐書》卷四四《職官三》:"左領軍冑曹參軍,正六品下",1898頁。

[5] 《大周故朝議大夫行乾陵令上護軍公士獨孤府君(思貞)墓誌銘并序》,吴鋼主編《全唐文補遺》第二輯,西安:三秦出版社,1995年,351頁。《舊唐書》卷四四《職官三》:"左監門衛兵曹參軍,正八品下",1902頁。

[6] 《大唐故雲麾將軍右監門衛將軍上柱國樂平縣開國侯京兆王公墓誌銘并序》,胡戟、榮新江主編《大唐西市博物館藏墓誌》,415頁。《舊唐書》卷四四《職官三》:"典簽,從八品下",1914頁。

[7] 《唐故楊府錄事參軍裴府君(宜)墓誌銘并序》,喬棟、李獻奇、史家珍著《洛陽新獲墓誌續編》,北京:科學出版社,2008年,436頁。《舊唐書》卷四四《職官三》:"左衛兵曹參軍,正八品下",1898頁。

梁縣主簿(正九品上或下)[1]。

咸通十四年(873)《崔紓墓誌》：旋補進馬，釋褐授同州馮翊縣尉(正九品下或從九品上)[2]。

除了鄭智的釋褐官爲正六品下外，其餘幾人的釋褐官基本在八品、九品之間，官品較低。以文官爲主，擔任地方官也是在望縣。與毛漢光在《唐代蔭任之研究》中對三衛釋褐官的概括，包括擔任的職務和品級(以九品八品爲大宗)進行對比，進馬與三衛的釋褐官較一致，不如千牛、備身等[3]。雖然從《唐六典》到貞元七年的兵部奏都強調其考第、簡試同千牛例，但出身却不如千牛。

綜上，早期進馬具有"隱形使職"的特徵，最開始是武職，後來慢慢出現文的特點。隋唐之際的進馬與高宗年間已降的進馬在職能和選拔方式上頗爲不同。早期進馬負責皇帝、太子(特殊時期包括親王)的馬匹，保衛的職能更加突出；高宗之後其不再負責管理御馬，侍奉的職能更加凸顯。其選拔方式由多種途徑至高宗中後期歸入門蔭一途。從其釋褐官來看，進馬出身更傾向於擔任文官。但是，即使其隸屬關係與選拔方式經歷了變革，其與御馬的關係却始終存在。一方面這是進馬名所展現出的最突出特點，另一方面也是這一官職複雜性的根源。

三、影響進馬存廢的因素及原因

上文對進馬的早期職能、特點以及選拔方式等問題進行了描述，借助墓誌也對制度成熟期的進馬的用蔭、釋褐進行了概論。進一步思考，什麽是影響進馬發展，尤其是存廢的因素？進馬作爲一種特殊的衛官，其發展的趨勢自然符合一般衛官發展的趨勢，但也有與其他衛官相區別的地方。最大的區別就是，他們不隸屬於十六衛，而是隸屬於殿中省、太僕寺和太子僕寺，這是其職能決定

---

[1] 張孟《大唐河南府澠池縣主簿府君及夫人盧氏墓誌并序》，趙文成、趙君平編《秦晉豫新出墓誌蒐佚續編》，1256 頁。《新唐書》卷三八《地理二》："汝州梁縣，望"，984 頁。按《舊唐書》卷四三《職官二》："凡三都之縣，在內曰京縣，城外曰畿，又望縣有八十五焉。其餘則六千户以上爲上縣，二千户已上爲中縣，一千户已上爲中下縣，不滿一千户皆爲下縣"，1825 頁。望縣介於畿縣和上縣之間。《舊唐書》卷四四《職官三》："畿縣主簿，正九品上；上縣主簿，正九品下。"所以望縣主簿爲正九品上或下。1920、1921 頁。

[2] 周紹良主編《唐代墓誌彙編》咸通一〇四，2458、2459 頁。《新唐書》卷三七《地理一》："同州馮翊縣，望"，965 頁。《舊唐書》卷四四《職官三》："畿縣尉，正九品下；上縣尉，從九品上"，1920、1921 頁。所以望縣尉爲正九品下或從九品上。

[3] 毛漢光《唐代蔭任之研究》，《"中央研究院"歷史語言研究所集刊》第 55 本第 3 分册，1984 年，493 頁。

的。進馬作爲一種官職出現之初,就是負責管理皇帝和太子使用的馬,當它成爲一種門蔭入仕的衛官時,其職能發生了明顯的變化。探討進馬存廢的因素,首先要解釋其職能轉變的原因。

明確記載進馬的一次廢而復置,是《舊唐書》所載天寶八載(749),李林甫罷立仗馬,同時裁省了進馬官。天寶十二載(753),楊國忠當政時,復立仗馬及進馬官[1]。對這一過程的記載又見《舊唐書·玄宗上》和《唐會要》卷六五"進馬"條。不同之處是後者"南衙立仗馬宜停",多"南衙"二字[2]。所以,或許進馬的履職與自身存廢與仗馬有關。所謂"仗馬"或"立仗馬",宋代學者程大昌《雍錄》卷一○"立仗馬"條對唐代到宋代的立仗馬進行了考證。他指出,立仗馬在唐代經歷了職能轉變:貞觀時期是給無門籍,有急奏者所乘的"招言之馬",天寶後是執行肅仗之禮的"供御之馬"[3]。事實上,立仗馬不會成爲"招言之馬"。程氏所引材料,見於《舊唐書·顏真卿傳》,而根源就是顏真卿對立仗馬的理解有偏差。

> 《舊唐書·顏真卿傳》:時元載引用私黨,懼朝臣論奏其短,乃請:百官凡欲論事,皆先白長官,長官白宰相,然後上聞。真卿上疏曰:"……臣聞太宗勤於聽覽,庶政以理,故著司門式云:'其有無門籍人,有急奏者,皆令監門司與仗家引奏,不許關礙。'所以防壅蔽也。並置立仗馬二匹,須有乘騎便往,所以平治天下,正用此道也。"[4]

顏真卿這段話的目的是通過太宗的事例來勸諫代宗廣泛納諫。這段話分兩部分,第一部分是顏真卿所引貞觀時期《司門式》,第二部分是他認爲立仗馬就是爲了方便納言者。按,唐前期京師諸門開閉由門下省城門郎和監門衛共同管理[5]。而左右監門衛下胄曹掌管諸事項包括軍戎器械及承直馬。所謂承直馬,《唐六典》卷五"駕部郎中"條:"凡諸衛有承直之馬,諸衛每日置承直馬八十

---

[1]《舊唐書》卷四四《職官三》,1866頁。
[2]《舊唐書》卷九《玄宗上》,223頁;《唐會要》卷六五"進馬"條,1333頁。
[3] 程大昌撰、黄永年點校《雍錄》卷一○"立仗",北京:中華書局,2002年,221、222頁。現代學者對這一問題也有所關注。沈睿文認爲,仗馬列仗於宫府衙門前,即門仗之馬。張鑫則認爲,仗馬是不做騎乘之用的儀仗之馬,包括門仗之馬和天子大駕鹵簿之馬。沈睿文專指門仗之馬,與正文所引《舊唐書·職官三》對進馬在大陳設時發揮作用的敘述相衝突,而且《唐會要》明確提出是在月華門。沈文見氏著《唐陵的佈局:空間與秩序》,北京大學出版社,2009年,138頁。張文見《唐乾陵石仗馬的馬具與馬飾——兼談御馬與仗馬》,《文博》2014年第3期,42頁。
[4]《舊唐書》卷一二八《顏真卿傳》,3592、3593頁。
[5]《唐六典》卷八"城門郎"條:殿門及宫門若有勅夜開,受勅人具録須開之門,宣送中書門下。其牙内諸門,城門郎與見直監門將軍、郎將各一人俱詣閤門覆奏,御注"聽",即請合符門鑰,對勘符,然後開之。凡車駕巡幸,所詣之所,計其應啓閉者,先發而請其管鑰,及至,即開閾如京城之制。(250頁)可知,城門郎和左右監門衛是《司門式》的直接執行部門。

疋,以備雜使。"[1]諸衛承直馬的作用是"以備雜使"。由此可知,理論上説,按照太宗時代《司門式》的規定,言事者"乘騎便往"所用之馬應該是監門衛的承直馬,而不是顔真卿認爲的立仗馬。而立仗馬究竟是用來幹什麽的?回到上文所引《舊唐書·職官三》所載"進馬舊儀,每日尚乘以廄馬八匹,分爲左右厢,立於正殿側宫門外,候仗下即散。若大陳設,即馬在樂懸之北,與大象相次",即平時與衛官一起執行儀仗任務,而到了大陳設的時候,作爲一項禮儀用品而被安置,與樂懸、大象在一起。所謂"大陳設",就是在元日、冬至的朝會以及重大册命場合下的禮器陳設,包括"黄麾仗、樂縣、五路、五副路、屬車、輿輦、繖二、翰一,陳於庭;扇一百五十有六,三衛三百人執之,陳於兩箱"[2]。當然不只是這些,《隋唐嘉話》載:"秦武衛勇力絶人,其所將槍逾越常制。初從太宗圍王充於洛陽,馳馬頓之城下而去,城中數十人,共拔不能動,叔寶復馳馬舉之以還。迄今國家每大陳設,必列於殿庭,以旌異之。"[3]秦武衛逾越常制的槍也被作爲大陳設的内容之一,可想而知立仗馬也應該是如此。或許是珍愛戰馬的唐太宗特别將其納入大陳設的範圍以及儀仗的隊伍。對於唐太宗熱愛曾經與自己出生入死的戰馬的事例,史料中多有反映,他甚至將其刻成石雕放入昭陵中,即"昭陵六駿"。李丹婕認爲:"六駿是太宗爲自己營造的紀功碑,藉以書寫戰功,進而確立自己帝王身份的合法性。"從彰顯戰功的角度,立仗馬或許與昭陵六駿有異曲同工之妙[4]。進而,隨著立仗馬的出現,進馬職能發生了轉變,即從隋唐之際負責爲皇帝、太子(包括親王)提供乘用馬匹,尤其是戰馬的重要職務成爲入唐後尤其是高宗及以後一種禮儀活動的執行者。此後逐漸變成了如千牛一樣的衛官,門蔭入仕的途徑。易言之,立仗馬的出現成爲進馬職能轉變的契機和原因之一。進馬除了殿庭侍奉,只有較爲單純的禮儀職能,其被廢除也是可以想像的。如從五品下的奉車都尉"掌馭副車。有其名而無其人,大陳設則它官攝"[5]。負責大陳設中的副車,由於職能過於簡單有其名而無其人也是類似的道理。進馬被廢或許出於這種考慮。此外,進馬負責立仗馬相關禮儀活動,與衛官同時執行儀仗任務,從職能上來講,符合衛官負責保衛、儀仗活動的特點,加上上文提到進馬在選拔、考第和簡試等方面與千牛相同,因而可以更加確認它是衛官。

但不論進馬的職能如何變化,一個基本的問題是馬的來源。天寶進馬被廢

---

[1]《唐六典》卷五"駕部郎中"條,163頁。
[2]《新唐書》卷二三上《儀衛上》,483頁。
[3]劉餗撰,程毅中點校:《隋唐嘉話》,北京:中華書局,1979年,13頁。
[4]李丹婕《太宗昭陵與貞觀時代的君權形塑》,《中華文史論叢》2019年第1期,244頁。
[5]《新唐書》卷四九上《百官四上》,1281頁。

一事表明，立仗馬被省，進馬隨之被省，馬的來源對於立仗馬和進馬的存廢與職能的履行至關重要。從上文可知，開元二年後，進馬所使用的御馬均由閑廄使提供。研究馬政的學者認爲，唐朝中央馬政的管理者在開元至天寶年間經歷了由閑廄使到宦官擔任的飛龍使（內諸司使）的轉變，並認爲至大曆年間，飛龍使的地位繼續上升，最終侵奪了閑廄使的職權[1]。共同依據的材料即《唐會要》卷六五"閑廄使"條："大曆十四年(779)七月十日，閑廄使奏：'置馬隨仗，當使准例，每日于月華門立馬八匹，仗下歸廄去。廣德元年(763)蕃寇後，使司無使，頻申論飛龍不支。自後未至，臣忝職司，不敢不奏。'敕旨：'宜付飛龍使，依舊支置。'"[2]說明到了大曆時代，閑廄使想要立仗馬，需要向飛龍使申請，閑廄使已經掌握不了御馬了。上文提到，《新唐書》在描述太和八年後進馬的職能時，標明是飛龍廄提供御馬，而且也提到這種馬叫"南衙立仗馬"，《舊唐書·玄宗上》和《唐會要》卷六五"進馬"說的也是"南衙立仗馬宜停"，"南衙"意指使用立仗馬的人隸屬於南衙（殿中省、太僕寺），而不是來自南衙或者在南衙當值的馬。而天寶八載廢立仗馬事，或許就在暗示天寶年間御馬管理權正在由閑廄使轉向飛龍使，進而影響到了對立仗馬的支用和進馬的存廢。

爲什麼楊國忠在進馬被廢四年後，又重新設置進馬？從大的背景來看，與楊國忠當時繼李林甫執政有關。《舊唐書·玄宗下》："（天寶十一載）(752)十一月，庚申，御史大夫兼蜀郡長史楊國忠爲右相兼文部尚書。十二月甲戌，楊國忠奏請兩京選人銓日便定留放，無長名。……十二載(753)春正月壬子，楊國忠於尚書省注官，注訖，於都堂對左相與諸司長官唱名。"[3]楊國忠上任伊始就加快了銓選的效率，無疑對於選人有利，容易獲得他們的支持。《資治通鑑》則直接點明了楊國忠此舉"欲收人望"的目的[4]。緊接著十二載(753)正月，楊國忠便恢復立仗馬和進馬，與前面"據資授官"之事前後相連，表明楊國忠通過進馬的恢復來增加門蔭入仕途徑，與銓選之事同屬"欲收人望"。前舉其黨羽中書舍人宋昱之子宋應的例子便可說明，宋應成爲進馬是"天恩特拜"的結果，或許就是楊國忠相助。

進馬的存廢與仗馬的存廢有關，但似乎並不同步。程大昌對上引《唐會要》所

---

[1] 如馬俊民、王世平著《唐代馬政》，26—32頁；寧志新《唐朝的閑廄使》，《中國社會經濟史研究》1997年第2期，12頁；李錦綉《唐前期馬政》，收入氏著《唐代制度史略論稿》，320頁。需要提請注意的是，儘管閑廄使在開元時期攘奪了殿中省和太僕寺在御馬管理上的部分權力，但閑廄使依然"猶屬殿中"，屬於南衙（《唐六典》卷一一"尚乘局"條，330頁）。

[2] 《唐會要》卷六五"閑廄使"條，1334頁。月華門在大明宮宣政殿西廊。李昉等《太平御覽》卷一八三《居處部（一一）·門下》引《兩京新記》，北京：中華書局，1960年，890、891頁。

[3] 《舊唐書》卷九《玄宗下》，226頁。

[4] 司馬光編著《資治通鑑》卷二一六，唐玄宗天寶十一載十二月條，北京：中華書局，1956年，6915頁。

載大曆十四年閑廄使奏請復立仗馬之事評論道："當時以進馬之不可闕也，而降命使之復置復支。"〔1〕看出了立仗馬雖缺，但進馬不廢這樣一層意思。《舊唐書·職官三》載："(天寶)十二載，楊國忠當政，復立仗馬及進馬，乾元(758—759)復省，上元(760—762)復置也。"而《新唐書·百官二》的注認爲"乾元後又省，大曆十四年(779)復。"〔2〕兩者相比，一個是上元復置，一個是大曆十四年復置。前引《唐會要》卷六五"閑廄使"條是說從廣德元年之後，至大曆十四年沒有馬用來做立仗馬，而不能說立仗馬被廢。所以實際上《舊唐書》的說法即上元復置更可靠，《新唐書》的記載或許是對《唐會要》的誤解。《舊唐書·德宗上》在大曆十四年七月下記："丁丑，復置廄馬隨仗於月華門外。"〔3〕這則材料也表明復置的是廄馬而不是進馬官。而另外的材料證明進馬在沒有立仗馬時依然存在。《唐會要》卷九一"內外官料錢上"條："大曆十二年(777)四月二十八日，度支奏加給京百司文武官及京兆府縣官每月料錢等……應給百司正員文武官月料錢外，官員准式例合支給料錢如後：……殿中省進馬(原注：准開元十七年五月十四日敕置，每人准一月納料錢一千九百一十七文)。僕寺進馬(原注：與殿中進馬同)。"〔4〕可知大曆十二年沒有立仗馬可用的時候依然有進馬。所以即使進馬無法完整履行職能依然被保留，表明進馬作爲一種門蔭入仕的途徑愈發穩定。

綜上所述，進馬的職能與存廢受到立仗馬的影響，立仗馬被省，進馬或許就被廢。所以，立仗馬及其來源就對進馬的存廢產生了影響，因此，這一問題又涉及唐代馬政管理問題。但進馬的存廢又並非完全取決於立仗馬，比如天寶八載被廢，十二載復置，短短四年未必就因馬政問題產生變化而復置，其中的人事因素也應被考慮在內，尤其是進馬作爲一種高級門蔭入仕的途徑，對籠絡一些高級官員或許有作用。而史料記載的最後一次復置，即上元年間復置後，其作爲一種門蔭入仕的途徑更加穩固。

四、結論

進馬至遲出現在北魏晚期，一開始是在皇帝和太子(包括一些親王)身邊掌管馬

---

〔1〕《雍錄》卷一〇"立馬仗"，222頁。
〔2〕《新唐書》卷四七《百官二》，1218頁。
〔3〕《舊唐書》卷一二《德宗上》，322頁。
〔4〕《唐會要》卷九一"內外官料錢上"條，1964—1967頁。

匹的武職。其早期具有使職的特徵，官名不穩定。後來發展爲殿中省進馬、僕寺進馬和太子進馬三類。太子進馬後來逐漸低微乃至被廢。進馬在高宗時期大量出現，其職能逐漸由管理馬匹到引導儀仗用馬和殿庭侍奉，逐漸成爲衛官的一種[1]。傳世史料中記載的選拔方式和出身與一些墓誌所體現的不合：墓誌所見早期進馬通過多種途徑擔任，高宗以後逐漸成爲門蔭入仕的一種，其對父祖官品的要求較高，大約是五品以上。其釋褐官則在八九品。對進馬存廢產生影響的因素，立仗馬及其來源是一個關鍵因素，但從楊國忠復進馬以後，人事因素更加明顯。

附錄：唐文所見唐代進馬簡表

序號	擔任進馬者	時　間	進馬種類	文　獻　來　源
1	斛斯政則	武德時期（618—626）	護軍府校尉，仍知進馬供奉	《斛斯政則墓誌》，《昭陵碑石》，176—178頁。
2	范寶	武德時期（618—626）	太子進馬	《范懷立墓誌》，《全唐文補遺》(千唐誌齋新藏專輯)，33頁。
3	鄭智	顯慶初(656)	太子進馬	《鄭智墓誌》，《洛陽流散唐代墓誌彙編》，97頁。
4	獨孤思貞	顯慶、龍朔時期(656—663)（推測）	太子進馬	《獨孤思貞墓誌》，《全唐文補遺》第二輯，351頁。
5	陳素	總章、咸亨時期(668—674)（推測）	殿中省進馬	《陳素墓誌》，《全唐文補遺》(千唐誌齋新藏專輯)，139—140頁。
6	王泰	上元初(674)	太子進馬	《王泰墓誌》，《大唐西市博物館藏墓誌》，415頁。
7	張延暉	長安三年(703)	進馬	《張延暉墓誌》，《大唐西市博物館藏墓誌》，633頁。
8	臧敬沘	武周至開元時期（推測）(690—741)	殿中省進馬	《文苑英華》卷九〇七《左羽林大將軍臧公神道碑》，4776頁下。
9	裴宜	天寶六載(747)	進馬	《裴宜墓誌》，《洛陽新獲墓誌續編》，436頁。

---

[1] 需要特別指出的是，儘管《唐六典》將進馬放在宿衛官之下加以敘述，而且無論是選拔、考第、簡試還是職能都與千牛相同或相似，可以視作衛官，但有一個不可忽視的矛盾：在《舊唐書·職官三》《新唐書·百官二》都記錄了進馬的官品，但千牛在左右千牛衛相同的位置卻未記錄其官品，似乎進馬是職事官。《崔紓墓誌》記錄他"旋補進馬，釋褐授同州馮翊縣尉"，"釋褐"的說法表明他之前擔任的進馬不是職事官。根據賴亮郡在《唐代衛官試論》中所附《唐代衛官官品表》，進馬的存在又構成了使這一衛官品級完整的一環(306頁)。或許這一問題的解答，有待於對唐代衛官的性質做出全面檢討之後了。在此存疑。

(續表)

序號	擔任進馬者	時　間	進馬種類	文　獻　來　源
10	宋應	天寶十三載(754)	殿中省進馬	《宋應墓誌》,《唐代墓誌彙編續集》天寶一〇四,658頁。
11	張元佐	貞元五年(789)	殿中省進馬	《張元佐及夫人盧氏墓誌》《張元佐墓誌》,《秦晉豫新出墓誌蒐佚續編》,1256頁,1031頁。
12	鮑宗參	貞元六年(790)前	殿中省進馬	《文苑英華》卷八六九《工部尚書鮑防碑》,4721頁。
13	呂儉	貞元十六年(800)前	太僕寺進馬	《呂府君夫人柳氏墓誌銘》,《唐代墓誌彙編續集》貞元〇五九,775—776頁。
14	崔鍔	元和時期(806—820)(推測)	太僕寺進馬	《崔鍔墓誌》,《全唐文補遺》第八輯,146頁。
15	李處仁	元和時期(806—820)(推測)	殿中省進馬	《李虞仲墓誌》,《秦晉豫新出墓誌蒐佚續編》,835頁。
16	權順孫	元和時期(806—820)(推測)	太僕寺進馬	《權德輿文集》卷二六《殤孫進馬墓誌銘(并序)》,391頁[1]。
17	韓佶	長慶、寶曆時期(821—827)(推測)	殿中省進馬	《韓昌黎文集校注》卷五《祭侯主簿文》,326、327頁。
18	崔紓	文宗、武宗時期(826—846)	進馬	《崔紓墓誌》,《唐代墓誌彙編》咸通一〇四,2458—2459頁。
19	盧晏	唐(618—907)	殿中省進馬	《盧初墓誌》,《唐代墓誌彙編》大和〇二二,2112頁;《盧伯卿墓誌》,《全唐文補遺》第一輯,320頁。
20	孫伾	唐(618—907)	太僕寺進馬	《孫景商墓誌》,《全唐文補遺》第六輯,172—173頁。

附記:本文蒙劉琴麗老師悉心指導,謹謝。

〔陳虹池,中國社會科學院大學歷史學院碩士研究生〕

---

〔1〕 權德輿《殤孫進馬墓誌銘(并序)》,郭廣偉點校《權德輿文集》卷二六,上海古籍出版社,2008年,391頁。

吴澄《道學基統》述評

周　暢

吴澄(1249—1333),字伯清,江西撫州人,元代重要的理學家、文學家和教育家。吴澄曾留下了大量與教育相關的論述,其中以《道學基統》一書最爲詳細和系統地介紹了他的教育主張和學習建議,是研究吴澄教育思想的重要材料。

不少前輩學者已經關注到此書,介紹了其中內容並論述了吴澄教育思想的相關問題,如胡青在《吴澄教育思想初探》一文中依《道學基統》中的内容分析了吴澄對"高等教育"的主張;方旭東在《吴澄評傳》中,依相關内容分析了吴澄的進學之法。[1]本文在前輩學人的基礎之上,擬就《道學基統》的創作、教學主張對宋代道學理念的繼承以及吴澄的學術實踐等問題再展開一些補充。

一、《道學基統》的創作

《道學基統》成於元至大四年(1311),泰定四年(1327)吴澄弟子歐陽毅將其付梓。[2]該書最初以《學基》《學統》二篇的形式傳世,至遲不晚於明初,以一卷

---

[1] 參見胡青《吴澄教育思想初探》,《江西師範大學學報(哲學社會科學版)》1984年第4期,68—75頁;方旭東《吴澄評傳》,南京大學出版社,2011年,19—64頁。
[2] 《道學基統》末題"皇元至大四年辛亥著《學基》《學統》終"。歐陽毅《跋》稱:"毅寓清江之暇日,因壽諸梓,與四方學者共之。泰定丁卯十一月學生臨川歐陽毅識。"見吴澄《臨川吴文正公集·道學基統》,臺北故宮博物院藏吴燿、吴炬刻本,6頁;歐陽毅《道學基統跋》,載臺北故宮博物院藏吴燿、吴炬刻《臨川吴文正公集·道學基統》,7頁。

本《道學基統》的形式流傳。[1] 目前可見的最早版本是明初永樂、宣德年間,吳澄後裔吳爌、吳炬刊刻《臨川吳文正公集》(以下簡稱《吳文正公集》)時所收錄的(以下稱爲"明初本"),該版本目前臺北故宮博物院、日本宮內廳書陵部有藏。明成化年間,陳輝、方中重刻《吳文正公集》時,也收錄該書(以下稱爲"成化本"),該版本于國家圖書館、中國歷史研究院圖書館、臺北"中央"圖書館等有藏,1985年臺北新文豐出版公司出版《元人文集珍本叢刊》時,該書隨《吳文正公集》一道影印出版,目前學界多使用該版本。"明初本"和"成化本"比較,除個別文字外,內容上無差異。本文所引以1985年影印的"成化本"爲主,部分文字脫漏、錯訛之處依臺北故宮所藏"明初本"和國家圖書館所藏"成化本"予以補正。

元代流傳的《學基》《學統》和明代流傳的《道學基統》在內容上有所差異。就目前所見的材料,這些差異主要集中在《教法》一節。具體可見危素《臨川吳文正公年譜》(以下簡稱《年譜》)和何中《跋吳草廬學基學統後》的節錄,見下表:

表1　三種版本《道學基統·教法》內容差異

	"明初本"\"成化本"《道學基統》	《年譜》錄文[2]	何中《跋文》錄文[3]
《文藝》	古文; 詩。	古文; 詩。	古文;四六; 古詩;律詩。
《治事》	選舉,食貨水利,算數[4],禮儀,樂律,通典,刑統。	選舉,食貨,禮儀,樂律,演算法,吏文,星曆,水利。	選舉,食貨,禮義,樂律,演算法,吏文,星曆,水利。

何中的《跋文》是與吳澄的商榷,他提出的具體建議是:

> 古詩、律詩,不當分爲二……若欲以法律爲學,則明立刑法之條,不必以刑名爲諱。諱其刑名之名,而立吏文之目……[5]

---

[1]《道學基統》末題"著《學基》《學統》終",虞集所寫《故翰林學士資善大夫知制誥同修國史臨川先生吳公行狀》(以下簡稱《吳公行狀》)、揭傒斯所寫《大元敕賜故翰林學士資善大夫知制誥同修國史贈江西等處行中書省左丞上護軍追封臨川郡公諡文正吳公神道碑》(以下簡稱《吳公神道碑》)等傳記資料也都記載爲《學基》《學統》二篇,可知《學基》《學統》二篇即原名。而明初刊刻的《臨川吳文正公集》中有《道學基統》一卷,列於《外集》卷首。參虞集《故翰林學士資善大夫知制誥同修國史臨川先生吳公行狀》,《道園類稿》卷五〇,王頲點校《虞集全集》,天津古籍出版社,2007年,866頁;揭傒斯《吳公神道碑》,李夢生標校《揭傒斯全集》,上海古籍出版社,2012年,542頁。

[2] 參見危素《年譜》"四年辛亥"一條,《元人文集珍本叢刊》3,臺北:新文豐出版公司,1985年,23頁。

[3] 何中《跋吳草廬學基學統後》,李修生主編《全元文》第22冊,南京:鳳凰出版社,2004年,188—189頁。

[4] "明初本"爲"算數","成化本"爲"數",疑爲"成化本"漏刻。今據"明初本"補。

[5] 何中《跋吳草廬學基學統後》,《全元文》第22冊,188—189頁。

何中對《文藝》的建議,在"成化本"《教法》内容中都有體現,可以認爲何中的建議對《道學基統》的修訂產生了影響。從危素所錄來看,《文藝》部分已修改而《治事》尚未修改,因此《道學基統》的修訂應該不是一次完成的。或許在泰定年間交由歐陽毅付梓前,吳澄又根據當時學者的反應和自身經驗對原有規劃進行了再次修改。

吳澄編纂《道學基統》的原因是指導和規範弟子、門人的學習。虞集《吳公行狀》記載:

> 門人衆多,浩不可遏,各以其所欲而求之,各以其所能而受之,蓋不齊也。乃著《學基》一篇,使知德性之當尊。著《學統》一篇,使知問學之當道。所謂窮鄉晚進,無良師友而有志於學者,循此而學之,庶乎其不差矣。[1]

吳澄作爲當世名儒,求學者甚衆。但求學者的學術愛好和進學途徑不同,學術水平參差不齊,吳澄便通過制定學習規範和教學建議規範求學者的進學途徑。《道學基統》中的部分要求在成書前就已被吳澄用於教導弟子、勸進後學,成書是以往教學經驗的總結。他進行總結的契機是國子監學改革。《道學基統》於至大四年成書。當年元仁宗即位、推行文治,國子學改革是其中的重要環節。吳澄於此時升任國子司業,便參考宋儒胡瑗的"大學教法"、程顥《請修學校尊師儒取士劄子》和朱熹《學校貢舉私議》中的主張,擬定"教法四條"[2],即《道學基統》中的《教法》一節。吳澄可能在這個過程中對自己的教學主張進行總結,最終完成了《道學基統》的編述。

二、《道學基統》的内容和主張

《道學基統》分《學基》和《學統》兩篇。《學基》篇摘錄了諸經和兩宋諸儒語錄共四十條,主要關於學習者如何修身養性和持敬進學。《學統》篇分《本言》

---

[1] 虞集《吳公行狀》,《虞集全集》,866頁。
[2]《道學基統·教法》:"前件係程明道《學校奏疏》、胡安定'大學教法'、朱文公《學校貢舉私議》,三者斟酌去取。"程明道,即程顥,字伯淳,號明道,世稱明道先生,故稱。《學校奏疏》,即《請修學校尊師儒取士劄子》(本文以下仍稱《學校奏疏》)。胡安定,即胡瑗,字翼之,世稱安定先生,曾執掌蘇州、湖州官學,分經義、治事兩齋教學,兼顧經義與時務。後入太學,故稱大學教法、太學教法,今人亦稱蘇湖教法。"成化本"《年譜》稱爲"二學教法",《元史·吳澄傳》稱爲"六學教法",均疑爲刻誤。朱文公,即朱熹,字元晦,謚號文,故稱。《學校貢舉私議》是朱熹晚年針對當時的教育弊端提出的一個綜合性改革方案。

《幹言》《支言》《末言》和《教法》五節。前四節羅列了學習内容，分別爲儒家經典、北宋五子著述、子部和史部書以及醫書等雜學書。《教法》即吳澄爲國子監改革所擬定的"教法四條"，包括經學、行實、文藝和治事四個科目的內容和學習要求。《教法》在文本結構中的位置是一個值得討論的問題。有學者認爲《教法》是獨立的部分[1]，筆者認爲這一説法值得商榷，應將《教法》視爲《學統》中的一節。首先，元代流傳的《學統》篇中就包含有《教法》，這從何中《跋吳草廬學基學統後》中包含兩條對《教法》的商榷就可以看出。其次，《學統》前四節羅列學習的内容，《教法》則在道德實踐、文藝創作以及實務等方面提出要求，共同構成了使學者既"有識"又"有用"的要求，因此應視爲整體看待。

吳澄通過《道學基統》強調了"尊德性而道問學"的教育原則，如虞集所説："(吳澄)著《學基》一篇，使知德性之當尊。著《學統》一篇，使知問學之當道。"[2] "尊德性而道問學"出自《中庸》："苟不至德，至道不凝焉。故君子尊德性而道問學，致廣大而盡精微，極高明而中庸。"[3] 這後來成爲儒家教育人才的根本方法，如朱熹言："大抵子思以來，教人之法，惟以尊德性道問學兩事爲用力之要。"[4] 吳澄中年以後形成了一套強調讀書人要先"尊德性"後"道問學"的教育觀："每先令其主一持敬，以尊德性，然後令其讀書窮理，以道問學。"[5] 在哲學層面，吳澄將"德性"視爲成人的根本和學習的根基："天之與我，德性是也，是爲仁義禮智之根株，是爲形質血氣之主宰。舍此而它求，所學果何學哉？"[6] 而"尊德性"就是"變氣質"："進德在於克己以變氣質。"[7] 因此"變氣質"就應是主要的學習目標："所貴乎學者，以其能變化氣質也！學而不足以變氣質，何以學爲哉？"[8] 同時，吳澄還將重倡"尊德性"視爲重振道學、推動學術發展的關鍵，他在《尊德性道問學齋記》一文中提出程、朱等人學術高明于胡瑗、石介、孫復等宋初儒士的原因便是能在"德性"上用力，而朱門後學淪爲訓詁、詞章之學的原

---

[1] 如方旭東先生認爲可將《學基》和《學統》的《本》《幹》《支》《末》四部分視爲一個整體，這一部分主要是"供學者自修自學之用"，而《教法》作爲"用於學校教育的大綱"，可以視爲獨立的篇章。參見方旭東《吳澄評傳》，63頁。
[2] 虞集《吳公行狀》，《虞集全集》，866頁。
[3] 《禮記·中庸》，阮元校刻《十三經注疏》，北京：中華書局，2009年，3545頁。
[4] 朱熹《答項平父》，《晦庵先生朱文公文集》卷五四，載朱傑人、嚴佐之、劉永翔主編《朱子全書》，上海古籍出版社、安徽教育出版社，2002年，2540頁。
[5] 吳澄《答田副使第三書》，《吳文正公集》卷三，《元人文集珍本叢刊》3，臺北：新文豐出版公司，1985年，109頁。
[6] 吳澄《尊德性道問學齋記》，《吳文正公集》卷二二，393頁。
[7] 吳澄《玉元鼎字説》，《吳文正公集》卷六，152頁。
[8] 吳澄《送方元質學正序》，《吳文正公集》卷一六，291頁。

因則在於忘記以"德性"爲先。[1]吴澄素以承續朱熹道統自居,將重振道學、推動學術發展視爲自己的使命,强調"尊德性而道問學"就是爲了培養真正的士人、實現這一目標。

吴澄重提"尊德性"使他遭受了一些誤解和非議。"尊德性而道問學"本是儒家的傳統主張,但伴隨朱陸之間門户之見漸成[2],"尊德性"和"道問學"成爲陸子後學和朱子後學的"標籤"。吴澄就因提倡"尊德性"而被人認爲是在倡導陸學,虞集《吴公行狀》云:"蓋先生嘗爲學者言'朱子道問學工夫多,陸子静却以尊德性爲主……今學者當以尊德性爲本,庶幾得之。'議者遂以先生爲陸學,非許氏尊信朱子之義。"[3]"尊德性"不是陸九淵學術的發明,因此便稱吴澄"宗陸"是不合理的。分析《道學基統》規劃的進學途徑可以清晰地看出吴澄對程、朱道學一脈進學途徑的繼承和推崇,並未"宗陸",也未"背朱"。本文以下展開詳述。

《道學基統》的基本原則是"尊德性而道問學",落實到實踐層面是提倡培養"明體達用"之士。"明體達用"是後學對胡瑗教法的總結[4],提倡儒士要既能修身、成己,又能躬行於世。程顥、朱熹在論及教育時也繼承了這個主張。如程顥在《學校奏疏》中就提出考察士人要關注"經義、性行、材能"三個方面。[5]朱熹在《學校貢舉私議》中也提出要分設"諸經、子史、實務"諸科。[6]吴澄編《教法》時曾明確説以胡瑗"大學教法"爲參考,並且也加入了"治事"科。如此看來,吴澄《教法》與胡、程、朱等人教法的框架是一致的。

《道學基統》對學習的具體設計也繼承了胡、程、朱等人的主張。

第一,關於求學者品格的要求。《學基》篇中摘取先秦諸儒、北宋諸子語録共四十條,均是圍繞士人如何定性、定心、寡欲、敦篤、虛静、持敬展開的。《學基》所選的語録與朱熹、吕祖謙合編《近思録》所録相似[7],但吴澄收録的較少

---

[1] 吴澄《尊德性道問學齋記》,《吴文正公集》卷二二,393頁。
[2] 參見侯外廬、邱漢生、張豈之等《宋明理學史》,北京:人民出版社,1984年,749—762頁。
[3] 《吴公行狀》中未詳述此事發生於何時,明代編修《元史》將其附會於皇慶元年吴澄辭國子司業之時。虞集《送李擴序》記載:"未幾,二公(指劉賡、齊履謙)皆他除,近臣以先生薦於上,而議者曰:'吴伯清,陸氏之學也,非朱子之學也。不合於許氏之學,不得爲國子師。是將率天下而爲陸子静矣。'"則可知此議發生於延祐二年,議招吴澄爲國子祭酒之時。參見虞集《吴公行狀》,《虞集全集》,862頁;《元史》卷一七一《吴澄傳》,北京:中華書局,1976年,4012頁;虞集《道園類稿》卷二〇《送李擴序》,《虞集全集》,539頁。
[4] 胡瑗並未直接提出"明體達用"這一概念。這是後學對他教學主張的總結,最早可見於宋神宗時期,劉彝稱之爲"明體用"。後人對此語又漸次改造,至明、清時多稱爲"明體達用"之學,本文於此處不加深究,從俗稱呼。參見周揚波《胡瑗"明體達用"辯》,《孔子研究》2013年第6期,49—59頁。
[5] 程顥《請修學校尊師儒取士劄子》,《河南程氏文集》卷一,載王孝魚點校《二程集》,北京:中華書局,2004年,448—450頁。
[6] 朱熹《學校貢舉私議》,《晦庵先生朱文公文集》卷六九,《朱子全集》,3359頁。
[7] 參見朱熹、吕祖謙《近思録》卷四,載《朱子全書》13,207—216頁。

也未作解說。《學基》還將先秦經典和宋儒語錄重新分開,並補充了朱熹和朱熹弟子的語錄,可以看出吴澄對朱熹的推崇。《教法》"行實"科是對道德實踐的要求。程顥、朱熹都曾提出考察士人是否踐行"道德",但程、朱的設計中"德行"科是後續學習的前提,吴澄的設計則是要對學習者進行持續考察。《學基》和《教法》"行實"科共同構成對士人的道德要求。

第二,關於學習科目和内容的設計。吴澄在《教法》中設計了經義、行實、文藝和治事四科。胡瑗教法分兩科:經義、治事,治事科主要講授民政、軍政、水利、數學等内容。[1] 朱熹《貢舉私議》中提出設置德行、諸經、子史和實務諸科,實務科講授歷代典章制度、律法、地理、軍事等内容。[2] 總體上看,吴澄繼承了胡瑗、朱熹兼顧經義與實務的框架,但具體内容上又有創新。

吴澄在"經義"科中作了兩處補充,一是《禮》經下中加入了《儀禮傳》《儀禮逸經》;二是加入了《孝經》。朱熹曾感嘆:"況今《樂經》亡,而《禮經》缺,二戴之《記》已非正經,而又廢其一焉,蓋經之所以爲教已不能備"[3],認爲《樂》和《禮》的殘缺導致經學教育已不完備。吴澄以繼承朱熹爲志,編訂《儀禮傳》和《儀禮逸經》也被他視爲重要的學術成果:"朱子考定《易》《書》《詩》《春秋》四經,而謂之三禮體大,未能緒正。晚年欲成其書,於此至惓惓也……嗚呼!由朱子而來,至於今將百年,然而無有乎爾。澄之至愚不肖,猶幸得以私淑於其書,實受罔極之恩。善繼者卒其未卒之志,善述者成其未成之事,抑亦職分之所當然也。是以忘其僭妄,輒因朱子所分禮章,重加倫紀。"[4]《孝經》是儒家傳統的十三經之一,全書共十八章,傳有古文《孝經》和今文《孝經》。吴澄此時所用是他編訂的《孝經定本》。朱熹曾依古文《孝經》作《孝經刊誤》一卷,認爲《孝經》前六章爲"經"、後十二章爲"傳",吴澄作《孝經定本》時繼承了這一觀點。但吴澄認爲古文《孝經》"文勢曾不若今文之從順",今文《孝經》又"不無可疑者",因此"以今文、古文校其同異"作《孝經定本》[5],對朱熹成果又有所揚棄。該書在吴澄入國子監前就有流傳。大德七年吴澄自大都返鄉、途經揚州,張恒來問《孝經》,抄錄《孝經定本》並付梓。[6] 吴澄將自己的著述作爲對朱熹學術成果的補充而列

---

[1] 程顥《元豐己未吕與叔東見二先生語》,《程氏遺書》卷二,《二程集》,18頁。
[2] 朱熹《學校貢舉私議》,《晦庵先生朱文公文集》卷六九,3359頁。
[3] 同上,3359頁。
[4] 吴澄《三禮叙錄》,《吴文正公集》卷一,74—76頁。
[5] 吴澄《孝經叙錄》,《吴文正公集》卷一,78頁。
[6] 見《草廬孝經後序》:"恒於是借觀舊稿,就欲筆受,請於先生。先生曰:'此往年以訓穉子,不欲傳之,故未嘗示人也。'恒再三請,乃許。既得錄本,而求者沓來,應之不給。同門諸友,共爲鋟木,以公其傳,而所聞師説,並記於其後。"張恒《草廬孝經後序》,載朱彝尊撰,林慶彰、蔣秋華、楊晉龍等主編《經義考新校》卷二二七,上海古籍出版社,2010年,4108頁。

爲教學内容,可視爲吴澄通過教育工作聲明自己朱熹繼承者、道統承續人的身份。

吴澄"治事"科的規劃與前人也略有不同。首先是取消有關兵法和地理的内容。或許因《教法》爲國子監改革而作,當時相關專業人才的培養不是國子學的教學任務。其次吴澄要求"治事"科内"各依所習讀"即可。胡瑗要求"各治一事,又兼一事"[1],在於專注;朱熹要求"皆不可以不之習也"[2],在於全面。吴澄的設計對學習没有强制性要求,兼顧了學習者的精力和興趣。

《道學基統》的創新之處在保留"文藝"科。有學者認爲元代學界——尤其是北方學界——有一派以行文著稱並在朝中有較大勢力的"文章派"士人,吴澄此時主持改革,如果兼顧他們的學術取向更易得到成功,因此吴澄保留"文藝"是一種對現實的妥協。[3]該説基於當時學術氛圍和政治局勢展開分析,有一定道理,但一定程度上忽視了吴澄對文學的態度。

朱熹主張教學、取士中取消"文藝"一類内容的原因是對浮華文風和科場程文之弊的反感。朱熹《學校貢舉私議》中稱"三代之教,藝爲最下",又言"空言本非所以教人,不足以得士,而詞賦又空言之尤者",稱科舉程式文章"名爲治經而實爲經學之賊,號爲作文而實爲文字之妖"。[4]吴澄主張保留"文藝"科傳授詩文並不悖於此。吴澄也反對貢舉之文,《送虞叔常北上序》中稱:"貢舉之文,則決得失於一夫之目,爲一時苟利禄之計而已矣,暇爲千萬世計哉?"[5]充分肯定朱熹關於貢舉之文乃"經之賊""文之妖"的説法。但吴澄又將"文"分爲"儒者之文"和"文人之文",倡導"託辭以明理"的儒者之文。[6]他相信可以通過制度建設引導士人向"儒者之文"方向靠近:

> 今將以尊經右文也,而適以賊之、妖之,可乎?斯弊也,惟得如歐陽公者知貢舉,庶其有瘳乎?閑之於未然,拯之於將然,俾不至於爲賊、爲妖,而爲朱子所陋,則善矣。儻有今之歐陽公,試問所以閑之、拯之之道。[7]

---

[1] 朱熹《善行》,《小學》卷九,《朱子全書》13,460頁。
[2] 朱熹《學校貢舉私議》,《晦庵先生朱文公文集》卷六九,3359頁。
[3] 參見方旭東《吴澄評傳》,354頁;安部健夫《元代的知識份子和科舉》,劉俊文主編、索介然譯《日本學者研究中國史論著選譯》第五卷,北京:中華書局,1993年,671—679頁;孫克寬《元代漢文化之活動》,臺北:中華書局,1968年,199—208頁。
[4] 朱熹《學校貢舉私議》,《晦庵先生朱文公文集》卷六九,3356、3358頁。
[5] 吴澄《送虞叔常北上序》,《吴文正公集》卷一五,288—289頁。
[6] 吴澄《張達善文集序》,《吴文正公集》卷九,201頁。
[7] 吴澄《送虞叔常北上序》,《吴文正公集》卷一五,289頁。

"歐陽公"指歐陽修,宋嘉祐二年(1057),歐陽修知貢舉時倡古文、抑"太學體",令"場屋之習,從是遂變"。[1]吴澄該文寫於延祐復科前,期望能有"今之歐陽公"主持科舉、把握科舉的方向,防止士人學風、文風再次傾頹。吴澄謀劃國子監改革時保留"文藝"科應也是基於這種思路,相信由他親自主持教育改革能够倡導"儒者之文"、防止文風傾頹。

第三,關於學習方法的規劃。首先,吴澄要求"凡治經者皆要兼通《小學書》及《四書》"。[2]吴澄學術以重《五經》著稱,在《四書》上確無太多發揮[3],但吴澄重視《四書》《小學》的教育功能,多次強調《四書》是讀書人進學的基礎:

> 讀聖經者先《四書》,讀《四書》者先《大學》。[4]
> 《四書》,進學之本要也。知務本要,趨向正矣。[5]
> 道之無傳,而人之易惑難曉也!爲子之計,當以朱子所訓釋之《四書》,朝暮晝夜,不懈不輟,玩繹其文,探索其義。文義既通,反求諸我。[6]

其次,吴澄强調治經要"專一經,每經各專一家,亦須熟讀經文、注文,旁通諸家"。[7]這也是對朱熹思想的繼承:

> 其治經必專家法者,天下之理固不外於人之一心,然聖賢之言則有淵奥爾雅而不可以臆斷者,其制度、名物、行事本末又非今日之見聞所能及也,故治經者必因先儒已成之説而推之。借曰未必盡是,亦當究其所以得失之故,而後可以反求諸心而正其繆……令應舉人各占兩家以上……將來答義以本説爲主而旁通他説,以辨是非,則治經者不敢妄牽己意,而必有據依矣。[8]

專於一家,兼通旁家是將家法作爲學習義理的指引,避免臆造,旁通別家是爲了不拘泥於一家之言以至於偏頗。

吴澄在《道學基統》中開列的傳、注與朱熹《貢舉私議》不同。吴澄開列的書目大幅減少,大批宋儒中非道學一脉的——尤其是王安石新學一脉的——著述

---

[1]《宋史》卷三一九《歐陽修傳》,北京:中華書局,1985年,10378頁。
[2] 吴澄《吴文正公集·道學基統》,116頁。
[3] 參見錢穆《吴草廬學述》,《中國學術思想史論叢》第六册,臺北:東大圖書有限公司,54—76頁。
[4] 吴澄《何自明仲德字説》,《吴文正公集》卷六,159頁。
[5] 吴澄《贈學録陳華瑞序》,《吴文正公集》卷一四,275頁。
[6] 吴澄《送陳洪範序》,《吴文正公集》卷一五,293頁。
[7] 吴澄《吴文正公集·道學基統》,116頁。
[8] 朱熹《學校貢舉私議》,《晦庵先生朱文公文集》卷六九,3361頁。

被剔除,而代之以漢、唐儒士和朱熹及其後學的成果。這一調整突出了程朱道學的正統,對學習内容的精選也更加有利於學習者展開學習。

綜上,《道學基統》對人才培養的總體規劃以及學習、修養各方面的具體要求都是對北宋胡瑗、二程、朱熹一脉進學途徑的繼承。《道學基統》還有一些吴澄個人的開創,這受到了吴澄個人學術風格的影響。吴澄對朱子後學淪爲記誦、訓詁之學的趨勢非常不滿,主張讀書要有自己的理解,宋儒著述中的不妥之處,吴澄多直接提出獻疑和商榷,絶不亦步亦趨。這種治學態度是他能有所創造的原因。

另外,《道學基統》這篇文獻的性質和他參考的胡、程、朱等人著述不同。《道學基統》不是對國家教育、選士制度和學校體系的總體規劃,是針對學習者學習實踐的指導。因此《道學基統》著眼於具體的教學内容,在學理上進行説明、討論不多,更貼近教學和學習活動本身。

三、《道學基統》與國子學改革

《道學基統》是吴澄策劃國子學教法改革時成書的。當時元仁宗即位,計劃推行文治。仁宗對儒士、儒術非常重視:"明心見性,佛教爲深;修身治國,儒道爲切……儒者可尚,以能維持三綱五常之道也。"[1]仁宗在潛邸時就招攬了一批儒士,如李孟、王毅、元明善等,這批人後來成爲他治國的班底。[2]元仁宗重視國子監學的發展,居東宫時便建議加快完成國子監學舍的修建工作。[3]仁宗即位後又連續下令整頓國子學:至大四年(1311)二月,仁宗令中書平章李孟領國子學;七月,增補國子監員額、確立陪堂生升伴讀制度,擢升"儒士成才"者入國學、翰林等任職;十二月,令李孟整頓國子監學。整頓頻次高、力度強,可見他對國子監學的重視。

吴澄升任國子司業時,劉賡以集賢大學士兼國子祭酒。劉賡對吴澄頗爲推崇,積極支持吴澄工作:"侍御史劉公賡拜集賢大學士、國子祭酒,召諸生語之曰:'朝廷徒以吾舊人,自臺臣遷以重國學,司業大儒,吾猶有所質問,師不易得,

---

〔1〕《元史》卷二六《仁宗紀三》,北京:中華書局,1976年,594頁。
〔2〕關於元仁宗潛邸集團中重要人物的學術背景、經歷的情況,可參見楊金榮《潛邸侍臣與元代的"二期儒治"》,《漢江論壇》1998年第8期,91—95頁。
〔3〕事見《元史·武宗紀一》:"御史臺臣言:'成宗朝建國子監學,迄今未成,皇太子請畢其功。'"498頁。

時不可失,諸生勉之。'"[1]劉、吳二人關係融洽,吳澄曾回憶道:"翰林學士承旨劉公爲國子祭酒。蓋以望實選,不以品秩論。澄由國子監丞任司業,朝夕事公。公爲官長,又年長,恂恂焉視予猶弟也。"[2]此時吳澄弟子虞集也在國子監學任助教。幾人"皆欲有所更張,以副帝意"[3],共同推動改革的開展。

吳澄策劃改革,上是回應皇帝的需要、貫徹最高統治者的意志,下有相對和諧的工作環境,本應有所施展。但吳澄却在皇慶元年(1312)正月辭歸江西,他提出的教學改革方案也未能得到推行。吳澄辭官的原因,現存史料中有隱晦[4],前輩學人結合當時政治、學術、文化環境等因素展開過討論[5],但筆者認爲可結合教法方案本身再展開考察。

仁宗即位前,關於國子學人才培養和選拔模式有過激烈且持久的議論。王建軍先生將其總結爲"保舉法"和"歲貢法"的鬥爭[6],實際上是圍繞是否以教養爲先以及是否要引入考試進行選拔等問題的爭論。

吳澄傾向於"專注教養"。吳澄《教法》中設計了具體科目,説明學習内容、要求與規範,制定人才培養的標準,但並無選拔之法。這是因爲他一向反對設立考試,吳澄曾自述"年十五六,始恍然有悟於聖經賢傳之中,始知科舉不足以爲吾學,而欲探夫孔孟之傳"[7],將參加科舉考試與探究孔孟之道對立起來,可見對考試的反感態度。吳澄反對考試,一方面是擔心士子爲功名利禄而讀書,"科舉利誘之習蠱惑士心"[8],這顯然違背了他要求學習以變氣質、成君子爲先的主張,因此他説科舉"浸淫於利誘,士學大壞"[9]。另一方面,吳澄認爲考試造成讀書人思想僵化。士人爲準備考試往往只研究程式文章,而不細心鑽研經

---

[1] 虞集《吳公行狀》,《虞集全集》,865頁。
[2] 吳澄《題人瑞堂記後》,《吳文正公集》卷三〇,511頁。
[3] 趙汸《邵庵先生虞公行狀》,載《虞集全集》,1290頁。
[4] 揭傒斯《吳公神道碑》中稱"爲同列所嫉,一夕竟去",危素《年譜》中説"同列欲改課爲試,試行大學積分法,公謂教之以争,非良法也,論議不合,遂有去志"。而危素於《年譜序》中説:"與人論辨勝負,一時之言,亦復删去",可能此時"論議不合"之語便已經删去,現已難知原委。
[5] 目前較常見的説法有四。一爲"教法之争説",所據爲《年譜》。强調吳澄主張的教法改革失敗是其辭職原因,王建軍、張帆等先生採信此説,見王建軍《元代國子監研究》,澳門:澳亞周刊出版有限公司,2003年,267頁;陳高華、張帆、劉曉《元代文化史》,北京:中國社會科學出版社,2020年,209頁注1。二爲"同列所嫉説",所據爲揭傒斯《吳公神道碑》中所説"爲同列所嫉,一夕竟去"。方旭東先生解釋稱吳澄在國子監期間鋭意改革,敬業教學,對"學問平平的同事造成了不小的壓力",製造了"人際關係的緊張",故最終吳澄辭官而去。參見方旭東《吳澄評傳》,356—357頁。三爲"朱陸之争説",認爲朝中對於"吳澄學術偏向陸九淵"的攻擊是造成吳澄辭職的主要原因。該説所據爲虞集所寫《吳公行狀》與《元史》本傳的相關記載。但是這兩處的記載都有不詳之處。四爲"地域隔閡説",認爲南北方文化、學術傳統差異是造成該事件的原因,見孫克寬《元代漢文化之活動》,194—196頁。
[6] 王建軍《元代國子監研究》,242—253頁。
[7] 吳澄《謝張教》,《吳文正公集·外集》卷二,141頁。
[8] 吳澄《嶽麓書院重修記》,《吳文正公集》卷二〇,370頁。
[9] 吳澄《送李教諭赴石城任序》,《吳文正公集》卷一六,296頁。

義,舉人"經不明、行不修",難有真才實學,甚至出現"真才實能反或厄於命,而終身沉淪"[1]的荒誕景象。士子爲了高中而迎合、附會考官,不惜裁剪經文、篡改經義,使得程式文章成爲"經之賊、文之妖"。這些都會導致讀書人偏離正道。因此至大四年提議國子學"改課爲試"時,吴澄稱"教之以爭,非良法也"[2],並與之展開了激烈的辯論。

元仁宗最終選擇了考試積分、升齋等第的道路,通過考試選拔人才。人事是政治的關鍵議題,元仁宗重視儒術、儒士以及國子學,目的是選拔儒士充實官僚團隊、輔佐皇帝治國:"朕所願者,安百姓以圖至治,然匪用儒士,何以致此。設科取士,庶幾得真儒之用,而治道可興也。"[3]要想規範化和規模化地選士,就需要設立考試、建設標準的人才選拔制度,促進教育制度化地向社會輸出、"供給"人才。規範的考試制度還可以爲求學者提供一條上升渠道,不僅能用"外部激勵"的方式激發他們求學,還可以通過政治資源的分配將他們吸引和團結到統治者身邊。因此在元仁宗推行文治的過程中,最終在國子監確立考試積分和升齋等第的考核辦法,還恢復科舉選士,這些舉措的政治邏輯是相似的。

仁宗即位後,吴澄雖升居要位,可現實的政治需要與吴澄的治道理想之間產生了隔閡,他有了進一步大展宏圖的平台但並沒有得到真正的機遇。吴澄對教法的設計基於他自身教學經驗的總結和學術觀點的表達,側重學習者個人的成長、致力於道統的傳承和學術發展。但是他對作爲一種政治資源分配、政治人才隊伍建設的教育存在認識上的不足,規劃教學時忽略和輕視了教育的政治職能,未能對現實政治需要作出回應,沒能很好地平衡自己頂尖學者和教育行政主管者的兩種身份。這種衝突下,吴澄再次選擇辭官而去以保全自己的學術主張。最終,他擬定的《教法》雖未遭直接否決但也隨之而去了。

〔周暢,中國社會科學院大學歷史學院碩士研究生〕

---

[1] 吴澄《白山許君墓誌銘》,《吴文正公集》卷三六,597頁。
[2] 危素《年譜》,23頁。
[3] 《元史》卷二四《仁宗紀一》,558頁。